AF345259

VIES

DES ARTISTES

ANCIENS ET MODERNES.

VIES

DES ARTISTES

ANCIENS ET MODERNES

*

ARCHITECTES, SCULPTEURS, PEINTRES, VERRIERS, ARCHÉOLOGUES, ETC.,

PAR T. B. ÉMÉRIC-DAVID,

De l'Institut de France, Académie des Inscriptions et Belles-lettres,

RÉUNIES ET PUBLIÉES

PAR LES SOINS DE M. PAUL LACROIX (BIBLIOPHILE JACOB).

PARIS.

CHARPENTIER, ÉDITEUR,

RUE DE LILLE, 19.

1853

Paris. Imprimerie Gerdès, rue Bonaparte 48

PRÉFACE DE L'ÉDITEUR.

Les notices biographiques que le savant Éméric-David a enfouies la plupart dans la *Biographie universelle* de Michaud, et qui forment une des parties les plus précieuses de cet immense répertoire, méritaient d'en être extraites et de composer un ouvrage à part, qui tient essentiellement aux autres écrits de l'auteur, relatifs aux beaux-arts.

Ces notices étaient absolument neuves, lorsqu'elles parurent; elles faisaient, en quelque sorte, jaillir la lumière dans un sujet que les archéologues avaient négligé d'éclaircir. Elles eurent donc une influence extraordinaire, en France, sur la manière d'écrire l'histoire de l'art et des artistes. C'est à partir de ce moment-là, il faut le reconnaître, que la France littéraire s'est rappelé qu'elle avait eu de grands artistes, à toutes les époques, et qu'elle devait beaucoup moins qu'on ne le disait à la renaissance italienne. Depuis trente ans environ, les travaux biographiques d'Éméric-David ont été copiés, imités et reproduits par tous ses contemporains, qui se sont trop souvent abstenus de le citer.

Il importait de rassembler ces admirables travaux, pleins de science et de goût, pour montrer tout ce que l'histoire de l'art doit à Éméric-David. On est étonné de toutes les recherches qu'il a faites, et que d'autres archéologues se sont attribuées depuis ; on admire surtout cette espèce d'intuition, qui lui faisait pressentir et deviner des faits, des circonstances historiques, que de récentes découvertes ont souvent établis sur des preuves certaines.

Ce recueil, dont toutes les parties se lient et correspondent entre elles, quoiqu'elles aient été composées isolément, offre ainsi un corps d'ouvrage très-remarquable, qui fera toujours regretter qu'Éméric-David n'ait pas écrit une histoire générale des artistes français. Il eût vengé ces artistes de la coupable indifférence qui a laissé périr leur mémoire et leurs œuvres ; il eût été le Vasari de l'ancienne France. Mais notre Vasari se fût distingué par un esprit de justice et par une ingénieuse critique, qui manquent totalement au Vasari de l'Italie.

C'est à M. le comte Léon de Laborde, un des conservateurs du Musée du Louvre, que semble être échue la tâche qui appartenait à Éméric-David ; c'est M. Léon de Laborde, auteur de la belle monographie du palais Mazarin, qui suppléera, pour le seizième siècle français, à l'absence complète des historiens de l'art contemporain. On peut dire de son grand ouvrage intitulé : *la Renaissance des arts à la cour de France*, qu'il remplira heureusement une lacune qu'Éméric-David avait essayé de combler.

Nous n'avons pas seulement trouvé ces notices dans la *Biographie universelle* et dans son Supplément : nous en avons rassemblé quelques-unes, et des plus curieuses, qui avaient été publiées dans la grande *Histoire littéraire de la France*, dans *le Moniteur* et dans des feuilles périodiques. Toutes ces notices n'ont pas la même importance ; mais toutes présentent de l'intérêt, et plusieurs, comme celles de *Phidias*, de *Praxitèle*, de *Giocondo*, d'*Eudes de Montreuil*, de *Trebatti*, de *Puget*, etc., sont des morceaux achevés de critique et d'érudition.

Enfin, ce volume se termine par deux ouvrages biographiques, qui n'avaient jamais été imprimés, et qui étaient attendus avec impatience depuis bien des années : ce sont les Discours sur la vie et les ouvrages de Pierre Puget et de Nicolas Poussin.

Le premier de ces Discours, qui remporta, en 1807, un prix décerné par l'académie de Marseille, fut continuellement revu et corrigé par Éméric-David, qui avait voulu le faire imprimer, et qui, après en avoir fait tirer quelques épreuves, abandonna son projet, ou du moins l'ajourna, parce qu'il jugeait indispensable d'ajouter des gravures, qui serviraient à faire apprécier Puget comme peintre, statuaire et architecte.

Le second Discours remporta également un prix, décerné par la société Philotechnique de Paris, en 1812; mais l'auteur ne le fit pas imprimer alors, à cause de la dépense qu'eussent exigée les gravures dont il se proposait de l'orner.

Ces deux Discours, qui sont des morceaux académiques destinés à un concours d'éloquence, renferment pourtant une foule de détails précieux et de recherches curieuses sur la vie et les ouvrages du plus grand statuaire et du plus grand peintre français.

PAUL LACROIX.

VIES

DES

ARTISTES ANCIENS ET MODERNES.

CLÉOPHANTE (1400 ans av. J.-C.).

CLÉOPHANTE, natif de Corinthe, était regardé chez les anciens comme le premier artiste grec qui eût appliqué de la couleur sur des dessins, et par conséquent, en ce qui concerne la Grèce, comme l'inventeur de l'art de peindre. Pline dit qu'il n'employa qu'une seule couleur, de la brique pilée : *Primus invenit eas (lineas) colorare testâ, ut ferunt, tritâ.* Les conjectures auxquelles cet auteur se livre pour déterminer l'époque où Cléophante vivait, prouvent que les Grecs n'avaient à cet égard aucune notion certaine. On ne saurait supposer avec lui que Cléophante accompagna en Italie Démarate, père de Tarquin l'Ancien, puisque Démarate abandonna Corinthe pendant la tyrannie de Cypsélus, et que, vers le temps de ce dernier prince, déjà Bularque employait toutes les teintes nécessaires pour imiter le coloris de la nature. (Voy. *Bularque.*) Il est plus naturel de croire qu'il exista deux peintres nommés CLÉOPHANTE. L'inventeur de la peinture fut nécessairement plus ancien que Cimon de Cléonée, qui, le premier, fit sentir les jointures des membres, et peignit des têtes en raccourci, vues dans toutes sortes de positions ; plus ancien qu'Eumare, qui distingua les sexes ; plus ancien qu'Hygiænon, Dinias et Charmas, peintres monochromates, ses imitateurs. Il dut aussi être antérieur à Dédale, statuaire de qui les ouvrages renfermaient déjà, disait-on, quelque chose de divin. Or, Dédale vivait, suivant les calculs de Larcher, 1400 ans avant notre ère, et Cimon, Eumare, Hygiænon et les autres peintres monochromates remontent à des temps si reculés, que les Grecs ne pouvaient leur assigner aucune époque. Il est donc très-vraisemblable que Cléophante, l'inventeur de la peinture monochrome, vivait au moins 1400 ans avant J.-C., et même plus anciennement.

CRATON (1400 ans av. J.-C.).

CRATON, dessinateur, natif de Sicyone, appartient à l'histoire des temps les plus reculés de la peinture. Suivant une tradition conservée par le philosophe Athénagore (*Legat. pro. Christ.*), Saurias de Samos inventa la *sciagraphie*, que nous pourrions appeler la *silhouette à fond noir*; Craton inventa la *graphie*, ou le dessin ombré par des hachures, et Dibutade, la *coroplastique*, ou l'art de modeler des portraits en bas-reliefs. Craton serait ainsi le premier qui, en ajoutant des ombres aux profils, aurait apporté un perfectionnement notable à l'art du dessin, jusque-là dans l'enfance. Ce qu'il importe de remarquer au sujet de ces personnages réels ou fabuleux, c'est qu'ils étaient tous antérieurs à Dédale, qui vivait environ 1400 ans avant notre ère. Cette haute antiquité était, d'ailleurs, attestée par la tradition qui supposait leur existence.

BULARQUE (florissait vers l'an 713 av. J.-C.).

BULARQUE, peintre grec, représenta dans un de ses tableaux une bataille où les Magnètes avaient été vaincus; et, suivant le témoignage de Pline, Candaule, roi de Lydie, acheta ce tableau au poids de l'or. Il n'est pas vraisemblable que Candaule eût acheté si cher l'ouvrage d'un de ses contemporains: on doit, par conséquent, présumer que Bularque était plus ancien que ce roi de Lydie, qui mourut vers la première année de la xvi⁰ olympiade, 715 ans avant J.-C. Bularque employait des couleurs propres à imiter les teintes de la nature. Les peintres monochromates ou peintres en camaïeux étaient connus dans des temps plus anciens.

CHERSIPHRON (florissait vers l'an 684 av. J.-C.).

CHERSIPHRON, architecte, appelé par divers auteurs anciens *Ctésiphon*, *Archiphron*, *Crésiphon*, etc., naquit à Gnosse, dans l'île de Crète.

Il traça le plan et commença la construction du fameux temple d'Éphèse, continué après sa mort par son fils Métagènes ; après celui-ci, par Démétrius, surnommé *le Serviteur de Diane*, et par Péonius, ou plutôt *Pœnius* d'Éphèse, et mis dans la suite au nombre des sept merveilles du monde. Encouragé par le vœu des peuples Ioniens de l'Asie, qui contribuèrent tous aux frais de la construction, Chersiphron développa dans le plan la plus grande magnificence. L'édifice formait un parallélogramme, d'environ quatre cent vingt-cinq pieds romains de long, sur deux cent vingt de large, ou environ trois cent quatre-vingt-cinq pieds de roi, sur deux cents, et, en nouvelle mesure, cent vingt-cinq mètres sur soixante-cinq, y compris dix marches qui régnaient tout autour. Il offrait un *diptère octostyle*, c'est-à-dire qu'on y voyait deux façades opposées l'une à l'autre, présentant toutes deux un frontispice à huit colonnes. Un double portique, élevé sur les dix marches, entourait la *cella* ou le corps du temple. Le nombre total des colonnes s'élevait à cent vingt-sept, ce qui, en admettant un double rang de quinze, sur la longueur des portiques, peut faire croire qu'on en comptait soixante-seize au dehors de l'édifice, et cinquante et une dans l'intérieur. Celles du dehors avaient soixante pieds romains de haut, ou cinquante-quatre pieds et demi de roi ; e les étaient d'un marbre tiré des environs d'Éphèse, d'une seule pièce et d'ordre ionique. Chersiphron inventa, pour transporter ces grandes masses, ainsi que les pierres de l'architrave, des machines décrites par Vitruve et dont Léon Alberti a fait graver des dessins dans son *Traité d'architecture*. L'édifice fut élevé sur l'emplacement qu'avait occupé auparavant un temple, bâti par Crésus et Éphésus, incendié et ensuite restauré ou reconstruit par les Amazones. De là venait apparemment la fausse tradition, conservée par Justin et par Solin, qu'il était l'ouvrage de ces femmes guerrières. Suivant un manuscrit de Pline, qui a appartenu au cardinal Bessarion, et que l'on conserve à Venise dans la Bibliothèque de Saint-Marc, on employa cent vingt ans à le construire ; celui auquel Hardouin s'est conformé porte que l'ouvrage ne fut entièrement terminé qu'au bout de deux cent vingt années. Ce dernier texte est le plus conforme à l'histoire. Les auteurs anciens ne disent point positivement à quelle époque l'édifice fut commencé, mais nous trouvons dans Diogène Laërce et dans Hésychius de Milet, que ce fut Théodore de Samos, architecte et sculpteur, fils de Rhécus ou de Télécès, qui conseilla de placer du charbon dans les fondements : il doit suivre de là qu'on entreprit la bâtisse, et que, par conséquent, Chersiphron florissait vers la xxe olympiade, ou, au plus tard, dans la xxive (684 ans avant J.-C.). Crésus, roi de Lydie, qui régna de l'an 559 à l'an 545 avant J.-C., donna une partie des colonnes qui décoraient l'extérieur. Cet édifice fut incendié par Érostrate, la première année de la cvi^e olympiade, 356 ans avant notre ère ; mais quoique Strabon semble dire que le feu le détruisit entièrement, et qu'on en éleva un nouveau, il serait facile de prouver, par le texte même de cet auteur, et par d'autres considérations, qu'il n'y eut que le toit de consumé. Les Éphésiens se chargèrent seuls de la restauration, qui fut dirigée par l'architecte Dinocrate ou Cheiromacrate, et, vingt-deux ans après, il était déjà rétabli dans son ancienne splendeur. Ainsi ce riche monument, qui, sous les Romains, n'avait pas cessé d'exciter une si vive admiration, était toujours l'ouvrage de Chersiphron. Cet artiste composa, de concert avec son fils Métagènes, un écrit où il publia le plan et où il détermina les proportions de l'ordre ionique. Son écrit subsistait encore au temps de Vitruve.

Les Goths incendièrent le temple d'Éphèse, sous le règne de Gallien, et il ne fut plus restauré. Les colonnes qui ne furent point enlevées sous les empereurs d'Orient, l'ont été dans les temps modernes par les sultans Bajazet et Soliman, qui les ont fait servir à l'ornement de leurs mosquées. Des fragments de marbre couvrent encore le terrain une lieue à la ronde. On peut consulter, pour l'histoire de ce monument, la dissertation de Gio. Poleni, imprimée dans la deuxième partie du tome Ier des *Mémoires de l'Académie de Cortone*, et le *Voyage en Grèce* de M. de Choiseul-Goufiier.

BUPALUS (florissait l'an 540 av. J.-C.).

Bupalus, architecte et statuaire, natif de Chio, florissait dans la lxe olympiade, 540 ans avant J.-C.

Chargé par les habitants de Smyrne d'exécuter une statue de la Fortune, il donna pour attribut à cette déesse la corne d'Amalthée, et imagina le premier de la représenter portant sur la tête le pôle, c'est-à-dire un emblème du pôle. Il voulut, dit Pausanias qui nous apprend ce fait, donner une idée vive des œuvres de la Fortune. Plusieurs savants ont cherché à connaître l'emblème que l'auteur grec désigne seulement par le nom de *pôle*. Quelques-uns ont voulu que ce fût le ciel, sans avoir soin de nous dire comment le ciel lui-même pouvait être représenté ; d'autres, que ce fût le monde ou le globe terrestre ; d'autres, un gnomon, une auréole, une étoile ; d'autres ont confondu le pôle avec le modius, ou le boisseau, emblème de l'abondance. Montfaucon a cru voir le pôle dans un signe tantôt cylindrique, tantôt en forme de cône tronqué, surmonté quelquefois par une masse à rebords, semblable à une tête de chou, que l'on remarque sur la tête de plusieurs statues antiques de la Fortune, et auquel on a donné la dénomination vague de *tutulus*. Si l'on adoptait cette opinion, il faudrait entendre par le mot de *pôle*, l'axe ou le pivot sur lequel l'univers paraît tourner (*polus quasi cœli cardo*), et croire que c'est l'extrémité de cet axe que l'artiste plaça sur la tête de la Fortune. Bupalus exécuta aussi pour la ville de Smyrne des statues en or, représentant les trois Grâces, et répéta ce sujet dans d'autres statues dont le roi Attale orna dans la suite son palais. Toutes ces figures étaient vêtues, conformément à l'usage de ces temps anciens, où l'on ne représentait pas encore les Grâces nues.

Cet artiste, et son frère Anthermus, sculptèrent ensemble plusieurs ouvrages ; on en voyait à Rome quelques-uns, dans des temples élevés par Auguste. Théodose plaça à Constantinople une Junon de Bupalus. On a découvert de nos jours à Rome un piédestal portant, en grec, cette inscription : « Bupalus la faisait. »

PHIDIAS (498-431 av. J.-C.).

PHIDIAS, sculpteur athénien, est un des personnages de l'antiquité dont la réputation s'est maintenue avec le plus d'éclat. Son nom, qui n'était prononcé qu'avec honneur aux temps d'Alexandre et d'Auguste, a excité l'admiration des siècles barbares, et semble encore s'être agrandi en arrivant jusqu'à nous. Cependant l'histoire de ce statuaire nous est peu connue. Plusieurs événements de sa vie, qui paraissent certains, ont été contestés ; d'autres ont été admis, quoique dénués de preuves, et même, à ce qu'il semble, contre toute évidence. Pour parvenir à une connaissance exacte, il faut remonter aux sources. Cette recherche est d'autant plus curieuse, que ce maître est incontestablement un des principaux auteurs des progrès rapides et extraordinaires que l'art de la sculpture fit de son vivant, et qu'il importe de marquer nettement l'époque et les circonstances d'un changement si notable. Les dates de ses ouvrages appartiennent autant à l'histoire de son siècle qu'à la sienne propre.

Phidias naquit à Athènes : son père se nommait Charmide. Deux faits sont constants dans l'histoire chronologique de sa vie. Le premier, c'est que la statue de Minerve, qu'il éleva dans le Parthénon d'Athènes, fut terminée la seconde année de la LXXXVe olympiade, 438 ans avant J.-C., et qu'il se représenta lui-même, dans les bas-reliefs qui ornaient le bouclier de la déesse, sous les traits d'un *vieillard chauve ;* le second, c'est qu'il représenta, dans les bas-reliefs du trône de Jupiter, à Olympie, le jeune Pantarcès, attachant sur son front la couronne qu'il avait remportée aux jeux olympiques dans la lutte des enfants ; et que ce jeune homme l'obtint la première année de la LXXXVIe olympiade. Ces faits marquent seulement les dernières époques de la vie de Phidias ; mais ils nous conduisent à la fixation de toutes les autres. Ils montrent d'abord que le Jupiter d'Olympie est postérieur à la Minerve du Parthénon ; ce qui a été contesté par deux savants dignes de la plus haute estime, Dodwel et Heyne. De plus, en admettant que, lorsque Phidias se représentait sous la figure d'un *vieillard chauve,* il fût âgé de cinquante-huit à soixante ans, il naquit la troisième ou la quatrième année de la LXXe olympiade, 498 ou 497 ans avant J.-C., cette date n'est qu'approximative ; mais on ne saurait beaucoup s'en écarter : car, s'il eût eu moins de cinquante-huit à soixante ans, lorsqu'il termina la statue de Minerve, il aurait été appelé à ses premiers ouvrages publics au sortir de l'enfance, ce qui est peu vraisemblable, attendu le nombre et la réputation des maîtres qui florissaient à cette époque, et s'il eût été beaucoup plus âgé, il n'aurait peut-être pas conservé toute la chaleur nécessaire pour une aussi vaste entreprise que celle du Jupiter d'Olympie.

Selon Dion Chrysostôme, il fut élève d'Hippias. Suivant un des scholiastes d'Aristophane, il eut pour maître E adas, dont Tzetzès fait *Géladas,* et qui est vraisemblablement le même qu'*Agéladas,*

Hippias n'est connu que par cette assertion de Dion Chrysostôme.
Agéladas fut un des maîtres les plus illustres de son temps; il
compta parmi ses élèves Myron et Polyclète de Sicyone. Déjà nous
sommes ici en contradiction avec Pline, qui place Agéladas à la
LXXXVIIe olympiade. Mais l'erreur de cet écrivain est évidente.
Agéladas exécuta la statue de Timasithée de Delphes, qui avait
remporté trois fois le prix du pancrace aux jeux olympiques, et
cet athlète fut mis à mort à Athènes, avec d'autres partisans de l'archonte Isagoras, la première année de la LXVIIIe o'ympiade. Le
même artiste exécuta, longtemps après, le char de bronze attelé de
quatre chevaux, consacré par Cléosthène d'Épidamne, à l'occasion
de la victoire que celui-ci remporia en la LXXVIe olympiade : Cléosthène et son écuyer étaient sur le char. Ces deux monuments,
distants l'un de l'autre au moins de trente-six ans, nous donnent la
carrière d'Agéladas presque en entier.

Nous ne sommes pas moins en contradiction avec Pline, avec
Winkelmann et les autres modernes qui ont suivi l'auteur latin,
lorsque celui-ci place après Phidias plusieurs maîtres, tels que
Callon, qui sont évidemment plus anciens.

Ces artistes pouvaient vivre ou vivaient effectivement encore au
temps de Phidias; mais ils étaient plus âgés que lui. Leur manière est
désignée, par les auteurs, sous les dénominations de style *éginétique*, ou de vieux *style attique*. Ils formaient, au temps de Phidias,
ce qu'on peut appeler la vieille école. C'est à leur manière encore
un peu sèche, que Phidias, Myron, Polyclète, firent succéder une
imitation de la nature, plus franche, plus large, et tout à la fois plus
expressive.

Le premier ouvrage public de Phidias fut vraisemblablement la
statue de Minerve *Aréa*, ou de Minerve Guerrière des Platéens.
Quoique érigée du produit des dépouilles enlevées aux Perses à la
bataille de Marathon, cette figure ne dut être exécutée qu'après
les victoires de Salamine et de Platée. Il est évident que si Mar-
donius ou Xercès l'eussent trouvée sur pied lorsqu'ils incendiaient
la Grèce, ils ne l'auraient pas laissée subsister. La hauteur en était
colossale ; le corps était en bois doré ; la tête, les mains et les
pieds étaient de marbre pentélique.

La Minerve *Poliade* (ou protectrice de la ville), élevée dans
l'Acropolis d'Athènes, dut suivre de près celle de Platée; elle fut

pareillement un des produits des dépouilles de Marathon ; mais, avant qu'elle fût placée dans la citadelle, il fallut que cet édifice, démoli par Xercès et rebâti par Cimon, fût entièrement reconstruit. Cette statue était en bronze : elle était colossale, et d'une telle hauteur, que, du cap de Sunium, les navigateurs découvraient l'aigrette de son casque. Phidias devait être âgé de vingt à vingt-deux ans, quand il exécuta ce colosse. Jeune encore, il ne fut pas chargé seul d'un si grand travail. Le peintre Parrhasius dessina les bas-reliefs placés sur le bouclier, et Mys les modela.

Ce dut être vers le même temps, que Phidias exécuta la statue de Minerve, de la ville de Pellène, dans l'Achaïe. Cette figure était en ivoire et en or. L'emploi et l'union de ces matières dans la sculpture n'étaient pas une invention nouvelle : on en trouve des exemples dans des temps assez reculés. Mais il était réservé à Phidias, grâce à l'accroissement de la richesse et du luxe, de produire des colosses de ce genre, qui surpasseraient par leur magnificence tous ceux qui avaient précédé, et de créer des modèles que les siècles suivants n'auraient pas même l'ambition d'égaler. Les habitants de Pellène prétendaient que leur statue était plus ancienne que celles de Platée et de l'Acropolis d'Athènes. Juste ou non, cette prétention prouve que ces deux figures étaient regardées comme les premiers ouvrages du même artiste.

L'administration de Cimon fut illustrée par un autre ouvrage de Phidias : c'est l'offrande que les Athéniens consacrèrent dans le temple de Delphes, en mémoire de la victoire de Marathon. Elle était composée de treize statues, vraisemblablement en bronze : on y voyait Apollon, Minerve ; à côté de ces divinités, Miltiade, ensuite dix héros représentant les dix tribus d'Athènes. Le rang donné à Miltiade, quoiqu'il fût mort en prison, montre assez clairement que ce monument appartient à l'époque où Cimon, dans tout l'éclat de sa gloire, restituait à son père l'honneur que celui-ci avait si justement mérité. Il date, par conséquent, de la LXXVIIe ou de la LXXVIIIe olympiade.

C'est pareillement au temps de la plus grande puissance des Athéniens, lorsque les victoires de Cimon accroissaient le nombre de leurs alliés et faisaient partager aux autres les avantages de leurs relations et de leur commerce, que les habitants de l'île de Lemnos leur offrirent la statue de Minerve, vraisemblablement en bronze, appelée, à cause de cette origine, la *Lemnienne*. Phidias était alors dans la force de son talent; il imprima sur cette figure une beauté à laquelle l'art n'était point encore parvenu. Lucien la préférait à toutes les statues de femmes, dues à ce grand artiste. Pausanias ne craint pas de dire que, de toutes les images de Minerve produites par Phidias, celle-ci est la plus digne de la déesse. Cet ouvrage fut le premier sur lequel ce maître inscrivit son nom.

La statue de la Mère des dieux, qu'on voyait à Athènes dans le temple de cette déesse, et l'Amazone, du temple de Delphes, regardée aussi comme une des plus belles productions de Phidias, peuvent dater du même temps.

A cette époque, il avait déjà formé deux élèves dignes de lui : Alcamène et Agoracrite. Ces deux jeunes artistes exécutèrent l'un et l'autre, dans un concours, une figure en marbre, représentant Vénus Uranie, et dite la Vénus *des Jardins*, parce que le temple où elle était placée se trouvait hors de la ville, près du Céramique. La figure d'Alcamène fut préférée à celle de son rival. On disait que Phidias y avait travaillé : cette opinion s'établit si bien, que les anciens, en général, paraissent l'avoir attribuée, non point à Alcamène, mais à Phidias lui-même. Varron la regardait comme son meilleur ouvrage. Pour consoler Agoracrite, Phidias lui conseilla de faire de sa Vénus une Némésis. Il la retoucha lui-même : elle fut vendue aux habitants de Rhamnus, bourg situé près de Marathon. On répandit le bruit qu'elle était formée d'un bloc de marbre, apportée de Paros par Xercès, pour élever un monument en mémoire de son triomphe sur les Grecs. Phidias exécuta les bas-reliefs du piédestal. Une tradition portait qu'Hélène était fille de Jupiter et de Némésis, et que Léda avait été seulement sa nourrice. Cette fable devait signifier qu'Hélène était née pour la punition de l'Asie, si souvent coupable de rapts et d'autres violences envers la Grèce. Phidias, saisissaut une si ingénieuse idée, la dirigea contre les Perses de son temps. Il représenta Hélène, amenée à Némésis sa mère, par Léda sa nourrice. Auprès d'elle se voyaient Tyndare et ses fils, Agamemnon, Ménélas, Pyrrhus, fils d'Achille, et d'autres héros qui contribuèrent à la destruction de Troie. C'était promettre assez clairement que la Grèce aurait des vengeurs, et annoncer la venue du temps où les descendants de Tyndare se précipiteraient une seconde fois sur l'Asie, pour tirer vengeance de ses agressions. La tradition fabuleuse que perpétua l'artiste nourrissait l'indignation publique et préparait des soldats à Alexandre. La coiffure de la déesse offrait d'autres allégories, que ce n'est point ici le lieu d'expliquer. Ce qui est le plus digne de remarque, c'est que cette figure était originairement une Vénus, et qu'il suffit d'en changer la coiffure pour en faire une Némésis, tant il est vrai que, chez les Grecs, toutes les déesses devaient être belles.

Ces divers travaux avaient acquis à Phidias une éclatante réputation, lorsque Périclès parvint au gouvernement de la république d'Athènes. Phidias, alors âgé de quarante-huit à cinquante ans, fut nommé surintendant de tous les travaux entrepris par ordre du peuple. Il y a lieu de croire, d'après ce fait, qu'il possédait des connaissances approfondies dans l'architecture. L'association de cet art avec la sculpture n'était pas rare. Callimaque, Polyclète de Sicyone, Scopas et d'autres maîtres, en offrent des exemples. Il n'est pas vraisemblable que, sans cette condition, un statuaire eût été chargé d'inspecter les travaux exécutés par d'habiles architectes. Le temple de Minerve, appelé *Parthénon*, dut être commencé vers les premiers temps de l'administration de Périclès, ce qui appartient à la quatrième année de la LXXXIIᵉ olympiade. Ce furent Ictinus et Callicrate qui le bâtirent, non successivement, mais ensemble. Phidias exécuta la statue de Minerve, placée dans l'intérieur, et une partie des sculptures qui ornaient les dehors : les autres furent exécutées sous sa direction, et sans doute sur ses dessins, par ses élèves ou par les adjoints qu'il s'était donnés. La statue fut achevée, ainsi que nous l'avons dit, la deuxième année de la LXXXVᵉ olympiade, l'an 438 avant Jésus-Christ. Il est connu que Phidias y travailla longuement : il apportait, en général, beaucoup de maturité dans l'exécution de ses ouvrages : il demandait, pour les produire, *de la tranquillité et du temps*. On sait, de plus, qu'il consultait l'opinion publique, et qu'il se réformait d'après les décisions de ce juge suprême. Plutarque s'étonne de la promptitude avec laquelle s'achevèrent les travaux entrepris par Périclès, qui tous, dit-il, furent terminés sous son administration ; et il en admire, à cette occasion, l'inébranlable solidité. Cette observation est juste ; et il faut toutefois remarquer, pour ne pas se former à cet égard des idées exagérées, que l'administration de Périclès dura vingt ans, et que les trois principaux édifices construits dans ces vingt années, le Parthénon, le temple d'Éleusis et les Propylées, furent dirigés par des architectes différents.

Il paraît que Phidias avait conçu d'abord le projet d'exécuter la Minerve du Parthénon en marbre plutôt qu'en ivoire. Il fallut consulter le peuple. L'artiste exposa que le marbre serait moins coûteux : « Taisez-vous, lui répondit-on ; le peuple d'Athènes ne veut que les matières les plus précieuses et les plus magnifiques. » La hauteur de la figure était de vingt-six coudées, ou environ trente-six pieds dix pouces de notre mesure. Elle était debout, couverte de l'égide, et vêtue d'une tunique *talaire* (descendant jusqu'aux talons). Elle tenait d'une main la lance ; de l'autre, une Victoire haute de près de quatre coudées. Son casque était surmonté d'un sphinx, emblème de l'intelligence céleste ; dans les parties latérales, étaient deux griffons, dont la signification était la même que celle du sphinx, et, au-dessus de la visière, huit chevaux de front s'élançant au galop, image, apparemment, de la rapidité avec laquelle agit la pensée divine. Les draperies étaient en or, les parties nues en ivoire, à l'exception des yeux, formés par deux pierres précieuses. Sur la face extérieure du bouclier, posé aux pieds de la déesse, était représenté le Combat des Athéniens et des Amazones ; sur la face intérieure, celui des Géants et des Dieux ; sur la chaussure, celui des Lapithes et des Centaures : sur le piédestal, se voyaient la Naissance de Pandore et plusieurs autres sujets.

Le peuple, qui voulait avoir tout l'honneur d'une si belle entreprise, défendit à Phidias, par un décret, d'apposer son nom sur la statue. C'est pour éluder cette défense, que l'artiste imagina de donner ses propres traits à un Athénien, représenté, dans le Combat des Amazones, lançant une grosse pierre. Cette figure était accompagnée d'une autre, où l'on reconnaissait Périclès combattant contre une Amazone.

Il entra dans ce travail 40 talents d'or, valant environ, suivant le calcul de l'abbé Barthélemy, 2,964,000 livres de notre monnaie ; d'autres disent 44 talents. Tout le monde sait que, par le conseil de Périclès, Phidias disposa la draperie de manière qu'on pouvait l'enlever sans rien endommager. Périclès prévoyait, en donnant ce conseil, qu'il faudrait un jour constater le poids de l'or.

Les sculptures qui décoraient l'extérieur du temple étaient, comme cet édifice lui-même, en marbre blanc. Dans les deux frontons se voyaient des figures en ronde bosse, représentant des sujets mythologiques. Ces figures étaient posées sur la corniche comme sur une sorte de théâtre, usage dont les temples anciens offrent d'autres exemples. Du côté de l'orient, où se trouvait l'entrée du temple, on voyait, au centre, Minerve sortant du cerveau de Jupiter ; à gauche, deux déesses assises, qu'on croit être Cérès et Proserpine ; ensuite, un jeune héros assis, probablement Thésée; et, dans l'angle, le char d'Hypérion, qui ramenait le Jour ; à droite, une Victoire ailée, trois femmes qu'on a cru les trois Parques, et le char de la Nuit. Sur le fronton occidental, au centre, étaient Minerve donnant à l'Attique l'olivier, et Neptune, un cheval ; à gauche, une Victoire sans ailes, Vulcain et Vénus, qu'on a dit être Hadrien et Sabine ; et, dans l'angle, le fleuve Ilissus, à demi couché ; à droite, Amphitrite, Palémon, Leucothoé, Latone tenant ses deux enfants sur ses genoux ; et, vers l'angle, un héros nu. Sur le dehors des murs de la *cella*, à la hauteur de la frise, se déployaient des quatre côtés du temple, sur une longueur de plus de cinq cents pieds, une suite non interrompue de bas-reliefs où était représentée la procession des grandes Panathénées marchant vers le temple, comme cela se pratiquait dans la principale fête de Minerve : hommes, femmes, prêtres, soldats à pied, troupes de cavalerie, toute la pompe défilait pour se rendre sur le parvis sacré. L'art avait eu, par conséquent, à saisir toutes sortes d'attitudes, à représenter des accessoires de tous genres. Dans les métopes de l'entablement extérieur, se voyaient des Lapithes combattant contre des Centaures.

Lorsque ce monument fut terminé, les ennemis de Périclès suscitèrent un des ouvriers de Phidias, lequel vint déclarer devant le peuple que cet artiste avait dérobé une partie de l'or destiné à la statue de Minerve. Leur objet était d'impliquer Périclès dans la procédure. Celui-ci, présent à l'assemblée, demanda que l'or fût pesé. A ces mots, l'accusation tomba et n'eut plus de suite. Mais, forcés de renoncer à ce moyen, les ennemis de Périclès imaginèrent d'accuser Phidias de sacrilége, pour avoir placé son portrait et celui de cet administrateur sur le bouclier de Minerve. Cette accusation était dérisoire ; car Phidias, ayant à représenter des Athéniens attaqués par des Amazones, devait choisir ses modèles autour de lui, et il importait peu que quelqu'un des combattants présentât sa propre image ou celle de tout autre soldat des troupes athéniennes. Mais comme l'accusation aurait emporté peine de mort si le peuple l'eût accueillie, l'artiste, menacé d'une arrestation, prit la fuite et se réfugia chez les Éléens.

Il venait alors, à ce qu'il paraît, de commencer, pour la ville de Mégare, une statue colossale de Jupiter, qui devait être aussi en ivoire et en or. La tête se trouvait déjà terminée, lorsque Périclès, qu'avait alarmé une accusation évidemment inventée pour le perdre, voulant occuper le peuple de plus grands intérêts, fit rendre le fameux décret qui prohibait aux Mégariens l'entrée du port d'Athènes et de ceux des villes de son alliance. Ensuite, par un enchaînement de faits qui tenaient à la même cause, vint l'union d'Athènes et de Corcyre contre les Corinthiens, laquelle amena la guerre dite Corinthiaque, et entraîna enfin la Grèce dans la guerre désastreuse du Péloponèse. Quand on remontait à l'origine de ces grands événements, on reconnaissait que l'accusation et la fuite de Phidias en avaient été le premier motif : de là ce mot devenu proverbial et historique : *Phidias était nécessaire à la paix* ; mot par lequel la Grèce paraît avoir reproché à la ville d'Athènes son injustice envers un si grand artiste. Suivant l'expression d'Aristophane, ce fut cette *petite étincelle* qui alluma l'incendie général. Le décret rendu contre Mégare ayant amené la guerre entre Athènes et les Mégariens, le travail de Phidias fut interrompu ; et la statue de Jupiter fut terminée, en plâtre et en argile, par un sculpteur nommé Théocosme.

Alors dut être commencée la célèbre figure du Jupiter d'Olympie. C'était la première année de la LXXXI⁰ olympiade que les Éléens avaient fait vœu d'élever à ce dieu un temple et une statue : dans la LXXXV⁰, l'édifice pouvait être terminé. Il était l'ouvrage de Libon, né dans l'Élide. Deux rangs de colonnes en divisaient l'intérieur en trois nefs. Sa hauteur était à peu près la même que celle du Parthénon d'Athènes ; il avait environ soixante-quatre de nos pieds, et le Parthénon, soixante-cinq : mais la figure de Jupiter était d'une bien plus grande proportion que celle de Minerve ; elle était assise, haute d'environ cinquante-six pieds et demi de notre mesure, y compris sa base. Ainsi, le dieu remplissait la hauteur du temple presque en entier ; et, suivant l'expression de Strabon, il n'aurait pas pu se lever sans emporter la couverture de l'édifice : conception sublime par laquelle ce colosse imprimait dans les esprits une idée terrible de l'immensité de l'Être suprême. Cette magnifique statue était en ivoire et en or. De la main droite elle portait une Victoire, également d'ivoire et d'or, et de la gauche un sceptre surmonté d'un aigle. Sa chaussure était en or, ainsi que son manteau, sur lequel l'artiste avait représenté, soit par des gravures, soit en émail, des animaux, des fleurs, et principalement des lis. Le trône, incrusté d'ébène, d'or et d'ivoire, resplendissait de pierreries, et était, en outre, enrichi, sur toutes les faces, de figures en ronde-bosse, de bas-reliefs et de peintures. On y voyait les Grâces et les Heures, filles de Jupiter ; le Soleil sur son char, la naissance de Vénus, Diane perçant de ses flèches les enfants de Niobé, Prométhée enchaîné sur le Caucase, et d'autres compositions. Ce qui frappait le plus vivement dans ce chef-d'œuvre, c'était l'expression de la tête. Interrogé par Panænus son frère, où il avait puisé son modèle, Phidias déclara qu'il avait voulu rendre sensible cette grande image d'Homère :

> Il dit, et abaissa ses sourcils en signe d'approbation ;
> La chevelure sacrée du dieu-roi s'agita
> Sur sa tête immortelle ; le vaste Olympe en trembla.
>
> (Iliad., I, 528-530.)

De tous les chefs-d'œuvre de sculpture créés par le génie des anciens, il n'en est aucun, si l'on excepte la Vénus de Praxitèle, qui ait excité une aussi vive admiration que le Jupiter de Phidias. Il semblait, disait-on, qu'il eût ajouté à la religion une grandeur nouvelle. L'impression qu'il produisait sur les esprits était impossible à décrire ; c'était une sorte de terreur subite, profonde, et dont on demeurait encore pénétré après s'être éloigné de la majestueuse image. Un autre ouvrage illustra le nom de Phidias chez les Éléens : ce fut une statue de Vénus Uranie, placée dans la ville d'Élis. Cette figure était aussi en ivoire et en or. Phidias avait totalement abandonné les signes employés jusqu'alors pour caractériser cette divinité, et notamment celui du *pôle*, que portait sur sa tête la Vénus Uranie de Sicyone. A ces signes anciens il avait substitué une tortue, placée sous un des pieds de la déesse.

Un des derniers ouvrages de Phidias porte une date certaine, c'est la statue du jeune Pantarcès, vainqueur à la lutte des enfants, la première année de la LXXXVI° olympiade. Cette figure n'est point celle du même athlète, sculptée en bas-relief, sur le trône de Jupiter, et dont nous avons déjà parlé ; c'est une statue en bronze, placée dans le bois sacré d'Olympie.

On attribuait à Phidias plusieurs autres statues, notamment une Minerve *Erganè*, ou Minerve Ouvrière, en ivoire et en or, consacrée dans la citadelle d'Élis ; un Mercure *Pronaos*, statue de marbre, placée, avec une Minerve, au dedans d'une des portes de la ville de Thèbes ; un Apollon *Parnopius*, ou destructeur des sauterelles, figure de bronze, qu'on voyait auprès du Parthénon d'Athènes. Pausanias, lorsqu'il parle de quelqu'une de ces figures, se sert seulement de cette expression : *on dit* qu'elle est de Phidias. Une inscription, conservée jusqu'à nos jours, attribue pareillement à ce maître un des deux chevaux placés à Rome, au-devant du palais dit de *Montecavallo*. Ces traditions anciennes ou modernes ne sont point appuyées par des témoignages suffisants. Il en était de Phidias et de Praxitèle, dans l'antiquité, comme il en est parmi nous de Raphaël et du Dominiquin, à qui l'intérêt ou la vanité attribuent toutes les peintures qui approchent quelque peu de leur manière.

Après avoir rempli une si éclatante carrière, Phidias mourut à Élis, lorsque Pythodore était archonte d'Athènes, ce qui revient à la première année de la LXXXVII° olympiade, ou à l'an 431 avant J.-C. Cette année fut la première de la guerre du Péloponèse. Il était alors âgé de soixante-cinq à soixante-sept ans.

Les derniers faits que nous venons de rapporter, l'accusation de Phidias, placée presque immédiatement après que la Minerve du Parthénon eut été achevée, sa fuite d'Athènes, sa mort paisible, arrivée à Élis, au sein du bonheur et de la gloire, ne sont point avoués par tous les savants. Si l'on s'en rapporte à Plutarque, Phidias fut mis en prison pour avoir placé son portrait et celui de Périclès sur le bouclier de Minerve, et mourut dans sa détention, soit naturellement, soit d'un poison que les ennemis de Périclès lui donnèrent, pour en rejeter le crime sur ce chef de la république. Si l'on préfère le texte de Philochore, ayant été accusé de vol, il prit la fuite, et se réfugia dans la ville d'Élis, où il exécuta la statue de Jupiter ; et, après un séjour de sept ans, lorsqu'il eut terminé cet ouvrage, *il mourut par les Éléens*; ce que d'autres scholiastes d'Aristophane ont prétendu expliquer, en disant qu'il fut de nouveau accusé de vol et mis à mort. Dodwel, dans sa *Chronologie de Thucydide*, et M. Heyne, dans ses *Époques de l'art*, ont adopté la version de Plutarque. Ils font mourir Phidias dans les prisons d'Athènes. Suivant eux, le Jupiter d'Olympie a été exécuté avant la Minerve du Parthénon; et comme le témoignage de Philochore oblige de croire que Phidias mourut sept ans environ après avoir terminé la Minerve, ils supposent que l'accusation n'eut lieu qu'après la construction des Propylées d'Athènes, lorsque les travaux ordonnés par le peuple furent terminés et que Périclès dut rendre ses comptes. Junius, dans son *Catalogue des artistes anciens*, et M. Levesque, dans son *Dictionnaire des Arts*, ont pareillement suivi l'opinion de Plutarque. Meursius, dans son *Traité des archontes d'Athènes*, s'est conformé à la tradition qu'il a cru trouver dans Philochore. Hoffmann, Moreri et d'autres biographes renchérissent sur les textes anciens; ils disent le malheureux artiste deux fois coupable de vol, exilé pour le premier crime, mis à mort pour le second. M. Schlotzer, professeur dans une des principales universités d'Allemagne, affirme, dans son *Histoire universelle*, que Phidias *commit deux fois une faute honteuse, et fut pendu comme voleur*. L'abbé Gedoyn, dans son *Histoire de Phidias* (Mém. de l'Acad. des Inscript. et Belles-lett., tome IX), a rejeté la tradition de Plutarque; mais il n'a pas dit un mot du prétendu jugement rendu par les Éléens, et n'a pas donné, par conséquent, la solution la plus importante. Winkelmann n'a traité aucune de ces questions. L'illustre Bœttiger, dans ses *Notices de vingt-quatre leçons d'archéologie* (en allemand), repousse toute idée de culpabilité et de peine infamante, mais sans développer son opinion. M. Quatremère de Quincy, dans son *Jupiter Olympien*, rejette pareillement toute condamnation; mais il prolonge la vie de Phidias jusqu'au delà de quatre-vingts ans, ce qui paraît contraire aux textes anciens.

L'auteur du présent article a lu, dans la séance publique de l'Académie des Inscriptions, du 25 juillet 1817, un fragment de son *Histoire chronologique* (inédite) *de la sculpture antique*, dans lequel il s'est attaché à rétablir la vérité. Nous sommes obligés de donner un aperçu des considérations les plus propres à fixer l'opinion sur ce point. Il faut observer que le témoignage de Philochore contredit formellement la tradition de Plutarque. Suivant le premier, Phidias, accusé de vol, s'est réfugié dans l'Élide, et il y est mort sept ans après. Si ce fait est vrai, il est évident qu'il n'a pas péri dans les prisons d'Athènes. Or, Plutarque vivait, six cents ans après l'événement; Philochore florissait, cent cinquante ans seulement après Phidias : il avait composé une histoire particulière de la ville d'Athènes; et c'est de cet écrit que la scholie d'Aristophane est extraite : l'autorité de cet auteur est, par conséquent, d'un bien plus grand poids. L'époque de la victoire de Pantarcès ne peut pas être contestée; elle eut lieu la première année de la LXXXVIe olympiade; or, la statue de ce jeune vainqueur est au moins de cet âge, ainsi que le bas-relief du trône de Jupiter, où la même figure se trouve répétée. Phidias n'était donc pas mort à Athènes dans l'olympiade précédente. Dire que l'accusation de sacrilége n'eut lieu qu'après l'achèvement des Propylées, c'est faire une supposition gratuite et invraisemblable. Cet édifice, commencé la quatrième année de la LXXXVe olympiade, ne fut terminé que la première année de la LXXXVIIe. Une accusation de cette nature ne saurait être produite sept ans après l'achèvement du monument où repose le matériel du crime. Si les images de Phidias et de Périclès étaient restées sept ans sans réclamations sur le bouclier de Minerve, elles pouvaient y demeurer à perpétuité; et c'est, en effet, ce qui arriva, puisque Cicéron, Apulée et Plutarque lui-même les ont vues.

Il est un autre témoignage non moins convaincant que tout ce qui précède, c'est celui d'Aristophane. Dans sa comédie de *la Paix*, jouée dix-huit ans seulement après l'achèvement de la Minerve du Parthénon, ce poëte traduit devant le peuple tous les personnages qu'il croit avoir contribué à faire naître la guerre du Péloponèse. Ses sarcasmes n'épargnent ni Aspasie ni Périclès; et, loin d'inculper Phidias, il ne parle de lui qu'avec admiration et avec intérêt. Il reproche aux Athéniens leur injustice envers un citoyen si illustre: *son infortune*, dit-il, a été une des causes de la guerre; *la paix a fui avec lui*. Ces mots sont importants : si la paix a fui avec Phidias, Phidias a fui; et si c'est à cause de *son infortune* qu'il a pris la fuite, il est bien évident qu'il n'était pas coupable.

La prétendue condamnation de ce grand maître, à Élis, sur une

seconde accusation de vol, est une fable dénuée de tout fondement.
Le texte de Philochore ne parle ni de jugement ni de condamnation ;
il porte seulement ces mots : *après l'avoir terminée* (la statue de
Jupiter), *il mourut par les Éléens*. Cette expression, que
l'énoncé d'aucun fait n'accompagne, est manifestement une erreur
de copiste ; qu'on lise, *il mourut chez les Éléens*, et tout est rétabli. Les scholies qui suivent ne sont point de Philochore, et ne
méritent aucune créance.

Il est des faits que l'on n'a pas considérés. Aussitôt après la
mort de Phidias, les Éléens instituèrent ses enfants prêtres de
Jupiter, à perpétuité, sous le titre de *Phaidrontes*. Ils devaient,
en cette qualité, nettoyer la statue du dieu et l'entretenir brillante.
Chaque fois qu'ils se mettaient à l'ouvrage, ils offraient auparavant
un sacrifice à Minerve *Ergané* ; et ce furent eux sans doute qui
exécutèrent la statue de cette déesse, en ivoire et or, attribuée à
leur père. Cette statue dut être un monument de l'admiration des
Éléens pour celle de Jupiter, et un témoignage de leur reconnaissance envers Minerve qui avait guidé Phidias dans la création de ce
chef-d'œuvre. De plus, la maison que ce maître habitait auprès du
temple de Jupiter, et l'atelier où il travaillait, furent religieusement
conservés. Au milieu de cet atelier fut élevé un autel, consacré à
toutes les divinités, apparemment parce que Phidias les avait
représentées toutes. Jamais de plus nobles récompenses n'honorè-
rent plus dignement un beau talent. De tels honneurs ne pouvaient
pas être décernés au sacrilége ou à l'infamie. La maison, l'atelier
et la prêtrise des *Phaidrontes* constamment perpétuée dans la
famille du célèbre artiste, tout cela subsistait encore au temps de
Pausanias, six cents ans après la consécration de la statue de Jupiter.

Il est enfin d'autres apologistes tacites de Phidias, que nous ne
pouvons nous empêcher de citer, ce sont les Pères de l'Église. Les
Pères qui, dans leurs véhémentes oraisons contre les statuaires
grecs, les ont si souvent accusés d'aveuglement, d'impudicité,
d'athéisme, n'ont point oublié l'attachement de Phidias pour l'an-
tarcès, et aucun d'entre eux n'a articulé le mot de vol : aucun n'a
parlé ni de peine, ni d'emprisonnement, ni même d'accusation ;
aucun n'a rappelé le moindre fait qui pût ternir la réputation de
ce grand statuaire.

Depuis que les sculptures qui ornaient, encore de nos jours, les dehors du Parthénon d'Athènes, ont été presque toutes arrachées de cet édifice par lord Elgin et transportées à Londres, une question d'un autre ordre a occupé les esprits. Il s'est agi de savoir quel est le degré de beauté de ces antiques, comparativement aux autres sculptures grecques, plus ou moins anciennes, qui subsistent dans les divers musées. Le gouvernement de la Grande-Bretagne voulant en faire l'acquisition, il devenait nécessaire d'en apprécier le mérite pour en déterminer la valeur commerciale. Il a été fait une enquête à laquelle ont été appelés un assez grand nombre d'habiles connaisseurs de Londres; singulier et honorable témoignage de la haute estime que les chefs-d'œuvre des arts ont obtenue de nos jours.

La première question à décider, était celle de l'authenticité des monuments. Spon et Wheler avaient paru persuadés que deux des figures du fronton de l'ouest représentaient Hadrien et Sabine, d'où ils avaient conclu que les sculptures des frontons pouvaient bien n'être pas aussi anciennes que l'édifice. Ce point a été peu discuté, attendu que peu de personnes ont élevé des doutes. Stuart, dans ses *Antiquities of Athens*, avait fait valoir un passage de Plutarque (*Vie de Périclès*), reproduit aussi par Visconti, où l'auteur grec dit que ces sculptures ont encore, de son vivant, autant de fraîcheur que si elles venaient de sortir du ciseau de Phidias. Cet argument n'était pas absolument péremptoire, attendu que la mort de Plutarque a précédé celle d'Hadrien de dix-huit ans. Les Athéniens pouvaient avoir placé la figure de ce prince parmi celles des dieux protecteurs de leur cité, après la mort de Plutarque, puisque c'est trois ans après la mort de cet historien qu'ils ajoutèrent, en l'honneur d'Hadrien, une treizième tribu à leur division populaire. Mais le style des figures drapées et celui même des figures nues prouvent assez clairement, si l'on compare ces figures aux bas-reliefs de la *cella*, qu'elles sont du même temps, quoique d'une main beaucoup plus habile, et, par conséquent, de l'époque où le temple fut construit. Vraisemblablement, au temps de cet empereur, il a été substitué deux nouvelles têtes à celles de deux divinités; telle est l'opinion de Stuart. Il doit ainsi être tenu pour certain que nous possédons des sculptures de la main de Phidias, ou presque entièrement son ouvrage. On est généralement parti de ce point.

M. Francis Chauntry, M. Richard Payne, ont estimé que les plus beaux de ces ouvrages sont inférieurs à l'Apollon, au Laocoon et aux autres antiques du premier ordre, et qu'ils ne sont qu'au second rang parmi les chefs-d'œuvre de l'art. M. Payne, particulièrement, a jugé que les figures drapées ont bien moins de valeur que les figures nues. M. Flaxmann a classé ces figures dans des rangs différents. Suivant son opinion, l'Ilissus est très-inférieur au Thésée; celui-ci est au-dessus du *Torse*, mais il n'égale pas l'Apollon, qui est la plus belle statue connue, sous le rapport de l'idéal; dans son opinion enfin, les bas-reliefs de cette collection sont les plus beaux ouvrages de l'antiquité, si l'on excepte le Laocoon et le Taureau Farnèse. M. Jos. Nollekens a placé la figure de Thésée sur la même ligne que l'Apollon et le Laocoon. M. Benjamin West, M. Westmacot, M. Ch. Rossi, M. Ch. Laurence, M. Alex. Day, ont estimé que le Thésée et l'Ilissus sont au-dessus de l'Apollon, du Torse et du Laocoon. Leur motif est que ces figures ressemblent mieux à la nature, non point à une nature commune, mais à la nature dans son état de perfection, à la nature sublime. « Le Thésée, dit M. Westmacot, est la vraie nature, l'Apollon est une nature idéale. » — « Les meilleures de ces figures, a dit M. West, présentent l'art dans sa plus grande dignité, l'art établi sur des vérités certaines, l'art suprême; et l'Apollon présente des caractères systématiques et un art systématique. »

On voit qu'en différant d'opinions quant à l'estime que méritent les figures du Parthénon, M. Flaxmann, M. Westmacot, M. West, M. Day, paraissent reconnaître un même fait : c'est que l'Apollon, le Laocoon, le Torse, présentent au plus haut degré cette beauté choisie ou ce beau de réunion, qu'on est convenu d'appeler le *beau idéal*, tandis que les deux principales figures nues du Parthénon, le Thésée et l'Ilissus, offrent une nature grande, forte, souple, mais plus individuelle, moins choisie que n'est celle des dieux et des héros dans les statues antiques de la première classe. De ce point, tenu pour vrai de part et d'autre, M. Flaxmann conclut que le Thésée est inférieur à l'Apollon; M. Westmacot, M. Day, M. West, en tirent au contraire cette conséquence que c'est l'Apollon qui est inférieur à l'Ilissus et au Thésée. Nul doute que M. Chauntry et M. Payne, lorsqu'ils ont placé le Thésée et l'Ilissus au second rang parmi les belles statues antiques, ne se soient fondés sur le même fait, savoir, que l'Apollon et le Torse présentent des formes plus épurées, un beau de réunion, ou, en d'autres termes, un beau idéal plus achevé. Ce point, généralement convenu, est très-important pour l'appréciation des sculptures du Parthénon ; il ne s'agit que d'en tirer une juste conséquence.

Pour juger l'intéressante question qui semblait partager l'Angleterre, le savant Visconti a été appelé à Londres. Cet habile antiquaire, frappé de la singulière beauté de ces sculptures, et particulièrement de celle des figures en ronde-bosse, a déclaré, à leur aspect, n'avoir eu jusqu'alors qu'une imparfaite idée du sublime talent de Phidias. Il lui a paru que l'art de la statuaire avait déjà touché à ses bornes dans le siècle de Périclès : toutefois, il a ajouté cette restriction, que la sculpture a dû à Praxitèle quelque nouvel agrément, quelques raffinements du style gracieux, et particulièrement quelque chose de plus délicat et de plus séduisant dans les têtes, surtout dans les têtes de femmes.

Dans des lettres adressées de Londres, à M. Canova, M. Quatremère de Quincy s'est montré plus tranchant et plus absolu. Il a placé l'Ilissus et le Thésée au-dessus de toutes les sculptures connues. Les draperies mêmes des figures de femmes lui ont paru égaler ou surpasser ce qui a été produit de plus excellent dans ce genre de travail.

L'auteur du présent article, dans la partie de ses recherches sur l'histoire chronologique de la sculpture ancienne lue en 1817 à l'Académie, a cru pouvoir soutenir que Phidias, malgré la surprenante beauté de ses ouvrages, a été surpassé par plusieurs des maîtres venus après lui. Si cette opinion était adoptée, il s'en suivrait assez naturellement que les plus belles figures du Parthénon, quelque admirables qu'elles soient, ne devraient point être placées sur la même ligne que nos antiques du premier ordre : c'est ce qu'il pense, en effet.

Mais, pour apprécier dignement Phidias, il ne suffit point de comparer ses ouvrages à quelques-uns des chefs-d'œuvre exécutés dans des temps postérieurs. Il faut principalement considérer ce rare génie au milieu de ses contemporains. On le voit alors s'élever au-dessus de tous les maîtres qui l'ont précédé, et montrer la route à tous ceux qui devaient le suivre.

L'influence de cet artiste sur son siècle a été immense. Dans l'imitation du nu, ainsi que dans la pose des figures, bannissant la timidité qui avait enchaîné l'école précédente, il parvint à rendre la nature avec toutes ses inflexions et toute sa chaleur. Phidias ne fut pas le seul qui entreprit cette grande amélioration. Plusieurs artistes un peu plus anciens que lui, et dont la réputation se trouvait déjà établie lorsqu'il se fit connaître, avaient essayé de parvenir à une imitation tout à la fois précise et harmonieuse ; mais il y apporta un degré d'excellence dont les plus habiles d'entre ces maîtres étaient encore fort éloignés. Il leur restait à tous quelque chose de la vieille manière ; et sous sa main, cette antique roideur disparut entièrement. Ses formes sont vraies, amples, souples, robustes ; ses mouvements, justes et hardis ; ses attitudes, faciles, nobles, variées, propres à développer toutes les beautés de ses modèles. Appliqué à saisir dans la nature ses traits les plus majestueux, il l'imite néanmoins avec sincérité ; il allie la naïveté à la grandeur, et, si nous pouvons parler ainsi, il est sublime avec simplicité. S'il n'a pas touché les bornes de l'art, dans quelques-unes de ses parties, il en a, quant au choix des formes, posé tous les principes. Il était possible après lui d'épurer encore les contours, d'y apporter une correction plus achevée : on ne pouvait en choisir qui donnassent une plus haute idée de la vigueur et de la dignité de l'homme. La réforme qu'il eut à opérer dans la disposition des draperies était, à quelques égards, plus difficile que celle qu'il effectua dans l'imitation du nu. La nature ne le guidait plus avec la même sûreté ; les motifs de préférence étaient aussi moins évidents. Quelquefois ses rencontres sont admirables ; plus souvent le jet abondant qu'il substitue à la sécheresse éginétique n'est qu'une manière mise à la place d'une autre manière, un système différent. Il fallut de nouvelles recherches et plus de temps pour parvenir au développement large et facile des draperies de l'Apollon, du Laocoon et de quelques autres belles figures antiques.

Il est une branche que Phidias n'a point cultivée, c'est l'expression des douleurs aiguës et des passions véhémentes. Pythagore de Rhège, plus âgé que lui, et qui vivait toutefois dans le même temps, essaya cette imitation compliquée : mais ce ne fut qu'après ces deux maîtres, que la sculpture parvint à la réunion de toutes les beautés qui devaient en former la perfection. Les bas-reliefs de la *cella* et ceux des métopes du Parthénon ne sauraient être estimés à l'égal des figures nues placées dans les frontons de ce temple. La marche des Panathénées est, sans doute, un chef-d'œuvre de goût autant que d'imagination, pour l'ingénuité, la convenance, la variété des mouvements, l'équilibre des principales parties, l'action et l'accord de l'ensemble. Les formes des chevaux sont larges et fermes ; partout les règles du bas-relief sont habilement mises en pratique. Il a été justement remarqué qu'on trouve dans cette composition les types de plusieurs statues renommées dans des temps postérieurs, par la tournure gracieuse de leur pose. Mais on ne peut s'empêcher de remarquer, dans ces beaux bas-reliefs, une multitude d'incorrections. Phidias, pour mettre ses pensées à exécution, dut employer plus d'un agent subalterne ; et il est évident que, dans les rangs inférieurs, l'école n'était pas plus avancée et ne pouvait pas l'être. En admettant que nos observations soient justes, l'achèvement plus accompli des chefs-d'œuvre produits après Phidias, ne lui fait rien perdre de sa gloire. Les perfectionnements successifs de l'art accrurent au contraire de jour en jour la renommée de l'homme de génie qui avait enseigné à imiter la nature avec une vérité parfaite et dans toute sa majesté. Ces perfectionnements mêmes furent en quelque sorte son ouvrage, puisqu'ils étaient dus à ses exemples et à ses leçons.

Phidias eut pour collaborateur, dans l'exécution du Jupiter d'Olympie, Colotès, un de ses plus jeunes élèves, qui s'illustra dans la suite par des statues de Minerve, de Bacchus et d'Esculape. Il eut un frère, nommé Panænus, qui se rendit célèbre comme peintre. Ce maître orna de peintures le *Pœcile* d'Athènes, concurremment avec Micon et Polygnote. Il y représenta, entre autres, la bataille de Marathon. On distinguait, dans cette peinture, les portraits des principaux généraux grecs et perses, et ils étaient tous reconnaissables. Panænus peignit l'intérieur du bouclier de la statue de Minerve exécutée par Colotès. Il concourut aux jeux Pythiques, avec Timagoras de Chalcis, pour le prix de peinture ; ce fut Timagoras qui l'obtint. On voyait dans le temple de Jupiter, à Olympie, différentes peintures de sa main. Il aida notamment Phidias dans l'exécution des ornements du manteau de la statue de Jupiter. Pline et Strabon nomment ce maître *Panæus* ; Plutarque le nomme *Plistænète.*

On peut consulter sur les ouvrages de Phidias, Fr. Junius,

Catalogus architectorum, pictorum, etc., Rotterdam, 1694, in-fol. — *Report from the select committee of the house of commons on the earl of Elgin's collection of sculpture, marbles,* etc., Londres, 1815, in-8°. — *Mémoire sur les ouvrages de sculpture qui appartenaient au Parthénon, et qu'on voit à présent dans la collection de milord comte d'Elgin, à Londres,* par M. Visconti, Paris, 1818, in-8°. — *Lettres adressées de Londres à M. Canova, par M. Quatremère de Quincy,* Rome, 1820, in-8°. (Voy. *Polyclète de Sicyone.*)

ZEUXIS (né vers l'an 475 av. J.-C.).

ZEUXIS, peintre grec, a exercé trop d'influence sur le goût de ses contemporains, pour que rien de ce qui appartient à l'histoire de sa vie puisse paraître sans intérêt. Tzetzès le suppose natif d'Éphèse; c'est une erreur; il vit le jour à Héraclée, puisqu'il se faisait appeler *Zeuxis Héracléote.* Nous ignorons quelle est celle des nombreuses villes nommées *Héraclée,* qui le compta parmi ses citoyens. On a cru que c'était Héraclée de la Grande-Grèce; et cette conjecture ne manque pas de vraisemblance, vu l'état prospère où les arts se trouvaient dans ce pays pendant la jeunesse de Zeuxis.

La connaissance du temps où il vivait nous intéresse davantage, à cause des perfectionnements qu'il apporta dans la peinture. Pline le place à la quatrième année de la xcv^e olympiade, sans nous dire si cette année est celle de sa naissance, de son âge moyen ou de sa mort. Eusèbe croit qu'il était connu dès la LXXVIIIe olympiade, ce qui ferait remonter sa naissance au moins à la LXXIIIe. Plutarque dit qu'il florissait lorsque Périclès élevait les grands monuments d'Athènes, fait qui appartient, comme l'on sait, aux olympiades LXXXII, LXXXIV, LXXXVI (*Vit. Pericl.*). Suidas, enfin, le fait naître dans la LXXXVIe, se croyant autorisé par Aristote, chez qui l'on voit seulement qu'il vivait encore lorsque Isocrate florissait.

Les opinions n'ont pas moins varié parmi les modernes : Vossius et Félibien ont vaguement suivi Pline. Moreri, Hoffmann, adoptent le sentiment d'Eusèbe; Levesque croit qu'il florissait entre la xc^e et la xcv^e olympiade; Carlo Dati prend la quatrième année de la xcv°, indiquée par Pline, pour celle de sa naissance, ce qui renverserait totalement l'histoire chronologique de la peinture. Bayle, enfin, ne se prononce point, mais il présente une observation lumineuse et qui doit nous guider : c'est que Zeuxis donnait ses tableaux en présent, quand Archélaüs I°', roi de Macédoine, approchait du terme de sa carrière, et que, par conséquent, il devait se trouver lui-même, à cette époque, riche et avancé en âge. Or, Archélaüs, soit qu'il ait régné sept, quatorze ou vingt ans, comme le pensent différents écrivains, mourut, suivant Larcher, la première année de la xc° olympiade, ou, suivant Clavier, la troisième de la xcv°. Quelque distance qu'il y ait entre ces deux termes, nous voyons que la LXXVIII° olympiade, donnée par Eusèbe au sujet de Zeuxis, doit être celle de sa naissance, et la xcv°, indiquée par Pline, celle de sa mort. Cette opinion est confirmée par l'assertion de Plutarque, qui le dit parvenu au plus haut terme de son talent vers la LXXXVI°. Il naquit ainsi vers l'an 478 avant notre ère, et mourut vers l'an 400. Il résulte de ces dates qu'il était de trente à quarante ans moins âgé que Phidias ; que ce dernier, par conséquent, put lui servir de guide dans le dessin, et qu'à tous égards la sculpture marcha vers la perfection, dans la Grèce, d'un pas plus rapide que la peinture.

Zeuxis eut pour maître, ou Démophile d'Himère, ou Niséas de Thasos, que Pline place à la LXXXIX° olympiade, et qui mourut apparemment à cette époque. Apollodore, quoique plus âgé que Zeuxis, vivait dans le même temps que lui. « Il ouvrit, dit Pline, les portes de l'art, et Zeuxis y entra ; » mais leur rivalité les honora l'un et l'autre, car Apollodore eut l'âme assez noble pour reconnaître publiquement la supériorité de son jeune concurrent ; il composa un vers, où il disait : *Zeuxis m'a dérobé l'art, ill'emporte avec lui.*

Le perfectionnement qu'Apollodore avait apporté dans la peinture, et où Zeuxis le surpassait, était relatif au coloris. Les maîtres antérieurs à Apollodore formaient les ombres avec des teintes différentes de celles qu'elles avoisinaient ; ils les peignaient par hachures, en jetant des traits noirs ou bruns, quelquefois croisés, et que Pline appelle *incisuræ*, au travers des teintes claires dont ils voulaient varier les effets. C'est ce que nous retrouvons (car, en tout pays, les arts dans leur enfance se ressemblent) sur les peintures et particulièrement sur les vitraux du treizième, du quatorzième, et même du quinzième siècle. Apollodore puisa ses ombres, aussi bien que ses clairs, dans les teintes mêmes du modèle, et sut les fondre plus ou moins avec les teintes environnantes, de manière à obtenir des tons moyens, et à imiter par là le moelleux de la nature. C'est cette manière d'ombrer, que les Grecs appelaient *colorer l'ombre* (Plutarch., *De glor. Athen.*), expression qu'Amyot a justement rendue par ces mots, le *colorement des ombres*, et que beaucoup d'écrivains n'ont pas remarquée ou n'ont pas comprise. Par ce mécanisme, qui nous semble aujourd'hui si naturel, Apollodore donna aux parties creuses plus de vérité, aux raccourcis plus de légèreté et de transparence.

Ses contemporains lui surent tant de gré d'une si heureuse innovation, qu'ils le surnommèrent *le peintre de l'ombre* (Hésychius). C'est là ce qui fait dire à Pline, qu'Apollodore, le premier, illustra réellement le pinceau : *primus gloriam penicillo jure contulit*. L'art de peindre, en effet, n'a pu développer toute sa puissance, que lorsqu'il est parvenu à rendre ainsi l'harmonie des demi-teintes. Quand Pline ajoute que Zéuxis fit obtenir au pinceau une grande gloire (*penicillum ad magnam gloriam perduxit*), qu'Apollodore enfin ouvrit les portes de l'art, et que Zeuxis y entra, ces mots signifient donc qu'Apollodore le premier, en colorant ainsi les ombres, embrassa le mécanisme de l'art dans son entier ; et que Zeuxis, son imitateur, lui ayant dérobé cette belle partie de la peinture, y apporta encore des perfectionnements. Prendre ici le mot de *pinceau* dans son sens propre ; supposer, comme on l'a fait récemment parmi nous, qu'avant Apollodore les peintres posaient seulement des cires coloriées l'une à côté de l'autre, sur le bois ou sur le mur ; qu'ils ne dessinaient qu'au poinçon sur des enduits de cire ; que cet artiste inventa le pinceau, et que c'est là le procédé que lui déroba Zeuxis, ce serait un paradoxe, pour ne pas dire une erreur insoutenable.

Du vivant d'Eschyle, qui mourut la première année de la LXXVIII⁰ olympiade (Corsini, Larcher), et à l'époque même où Zeuxis venait au monde, Agatharque peignait pour ce poëte, et sous sa direction, des décorations de théâtre, et, à coup sûr, ces grandes images mobiles, qu'on roulait et déroulait le plus souvent sur elles-mêmes pour les faire monter ou descendre aux yeux des

spectateurs, n'étaient pas peintes avec des cires plaquées ni dessinées avec un poinçon. Bien antérieurement à Agatharque, il
existait des vases d'argile peints où la cire n'entrait pour rien ; et
si les contours des figures que l'on y représentait pouvaient être
tracés légèrement avec un poinçon, il fallait bien que, dans un second travail, ce fût avec le pinceau que l'on couvrît ce trait et
qu'on peignît le plein de chaque objet. Cléophante de Corinthe
broya, dit-on, des tessons d'argile, et s'en fit une couleur qu'il
appliqua sur des vases pour y former des dessus et des ornements
(*spargens lineas intus*) ; or, Cléophante était, nous dit-on, contemporain de Cypsélus, et celui-ci mourut 633 ans avant notre ère.
Quand l'existence de Cléophante serait fabuleuse, la tradition relative à l'emploi de son procédé n'en serait pas moins vraie, et ce
procédé ne pouvait s'exécuter qu'avec un pinceau.

Mais de tels faits sont encore beaucoup trop modernes. Les toiles
qui enveloppent les momies, les coffres qui les renferment, sont
peints évidemment avec des plumes ou des roseaux, et avec des
pinceaux. De nombreuses images du dieu Thot, peintes elles-
mêmes sur des papyrus, le représentent dans des scènes funé-
raires, tenant d'une main une tablette, et de l'autre, tantôt un
roseau, tantôt un pinceau, avec lequel il trace sur cet instrument
l'éloge ou l'accusation de l'âme qu'il a conduite devant le juge
des enfers. Sur les tablettes de ce genre en usage chez les peintres et les calligraphes, et trouvées dans les cryptes égyptiennes,
on voit, à côté des cavités destinées à contenir des couleurs, les
rainures où se déposaient le roseau et le pinceau. Les toiles coloriées à la main, couvertes de fleurs et d'images d'animaux, que les
anciens Grecs recevaient, ainsi que nous, de l'Égypte, de la Perse
et de l'Inde, et que nous appelons des *indiennes*, étaient peintes
dès la plus haute antiquité, comme elles le sont encore aujourd'hui,
avec ces mêmes instruments. Le pinceau, enfin, est aussi ancien
que l'art de peindre ; et il n'y avait point de raison pour que la
Grèce, dès le commencement même de sa civilisation, en ignorât
l'usage, quand elle l'avait vu employer dans tous les pays où s'é-
tait établi son commerce.

L'erreur où l'on est tombé à ce sujet n'a pu venir que de la fausse
idée qu'on s'est faite de l'art de peindre à l'encaustique ; mais
cet art aussi se servait du pinceau. L'encaustique au cestre, la

seule où s'employât la pointe appelée le *rhabdion*, n'était que la moindre branche de ce genre de peinture où s'illustrèrent, avant Apollodore et Zeuxis, les Polygnote, les Aglaophron, les Événor, les Bularque.

Il ne faut donc point accorder à Apollodore un mérite qui ne lui appartient pas : il perfectionna l'art du coloris, et n'inventa nullement l'instrument à l'aide duquel il en accrut la magie. Sa gloire et celle de Zeuxis reposent sur des fondements plus solides : ils exécutèrent de leur temps la réformation opérée par nos modernes, lorsqu'ils ont fait succéder des ombres pleines, et cependant transparentes, aux hachures du moyen âge, dont la gravure a hérité, et dont elle a fait un si heureux emploi.

Ce perfectionnement devint le sujet du concours qui eut lieu entre Zeuxis et Parrhasius. Celui-ci, bien que plus jeune, osa défier à son tour le rival d'Apollodore ; Zeuxis, voulant en cette occasion montrer toute son habileté dans le coloris, peignit des raisins ; et l'on prétend que des oiseaux s'en approchèrent pour les becqueter. Parrhasius peignit une portion d'un objet quelconque, et, à côté, il représenta un rideau qui semblait cacher le surplus de la scène. Zeuxis, trompé, avança la main pour retirer le rideau : « Je t'ai vaincu, lui dit alors Parrhasius ; car tu n'as séduit que des oiseaux, et je t'ai fait illusion à toi-même. » Ce trait, nié par quelques écrivains, a été regardé par d'autres comme un jeu puéril et propre à montrer l'enfance de l'art. L'une et l'autre opinion partent d'un jugement erroné sur la peinture de cette époque. Il est visible que ces deux grands maîtres avaient seulement pour objet de vaincre les difficultés de la perspective aérienne, au moyen des raccourcis et des demi-teintes. Ils essayaient leurs forces dans ces procédés nouveaux. Sans cette circonstance, ils eussent peint infailliblement des héros et des dieux, sujets qu'ils représentaient tous deux si dignement.

Malgré ses efforts, Zeuxis, suivant le témoignage de Cicéron, ne fut point encore un coloriste de premier ordre. C'est par le grand caractère de son dessin qu'il se faisait le plus admirer (*De clar. Orat.*, XVIII). Nourri, comme tous les Grecs, des nobles images d'Homère, peut-être aussi enflammé d'émulation par le style grandiose de Phidias, ainsi que Raphaël par celui de Michel Ange, il rechercha la majesté dont l'*Iliade* avait imprimé l'idée dans

l'esprit de tous les Grecs ; et, « pour atteindre ce but, dit Quintilien, il prêta quelquefois aux membres des contours trop robustes,
même dans les figures de femmes » (Quintil., XII, 10). Pline ajoute
qu'on remarquait aussi avec regret, dans ses figures, des articulations et des têtes plus grosses que ne l'aurait voulu un goût
épuré : *Deprehenditur tamen grandior in capitibus articulisque*
(XXXV, 10). Ces graves témoignages doivent nous porter à croire
que Zeuxis s'était fait un style à peu près semblable à celui des
sculpteurs employés par Phidias à la frise et aux métopes du Parthénon d'Athènes, style large, mâle, grandiose, expressif, mais
point encore assez correct. Toutefois, les éloges universels qu'il a
reçus tant que ses ouvrages ont subsisté, au sujet de son Hélène,
de son Alcmène, de sa Pénélope, de son Athlète, de son Hercule,
de son Jupiter, ne permettent pas de douter que dans ses meilleurs
ouvrages il ne méritât d'être assimilé à Phidias lui-même. Nous
placerons donc les ouvrages de Zeuxis, quant au style, entre les
bas-reliefs du Parthénon, où se déploie, avec tant de noblesse et de
vivacité, la marche des Panathénées, et la statue de l'Ilissus, production du maître de cette savante école. Cette force un peu exagérée des articulations fut, en général, un des caractères des anciennes époques de l'art. Les vases et les médailles en offrent de
nombreux exemples.

Le dessin de Zeuxis paraît avoir réuni l'énergie à la grandeur.
« Je n'ai pas vu sans frissonner, dit Pétrone, des mains de Zeuxis,
vivantes encore, comme si elles étaient peintes d'hier. » Jamais
non plus ce maître ne choisit des sujets vulgaires : il les voulait
à la fois neufs et d'un caractère élevé (Lucien).

Suivant Élien, sa figure d'Hélène fut peinte pour la ville d'Héraclée ; suivant Pline, pour Agrigente, et, suivant Cicéron et Denys
d'Halicarnasse, pour Crotone. Cette dissidence, peu importante en
elle-même, nous montre quel prix ces villes attachaient à l'honneur
d'avoir été décorées par la main d'un si grand maître.

C'est en peignant ce tableau, que Zeuxis réunit cinq belles filles,
à l'effet de composer sa figure d'après les contours les plus achevés
de chacune d'elles. Ce fait, rappelé si souvent, ne nous manifeste
pas seulement la théorie des Grecs sur la nature de ce beau choisi,
que nous appelons le *beau idéal* ; il atteste, en outre, le profond
savoir de Zeuxis dans l'art du dessin : car accorder entre elles des

2.

parties de différents corps vivants, et en former un ensemble harmonieux et animé, c'est une des entreprises les plus difficiles de la science et un des plus rares chefs-d'œuvre du goût.

Les anciens ne parlaient de cette figure d'Hélène qu'avec l'accent de l'enthousiasme. Sa beauté ayant inspiré aux Athéniens le désir d'en posséder une répétition, Zeuxis peignit pour eux un second tableau, semblable au premier; et, avant de le livrer aux magistrats, il l'exposa à la curiosité publique, moyennant une rétribution acquittée par chaque spectateur. Cette exposition, apparemment sans exemple jusqu'alors, fit surnommer l'Hélène des Athéniens : *Hélène la Courtisane.*

Ces deux tableaux furent également estimés. On connaît ce mot du peintre Nicomaque : Comme un jeune homme lui disait : *Je ne sens pas la beauté de cette Hélène? — Prends mes yeux*, lui répondit-il, *et elle te paraîtra une divinité.* Un de ces deux tableaux fut, dans la suite, apporté à Rome et placé dans le portique dit *de Philippe.*

L'Amour couronné de roses, que Zeuxis peignit pour un des temples de Vénus à Athènes, son Athlète, son Ménélas, son Marsyas exposé à Rome dans le temple de la Concorde, ne contribuèrent guère moins à sa réputation.

Son Hercule enfant représentait ce dieu étouffant les deux serpents en présence d'Amphitryon et d'Alcmène, qui se montraient saisis d'effroi ; c'est apparemment ce tableau qu'on appelait l'*Alcmène.* Il peignit dans un autre tableau Autoborée, accompagné d'un triton. Lucien, voulant dépeindre le philosophe Thrasyclès, l'assimile à l'Autoborée : « Je le reconnais, dit-il, à sa large barbe étalée sur sa poitrine, à ses sourcils froncés, à son œil hagard, à sa chevelure en désordre ; on croit voir l'Autoborée de Zeuxis. »

Le tableau représentant une Centauresse qui allaite ses petits, manifesta, comme celui d'Hélène, toute l'habileté de ce maître dans l'art d'assortir des parties de corps différents. « Son pinceau, dit Lucien, passe avec tant d'art des reins d'une belle femme aux épaules d'une cavale, qu'on distingue à peine où une nature finit et où l'autre commence. L'exécution de ce tableau est aussi savante, ajoute cet habile critique, que la pensée en est piquante et originale. Le Centaure mâle, caractérisé par une ample crinière et un œil farouche, sourit à ses petits, en leur montrant un lionceau qu'il tient dans ses mains ; et, accoutumés à de semblables amusements, les deux jumeaux regardent le lion sans quitter les mamelles de leur mère. »

Zeuxis mit enfin le sceau à sa réputation, lorsqu'il peignit Jupiter sur son trône, entouré de toutes les divinités : *Magnificus est Jupiter ejus in throno, adstantibus diis* (Pline).

Quand on le voit aborder avec succès ce sujet sublime, on ne s'étonne pas qu'Isocrate, son contemporain, l'ait élevé au premier rang dans la peinture, comme Phidias dans la sculpture ; mais on a peine à comprendre qu'Aristote lui ait refusé tout talent de peindre les mœurs : *on n'en trouve point*, dit-il, *dans ses tableaux* (*Poetic.*, cap. vi). Pline dit, au contraire, que, dans sa figure de Pénélope, on reconnaissait les mœurs de cette reine d'Ithaque.

Winckelmann applique la critique d'Aristote au contour des membres : « Ce qu'Aristote critique dans Zeuxis, dit-il, c'est de n'avoir point eu de caractère, d'avoir représenté tous ses personnages sur le même modèle, comme beaucoup d'artistes modernes qui donnent les mêmes traits à Mars, à Hercule, à Apollon et à Vulcain. » Carlo Dati estime que le jugement d'Aristote se borne à dire que Zeuxis ne représentait pas des passions vives. Cette opinion nous paraît plus juste. Aristote, qui parle de Zeuxis à l'occasion de l'art dramatique, trouve qu'il ne peint pas les mœurs, par la raison qu'il ne les met point en action dans des scènes tragiques. Ce reproche nous annonce que Zeuxis rechercha par-dessus toute chose la grandeur du style, la noblesse et la grâce des formes, et qu'il évita les crises violentes pour ne pas compromettre la dignité de ses héros ; tel fut aussi le caractère de Phidias.

L'art devait marcher par degrés. Réunir la chaleur de l'expression à la correction du dessin, l'énergie de l'action à la beauté des contours, ce fut dans la peinture le mérite d'Apelle, de Nicomaque, de Protogène, nés longtemps après Zeuxis. Les peintures dont ce maître embellit le palais d'Archélaüs, roi de Macédoine, obtinrent une grande célébrité. Détesté à cause de ses forfaits, Archélaüs, en enrichissant sa demeure, n'illustrait que l'artiste qui en exécutait les ornements. « Beaucoup d'étrangers, disait Socrate, vont dans la Macédoine pour visiter le palais du roi, mais personne n'y va pour connaître ce prince lui-même. »

Devenu très-riche, Zeuxis crut au-dessous de lui de vendre ses tableaux, et dès lors il les donna. Il fit hommage, au roi Archélaüs, de sa figure de Pan ; à la ville d'Agrigente, de son tableau d'Alcmène. Une vanité excessive s'empara alors de son esprit; il se crut l'égal des rois et des peuples qui acceptaient ses présents. On le vit, aux jeux olympiques, revêtu d'un manteau, dans l'étoffe duquel son nom était tissé en or: *Zeuxis Héracléote*. Au bas de son tableau d'Hélène, il traça ces vers d'Homère : *Ne vous étonnez pas que Priam et les Troyens se soient exposés à tant de maux pour Hélène, puisque sa beauté égalait celle des déesses.* Au-dessous de son Athlète, il écrivit cette inscription : *Il sera plus facile de l'envier que de l'imiter.* Sa gloire, comme on voit, l'avait étourdi : grand homme auparavant, il était redevenu un homme ordinaire. A côté de ces mots orgueilleux, on cite une réponse de lui qui n'est pas exempte de vanité, mais qui est pleine aussi de justesse et de sens : *Je peins vite*, disait Agatharque à Zeuxis, — *Moi, je peins lentement*, répondit celui-ci, *mais je peins pour longtemps.*

Ce grand maître ne dédaignait pas de peindre des figures monochromes en blanc. Les anciens croyaient posséder aussi des vases d'argile peints de sa main.

Sa réputation ne s'affaiblit point en passant d'un âge à l'autre. « O Apelle, ô Zeuxis, s'écriait Plaute, pourquoi ne vivez-vous plus, tandis que vous servez encore de guides aux artistes? » — « Il peignait, dit Suidas, inspiré par un esprit divin. » Ses ouvrages se vendirent, après lui, à des prix exorbitants. Après avoir orné la ville de Rome, la plupart furent transportés à Constantinople, et ils furent successivement anéantis dans les incendies qui ravagèrent cette nouvelle capitale. Constantinople a été le tombeau des chefs-d'œuvre les plus célèbres de la Grèce.

Ainsi, l'éloge de Zeuxis se confond avec celui du peuple grec auquel il consacra ses travaux.

Ce grand peintre n'inventa point le pinceau, pas plus que ne le fit Apollodore, mais il apporta dans le coloris de notables perfectionnements ; il s'abstint d'exprimer des passions tragiques, mais il mérita, par le choix de ses modèles et la grandeur de son style, d'être assimilé au prince des statuaires ; et si quelque belle qualité se laissa désirer dans ses productions, la Grèce, enthousiaste du beau, lui pardonna en faveur du mérite qui constitue le fonde-

ment de l'art, c'est-à-dire la précision du dessin et la noblesse des
formes.

Carlo Dati a composé une vie de Zeuxis, qu'il a jointe à celle
de Parrhasius, d'Apelle et de Protogène, dans son ouvrage intitulé : *Vite de' pittori antichi*, Florence, 1667, in-4°. Bayle, dans
son article *Zeuxis*, loue cet écrivain, en disant que son ouvrage
est rempli d'une belle et curieuse érudition.

Il y a eu un Zeuxis, statuaire, disciple de Silanion, et qui florissait de la cxv° à la cxx° olympiade; — un Zeuxis, philosophe,
de qui Diogène Laërce fait mention dans la *Vie de Pyrrhon*; —
un Zeuxis, médecin, souvent cité par Galien.

SCOPAS (né vers l'an 460 av. J.-C.).

Scopas, architecte statuaire, l'un des artistes les plus célèbres
de l'antiquité, naquit à Paros, vers la lxxxix° olympiade, 460 ou
462 ans avant notre ère, et peu d'années après la mort de Phidias.

Deux faits, rapprochés l'un de l'autre, nous donnent cette date.
Le premier est la construction du temple de Minerve *Alea*, de la
ville de Tégée, dans l'Arcadie. L'ancien temple ayant été incendié la
deuxième année de la xcvi° olympiade, la reconstruction dut avoir
lieu peu de temps après; et nous admettons de plus que Scopas
devait alors être âgé de trente à trente-deux ans, pour que sa réputation eût pénétré dans l'Arcadie, et qu'on osât lui confier la direction d'un monument si important. Le second fait, non moins certain, est l'exécution des bas-reliefs qui ornaient le tombeau de
Mausole, roi de Carie. Ce prince mourut la quatrième année de la
cvi° olympiade. Son tombeau fut commencé aussitôt après sa mort.
Il n'était pas encore terminé, lorsque Artémise mourut, la troisième
année de la cvii° olympiade; mais il le fut peu d'années après (Pline,
xxxiv, 8). Or, de la troisième année de la xcvi° olympiade, à la
troisième de la cvii°, il y a un intervalle de quarante-quatre ans,
qui, joints à trente ou environ dont Scopas était âgé dans la
xcvi°, donnent soixante-quatorze ans, cours à peu près entier de
la vie d'un homme. Un troisième monument marque même le milieu
de cette période: ce sont deux statues, l'une d'Esculape, l'autre
d'Hygéia, dont Scopas orna le temple d'Esculape, à Gortys dans
'Arcadie. Ce temple était construit en marbre du mont Pentélique.

La ville de Gortys fut privée de ses habitants, et réduite à l'état
d'un pauvre et obscur village, comme plus de quarante autres
places du Péloponèse, lorsque celle de Mégalopolis fut bâtie, et
qu'on força les habitants d'une grande partie de l'Arcadie d'aller
s'y établir (Paus., VIII, 27). Un temple aussi riche que celui de
Gortys, et les principaux embellissements qui le décoraient, devaient avoir été élevés, avant que cette ville fût ainsi abandonnée
et ruinée. Or, Mégalopolis fut fondée la deuxième année de la
CIIe olympiade; les ouvrages de Scopas étaient, par conséquent,
antérieurs à cette date.

Nous avons ainsi trois époques, la XCVIe olympiade, la CIIe et
la CVIIe. Le temps où florissaient les artistes de l'antiquité n'est pas
toujours déterminé avec autant de précision, et cependant l'époque
de Scopas a été plus d'une fois un sujet de discussion et d'erreur.

Il suit de nos remarques que Pline s'est trompé, lorsqu'il a
placé Scopas à la LXXXVIIIe olympiade, comme marquant son âge
moyen. Winckelmann a jugé avec raison que cet artiste est antérieur à Praxitèle; mais ce fait n'est vrai qu'en admettant, ce que
nous croyons avoir établi ailleurs, que Praxitèle a vécu jusqu'à la
CXXIe olympiade (voy. *Praxitèle*); car si l'on plaçait, comme ce
savant antiquaire et comme Pline, Scopas à la LXXXVIIIe et Praxitèle
à la CIVe, il y aurait erreur sur tous les deux. Il suit encore de nos
observations, que Heyne a justement assigné la place chronologique
de Scopas, mais qu'il a erré lorsqu'il a cru que Praxitèle lui était
antérieur [1], ce que Winckelmann niait par la comparaison du style.

Scopas obtint d'abord de la célébrité dans l'Asie Mineure. Il
orna de ses ouvrages plusieurs villes de l'Ionie. Dans l'île de Sa-
mothrace, il exécuta une statue de Vénus, et à Chrysa, dans la
Troade, une figure d'Apollon *Smintheus* ou *Sminthoctone, tueur
de rats*, ou *qui tue le rat*. Ce dieu était représenté marchant et
écrasant un rat sous son pied. Strabon, qui nous apprend ce fait
(XIII, 45), ne dit point s'il était nu ou vêtu. Il y a lieu de croire
qu'il était vêtu d'une robe longue de femme : c'est ainsi qu'il est
représenté sur diverses médailles de la ville d'Alexandria Troas,
où l'on peut avoir imité le type donné par Scopas, si lui-même ne

---

[1] *Des époques de l'art*; dans le *Recueil des pièces intéressantes*, de Jansen, t. III, p. 99.

s'était conformé à quelque ancienne image, ce qui est encore plus vraisemblable [1].

La réputation de ce maître ayant pénétré dans la Grèce, bientôt l'Attique, la Béotie et le Péloponèse se peuplèrent de ses ouvrages. A Gortys, dans l'Arcadie, il éleva le monument dont nous venons de parler. La statue d'Hygéïa était placée à côté de celle d'Esculape ; ce dieu était jeune et sans barbe, caractère mythologique dont il existe plus d'un exemple. A Tégée, dans le temple de Minerve *Alea*, dont il avait dirigé la construction, il plaça, à côté d'une ancienne statue de cette déesse, exécutée en ivoire par Endœus, d'autres statues en marbre d'Esculape et d'Hygéïa. A Argos, dans le temple d'Hécate, il éleva une statue de cette déesse, en marbre comme les précédentes. A Élis, dans l'enceinte extérieure du temple de Vénus Céleste, dont l'intérieur renfermait la statue de cette déesse, en or et en ivoire, par Phidias, il exécuta un monument en bronze, représentant Vénus *Pandemos*, c'est-à-dire Vénus honorée par le peuple entier. Cette déesse était montée sur un bouc, image purement mystique, dont on pourrait citer d'autres exemples, et à laquelle il ne faut attacher aucune idée de lubricité. A Thèbes, dans la Béotie, il exécuta une statue de Minerve, qui fut placée au-devant d'un temple d'Apollon *Isménius*, et qui faisait pendant à un Mercure de Phidias ; et une statue de Diane *Eucléa* (la *triomphante* ou la *glorieuse*, ce qui vraisemblablement signifiait la *lumineuse* ou *lucifera*), consacrée dans le temple de cette déesse. Athènes et Mégare paraissent avoir recherché ce maître avec autant d'empressement que Thèbes et le Péloponèse. Il orna Athènes de deux statues représentant deux Euménides, en pierre *lychnite* ou pierre transparente (apparemment en albâtre). A Mégare, dans le temple de Vénus *Praxis* ou *pratiquante*, auprès d'une ancienne statue de cette déesse, qui était en ivoire, il éleva trois figures représentant des génies propres à favoriser le culte de Vénus, savoir : l'Amour, le Désir, la Passion. Praxitèle, voulant compléter cet ensemble allégorique, et le rendre plus moral, plaça, auprès des trois génies de Scopas, la Persuasion et la Consolation (voyez *Praxitèle*).

[1] Quelle était l'idée mythologique attachée au culte d'Apollon *Smintheus* ? L'auteur de cette notice a cherché à résoudre cette question dans une dissertation encore inédite.

Né dans une ville qui ne pouvait pas suffire à son laborieux ciseau, Scopas parcourut, comme on voit, la Grèce entière. On conservait dans le temple de Cnide, auprès de la statue de Vénus, un Bacchus et une Minerve, de sa main, qui ne déparaient point le chef-d'œuvre de Praxitèle, quoiqu'ils lui fussent inférieurs.

Il paraît que les sculptures du tombeau de Mausole furent un de ses derniers ouvrages. Il n'en exécuta toutefois qu'une partie. Ce magnifique monument, regardé par les anciens comme une des sept merveilles du monde, avait quatre faces. Timothée sculpta le côté du midi ; Léocharès, celui du couchant ; Bryaxis, celui du nord, et Scopas, celui du levant. Les faces du midi et du nord avaient chacune soixante-trois pieds de long ; celles de l'orient et du couchant cent quarante-deux pieds et demi. Elles étaient les unes et les autres ornées de colonnes et couvertes de statues et de bas-reliefs (Lucien, *Dialog.*). Pythis sculpta le quadrige de marbre élevé sur le faîte. Scopas exécuta ainsi des sculptures sur une ligne de cent quarante-deux pieds de long (environ cent trente-quatre de nos pieds), déduction faite seulement des encadrements et des colonnes, qu'on suppose avoir été engagées ; travail immense qui ne peut avoir été achevé qu'avec l'aide d'un grand nombre de collaborateurs.

La tradition attribuait à ce maître un monument, à peu près de la même époque, mais d'une bien moins grande importance : c'étaient des sculptures jointes à une des colonnes intérieures du temple d'Éphèse. L'ancien temple fut incendié, la première année de la cvi° olympiade ; la réparation en fut commencée sur-le-champ, et dans vingt-deux ans tout fut terminé (voy. *Chersiphron*). Ainsi, la date de cet ouvrage rentre dans les limites chronologiques que nous avons établies. Qu'était-ce que ces sculptures ? Il est impossible d'en juger. Winckelmann a proposé, à ce sujet, une conjecture qui ne nous paraît pas admissible.

Les anciens ont fait mention de beaucoup d'autres statues de Scopas, sans indiquer pour quelles villes elles avaient été exécutées. Pline cite, comme existant à Rome, de son temps, un Apollon, une Vesta, un Mars colossal. Il dit aussi qu'on avait réuni dans le temple de Cneius Domitius une suite de figures représentant Thétis, Neptune, Achille, des Néréides montées sur des dauphins et sur des chevaux marins, et accompagnées de Tritons, le tout de la main de Scopas : « Bel ouvrage, ajoute-t-il, et qui suffirait pour honorer la vie entière de ce maître, n'eût-il produit que celui-là. » Ce fait doit nous prouver, comme les précédents, que Scopas entretenait auprès de lui plusieurs artistes moins renommés, qui l'assistaient dans ses grandes entreprises; mais l'invention et la composition de tant d'ouvrages n'a pas moins droit de nous étonner. Du reste, les figures dont il s'agit pouvaient représenter Thétis venant consoler Achille sur le rivage de Troie, ou lui apportant les armes forgées par Vulcain.

Deux statues de Scopas obtinrent encore plus de célébrité. L'une était un Mercure, plus d'une fois loué par les poëtes, et duquel, disaient-ils, son ciseau avait fait véritablement un dieu. L'autre était une Bacchante, représentée en état d'ivresse. Elle était en marbre de Paros. On croyait la voir grimpant sur le mont Cithéron. Ses cheveux épars semblaient le jouet du vent. Elle portait un chevreuil qu'elle avait égorgé. Une légère teinture, apparemment encaustique, imprimée dans le marbre, donnait aux chairs de cet animal l'apparence de la mort. Ma'gré l'expression de sa fureur, la thyade conservait la souplesse et la grâce d'une femme; le dieu qui paraissait l'agiter n'altérait point sa beauté : ainsi le goût et le savoir du maître avaient satisfait à toutes les règles de l'art. *Qui a*, disait un poëte, *enivré cette bacchante ? Est-ce Bacchus ou Scopas ? C'est Scopas. — Arrêtez, arrêtez cette statue !* s'écriait un autre : *elle va s'enfuir.* Tels sont les éloges donnés par l'antiquité à cette célèbre figure : nous ne faisons que les répéter.

Mais, de toutes les productions de Scopas, la plus importante pour nous, ce sont les statues de Niobé et de ses enfants, qu'on a vues longtemps à Rome dans les jardins de Médicis, et qui font aujourd'hui partie de la galerie de Florence. Suivant le témoignage de Pline, on doutait, à Rome, de son temps, si cette suite intéressante que la victoire y avait apportée était de Scopas ou de Praxitèle. Winckelmann la jugeait de Scopas, se fondant principalement sur la différence qu'il avait remarquée entre la tête de Niobé et celle du même personnage, qu'on voyait anciennement à Rome, et dont le travail était plus moelleux et plus terminé. Ce motif n'était nullement péremptoire; car rien ne prouvait ni que la tête dont il s'agit représentât Niobé, ni qu'elle fût de Praxitèle. D'ailleurs,

Pline ne dit pas que Praxitèle eût sculpté des figures de la famille de Niobé; il dit seulement qu'on doutait, de son temps, à Rome, si les figures placées dans le temple d'Apollon Sosianus étaient de Scopas ou de ce maître. Mais, lorsqu'il juge, par le style, que ces statues sont de Scopas plutôt que de Praxitèle, il montre pleinement la justesse de son goût. Une épigramme de l'Anthologie grecque sur une figure de Niobé, que l'auteur attribue à Praxitèle, n'a paru à personne donner une preuve suffisante en faveur de ce dernier. On pourrait demander si, n'étant pas de Praxitèle, ces figures sont, en effet, de Scopas. Sur ce point, il a été répondu que Pline, n'admettant de doute qu'entre ces deux artistes, on peut conclure qu'elles sont l'ouvrage de l'un des deux, si elles ne sont pas celui de l'autre. A cette observation, un critique, qui s'est beaucoup occupé du caractère et de l'emploi des figures de Niobé, M. Schlegel, en ajoute une autre qui nous paraît parfaitement juste; c'est que Praxitèle se plaisait à représenter la beauté calme, tandis que Scopas s'était attaché plus d'une fois à rendre des expressions vives et passionnées. Il est même certain que, jusqu'à Scopas, Pythagore de Rhège est le seul statuaire célèbre qui eût tenté avec succès l'expression de la douleur; et rien ne peut faire présumer que le groupe de Niobé soit de ce maître. Les nouveaux commentateurs de Winckelmann (édit. de Dresde) ne veulent reconnaître dans cet ouvrage ni Praxitèle ni Scopas, croyant voir dans le style une sévérité qui remonte à des temps plus anciens. Ils opposent aux figures du groupe de Niobé celle de l'Apollon, dit *Sauroctone*, celle du jeune Faune qui joue de la flûte, et la Vénus de Médicis, qu'ils croient tous de l'âge de Praxitèle. L'opinion de ces savants écrivains est fondée sur l'erreur commune, qui a supposé jusqu'à présent Scopas contemporain de Praxitèle, tandis qu'il l'a précédé de toute la durée de sa vie.

Le groupe de Niobé a donné lieu à d'autres questions. M. Fabroni, proviseur de l'Université de Pise, et M. Cockerell, à qui l'histoire de l'art doit tant d'observations nouvelles et lumineuses, les ont regardées comme des originaux sortis des mains ou du moins des ateliers de Scopas. M. Schlegel et Winckelmann semblent avoir hésité. Mengs, dans sa Lettre à M. Fabroni, les déclare franchement des copies. M. Mongez, dans sa *Galerie de Florence*, a manifesté la même opinion. Mengs se fonde sur l'inégal mérite des figures qui composent cette suite et sur les incorrections de quelques unes. M. Mongez ajoute, à ces motifs, des angles un peu trop sentis, des lignes trop droites, et, en général, la négligence que laisse souvent apercevoir le travail.

Il nous serait difficile de porter un jugement sur une semblable question, surtout n'ayant pas les marbres sous les yeux. Ce qui nous paraît certain, c'est que le groupe de Niobé et de la jeune fille, la figure du fils qui lève le bras droit vers le ciel, et d'autres encore, sont d'un haut style et d'une grande beauté. Si plusieurs figures paraissent médiocres, nous pouvons en conclure que Scopas employa des collaborateurs dont le mérite n'égalait pas le sien.

M. Cockerell a pensé que ces figures ont été originairement placées dans le fronton d'un temple; et M. Schlegel, en développant cette ingénieuse opinion, lui a donné un nouveau crédit[1]. Nous ne devons ici ni l'adopter ni la combattre. Elle est appuyée sur l'exemple de plusieurs édifices antiques, où le tympan des façades était, en effet, décoré de figures en ronde-bosse, composant des scènes dramatiques, et elle excuserait, en outre, plus d'une irrégularité. On peut toutefois remarquer qu'une composition dont les figures se trouveraient isolées et posées ainsi à la suite l'une de l'autre, serait bien décousue et offrirait des lignes par trop parallèles et perpendiculaires. Ce n'est pas ainsi que Phidias avait ordonné la composition et groupé les figures du fronton du Parthénon. D'ailleurs, si le fait était vrai, les Romains n'auraient peut-être pas dépouillé la façade d'un temple grec de ce religieux ornement. Il ne paraît pas que leur curiosité dévastatrice se fût portée, au temps de Pline, jusqu'à une semblable profanation. Il faudrait supposer au moins que cet enlèvement aurait eu lieu à Corinthe, lors de la destruction partielle de cette ville, ce qui resserrerait beaucoup le champ des vraisemblances.

Visconti croyait reconnaître un Apollon Citharède de Scopas dans une antique du Vatican, dont les restaurateurs modernes ont fait une muse Erato[2]; et M. l'abbé Zannoni croit voir une Néréide, du même artiste, dans la nymphe montée sur un cheval marin, qui orne la galerie de Florence.

[1] *De la comp. origin. des stat. de Niobé; Biblioth. univ.*, faisant suite à la *Biblioth. orient.*, t. III, p. 100 et suiv.

[2] *Mus. Pio-Clem.*, t. III, tav. XLIX.

Une foule d'auteurs anciens nous ont transmis les éloges que la voix publique donnait de leur temps à Scopas. On disait de lui qu'*il alliait la vérité à la grandeur.*

Callistrate le loue d'une manière encore plus particulière, comme l'*Artiste de la Vérité.* Ce titre est singulièrement remarquable. S'il était donné à un statuaire moderne, on pourrait croire que cet artiste aurait quelquefois négligé le choix des formes et se serait principalement attaché à rendre les contours de son modèle avec toute leur chaleur. Mais, chez les Grecs, le choix de la nature, l'élégance, la dignité des formes, constituaient le mérite commun de tous les maîtres qui pratiquaient les arts d'imitation. Le goût était, en quelque sorte, indigène ; on semblait ne pas douter que le ciseau d'un statuaire ne se montrât constamment noble et épuré, et les hommes éclairés célébraient et exigeaient, par-dessus tout, des artistes, le mérite de la vérité, qui est le fondement de l'art, bien assurés que la beauté s'y adjoindrait d'elle-même. C'est en réchauffant, par une vérité plus frappante, des contours ou délicats ou grandioses, qu'un maître se faisait plus particulièrement estimer. Cependant nous pouvons croire aussi que le surnom d'*Artiste de la Vérité*, donné à Scopas, fut motivé par l'habileté de ce maître à exprimer les passions vives. Ce mérite, encore peu familier à ses contemporains, forma son caractère distinctif. La statue de Niobé et celles même de plusieurs de ses enfants offrent de rares modèles d'une douleur profonde, associée à une contenance décente et majestueuse. On y remarque plus de sentiment que de correction. Quelquefois les draperies manquent de facilité ; mais la grâce et l'expression y concourent à l'effet général. La beauté de la statue de Niobé, groupée avec sa jeune fille, va jusqu'au sublime. Il paraît que ces belles figures furent souvent copiées pour l'ornement des habitations romaines. On voit à Rome, à Florence, à Dresde, divers fragments, et même des figures entières qui semblent avoir appartenu à différentes copies.

En ce qui concerne l'architecture, l'histoire n'a conservé le souvenir que d'un seul monument de Scopas, c'est le temple de Minerve *Aléa.* Ce maître y employa les trois ordres grecs. L'ionique ornait le dehors : le corinthien était au dedans, élevé au-dessus du dorique (Paus., VIII, 45). Il y avait aussi dans l'intérieur deux ordres l'un sur l'autre, ce qui paraît supposer un temple *hypæthre,* c'esà-dire dont une partie était ouverte par le haut. L'histoire de l'art offre, avant Scopas, des temples où deux rangs de colonnes étaient élevés l'un au-dessus de l'autre ; mais c'est ici, à ce qu'il nous semble, le premier exemple connu d'un rang de colonnes corinthiennes déployant leur pompe au-dessus d'une ordonnance dorique. Scopas paraît être ainsi un des premiers qui aient senti combien le riche chapiteau de Callimaque ajouterait à la majesté d'un édifice, lorsqu'il couronnerait une base décorée de l'ordre sévère des Doriens. Le temple de Minerve *Alea* était un des plus magnifiques du Péloponèse ; Strabon dit que de son temps il était encore assez bien conservé.

Il suit de tout ce qui précède que Scopas porta dans l'architecture un génie inventif, noble, élevé, et que, dans la sculpture, il fit admirer un ciseau fécond, une imagination brillante, une sensibilité profonde ; mais il n'atteignit point aux bornes de l'art : antérieur à Lysippe, et encore plus à Praxitèle, il fut surpassé par tous les deux.

POLYCLÈTE DE SICYONE (480-405 av. J.-C.).

Polyclète, statuaire et architecte, connu chez les modernes, sous la dénomination de *Polyclète de Sicyone*, et auteur de la statue colossale de Junon, en ivoire et en or, consacrée dans le temple de cette déesse, près de la ville d'Argos, a joui, chez les anciens, d'une célébrité égale à celle de Phidias et de Praxitèle.

Cette dénomination de Polyclète de Sicyone tire son origine de ce mot de Pline : *Polycletus Sicyonius, Ageladæ discipulus.* Il est plus que vraisemblable qu'il était natif d'Argos, ainsi qu'un second Polyclète, avec lequel on l'a souvent confondu. Les motifs sur lesquels nous établissons cette opinion équivalent à une véritable démonstration. Platon, qui était son contemporain, l'appelle, dans son dialogue intitulé *Protagoras*, Polyclète l'Argien. C'est ce que fait aussi Maxime de Tyr, qui dit expressément que la statue de Junon est un ouvrage de *Polyclète d'Argos.* Pausanias, enfin, nous dit que la statue d'Agénor de Thèbes, athlète qui avait remporté le prix à Olympie, dans la course des enfants, est l'ouvrage de Polyclète d'Argos, *non pas de celui qui a exécuté la statue de*

Junon, mais d'un autre, qui a été élève de Naucydès ; preuve évidente qu'il a existé deux Polyclète, et que tous deux étaient natifs d'Argos. Mais la réputation de Polyclète, dit *de Sicyone*, a été si éclatante, qu'elle a, pour ainsi dire, absorbé l'existence même du second Polyclète, dit vulgairement *Polyclète d'Argos*, quoique celui-ci paraisse avoir été un maître d'un très-grand talent. (Voy. *Polyclète d'Argos*.) Pausanias est le seul, entre les auteurs anciens, qui ait distingué formellement deux Polyclète. Cicéron, Varron, Vitruve, Strabon, Quintilien, Plutarque, Lucien, Élien, les poëtes de l'Anthologie grecque, ne font mention que d'un seul. Pline, qui aurait dû apporter plus d'exactitude dans ses désignations, puisqu'il composait une histoire chronologique des artistes grecs, n'a fait des deux maîtres qu'un seul individu, auquel il a attribué les ouvrages de l'un et de l'autre. Pausanias lui-même, enfin, ne les a pas assez fait distinguer, lorsqu'il a parlé de leurs ouvrages : c'est ce qui lui est arrivé, notamment à l'occasion des statues de plusieurs athlètes, qu'il est impossible aujourd'hui de classer par les années de leurs victoires. Junius, Boullenger, Winckelmann, entraînés par de si graves autorités, n'ont pareillement reconnu que Polyclète de Sicyone, et lui ont attribué les ouvrages de Polyclète d'Argos ; ce qui a brouillé toute la chronologie. L'illustre Heyne a distingué deux Polyclète ; mais, d'une part, il a fait Polyclète de Sicyone contemporain d'Hégias et d'Agéladas ; de l'autre, trompé par un manuscrit de Pausanias, de la bibliothèque de Vienne, il a supposé que cet artiste était frère et élève de Naucydès ; et, par une suite de cette erreur, il lui a donné pour élèves Aristocle et Canachus l'Ancien ; ce qui a augmenté la confusion et totalement renversé le tableau des progrès successifs de l'art [1].

Polyclète, dit *de Sicyone*, que nous désignerons dorénavant par le seul nom de *Polyclète*, fut élève d'Agéladas, qui était natif d'Argos. Il naquit dans la LXXIVe ou la LXXVe olympiade, vers les

---

[1] L'auteur de cette notice, dans la première édition de son *Essai sur le classement chronologique des sculpteurs grecs*, avait cru devoir distinguer trois Polyclète. Son principal motif était le mot de Varron, qui disait que Polyclète faisait encore *des statues carrées, et qui se ressemblaient toutes*. Mais il n'a pas tardé à reconnaître son erreur.

années 481 ou 480 avant J.-C., époque à laquelle Phidias et Myron, élèves d'Agéladas, comme lui, étaient âgés l'un et l'autre de seize à dix-huit ans. (Voy. *Phidias*.)

Cette date se confirme non-seulement par l'âge connu d'Agéladas, mais encore par d'autres rapprochements. Premièrement, nous voyons, dans le *Protagoras* de Platon, qu'à l'époque où dut avoir lieu le colloque de Protagoras et de Socrate, Polyclète avait deux fils, jeunes encore, mais déjà connus comme sculpteurs et du même âge que Xanthippe et Paralus, fils de Périclès : or, le colloque de Socrate avec Protagoras a été placé, par les savants, à la quatrième année de la LXXXIXe olympiade, ou à la première de la XC^e. Si Polyclète, comme on doit le croire, était alors âgé de cinquante-cinq ans environ, il était né vers la première année de la LXXVe olympiade. Deuxièmement, Pline nous dit qu'on attribuait à Polyclète une statue d'Éphestion, mais que c'était une erreur ; que cette statue était de Lysippe, et qu'entre ce maître et Polyclète, il y avait un intervalle de près de cent ans : *Cum is centum propè annis ante fuerit.* Lysippe exerçait son art dans la CII^e olympiade, et vivait encore dans la CXIV^e. Ce fait est prouvé par la statue même d'Éphestion (puisque cet officier mourut la quatrième année de la CXIII^e olympiade), et par d'autres témoignages. Si donc nous admettons que, vers le commencement de la CII^e olympiade, Lysippe fût âgé de vingt à vingt-quatre ans, ce qui paraît hors de doute, il naquit environ soixante-deux ans après Polyclète, ainsi que le dit Pline : *Centum propè annis :* et cela prouve encore que Polyclète naquit vers l'an 480 avant J.-C.

Il y a lieu de croire qu'il vivait encore dans la première ou la deuxième année de la XCIV^e olympiade, après le combat d'Ægos-Potamos, qui eut lieu la quatrième année de la XCIII^e ; car Pausanias dit que *Polyclète d'Argos* exécuta un des trépieds de bronze que les Spartiates consacrèrent dans le temple d'Apollon de la ville d'Amycles, en mémoire de leur victoire. Cet écrivain, il est vrai, désigne l'auteur par la seule dénomination de *Polyclète d'Argos* ; mais il est peu vraisemblable que, dans cette occasion, il s'agisse du second ; car celui-ci ne pouvait alors être âgé que de seize à dix-huit ans. Du reste, on ne voit pas figurer Polyclète parmi les artistes qui exécutèrent les statues des généraux victorieux, placées à Delphes, après ce grand événement. Plusieurs de ceux qui en furent chargés étaient ses élèves, ou les élèves de ses élèves.

C'est dans la LXXXIV° olympiade, lorsque Polyclète était âgé de trente-six à quarante ans, que dut avoir lieu le fait qu'Élien raconte au sujet d'Hipponicus. Ce riche Athénien, voulant élever une statue à Callias, son père, on lui conseillait d'en confier l'exécution à Polyclète : *Non certes*, dit-il, *car il en obtiendrait plus de gloire que moi*. Il s'agit ici évidemment de Callias II, qui s'était trouvé à la bataille de Marathon, de celui qui était archonte d'Athènes la première année de la LXXXI° olympiade, et qui signa la paix avec Artaxercès, la quatrième année de la LXXXII°. Sa statue, placée, à cause de ce dernier fait, dans le *Tholus* d'Athènes, doit dater de la LXXXIV° olympiade ou environ. Le mot d'Hipponicus prouve qu'à cette époque Polyclète avait déjà obtenu une grande réputation.

Le plus célèbre de tous les ouvrages de Polyclète a aussi une date à peu près certaine ; c'est la Junon d'Argos. Il conste, par le témoignage de Thucydide, que l'ancien temple de Junon fut incendié au milieu de la neuvième année de la guerre du Péloponése, seconde année de la LXXXIX° olympiade. Or, Junon étant une des divinités tutélaires d'Argos, et les Argiens étant même dans l'usage de désigner les années par les noms de ses prêtresses, on ne peut douter qu'ils n'aient fait reconstruire le nouveau temple, ouvrage d'Eupolème, aussitôt après la destruction du précédent. La statue de Junon dut, par conséquent, y être placée vers le commencement de la XCI° olympiade, quatre cent seize ans avant J.-C., quinze ou dix-huit ans après la consécration du Jupiter d'Olympie, et vingt ou vingt-quatre ans après celle de la Minerve du Parthénon d'Athènes. Polyclète devait alors être âgé de soixante-quatre ans environ. Ces dates confirment ce mot de Columelle : *Polyclète apprécia toute la beauté de la Minerve du Parthénon et du Jupiter d'Olympie, et n'en fut point épouvanté.*

La statue de Junon d'Argos était colossale. Suivant le témoignage de Strabon, elle était seulement un peu moins grande que les colosses de Phidias. Or, le Jupiter d'Olympie avait cinquante-six de nos pieds de hauteur, y compris sa base, et la Minerve, trente-six. On peut supposer, d'après cela, que la Junon d'Argos avait trente-deux ou trente-quatre pieds de proportion. Elle était assise sur un trône d'or, dans une attitude majestueuse ; la tête, la poitrine, les bras et les pieds étaient en ivoire ; les draperies en or : elle était coiffée d'une couronne, sur laquelle l'artiste avait représenté les Heures et les Grâces. D'une main, elle tenait son sceptre ; de l'autre, elle portait une grenade ; au sommet du sceptre était posé un coucou : le manteau était orné de guirlandes formées de branches de vigne ; ses pieds reposaient sur une peau de lion.

Ce ne serait pas rendre pleinement hommage au génie de Polyclète, que de ne pas chercher à pénétrer le sens de ces allégories, d'autant que personne jusqu'ici n'en a donné l'explication. Pour que tout s'explique sans difficulté, il suffit de se rappeler que, dans la mythologie d'Homère, et suivant l'opinion la plus généralement répandue chez les Grecs, Junon était la représentation de l'air atmosphérique, sœur et épouse de Jupiter ou le feu céleste. Voulant séduire sa sœur, encore vierge, Jupiter prit la forme d'un coucou : de là vient, dit-on, que cet oiseau est consacré à Junon. L'assertion est juste ; mais cette allégorie, comme la plupart des inventions de ce genre, a une signification première, à laquelle il faut remonter. Jupiter, pour s'unir à sa sœur, prit la forme d'un oiseau que l'hiver engourdit et qui ne se ranime qu'au retour du soleil, s'il n'a pas changé de climat ; d'un oiseau qui ne fait entendre sa voix qu'au printemps et au commencement de l'été ; d'un oiseau enfin, qui ne chante jamais avec tant de continuité, que lorsque l'air est imprégné d'une chaleur humide ; par la raison que cet oiseau est l'emblème de l'humidité ignée, qui détermine la germination : c'est ainsi que l'ont considéré les anciens dans le langage de l'allégorie. Le coucou élevé sur le sceptre faisait allusion à la combinaison du feu et du principe humide, par laquelle la déesse exerçait sa puissance. La grenade présentait à peu près la même idée : formée du sang d'Atys, comme Vénus du sang de Saturne, cette espèce de pomme est un des signes que les anciens ont le plus fréquemment employés pour représenter la fécondité de la nature. Les Heures, au nombre de trois, sont les mêmes divinités que les Saisons qui renaissent et se succèdent par un effet de la différente température de l'air. Les Grâces sont l'image des bienfaits que chaque saison répand à son tour sur le globe. Les pampres de vigne offrent l'emblème le plus frappant d'une riche végétation. Le Lion, enfin, à qui les anciens ont donné plusieurs significations, a toujours été regardé comme un symbole des vents et des ouragans qui agitent la terre et précipitent sur son sein les germes répandus dans les airs ; voilà pourquoi Cybèle était représentée dans un char traîné par des lions. C'est donc avec raison que Junon posait ses pieds sur la dépouille d'un de ces animaux soumis à son empire.

Les autres ouvrages de Polyclète cités par les auteurs, sont les suivants : deux Enfants qui jouaient aux osselets, deux Jeunes Filles qui portaient sur la tête des corbeilles sacrées, à l'imitation de celles qui remplissaient cet emploi dans les pompes religieuses, et qu'on appelait par cette raison les *Canéphores* ; un Jeune Homme ceignant sa tête d'une bandelette (apparemment un athlète victorieux), appelé le *Diadumène* ; un Jeune Homme armé d'une lance, appelé le *Doryphore* ; un Homme représenté se frottant le corps avec un strigile, dit l'*Apoxyomène* ; un Guerrier saisissant ses armes, appelé l'*Alexétère* ou celui qui va au secours ; une figure nommée l'*Artémon* ou le *Périphorète* ; une Amazone placée dans le temple de Delphes ; une statue d'Hécate, à un seul corps et en bronze, placée dans le temple de cette déesse à Argos ; une statue de Polyxène ; un Mercure qui fut transporté dans la ville de Nicomachie ; un Hercule étouffant Antée, qui se voyait à Rome au temps de Pline ; enfin, un Hercule tuant l'Hydre de Lerne.

Il n'est aucune de ces figures qui n'ait obtenu dans l'antiquité une grande renommée. Les *Canéphores* se voyaient à Messine, au temps de Verrès. « Tous les étrangers, dit Cicéron, s'empressaient de les visiter ; la maison où elles étaient conservées était moins la parure du propriétaire que l'ornement de la ville entière. » Le *Diadumène* fut vendu 100 talents (540,000 fr. de notre monnaie), *centum talentis nobilitatum*. L'*Artémon* ou le *Périphorète* était sans doute cette statue qui portait sur un seul pied, et qu'on tournait à volonté sans qu'elle perdît l'équilibre.

Mais, de tous les ouvrages de Polyclète, aucun peut-être ne contribua autant à sa réputation que celui qui fut appelé le *Canon* ou la règle de l'art. Instruit, par de nombreuses comparaisons, des qualités qui constituent l'agilité, la force, et, par conséquent, la grâce et la beauté du corps de l'homme, cet artiste entreprit de démontrer par plusieurs moyens, et d'abord par une statue dont toutes les parties seraient entre elles dans une proportion parfaite, quels sont les rapports de grandeur où la nature a établi la perfection des formes humaines.

Quelques critiques ont demandé si le Canon de Polyclète se composait d'une seule statue ou de plusieurs ; s'il représentait un homme jeune ou dans toute la force de l'âge ; et enfin, comment une seule figure pouvait servir de règle pour des statues d'âge et de caractère différents ? Les auteurs anciens nous donnent là-dessus des éclaircissements qui ne laissent rien à désirer. « Un danseur, dit Lucien dans son *Traité de la Danse*, pour exceller dans son art, ne doit être ni trop grand, ni trop petit, ni trop gras, ni trop maigre : il doit ressembler au Canon de Polyclète. » Preuve évidente que le Canon ne se composait que d'une seule figure, et qu'il représentait un homme jeune. « Le Canon de Polyclète, dit encore Lucien dans son Dialogue intitulé *Peregrinus*, représente le chef-d'œuvre de la nature, et semble être son propre ouvrage : *Naturæ figmentum atque opificium*. Preuve non moins certaine que la statue appelée le *Canon* ne renfermait rien de systématique, rien de faux, que tout y était le produit d'un choix épuré et d'une savante analyse.

Mais Polyclète ne pouvait pas se borner à ce premier travail. Sa statue, si elle n'eût été accompagnée d'explications, n'aurait offert qu'un beau modèle, plus achevé peut-être, mais, du reste, entièrement semblable à toutes les belles figures, soit de Polyclète lui-même, soit de ses illustres émules : ce chef-d'œuvre isolé n'eût pas été plus utile que tous les autres à l'instruction des jeunes artistes. Polyclète, dit Galien, compléta son ouvrage, en composant un Traité des proportions qui constituent l'harmonie, et, par conséquent, la beauté du corps humain. Il développa dans cet écrit les lois de la nature auxquelles il s'était conformé dans la statue offerte pour modèle aux artistes ; de telle manière, que l'ouvrage écrit démontrait le mérite de la statue, et que celle-ci reproduisait la théorie de l'auteur mise en exécution. « C'est la réunion de ces deux ouvrages, ajoute Galien, que Polyclète a lui-même appelée le *Canon*. » Ce qui n'est pas moins à remarquer, c'est que le public confirma cette dénomination. « Les artistes, dit Pline, étudient et suivent le Canon de Polyclète comme une sorte de loi : *Lineamenta artis ex eo petentes, velut à lege quâdam.* »

Winckelmann présume que la figure appelée le *Canon* était le

Doryphore. Il se fonde sur ce que Lysippe, qui n'eut point de maître, interrogé comment il avait appris son art, répondit que c'était en étudiant le *Doryphore* de Polyclète. Cette opinion ne manque pas de vraisemblance.

On pourrait attribuer à Polyclète plusieurs statues d'athlètes, vainqueurs au ceste, au pugilat, au pentathle ; mais elles n'ont point de dates reconnues, et rien ne garantit qu'elles soient son ouvrage plutôt que celui du second Polyclète, dit Polyclète d'Argos. Il modela aussi un candélabre, dont, au rapport d'Athénée, on louait beaucoup la noblesse et l'élégance.

Grand statuaire, judicieux écrivain, peintre peut-être, car plusieurs auteurs veulent qu'il ait aussi professé la peinture, Polyclète fut encore un très-habile architecte. Les anciens ne citent que deux édifices construits sur ses dessins ; mais c'est avec des éloges qui le placent au premier rang parmi les maîtres de l'art. Un des deux était un bâtiment circulaire, en marbre blanc, appelé le *Tholus*, élevé à Épidaure, près du temple d'Esculape, et que, quatre-vingts ou cent ans plus tard, Pausias orna de ses peintures. L'autre était un théâtre situé dans l'enceinte même de ce temple. Ce dernier monument fut constamment regardé comme un modèle de goût. « Les Romains, dit Pausanias, ont construit des théâtres qui surpassent de beaucoup celui-là par la magnificence des décorations ; celui de Mégalopolis est d'une plus grande étendue ; mais, pour l'accord et l'élégance des proportions, quel architecte peut se comparer à Polyclète ? »

Tant de talents de divers genres durent exciter une admiration universelle : aussi, les anciens diffèrent-ils peu les uns des autres, dans leur jugement, sur le mérite de ce maître. On remarque cependant, à côté des nombreux éloges qui ont retenti de toutes parts, quelques critiques, qu'il est convenable d'éclaircir, moins pour la gloire de cet illustre chef d'école, que pour la connaissance des progrès de l'art. Deux auteurs semblent l'avoir jugé plus sévèrement que les autres : ce sont Varron et Quintilien.

Varron disait, au rapport de Pline, que les statues de Polyclète étaient carrées, et qu'elles se ressemblaient presque toutes : *Quadrata tamen ea esse tradidit Varro, et pene ad unum exemplum.* Quintilien, en reconnaissant que beaucoup de personnes lui assignaient la première place entre les sculpteurs les plus habiles *cui a plerisque tribuitur palma*), ajoute qu'il ne s'était point cependant élevé à toute la majesté des dieux, et que son ciseau timide n'avait osé rendre que les formes gracieuses de la jeunesse : *Nihil ausus ultra leves genas.* Si le mot de *statues carrées* ne doit pas être pris en bonne part, dans le sens où l'entendait Simonide, lorsqu'il disait qu'un homme était *carré du corps et de l'esprit,* pour faire entendre que c'était un homme en tous points accompli, il ne peut signifier autre chose, sinon que, dans les figures de Polyclète, les dessous étaient rendus avec une fermeté qui laissait encore à désirer quelque chose quant à la délicatesse des formes. Tel est, en effet, le caractère de la sculpture de cette époque, où l'art posa les fondements du grand, sans parvenir au dernier degré du fini et du moelleux. C'est ce que nous voyons dans les ouvrages de Phidias, de Myron, de Naucydès, dont nous possédons, soit les originaux, soit des copies. Le mot de Varron, pris dans ce sens, n'est, au fond, qu'un éloge, et il ne saurait être pris autrement. D'ailleurs, Polyclète, dont toute l'antiquité vante particulièrement l'élégance, ne pouvait être inférieur, à cet égard, à aucun de ses prédécesseurs ou de ses émules. Cicéron, en comparant entre eux Calamis, Myron et Polyclète, qui vécurent ensemble sans être parfaitement du même âge, nous dit bien expressément que, dans la souplesse du style, Myron surpassa Calamis, et que Polyclète surpassa Myron : *Calamidis dura illa quidem : nondùm Myronis satis ad veritatem adducta; jam tamen quæ non dubites pulchra dicere. Pulchriora etiam Polycleti et jam planè perfecta.*

Quant au reproche de Quintilien, que Polyclète n'avait point atteint à toute la majesté des dieux, et qu'il ne s'était point élevé au-dessus des formes de la jeunesse, nous voyons, en effet, que ce maître n'a jamais représenté ni Jupiter ni Minerve; sujets que Quintilien avait sans doute en vue dans son observation. Est-ce la faute des circonstances? est-ce l'effet d'une disposition particulière de son esprit? est-ce la crainte de ne pas surpasser Phidias dans cette sculpture sublime? C'est ce qu'il est impossible de décider. Mais il n'était pas nécessaire que Polyclète exécutât un second Jupiter Olympien, pour que l'art fît sous sa main de nouveaux progrès; et c'est ce qui eut lieu, en effet.

Sans renoncer aux formes de la jeunesse, il varia les attitudes, les caractères, les expressions, et l'âge même de ses figures, comme s'il eût voulu offrir aux artistes des modèles de tous les genres. Ses *Joueurs aux osselets* étaient des enfants; son *Diadumène* était un athlète souple et vigoureux, *molliter juvenem*; son *Doryphore*, un guerrier robuste, *viriliter puerum*; son *Alexétère*, un héros dans une attitude énergique, *arma sumentem*; son *Mercure*, le plus agile de tous les coureurs. Cicéron enfin, lorsqu'il veut enseigner à un jeune orateur à traiter les détails accessoires d'une grande cause avec noblesse et avec simplicité, *simpliciter et splendidè*, l'invite à prendre pour modèle Polyclète modelant la figure d'Hercule qui terrasse l'hydre de Lerne. « Ce maître, dit-il, s'occupait d'abord d'établir les grandes masses, et s'inquiétait peu de la peau de l'hydre et de celle du lion, assuré que ces accessoires se formeraient comme d'eux-mêmes sous son ciseau, quand les parties principales seraient rendues harmonieusement et largement. » Ce mot n'a pas besoin de commentaire : c'est d'une figure d'Hercule qu'il s'agit, et c'est Cicéron qui parle. Il est évident que le mot de *leves genas* ne peut se rapporter qu'à l'âge du héros Hercule jeune, mais terrassant l'hydre, dut toujours être Hercule.

Les anciens ont souvent comparé Polyclète à Phidias, et ils ont placé ces deux grands maîtres au même rang, lorsqu'ils n'ont pas donné la préférence à Polyclète. Soixante-dix ans environ après la mort de ce dernier, et lorsque la restauration du temple d'Éphèse incendié fut terminée, comme il s'agissait d'y placer cinq statues d'Amazones, dont une était de Phidias, une de Polyclète, une troisième de Cydon, une autre de Ctésilas, etc., des statuaires furent invités à ranger ces figures suivant leur mérite; et, d'une commune voix, celle de Polyclète fut placée la première, celle de Phidias la seconde, celle de Ctésilas la troisième, celle de Cydon la quatrième. Socrate demandait au philosophe Aristodème : « Quels sont les hommes que vous tenez pour les premiers dans tous les arts qui dépendent du génie? » Aristodème répondit : « Ce sont, dans la poésie épique, Homère; dans le dithyrambe, Mélanippide; dans la tragédie, Sophocle; dans la sculpture, Polyclète; dans la peinture, Zeuxis. » Ni Socrate, ni Xénophon, présents à ce colloque, n'ont désavoué le jugement d'Aristodème. Denys d'Halicarnasse assimile Polyclète à Phidias pour la gravité, pour l'ampleur, pour la magnificence du style. Les Latins eussent exprimé les qualités que désigne l'auteur grec par les mots de *gravitas*, *granditas*, *amplitudo*. Strabon s'exprime en ces termes (liv. VIII), en parlant des sculptures renfermées dans ce temple de Junon à Argos : « Là, dit-il, sont des statues de Polyclète, supérieures à toutes les autres quant au mérite de l'art ; inférieures à celles de Phidias pour les dimensions et pour la richesse. » Ce passage a été rendu autrement ; mais on reconnaîtra la justesse de notre interprétation, si l'on considère que Strabon oppose le mérite du style aux proportions du monument et à la valeur de la matière.

Polyclète est un des maîtres de l'antiquité qui ont exercé le plus d'influence sur les progrès de l'art : il compta parmi ses élèves Argius, Asopodore, Alexis, Aristide, Phrynon, Dinon, Athénodore, Daméas, le second Canachus, et notamment Périclète, frère de Naucydès. Périclète devint le chef d'une école qui se perpétua, d'un maître à l'autre, jusqu'à la quatrième génération. C'est à l'école de Polyclète qu'appartenait Naucydès, soit qu'il fût élève de Périclète, soit qu'il eût appris son art de Polyclète lui-même. C'est de la même source que sortirent, à des degrés différents, Antiphane, le second Polyclète, Alype, Cléon de Sicyone et plusieurs autres maîtres. Lysippe doit aussi être considéré comme appartenant à l'école de Polyclète, puisqu'il se forma par l'étude du *Doryphore*.

Plutarque nous a transmis un mot de Polyclète, qui renfermait pour ses élèves une importante leçon : « C'est, disait-il, lorsque l'argile achève de s'étendre sous l'ongle, que la tâche du sculpteur devient le plus difficile. » Nous voyons dans cet axiome, qu'avant de sculpter ses figures, Polyclète formait un modèle par l'art de la plastique ; qu'il établissait d'abord un noyau allant du dessous au dessus, des os à la peau, des parties principales aux détails. Nous y voyons, en outre, que les fondements du style résident, suivant Polyclète, dans les divisions des plans intérieurs. La plus grande difficulté se fait ressentir, suivant lui, dans les derniers travaux, attendu qu'il faut encore, en terminant les détails, maintenir l'ampleur des formes, qui constitue le premier élément du beau, associer la noblesse à la chaleur, le sentiment du grand à l'imitation du vrai. Les détails s'achèvent facilement, si les masses ont été posées avec précision et avec fermeté ; c'est le contraire, si l'ouvrage pèche dans les formes intérieures. Pour bien finir une statue, il faut l'avoir bien commencée. Voilà pourquoi Cicéron disait : « Afin de rendre les détails simplement et avec noblesse, *s m, liciter et splendidè*, imitez Polyclète dès le commencement de votre travail. »

De toutes les statues antiques découvertes jusqu'aujourd'hui, il n'en reste qu'une où l'on ait cru retrouver une copie d'un des ouvrages de Polyclète : elle représente un jeune athlète, attachant sur son front la bandelette, qui est le signe de sa victoire. L'original aurait été, par conséquent, le *Diadumène*. Cette statue se voyait autrefois à Rome, dans le jardin Farnèse ; elle a été transportée à Naples depuis quelques années. L'authenticité paraît en être prouvée par sa conformité avec divers bas-reliefs antiques, où le *Diadumène* est représenté et accompagné d'inscriptions qui ne permettent pas de le méconnaître. Un de ces bas-reliefs existe à Rome, dans le musée du Vatican (vestibule en rotonde). Visconti pensait que l'*Apoxyomène*, ou le personnage qui se frottait le corps avec un strigile, représentait Tydée se purifiant du meurtre de son frère. En admettant cette idée, on pourrait reconnaître des imitations de cette figure sur un grand nombre de pierres gravées. Mais si nous ne possédons aucune production originale de Polyclète, nous connaissons pleinement, par l'exemple des sculptures du Parthénon et par les deux Discoboles, le style de l'époque que ce grand maître a contribué à illustrer [1].

POLYCLÈTE D'ARGOS (florissait vers l'an 345 av. J.-C.).

POLYCLÈTE D'ARGOS ou POLYCLÈTE II, statuaire grec, fut élève de Naucydès. C'est ce que Pausanias dit expressément, en faisant remarquer que ce Polyclète, natif d'Argos, n'est pas celui qui a exécuté la statue colossale de Junon. Est-ce Polyclète l'ancien, est-ce Polyclète II, qu'il faut regarder comme l'auteur d'un des trépieds de bronze, consacrés par les Lacédémoniens, dans le temple d'Apollon, à Amycles, en mémoire de la bataille d'Ægos-Pota-

---

[1] Cette notice, ainsi que la suivante, et celle de Phidias, est extraite d'un ouvrage inédit de l'auteur, intitulé : *La chronologie de la sculpture antique, démontrée par l'histoire et par les monuments.*

mos ? Le texte de Pausanias porte seulement *Polyclète d'Argos*; mais il est vraisemblable qu'il s'agit de l'ancien, attendu qu'à l'époque de ce grand événement, qui eut lieu la quatrième année de la xcIII° olympiade, 405 ans avant J.-C., le second Polyclète ne pouvait être âgé, au plus, que de seize à dix-huit ans.

Dans la xcvIII° olympiade, cet artiste exécuta la statue d'Antipater de Milet, qui remporta le prix du pugilat : c'est Antipater lui-même qui la fit ériger.

Polyclète accrut sa réputation par une statue de Jupiter *Philéus* ou de Jupiter protecteur de l'amitié, élevée à Mégalopolis à l'époque de la fondation de cette ville. On sait que la construction de Mégalopolis date de la deuxième année de la cII° olympiade, ou de l'an 371 avant J.-C. Les habitants de plusieurs petites villes de l'Arcadie abandonnèrent alors leur patrie et se réunirent pour fonder une grande ville capable de résister aux attaques des Lacédémoniens, leurs perpétuels ennemis. Ce fut sans doute en mémoire de l'attachement fraternel qui les avait rapprochés les uns des autres, et afin de perpétuer chez leurs fils ce généreux sentiment, qu'ils consacrèrent une statue au dieu de l'amitié. La composition de la figure fut conforme à cette pensée. Le dieu était chaussé d'un cothurne ; d'une main il tenait un thyrse, de l'autre un vase à boire. « Jusque-là, dit Pausanias, il ressemblait à Bacchus ; mais un aigle était posé sur le thyrse, et ce symbole faisait reconnaître Jupiter. » L'intention de Polyclète se manifestait clairement dans ces signes réunis ; car le thyrse et le vase à boire (c'est ainsi que Pausanias le nomme) étaient évidemment l'emblème des banquets, où des amis réunis boivent à la ronde en s'exprimant leurs vœux pour leur commune prospérité ; et l'aigle de Jupiter, au-dessus du thyrse, ennoblissait encore cette pensée, en mettant l'union des citoyens sous la protection du plus puissant des dieux.

Un autre ouvrage n'honora pas moins Polyclète : ce fut une statue de Jupiter *Meilichius* ou de Jupiter qui touche les âmes, de Jupiter *Conciliateur*, élevée dans la ville d'Argos. Cette statue était en marbre. Le fait à la suite duquel elle fut consacrée, nous en indique la date et l'esprit. Les Argiens, afin de se trouver constamment en état de défense contre les Lacédémoniens, établirent un camp permanent de mille soldats. Bias, chef de cette troupe, abusa si étrangement de la force mise à sa disposition, qu'il alla jusqu'à enlever une jeune fille, le jour de son mariage, et à la violer. Sa victime le laissa s'endormir ; alors elle lui creva les yeux, parvint à s'échapper, et se mit sous la protection du peuple. Les Argiens prirent sa défense, et il fut livré un combat où les mille furent tous massacrés. La statue de Jupiter Meilichius fut le gage du rétablissement de l'ordre. Cet événement eut lieu peu de temps après l'époque où Philippe, roi de Macédoine, père d'Alexandre, obligea les Lacédémoniens à se départir des terres qu'ils avaient usurpées sur les domaines d'Argos. La guerre des Argiens contre les Lacédémoniens dura plusieurs années. Démosthène dit, dans la sixième Philippique, qu'au moment où il parle, Philippe envoie des troupes dans le Péloponèse au secours des Argiens, et qu'il y est attendu lui-même à la tête d'une puissante armée. Or, la harangue dont il s'agit fut prononcée la deuxième année de la cix^e olympiade. La statue de Jupiter Meilichius d'Argos dut, par conséquent, être érigée au plus tôt la deuxième année de la cix^e olympiade, 343 ans avant J.-C.

L'époque où florissait le second Polyclète se trouve ainsi fixée de la xciv^e olympiade à la cix^e ; et comme, entre cette dernière date et celle de la naissance du premier Polyclète, il y a un intervalle de cent quarante ans, il est encore évident, par ce rapprochement, qu'il a existé deux Polyclète : l'un, célèbre par les progrès qu'il fit faire à l'art ; l'autre, illustre par deux statues qui se lient à des événements importants de l'histoire de la Grèce.

SILANION (mort vers l'an 346 av. J.-C.).

SILANION, sculpteur grec, était natif d'Athènes ; Pline le dit contemporain de Lysippe et d'Alexandre. Il exécuta la statue de Satyrus, deux fois vainqueur au pugilat dans les jeux olympiques, et celle de Démarate, vainqueur au même exercice dans la classe des enfants.

Les époques où ces athlètes furent couronnés ne sont pas connues ; mais un fait remarquable nous apprend qu'il vivait encore la première ou la seconde année de la cviii^e olympiade, 346 ans avant J.-C. : c'est la consécration d'une image de Platon, dont nous allons parler. Une statue de Corinne, un Thésée, un Achille,

dont les anciens louèrent souvent la beauté, contribuèrent à sa réputation. Il représenta aussi un maître de palestre, nommé Épistate,
dans l'attitude où il se montrait le plus fréquemment quand il exerçait ses élèves.

Silanion paraît avoir excellé dans l'imitation des passions vives,
et c'est principalement par cette considération qu'il mérite une
place parmi les artistes les plus distingués. Un statuaire de son
temps, nommé Apollodore, homme d'une grande habileté et d'un
goût exquis, *inter cunctos diligentissimus*, était si difficile à se
contenter lui-même, qu'il lui arrivait souvent de briser ses ouvrages, ne voulant rien laisser paraître que d'entièrement accompli.
Silanion fit sa statue, et il le représenta tenant un marteau dans la
main et regardant avec colère, comme s'il avait eu l'intention de
briser un objet placé devant lui. Pline, voulant louer cet ouvrage,
dit que Silanion n'avait pas représenté un homme furieux, mais la
fureur elle-même. Ce n'est là sans doute qu'une de ces exagérations où cet écrivain est tombé fréquemment ; car Silanion ne pouvait pas avoir l'intention d'humilier un maître d'un grand talent et
son contemporain. Nous devons lui supposer, au contraire, celle
d'honorer son savoir et de rappeler sa sévérité envers ses propres
ouvrages. Cette statue devint, par conséquent, une leçon pour les
artistes présomptueux qui ne se seraient point assez défiés d'eux-
mêmes ; un hommage envers Apollodore, dont elle attestait le mérite ; un sujet de gloire pour Silanion, dont elle montrait l'habileté
dans l'art d'exprimer les caractères. Cicéron a célébré un autre
ouvrage du même maître : c'est une statue de Sapho, qui ornait le
Prytanée de Syracuse lorsqu'elle devint la proie de Verrès. « Ce
chef-d'œuvre, dit l'orateur, par une fine ironie contre Verrès, était
si délicat, si beau, si achevé, qu'il ne méritait pas seulement de
faire l'ornement d'une ville, mais bien plutôt d'enrichir la collection
du savant et élégant préteur qui s'en est emparé. » Cette statue,
suivant l'opinion de Tatien, représentait Sapho la courtisane ; mais
la manière dont en parle Cicéron ne laisse pas lieu de douter
qu'elle ne fût le portrait de la poëtesse de Lesbos ; et Visconti, dans
son *Iconographie*, en paraît persuadé. L'image de Sapho, empreinte sur diverses monnaies autonomes de Mitylène, ne saurait
avoir été exécutée d'après ce modèle, qui ne semble pas avoir été
fait pour l'île de Lesbos ; mais les pierres antiques gravées, qui

reproduisent la tête de cette femme célèbre, peuvent très-bien être des imitations de l'ouvrage de Silanion.

Une autre production de cet habile sculpteur doit nous intéresser encore davantage : je veux parler d'une statue de Platon, qui paraît avoir servi de modèle au seul portrait authentique qui nous reste de ce philosophe Elle fut exécutée pour un satrape persan, nommé Mithridate, qui la plaça dans Athènes même, au jardin de l'Académie, et la consacra aux Muses. Vraisemblablement, cette offrande eut lieu après la mort de Platon, arrivée la première année de la cviiie olympiade, et avant l'entrée d'Alexandre dans la Perse : c'est ce fait qui donne une époque à peu près certaine pour l'âge de Silanion. Cette statue était en bronze, comme toutes celles dont nous venons de parler. Il y a lieu de croire qu'elle fut transportée à Constantinople, lorsqu'on dépouilla la Grèce de ses derniers ornements pour l'embellissement de cette capitale ; mais il dut en être fait de nombreuses copies. Le seul buste de Platon, qui mérite notre confiance, est, suivant la remarque de Visconti, celui de la galerie de Florence, qu'on croit avoir été trouvé près d'Athènes. Ce n'est pas trop présumer que de le regarder comme une copie de l'ouvrage de Silanion. Ce buste représente Platon coiffé de la bandelette appelée *strophium*, réservée aux dieux, aux athlètes victorieux et aux personnages divinisés ; ce qui est une preuve de plus que la statue de ce philosophe ne lui fut élevée qu'après sa mort, et que le buste dont il s'agit en est une copie. D'après cette conjecture, nous devons à Silanion et à un Persan, ami des lettres, de nous avoir conservé les traits du fondateur de l'Académie. Le buste de Florence, gravé dans l'*Iconographie* de Visconti (t. I, pl. xviii, nᵒˢ 3 et 4), est un témoignage de l'habileté de ce statuaire.

PRAXITÈLE (361-240 av. J.-C.).

PRAXITÈLE, statuaire grec, est un de ces maîtres éminemment illustres qui ont attaché leur nom aux grandes révolutions opérées dans les arts. « Il n'est personne, disait Varron, quelque peu d'instruction qu'il ait reçue, qui ne connaisse Praxitèle. » La plupart des auteurs anciens, qui en ont fait l'éloge, le représentent comme s'étant distingué par une finesse dans les contours, par une grâce dans les attitudes, et surtout par une délicatesse dans l'expression des affections douces de l'âme, qui annoncent de nouveaux progrès dus à son siècle, et particulièrement à son génie.

Une si puissante considération doit nous faire soigneusement rechercher l'époque à laquelle il appartient. Malheureusement, aucun des écrivains qui ont parlé de ce célèbre sculpteur, ne nous a fait connaître ni le lieu, ni l'année de sa naissance, ni le nom de son maître, ni la date de sa mort. Il est très-vraisemblable qu'il était Athénien; ce fait semble du moins se déduire de ce qu'il habitait Athènes dans sa jeunesse.

Pline le place avec Euphranor à la cive olympiade. S'il avait entendu indiquer, par cette date, l'âge moyen de Praxitèle, comme on l'a pensé généralement, il se serait évidemment trompé. Winckelmann, adoptant cette opinion sans discussion, a supposé que, dans la cive olympiade, Praxitèle était sur le milieu de sa carrière. Il est résulté de cette fixation que, dans son système, ce maître a fleuri avant Lysippe. Praxitèle, suivant lui, a créé ce qu'il appelle le beau style, et c'est sous la main de Lysippe, que cette manière a acquis ensuite sa plus haute perfection. Heyne, qui dans son Traité des *Époques de l'art*, a relevé plusieurs erreurs de son illustre compatriote, place également Praxitèle à la cive olympiade. Ce maître s'est trouvé par là plus ancien que des artistes auxquels il a réellement succédé, et dont les ouvrages laissaient encore voir des imperfections qui disparurent sous son ciseau. L'universalité des modernes s'est conformée à la doctrine de ces deux savants.

Personne n'a remarqué que Pline lui-même assigne directement ou indirectement trois époques bien distinctes à Praxitèle. Il le place d'abord à la cive olympiade. Il dit ensuite, au chapitre ii du livre xxxv, que Praxitèle était contemporain du peintre Nicias, et qu'il n'était pas satisfait de ses ouvrages, tant que Nicias ne les avait pas recouverts de son vernis encaustique. Or, Nicias était élève d'Antidote, et celui-ci, élève d'Euphranor. Il résulte de ce fait, qu'il devait y avoir entre Euphranor et Praxitèle, bien que Pline les ait rangés sur la même ligne, une différence au moins de quarante ans, et que, par conséquent, si Euphranor appartient à la cive olympiade, Praxitèle doit être placé, au plus tôt, pour son âge moyen, à la cxiie ou à la cxiiie. Ceci est conforme au texte de Pline, qui dit (liv. xl, ch. 11), que plusieurs écrivains plaçaient

Nicias à la cxii^e olympiade; qu'il vivait encore sous Attale Ier, roi de Pergame; que ce roi lui offrit soixante talents de son tableau représentant la descente d'Ulysse aux enfers; et que le peintre, déjà riche, aima mieux faire présent de ce tableau à la ville d'Athènes, sa patrie. Cet auteur ajoute que Nicias est bien celui dont il a parlé à l'occasion de Praxitèle: *Hic est Nicias de quo dicebat Praxiteles*, etc.

L'assertion de Pline, au sujet d'Attale, renferme une erreur. Attale ne monta sur le trône que la seconde année de la cxxix^e olympiade. C'est Ptolémée Soter, lorsqu'il était roi d'Égypte, qui offrit à Nicias soixante talents de son tableau. Nous ne pouvons récuser à cet égard le témoignage de Plutarque et d'Élien. Or, Ptolémée Soter ne fut déclaré roi que dans la cxviii^e olympiade. C'est, par conséquent, vers la cxviii^e, que Nicias, déjà connu dans la cxii^e, se trouvait parvenu au plus haut degré de sa gloire. Cet espace s'étend de l'an 332 à l'an 305 avant J.-C. Telle est aussi l'époque où florissait Praxitèle.

Ce fait résulte non-seulement de ces passages de Pline, mais de plusieurs autres points historiques. Pausanias dit que Praxitèle se rendit célèbre trois générations après Alcamène. Pline place Alcamène, avec Phidias, à la lxxxive olympiade. Cette fixation n'est point exacte. Alcamène étant élève de Phidias, il faut admettre entre eux une différence au moins de quinze ou seize ans, et cela nous place, au plus tôt, pour l'âge moyen d'Alcamène, à la lxxxviiie olympiade. De plus, nous savons qu'après la rentrée de Thrasybule à Athènes, Alcamène exécuta les deux statues colossales d'Hercule et de Minerve, que cet illustre banni et ses compagnons consacrèrent à Thèbes, dans le temple d'Hercule, en mémoire de l'hospitalité qu'ils avaient reçue des Thébains. Or, le retour de Thrasybule date de la première année de la xciv^e olympiade; ce n'est donc pas trop avancer l'âge moyen d'Alcamène, que de le placer à l'olympiade lxxxviiie.

Mais si à ces quatre-vingt-huit olympiades nous en ajoutons vingt-trois, pour les trois générations qui séparent Alcamène d'avec Praxitèle, nous arriverons à la cxi^e olympiade; et en effet, à cette époque, ce dernier était jeune encore, mais il pouvait s'être illustré déjà par de grands ouvrages.

Rien n'est plus connu, dans les anecdotes des arts, que l'amour de Praxitèle pour Phryné. Sa liaison avec cette courtisane ne se bornait point à un simple commerce de galanterie; elle était fondée sur une passion réciproque, que Phryné ne désavouait point, et dont, au contraire, elle tirait vanité. Il dut, par conséquent, y avoir entre ces deux personnages des convenances d'âge, autant que des rapports d'esprit et de goût. Or, c'est dans la cxi^e olympiade que Phryné brillait de tout l'éclat de la jeunesse et de la beauté. C'est dans la deuxième année de cette olympiade, qu'Alexandre détruisit la ville de Thèbes; et c'est aussi vers ce temps, que Phryné dut offrir de la reconstruire. Cette jactance, brillante à quelques égards, n'aurait dû paraître que honteuse et ridicule, si, lorsqu'elle amusa la Grèce, Phryné eût déjà été sur le retour. C'est pareillement dans la cxi^e olympiade qu'Apelles vit cette beauté célèbre sortant des eaux de la mer, aux fêtes d'Éleusis, et qu'il peignit, d'après ce modèle, sa Vénus Anadyomène. Cette date est obligée en ce qui concerne Apelles; car, auparavant, il était encore à l'école de Pamphile, où il n'entra, comme l'on sait, qu'après avoir reçu des leçons d'Éphore dans la ville d'Éphèse; et il partit pour l'Asie, à la suite d'Alexandre, d'où, après la mort de ce prince, il se rendit à la cour d'Antigone et à celle de Ptolémée. La passion de Praxitèle pour Phryné, doit dater de cette époque : elle continua les années suivantes, et donna occasion aux trois statues de Vénus, et aux deux statues de Phryné elle-même, que Praxitèle modela d'après sa maîtresse.

Théophraste, enfin, par son testament, que Diogène Laërce nous a conservé, légua aux philosophes péripatéticiens, un jardin où ils pourraient se livrer à leurs études, et dans lequel il voulut être inhumé. Auprès de ce jardin, il avait fait élever un temple et un musée, ornés de statues, de tables géographiques et d'autres monuments. Tous ces ouvrages ne se trouvaient pas terminés au moment de sa mort. Il ordonna qu'une statue d'Aristote, déjà exécutée, serait placée dans le temple. Il avait, en outre, demandé à Praxitèle, une statue, grande comme nature, de Nicomaque, fils d'Aristote; déjà il avait payé à cet artiste le montant du modèle en argile; le marbre n'était pas achevé : il chargea ses exécuteurs testamentaires de faire terminer cette statue par le même sculpteur, et d'acquitter le restant de la dépense. Or, Théophraste, qui fut le successeur d'Aristote, comme chef de l'école des Péripatéticiens

dans la cxive olympiade, mourut la troisième année de la cxxiiie.
Rien ne peut faire présumer que son testament soit de beaucoup
antérieur à sa mort. Il est évident, au contraire, que Diogène
Laërce n'aurait pas publié ce testament, si Théophraste eût exécuté
lui-même les opérations dont il chargeait ses héritiers. On ne peut
douter, d'un autre côté, que le Praxitèle dont il s'agit ne soit bien
l'auteur de la Vénus de Cnide ; car il n'a existé, dans l'antiquité,
que deux sculpteurs de ce nom, ainsi que nous le prouverons tout
à l'heure par un passage d'une scholie de Théocrite, qui le porte
textuellement ; et le second de ces deux maîtres, qui était en même
temps ouvrier en argent, florissait au temps de Cicéron et de Pompée. Il est, par conséquent, certain que Praxitèle, l'auteur de la
Vénus de Cnide, vivait encore dans la troisième année de la
cxxiiie olympiade.

Ces synchronismes assignent des dates à chacune des principales
époques de sa vie. On peut placer sa naissance vers la quatrième
année de la cive olympiade, c'est-à-dire, à l'an 364 avant J.-C. ;
c'est la date de sa naissance, que Pline a prise pour son âge moyen.
Dans la cxie olympiade, lorsqu'il conçut sa passion pour Phryné,
il était âgé de vingt-six ans environ ; et en l'an 286 avant J.-C.,
lors de la mort de Théophraste, il en avait soixante-quinze.

Si l'on veut comparer l'état des arts et de l'instruction publique,
entre Athènes et Rome, on trouve que Praxitèle naquit l'an 393
de la fondation de cette dernière ville, et qu'il était parvenu vers
la fin de sa carrière en l'année 468.

La fixation de l'âge de Praxitèle nous montre pourquoi Alexandre lui préféra Lysippe, lorsqu'il choisit un sculpteur qui fut seul
autorisé à représenter son image. Lysippe qui exécuta, dans la
ciie olympiade, la statue de l'athlète Pyrrhus d'Élée, et qui vivait
encore dans la cxive, lors de la bataille de Lamia, ne pouvait pas
être âgé de moins de cinquante-neuf à soixante ans, lorsque Alexandre partit pour la guerre d'Asie ; tandis que Praxitèle n'en avait
alors que vingt-sept ou vingt-huit ; et l'on conçoit qu'Alexandre
dut préférer un maître illustré par plus de quarante ans de travaux et jouissant d'une immense réputation, à un jeune homme
dont le nom était encore loin d'avoir un si grand éclat. Le fait
rapporté par Pausanias, que les habitants de Thespies, après avoir
consacré la statue de l'Amour, de Praxitèle, dans le temple de ce

dieu, y placèrent une autre statue de la même divinité, de la main de Lysippe, ce fait ne change rien à la chronologie de ces deux maîtres, puisque Lysippe exerçait encore son art dans la cxiiᵉ olympiade, lors du passage du Granique, et même dans la cxivᵉ. Un passage, où Vitruve dit que Praxitèle sculpta un des quatre côtés du tombeau de Mausole, s'explique par lui-même, car l'auteur ajoute : *D'autres croient que ce fut Timothée.*

Quelques-uns des ouvrages de Praxitèle se rangent, sinon d'une manière absolument certaine, du moins avec toute apparence de vérité, sous des dates qui correspondent à celles que nous venons d'établir. Les sculptures, apparemment en bas-relief, qui, suivant le témoignage de Strabon, couvraient presque en entier l'autel du temple d'Éphèse, ne furent exécutées, suivant les écrits du même auteur, qu'après que les reconstructions du temple eurent été achevées. Or, l'incendie qui le ravagea, eut lieu la première année de la cviᵉ olympiade. On voit que, vingt-deux ans après, ou la seconde année de la cxiiᵉ, lorsque Alexandre alla y sacrifier à Diane, les travaux étaient terminés, ou sur le point de l'être, puisque déjà on y avait placé une statue de Philippe, roi de Macédoine ; mais ils ne durent pas être achevés longtemps auparavant. Nous pouvons donc admettre, que les sculptures de Praxitèle, placées dans ce temple, appartiennent à la cxiᵉ olympiade, ou tout au plus à la cxᵉ.

Le Satyre d'Athènes et le Cupidon de Thespies furent aussi au nombre des productions de sa jeunesse. Il donna ce dernier chef-d'œuvre à Phryné ; et, par une suite de ces habitudes des Grecs, chez qui des idées élevées s'unissaient si fréquemment aux égarements des passions et aux excès mêmes de la licence, elle en fit hommage à la ville de Thespies, sa patrie, qu'Alexandre venait de dévaster. Il fut consacré dans un ancien temple de l'Amour ; et, grâce à cette destination religieuse, il devint une sorte de dédommagement pour une ville qu'avait ruinée le fléau de la guerre, et que, sous le gouvernement des Romains, des oppresseurs avides dépouillèrent successivement de tout ce qu'elle renfermait de précieux. « Thespies n'est plus rien, dit Cicéron ; mais elle conserve le Cupidon de Praxitèle, et il n'est aucun voyageur qui n'aille la visiter, pour connaître cette belle statue. » Cet Amour était en marbre ; ses ailes étaient dorées ; il tenait son arc à la main. Caligula le fit transporter à Rome ; Claude le rendit aux Thespiens. Néron les en priva de nouveau ; il fut alors placé sous les portiques d'Octavie, où, peu de temps après, un incendie le détruisit.

Il paraît que Praxitèle exécuta deux autres figures de l'Amour, toutes deux en bronze, soit que ces figures fussent de simples répétitions de celui de Thespies, soit qu'il eût changé quelque chose dans la composition. Elles sont mentionnées, l'une et l'autre, dans les descriptions de statues antiques de Callistrate.

La ville de Parium, dans la Propontide, possédait une autre statue de l'Amour, de la main de Praxitèle. Celle-ci était en marbre, comme celle de Thespies : c'est celle qui enflamma, disait-on, la passion d'Architas de Rhodes. Lorsque Néron enleva celle de Thespies, les habitants en firent faire une copie, aussi en marbre, par un sculpteur athénien, nommé Ménodore, à qui Pline attribue quelques autres ouvrages. C'est enfin une autre répétition, en marbre, de la statue de Thespies, et de la main de Praxitèle, que Verrès ravit à Héius, riche citoyen de Messine, et dont il orna son musée. La multiplicité de ces répétitions nous dit assez quelle estime avait obtenue le monument original.

Le Satyre ou le Faune, auquel Phryné préféra Cupidon, fut placé à Athènes, dans un temple situé sur la rue des Trépieds. Il était en bronze ; sa réputation, accrue de jour en jour, le fit surnommer *Périboëtos* ou *le Célèbre*.

Ce fut sans doute aussi pendant la jeunesse de Phryné, que furent exécutées les deux statues de Vénus qui illustrèrent la ville de Cos et celle de Cnide. La première était vêtue, la seconde était nue. On sait quelle fut l'admiration de l'antiquité pour ce dernier chef-d'œuvre. Le Jupiter de Phidias et la Vénus de Cnide de Praxitèle paraissent avoir été regardés, dans des genres différents, comme les deux productions les plus achevées de la sculpture grecque. Tout le monde connaît ce mot de Pline : *De toutes les extrémités de la terre, on navigue vers Cnide, pour y voir la statue de Vénus.* Le roi Nicomède offrit aux Cnidiens, s'ils voulaient la lui céder, d'acquitter, en échange, la totalité de leurs dettes, qui étaient fort considérables. Ils refusèrent cette proposition ; et c'est avec raison, ajoute Pline : *car ce chef-d'œuvre fait la splendeur de leur ville.* Une troisième statue de Vénus, pareillement en marbre, se voyait dans la ville de Thespies.

Les deux statues de Phryné datèrent à peu près du même temps, c'est-à-dire de la cxii°, de la cxiii° ou de la cxiv° olympiade. Phryné devait être jeune encore ; mais il fallait aussi que sa renommée l'eût dès longtemps ennoblie aux yeux de la Grèce, lorsqu'elle osa ériger elle-même sa statue dans le temple de Delphes. Cette statue était en bronze doré ; elle fut placée entre celle d'Archidamus, roi de Lacédémone, et celle de Philippe, père d'Alexandre. Sur la base était placée cette inscription : « *Phryné, Thespienne, fille d'Épicléus.* » Cratès disait, que cette statue était un trophée de l'intempérance des Grecs. Plutarque ajoute, en rapportant ce mot, que Cratès n'aurait pas dû moins s'indigner de voir, dans le temple de Delphes, tant de statues honorer les guerres intestines par lesquelles la Grèce avait déchiré son propre sein, et, Apollon entouré des honteux témoignages de l'avarice et de l'inhumanité des rois et des peuples. L'autre statue de Phryné était en marbre. Ce furent les habitants de Thespies qui l'érigèrent dans leur propre ville. Ils la placèrent dans le temple de l'Amour, auprès de la statue de Vénus, que nous venons de citer.

Une des productions les plus considérables de Praxitèle, ce furent les sculptures dont il orna les deux frontons du temple d'Hercule, de la ville de Thèbes : elles représentaient les travaux d'Hercule. Il est assez vraisemblable qu'elles furent exécutées vers la deuxième année de la cxvi° olympiade, lorsque Cassandre rebâtit réellement la ville de Thèbes. Mais on peut d'autant moins l'affirmer, qu'Alexandre ne détruisit aucun des temples, ni de Thèbes, ni de Thespies. C'eût été un sacrilège qui l'eût rendu infâme aux yeux des Grecs. Quoi qu'il en soit, ces sculptures furent placées dans les frontons, bien longtemps avant la construction du temple, puisque nous avons vu Alcamène orner l'intérieur de deux statues de sa main dans la xciv° olympiade. Ce fait prouve que les sculptures de Praxitèle étaient en ronde-bosse, comme celles du Parthénon d'Athènes ; et il confirme l'opinion, justement adoptée aujourd'hui, que les sculptures qui ornaient les frontons des temples grecs étaient généralement en ronde-bosse.

Les autres ouvrages de Praxitèle n'ont point de date précise ; mais, l'époque où florissait ce maître se trouvant fixée, il ne s'agit plus, pour l'histoire de l'art, que de connaître ses chefs-d'œuvre et d'en apprécier le mérite.

On voyait, à Mantinée, dans le temple de Latone et de ses enfants, les statues de Latone, de Diane et d'Apollon, posées sur le même soubassement. Autour de cette base étaient des bas-reliefs représentant une Muse et le satyre Marsyas, qui jouait de la flûte. C'est ce monument que Pausanias dit avoir été sculpté trois générations après Alcamène. Dans le temple de Junon, de la même ville, était représentée Junon, assise sur un trône, ayant à ses côtés Hébé et Minerve. Dans le temple de Cérès, à Athènes, étaient placées, l'une auprès de l'autre, des statues de Cérès, de Proserpine, et d'*Iacchus*, ou de l'*Enfant des Mystères* : celui-ci tenait en main un flambeau ; sur le mur voisin était tracée cette inscription, qui d'abord honora l'artiste, et qui ensuite illustra le monument : *Ouvrage de Praxitèle*. Hors de la porte qui conduisait d'Athènes à Phalère, était un tombeau au-dessus duquel se voyait un guerrier armé et debout auprès de son cheval. Le nom de ce militaire était inconnu ; sa figure et celle du cheval étaient de Praxitèle. Dans la citadelle, on montrait une statue de Diane *Brauronia*, ou Diane de la Tauride, divinité de Brauron, bourgade de l'Attique, que la tradition attribuait au même artiste.

La ville de Mégare possédait plusieurs ouvrages de sa main ; c'étaient : dans le temple de la Fortune, une statue de cette déesse ; dans celui de Latone, des statues de Latone, de Diane et d'Apollon, peut-être des répétitions du monument de Mantinée ; dans le temple de Bacchus, un Satyre en marbre, placé auprès d'une statue de Bacchus, dont la consécration remontait aux temps héroïques : le Satyre tenait une coupe qu'il présentait au dieu ; celui-ci était couvert de voiles, à l'exception du visage. Il était honoré sous le nom de *Patroüs*, c'est-à-dire, *divinité dont le culte vient de nos pères* ; ce qui peut servir à prouver que le culte du Bacchus des Mystères était plus ancien, chez les Grecs, que celui du Bacchus de Thèbes. Dans le temple de Vénus *Praxis*, ou Vénus *Pratiquante*, de la même ville, dont la statue était fort ancienne et en ivoire, Scopas avait élevé, auprès de la déesse, des figures de l'Amour, du Désir et de la Passion, génies dont le caractère répondait à celui de Vénus *Pratiquante*. Praxitèle rendit ce monument plus dramatique ; et, d'une représentation peu intéressante, il fit un ensemble moral : d'un côté de la déesse, il plaça *Pytho* ou la *Persuasion* ; de l'autre, *Parégore*, la *Conso-*

lation ou la *Consolatrice :* évidente allégorie des jouissances illicites où la passion entraîne, expressives images des séductions qui amènent la faute, et du repentir qui la suit.

A Platée, dans le temple de Junon, étaient une statue de Junon *adulte*, et une figure de Rhée, tenant dans ses mains une pierre enveloppée de langes, toutes deux en marbre.

A Lébadée, dans la Phocide, c'est une des branches des beaux-arts que Praxitèle fut chargé d'honorer : dans un temple situé près de la ville, au milieu d'un bois sacré, il éleva une statue à Trophonius, célèbre architecte, réputé fils d'Apollon, un des deux frères qui avaient bâti l'ancien temple de Delphes, incendié la première année de la LVIIIe olympiade. Ce personnage, regardé comme divin, à cause de ses talents, tenait en main un sceptre autour duquel étaient entortillés des serpents, emblèmes de la puissance de son génie et de sa supériorité dans son art.

A Argos, dans le temple de Latone, se voyait une statue de Latone, de la main du même artiste ; à Anticyre, ville de la Phocide, une statue colossale de Diane : la déesse tenait, de la main droite, un flambeau ; son carquois était suspendu derrière ses épaules ; un chien était à ses côtés.

Des ouvrages non moins précieux ornaient la ville d'Élis : dans le temple de Junon, c'était un Mercure en marbre, portant Bacchus enfant ; dans le temple de Bacchus, c'était ce dieu lui-même, statue de bronze, que Callistrate a décrite, et qu'il loue comme un chef-d'œuvre du premier ordre.

Divers auteurs citent d'autres monuments, qui ne paraissent pas avoir été faits pour des temples : ce sont un groupe, vraisemblablement en bas-relief, représentant l'Enlèvement de Proserpine ; une Cérès ramenant sa fille des enfers, dite, par cette raison, *Catagusa*, ou *Celle qui ramène* ; une figure de Pan, portant une outre, qu'on supposait pleine de vin, et appelée l'*OEnophore* ; une Femme présentant une couronne, appelée *Stephusa* ; une Femme vieille et malpropre, suivant le sens de sa dénomination, puisqu'on l'appelait la *Spilumène*, mais qui, vraisemblablement, comme il s'agit de sculpture, était une femme mal vêtue, et peut-être la Pauvreté personnifiée ; une Niobé, souvent célébrée par les poëtes ; des figures de Nymphes, des Ménades, une Danaé.

Pline cite d'autres ouvrages, statues ou bas-reliefs, qu'on voyait à Rome de son temps, savoir : une Vénus, dans le temple de la Félicité ; un Triptolème ; une Cérès. Il nomme aussi une Flore, dans les jardins Serviliens ; une figure de la Bonne Fortune, et un dieu *Bonus eventus*, au Capitole ; un Silène, un Apollon, un Neptune, dans les édifices d'Asinius Pollion ; et une des figures les plus ingénieuses pour la composition, les plus élégantes pour les contours, les plus curieuses dans sa signification mythologique, que puisse avoir créées le ciseau de Praxitèle : nous voulons parler du jeune Apollon, appelé vulgairement, au temps de Pline, le *Sauroctone* ou le *Tueur de lézards*. La tradition attribuait enfin à Praxitèle des statues des douze dieux, que l'on voyait à Mégare, dans le temple de *Diane protectrice*, et même deux chevaux en marbre, qui furent placés, postérieurement, sur la porte du Panthéon d'Athènes, construit par Adrien, et qu'on y voyait encore, auprès de beaucoup d'autres sculptures antiques, en l'an 1575.

On sent que, dans une si longue énumération, il faut faire la part des traditions fausses, et surtout celle de l'intérêt et de la vanité, dont le génie s'est appliqué, dans tous les temps, à donner de grands noms à leurs propriétés pour en accroître la valeur. Jamais, notamment, Praxitèle ne peut avoir composé une statue de Flore, divinité d'origine romaine, et que les Grecs, de son temps, ne connaissaient point. Mais il faut se rappeler aussi que les artistes grecs se livraient à l'étude de leur art de fort bonne heure, et que, lorsqu'ils remplissaient une longue carrière, s'ils avaient auprès d'eux, comme Polyclète, de nombreux élèves, ou, comme Praxitèle, des fils qu'ils associassent à leurs travaux, ils pouvaient facilement produire un très-grand nombre d'ouvrages.

Le nom de Praxitèle, dans la sculpture, et celui d'Apelles, dans la peinture (nous avons vu que ces deux maîtres étaient parfaitement du même âge), ces deux noms, disons-nous, signalent une époque trop brillante dans l'histoire de l'art grec, pour que nous ne devions pas nous appliquer à connaître exactement le genre de mérite du célèbre sculpteur qui est le sujet de cette notice.

Les éloges que lui ont accordés les anciens, diffèrent essentiellement de ceux qu'ils ont donnés à Phidias et à Polyclète, chefs des écoles précédentes. Ils admirent, dans les ouvrages de Phidias, l'élévation de la pensée, la gravité, l'ampleur, la majesté du style. Dans ceux de Polyclète, quoique les personnages soient généralement plus jeunes, ils reconnaissent la même dignité, la même grandeur, accompagnées d'une correction plus habituelle, et surtout d'une élégance plus soutenue. Mais, durant les cent quarante-huit ou les cent cinquante années écoulées, de la mort de Phidias à celle d'Apelles et de Praxitèle, l'art, abstraction faite du génie des maîtres, s'était honoré par de nouveaux progrès. La grâce et l'expression, objet particulier de l'attention de ce grand peintre et de ce grand sculpteur, s'étaient plus intimement associées à la beauté des formes. Trois qualités, bien distinctes dans les portraits que les anciens nous ont tracés de Praxitèle, formaient l'attribut particulier de ce maître : l'une était une parfaite vérité dans l'imitation, ou, en d'autres termes, une fidélité du ciseau, qui représentait l'extérieur du corps humain, simplement et noblement, et cependant avec toutes les inflexions qui sont le signe de la vie, qualité fondamentale dont la correction est inséparable, et qui n'est, à proprement parler, qu'une correction achevée ; l'autre était une élégance, une délicatesse dans les contours, propres à embellir au plus haut degré les figures des déesses et celles des jeunes dieux ; la troisième enfin était l'expression des émotions douces de l'âme.

Le style de Praxitèle était fin, noble, soutenu ; il n'avait rien d'austère, ni même de très-ressenti. On ne cite de lui aucune figure ni d'Hercule, ni de Jupiter. Il ne tenta point cette expression d'une douleur violente, où Agésander devait exceller trois cents ans après lui, et qui fut le dernier et le plus miraculeux effort du ciseau grec. Vérité, grâce, expression tempérée, tels furent les titres de gloire du rival d'Apelles, et tels furent aussi les riants objets auxquels ces deux grands maîtres attachèrent le goût et l'étude de leur siècle. « Lysippe et Praxitèle, dit Quintilien, se sont approchés de la vérité au degré le plus convenable. » Mot remarquable, par lequel Quintilien, en répétant une opinion devenue générale, loue ces deux maîtres de représenter fidèlement le vrai, en ne saisissant toutefois que le nécessaire, de rejeter les détails inutiles et minutieux, d'être animés sans cesse d'être tranquilles, expressifs sans cesser d'être grands. « L'airain s'amollit sous les mains de Praxitèle, dit Callistrate ; il s'anime, il devient une chair moelleuse, il trompe les sens. Ce Bacchus, ajoute-t-il, ne marche point, mais on sent qu'il est prêt à marcher. » Les prosateurs et les poëtes s'expriment, à cet égard, dans les mêmes termes. «Vénus est vivante à Cnide, dit Maxime de Tyr ; elle respire dans le marbre. » — « Les dieux, dit un poëte, avaient changé Niobé en pierre : Praxitèle, animant cette pierre, a fait revivre Niobé. » Même admiration pour le style. « Toutes les beautés qui embellissent l'Amour se retrouvent dans son image, dit Callistrate ; je reconnais ici le maître des dieux. » — « Pâris, Achille, Adonis, ont dévoilé mes charmes, disait Vénus ; mais Praxitèle, où m'a-t-il vue ? » — «A l'aspect de la déesse de Cnide, Minerve et Junon se dirent l'une à l'autre : N'accusons plus Pâris. » — Même enthousiasme pour l'expression des affections de l'âme. Suivant Diodore de Sicile, Praxitèle excelle à rendre sensibles les émotions du cœur : «Dans les yeux de ce Bacchus, se manifeste le trouble de l'ivresse ; dans son sourire, le sentiment de la volupté. » C'est encore ainsi que s'exprime Callistrate. « Sa Danaé est belle, dit un poëte... mais ses nymphes inspirent la gaieté. » — « Dans la grâce de cette figure de Vénus, dit Pline, on reconnaît la cause de la passion de Praxitèle pour Phryné ; dans l'expression du visage, le motif de son espérance. » D'accord avec les poëtes, Cicéron regarde les têtes de Praxitèle, c'est-à-dire, l'expression qui les anime, *Praxitelia capita*, comme une des créations les plus admirables et les plus difficiles où puisse atteindre l'intelligence humaine. « On voit dans le temple de Cnide, dit encore Pline, un Bacchus de Bryaxis, un Mercure de Scopas : le plus bel éloge de Praxitèle, c'est qu'en présence de ces beaux ouvrages on n'est occupé que de sa Vénus. »

En admettant qu'il faille retrancher quelque chose aux exagérations des poëtes, toujours est-il certain qu'il a dû y avoir, dans les ouvrages qui en étaient l'objet, un mérite particulier et transcendant, par où ils surpassaient tout ce qu'on avait le plus admiré jusqu'alors.

Il paraît prouvé, par cette opinion unanime de l'antiquité, que Praxitèle s'éleva au-dessus de Phidias et de Polyclète, en deux points, savoir : la finesse des contours et l'expression des affections tempérées, qui offrent un caractère distinctif, telles que l'amour, le desir, la joie, la tristesse. Occupés des grandes améliorations qu'ils opéraient dans le dessin, Phidias et Polyclète n'avaient pas porté l'art jusqu'à cette imitation compliquée ; elle fit la gloire de Praxitèle.

Après tant de louanges données à ce maître par les écrivains anciens, il est naturel de se demander si le temps a respecté quelqu'un de ses ouvrages : aucun ne paraît être parvenu jusqu'à nous. La Vénus de Cnide, ayant été transportée à Constantinople, y périt, en même temps que le Jupiter Olympien, de Phidias, la figure de l'Occasion, de Lysippe, et un grand nombre d'autres statues, dans un incendie qui eut lieu vers l'an 475. Nous ne connaissons, jusqu'à présent, que des copies des ouvrages de Praxitèle ; mais l'authenticité en est incontestable.

On regarde, généralement, le Cupidon du Vatican, conservé longtemps dans le Musée Français, sous le n° 63, comme une copie antique de celui de Thespies. J.-B. Visconti, père d'Ennius Quirinus, était plus porté à le croire une copie de celui de Paros (*Mus. Pio Clem.*, t. I, pl. XII). Il serait difficile de prononcer entre ces deux opinions. Seulement la multiplicité de ces imitations, toutes semblables l'une à l'autre, prouve qu'elles ont été exécutées d'après le même original, lequel ne peut être qu'un des Cupidons de Praxitèle, et vraisemblablement le plus célèbre. D'Hancarville cite une de ces copies antiques, qu'il dit la plus belle de toutes celles qu'il avait vues, et qui se trouvait, de son temps, en Angleterre, dans la collection de M. Townley (*Rech. sur l'origine des arts de la Grèce*, t. I, p. 345).

Le Faune en repos, qu'on a vu aussi dans notre Musée, sous le n° 50, et dont il existe un grand nombre de répétitions, est regardé comme une copie de son Faune ou de son Satyre *Péribaëtos* ou le *Célèbre*. Les Grecs désignaient, par le nom de *satyres*, les personnages agrestes que nous appelons des *faunes* ; et ils ne donnaient des jambes de chèvres qu'aux panisques. Cette opinion sur le *Péribaëtos* est celle de Winckelmann (*Histoire de l'art*, livre IV, chap. II), et de Visconti (*Musée Pio-Clémentin*).

On voit à Rome, dans le Musée du Vatican et dans divers palais, un grand nombre de statues qui sont évidemment des copies de la Vénus de Cnide. Il en a été publié une, dans le *Musée Pio-Clémentin* (t. I, pl. XI). Elle a été gravée avec une draperie, qui n'est qu'une pièce de rapport.

Nous possédons, à Paris, dans le jardin des Tuileries, sur la terrasse du midi, une copie en bronze de cette statue du Vatican : elle est nue ; mais l'artiste qui l'a moulée, a supprimé le vase sur lequel la Vénus de Cnide tenait sa draperie suspendue. L'authenticité de toutes ces copies est prouvée par leur ressemblance avec la figure de Vénus, représentée sur plusieurs médailles de la ville de Cnide.

Nous possédons, dans notre Musée Royal (n° 59), une tête antique de marbre, que Visconti regardait comme ayant appartenu à une copie de la Vénus de Cnide, et qu'il trouvait *d'une beauté divine*. Elle faisait partie de la collection Borghèse (Stanza v, n° 26). Le buste drapé auquel elle est adaptée est un ouvrage du dix-septième siècle. Les voyageurs et les antiquaires citent, comme un chef-d'œuvre de la plus rare beauté, une tête semblable à celle-là et en bronze, qui se voit en Espagne, au château royal de Saint-Ildefonse. La même tête se retrouve, vue de face, sur deux beaux médaillons d'argent de la ville de Cnide, différents l'un de l'autre, tous deux très-rares et vraisemblablement uniques. L'un des deux fait partie de la riche collection de M. Knight, à Londres; l'autre a été découvert tout récemment dans l'Asie Mineure: il appartient à un amateur de Paris [1].

Mais, de toutes les copies antiques des ouvrages de Praxitèle, il n'en est point de plus curieuse et de plus intéressante que celle de son jeune Apollon, appelé *Sauroctone*. L'authenticité de ces deux dernières figures est indubitable, soit à cause de la description que Pline a faite de l'original, soit par la ressemblance qui existe entre elles. De plus, elles sont d'une conservation presque parfaite; elles n'ont été restaurées que dans quelques extrémités: les têtes, notamment, en sont antiques. Celle de bronze, qu'on voyait dans la villa Albani, ne saurait être l'original de Praxitèle, comme le présumait Winckelmann (*Monum. inéd.*, n° 40); elle laisse trop à désirer pour cela; mais elle a servi à constater la fidélité des autres copies. Celle que nous possédons dans notre Musée Royal, et qui est en marbre (n° 19 du Catalogue actuel), est une des mieux conservées; elle vient de la galerie Borghèse (Stanza ii, n° 5). Il y en a une, aussi en marbre, dans le Musée du Vatican (*Mus. Pio-Clém.*, t. I, pl. xiii). Il en existe plusieurs autres. Quelques-uns de ces monuments sont habilement gravés, dans le *Musée Français*, publié par MM. Robillard, Pé-

---

[1] M. Rollin, numismate.

ronville et Laurent, et dans le *Musée des Antiques*, publié par M. Bouillon.

Ces diverses copies ne reproduisent point, sans doute, les ouvrages de Praxitèle dans toute leur beauté; mais elles suffisent pour nous donner une idée des qualités qui distinguaient son style. La tête de la Vénus de Cnide, notamment, et l'Apollon, dit *Sauroctone*, de notre Musée, malgré quelques imperfections, qu'on remarque à regret dans cette dernière figure, nous mettent à même d'apprécier avec justesse l'élégance, la finesse et l'esprit que les anciens admiraient dans les chefs-d'œuvre de ce célèbre artiste.

Praxitèle eut deux fils, qu'il instruisit dans son art, Céphisodote et Eubulus. Céphisodote ou Céphisodore, fut le plus illustre. Il paraît avoir travaillé à la cour des rois de Pergame. Le nom d'Eubulus, avec la qualification de *fils de Praxitèle*, se voit sur un Hermès, placé autrefois à la villa Négroni. (*Mus. Pio-Clém.*, t. VI, pl. xxi, p. 36; Caylus, *Académ. des Inscript.*, t. XXV, p. 333). Les deux frères travaillaient quelquefois en commun. Ils exécutèrent, notamment, de cette manière, une statue de Bellone, placée par les Athéniens dans le temple de Mars, et une statue de Cadmus, dans la ville de Thèbes. Praxitèle forma aussi un élève, nommé Pamphile, auteur d'une statue de Jupiter Hospitalier, qu'on voyait à Rome, au temps de Pline, dans les jardins d'Asinius Pollion.

Il y eut un second Praxitèle, modeleur en argent, célèbre par la beauté de ses bas-reliefs. Pline le dit contemporain de Pompée. Nous savons, d'ailleurs, qu'il représenta, dans une de ses compositions, l'aventure qu'on racontait de l'acteur Roscius, contemporain lui-même de Pompée et de Cicéron : il s'agit de Roscius, enfant, entouré, dans son berceau, par un serpent qui reposait contre son sein ; c'est Cicéron qui rapporte ce fait.

Théocrite (idylle v^e), place, dans la bouche d'un de ses bergers, l'éloge d'un vase dont il attribue le travail à Praxitèle. Le scholiaste dit, à cette occasion, qu'il a existé deux artistes de ce nom : l'*ancien*, qui était, dit-il, statuaire, et le *nouveau*, qui était sculpteur d'ornements, et il ajoute, que ce dernier vivait sous le roi Démétrius, et que c'est de celui-là que parle Théocrite. Il faut distinguer deux parties dans cette scholie, celle où l'auteur dit qu'il a existé deux Praxitèle, et celle où il paraît croire que Théocrite parle du second. En distinguant deux Praxitèle, et en n'en distinguant que deux, le scholiaste confirme ce qui a été dit ci-dessus, que le Praxitèle, nommé dans le testament de Théophraste, est bien l'auteur de la Vénus de Cnide; et que, par conséquent, ce maître vivait encore la troisième année de la cxxiii° olympiade, 286 ans avant J.-C. Le système chronologique, que nous avons voulu établir par là, est pleinement confirmé, et l'époque où florissait ce grand artiste ne saurait présenter désormais aucun sujet de doute. Quant à ce que l'auteur ajoute, que le second Praxitèle vivait sous le roi Démétrius, et que c'est de celui-là que Théocrite a voulu parler, il y a dans ce passage une erreur évidente. Les deux Praxitèle vivaient, l'un et l'autre, sous un roi Démétrius; savoir : le statuaire, sous Démétrius-Poliorcète, fils d'Antigone, et contemporain de Ptolémée-Soter; et le sculpteur d'ornements, sous Démétrius III, qui était lui-même contemporain de Cicéron et de Pompée. Or, Théocrite qui florissait sous Ptolémée Soter, et sous Ptolémée Philadelphe, ne saurait avoir parlé que du statuaire. Rien ne prouve, à la vérité, que celui-ci ait jamais sculpté de vases; mais, comme le remarque très-justement le même scholiaste, le passage de Théocrite ne signifie point que le *cratère* dont parle le berger Comatas, existât réellement. Le poëte emploie le nom de Praxitèle, pour relever le mérite du présent que ce berger veut offrir à sa maîtresse. C'est une manière détournée de louer un artiste qu'il pouvait avoir connu dans ses jeunes années, et dont le nom excitait depuis longtemps l'enthousiasme de la Grèce.

CRITON (1er ou 2e siècle av. J.-C.).

Criton, statuaire, natif d'Athènes, est du petit nombre des artistes grecs dont il y a lieu de croire que nous possédons des ouvrages. Le nom de ce sculpteur et celui de Nicolaüs, né pareillement à Athènes, se trouvent gravés sur la corbeille que porte une des trois cariatides découvertes à Rome, en 1766, sur la voie Appienne, près du fameux tombeau de Cécilia Métella. Ces trois figures, semblables l'une à l'autre, paraissent avoir été employées à la décoration d'un tombeau ou d'une maison de campagne. Quelques défauts dans l'exécution, pourraient faire présumer que ce sont des copies ; mais on peut croire aussi que, dans des ouvrages de simple décoration, les artistes s'appliquèrent plus à la composition qu'au mérite des détails. Il est, par conséquent, assez vraisemblable que Criton et Nicolaüs travaillaient à Rome vers les derniers temps de la république. Les cariatides dont il s'agit, font partie des richesses de la villa Albani.

LUDIUS (1er siècle av. J.-C.).

LUDIUS, peintre romain, contemporain d'Auguste, est au nombre des maîtres qui se sont rendus célèbres par la hardiesse de leurs conceptions, plus encore que par l'éminence de leurs ta'ents.

L'époque de sa naissance et celle de sa mort, ainsi que les circonstances de sa vie, nous sont entièrement inconnues. Nous savons seulement qu'il se fit un nom illustre, à cause de la vaste dimension des peintures dont il couvrait les murs des édifices de Rome, tant au dehors qu'au dedans, et du procédé qu'il mettait en œuvre dans ces grandes opérations. Mais cette circonstance doit suffire pour appeler sur lui notre attention. La renommée dont jouit Ludius, dans un siècle où les Romains étaient, pour ainsi dire, rassasiés de chefs-d'œuvre, et l'influence qu'il paraît avoir exercée sur les pratiques de ceux qui l'ont suivi, sont des particularités remarquables dans les annales de la peinture.

Les écrivains modernes, qui ont traité l'histoire des arts, se sont généralement persuadé que les fragments de peinture, trouvés empreints sur les murs, dans des ruines de bâtiments antiques, sont tous des fresques. Cette opinion s'est si bien établie, que le mot de *fresque* est devenu l'expression générique par laquelle on a désigné toutes les productions des pinceaux grecs ou romains, découvertes à Herculanum, à Pompéia, dans les bains de Titus, à la *villa Hadriana*, et ailleurs. Une erreur si grave sera facile à reconnaître, quand on examinera ces ouvrages avec plus d'attention.

Les anciens employaient, sur les murs, trois genres de peinture : la fresque, la détrempe et l'encaustique.

De ces divers procédés, l'encaustique était le plus estimé et le plus répandu, parce qu'il était le plus solide, et que c'était aussi celui où les couleurs brillaient d'un plus vif éclat. Les peintures exécutées par Polygnote, dans l'intérieur du Pœcile d'Athènes, étaient des encaustiques. Il en était de même des grandes compositions tracées sur les murs par Aristide, Pamphile, Apelles, Pausias, Nicias, Protogène. C'est ce qu'on voit clairement dans Pline et dans d'autres auteurs. La fausse opinion conçue, à ce sujet, par Caylus et par de La Nauze, est venue de ce que ces savants, trompés par ce mot de Pline: *resolutis igne ceris*, ont cru que l'encaustique s'exécutait avec de la cire chaude, tenue en fusion par le feu, et même qu'on n'y employait pas le pinceau, si ce n'est pour enduire de cire et de résine l'extérieur des bâtiments de mer. (*Acad. des Inscript.*, t. XXV; *Mém.*, pag. 297, 298.) Ces idées ne sont point exactes. Mais la peinture à l'encaustique sur les murs, étant fort coûteuse, ne convenait pas à toutes les fortunes, et cette sorte de défaut dut porter souvent les particuliers à préférer la fresque et même la détrempe, pour les peintures et pour les couches monochromes, qui tenaient lieu de tentures dans l'intérieur des maisons.

La fresque s'exécute, comme l'on sait, avec des couleurs terreuses, appliquées sur un enduit de mortier encore frais, de manière à pénétrer cet enduit, et à faire corps avec lui quand il se durcit. Elle était beaucoup moins coûteuse que l'encaustique, parce que la manipulation en était moins longue, et qu'on n'y employait que les matières colorantes les plus communes. Toutefois, si l'on voulait lui assurer quelque solidité, on avait soin d'appliquer d'abord sur le mur trois couches d'un fort crépiment. Le mortier de la première était composé de chaux et de sable; celui des deux autres, de chaux et de poudre de marbre. C'était sur un quatrième crépiment, où le marbre était aussi employé, que les couleurs étaient ensuite appliquées. Quelques personnes faisaient ensuite vernir les fresques, ou bien elles les faisaient polir comme nos stucs. Quand elles avaient été disposées avec toutes ces précautions, on pouvait les enlever de dessus ces murs avec les croûtes que formaient les quatre crépiments; on taillait les fragments dans diverses formes, et on en faisait des dessus de tables qui imitaient la dureté et le brillant du marbre. Mais, malgré tant de soins, les teintes de la fresque le plus solidement établie n'avaient qu'une courte durée; c'est ce que Plutarque nous atteste clairement, dans un passage où il compare la fresque à l'encaustique. Si les peintures anciennes, qui nous restent, eussent été

exécutées entièrement à fresque, l'air ou l'humidité et le salpêtre en auraient, par une conséquence nécessaire, dévoré depuis
longtemps les couleurs. Heureusement pour nous, ou ces peintures
étaient à l'encaustique, ou bien l'encaustique était associée à la
fresque, sur le même monument, et dans le même ouvrage; la
fresque formait alors le fond, et l'encaustique les ornements; c'est
ce que nous voyons à la *Villa Hadriana*.

La détrempe, moins coûteuse que la fresque, était encore moins
durable. Quelquefois on avait soin de la vernir: nous pouvons le
présumer d'après l'usage, assez général chez les anciens, de couvrir d'un vernis à l'encaustique la plupart des monuments des arts
exposés au grand air; et il en existe, d'ailleurs, des preuves positives. Mais ce second travail devait augmenter considérablement la
dépense.

Au temps de Ludius, le luxe des Romains ne connaissait plus de
bornes. Les grands ornaient les murs de leurs palais, soit de vastes
encaustiques où brillaient les plus riches couleurs, soit de fresques,
dans lesquelles on n'épargnait rien de ce qui pouvait en assurer la
solidité. Ces peintures représentaient, tantôt des sujets héroïques
ou mythologiques, tantôt des décorations d'une architecture fantastique, ou des marines, des paysages, ou enfin, des animaux dont
les modèles n'existaient que dans l'imagination du peintre. Ludius,
pour mettre ces ornements à la portée des fortunes médiocres,
imagina des peintures riantes par la composition, piquantes sans
doute par la gaieté du coloris, et qui coûtaient peu (*blandissimo
aspectu, minimoque impendio*). Il représenta, dans ce genre de
décoration, des campagnes, des bois, des rivières, des bergers,
des troupeaux, des promontoires, des ports de mer; et il ne se
borna pas à peindre l'intérieur des maisons: il couvrit aussi de ses
paysages les murs des jardins, ceux des terrasses et d'autres façades exposées en plein air. On sent bien que, pour exécuter de si
grands travaux à peu de frais, ce maître dut renoncer à l'encaustique, altérer les procédés de la fresque, peut-être même ceux de la
détrempe. Il est à croire qu'il diminua, dans la fresque, le nombre
des couches de mortier, qu'il n'y fit point usage de la poudre de
marbre, et qu'il supprima aussi le vernis, tant sur la détrempe
que sur la fresque. On peut même supposer qu'en accréditant des
procédés funestes, quant à la durée des monuments, il sacrifia

souvent le mérite de l'exécution à la précision du travail, et la perfection de l'art à l'accroissement de sa fortune.

Sans doute, ce maître eut des imitateurs, puisque Pline l'a classé parmi les chefs d'école, dont il a cru devoir nous transmettre le souvenir, et il est évident que ces peintres expéditifs contribuèrent à la dégradation de l'art. Il faut donc placer, à l'époque où florissait Ludius, non pas, comme on l'a fait, l'introduction de la fresque chez les Romains, mais l'envahissement de la fresque sur l'encaustique. Ce dernier procédé ne fut pas cependant abandonné. Nous le retrouvons non-seulement sous Hadrien, mais encore dans le quatrième, le sixième, le neuvième siècle de notre ère; le quatorzième même en conservait des traces. Dans tout le cours du moyen âge, les artistes qui peignaient sur les murs étaient encore désignés par le nom générique d'*encaustes* ou d'*encausticiens* (*encaustæ dicuntur pictores qui muros pingunt*).

La fresque, plus répandue que l'encaustique dans les siècles d'ignorance, paraît avoir été généralement employée dans les grandes peintures qui couvraient les murs des églises. Elle a produit, enfin, au retour du goût, les chefs-d'œuvre de Michel-Ange, de Raphaël, de Jules Romain, et parmi nous les beaux ouvrages dus aux pinceaux de Perrier, de Bon Boulogne, de La Fosse, et d'autres maîtres; mais cet avantage ne doit pas être pour nous une raison de demeurer indifférents sur la connaissance de l'encaustique des anciens. Il ne faut pas croire impossible d'en retrouver les vrais procédés [1]. Déjà nous sommes sur la voie. Cette manière de peindre, aussi brillante que solide, donnerait un grand éclat à nos plafonds et à nos églises.

Un autre peintre, nommé Marcus Ludius, florissait dans l'Étrurie, au rapport de Pline, plusieurs années avant la fondation de Rome. Suivant une ancienne inscription, il était originaire de l'Étolie; et les habitants d'Ardea lui avaient accordé le droit de cité. On voyait encore des peintures de lui, au temps de Pline,

---

[1] On peut voir ce que l'auteur a écrit, à ce sujet, dans son *Premier discours historique sur la peinture moderne*. Ce Discours historique a été inséré dans le *Musée français*, publié par MM. Robillard, Péronville et Laurent, et il a été réimprimé avec des additions et quelques corrections dans le *Magasin encyclopédique*, de Millin, mai, juin, juillet 1812. (Voy. l'*Hist. de la peinture au moyen âge*, par Émeric David.)

dans les villes d'Ardea et de Lanuvium, sur les murs d'un temple de Junon et dans d'autres édifices. Cet historien assure que les couleurs en étaient très-bien conservées, quoique quelques-uns de ces ouvrages fussent en plein air (*in orbitate tecti, veluti recentes*). Comme il est difficile de croire que des couleurs employées à fresque eussent conservé leur éclat pendant neuf cents ans, ce fait est un de ceux qui doivent servir à prouver la haute antiquité de l'encaustique.

DÉMÉTRIANUS (2e siècle apr. J.-C.).

DÉMÉTRIANUS ou Dextrianus, que Spartien appelle *Détrianus*, architecte, contemporain d'Adrien, paraît avoir joui sous ce prince d'autant de réputation et de faveur que l'architecte Apollodore sous Trajan.

Le déplacement de la statue de Néron, appelée le *Colosse*, est le trait le mieux constaté et l'un des plus remarquables de sa vie. Cette statue, que Donat et Nardini, d'après un passage obscur de Pline, croient avoir été de marbre, et que, d'après le même passage, l'on croit plus généralement de bronze, avait cent dix pieds romains de haut, suivant Pline, et cent vingt, suivant Suétone (environ cent à cent dix de nos pieds). Elle avait été exécutée par Zénodore, sculpteur gaulois, né dans l'Auvergne, et placée dans une des cours du palais de Néron, sur le mont Palatin. Dans l'incendie ou la démolition de ce palais, elle fut renversée. Vespasien la fit restaurer et la plaça sur la *Voie sacrée*, en face du temple de la Paix. Ce fut lorsque Adrien voulut construire, sur le terrain qu'elle occupait, le temple de Vénus et de Rome, qu'il la fit enlever par Démétrianus. Elle fut soulevée, suspendue et transportée debout par vingt-quatre éléphants, au-devant du Colysée, du côté de la Voie sacrée et du Capitole, où elle forma le pendant de la fontaine appelée *Meta sudans*, dont les ruines subsistent encore. C'est vraisemblablement cette entreprise hardie qui a fait croire que Démétrianus transporta aussi le temple de la Bonne Déesse ; mais il est plus naturel de conjecturer qu'Adrien transféra seulement ce temple, c'est-à-dire qu'il le fit rebâtir sur un nouvel emplacement, et on pourrait supposer tout au plus qu'une partie des matériaux y fut employée.

De ce que Spartien dit, dans une seule et même phrase, qu'Adrien fit construire à Rome le pont Élien, et élever le môle qui devait lui servir de tombeau, et qu'il fit transporter le *Colosse* par Démétrianus, quelques modernes ont conclu que Démétrianus avait construit le pont Élien et le tombeau qui forme aujourd'hui le château Saint-Ange. Ce qui paraît certain, c'est qu'il fut un des architectes les plus célèbres d'une époque où furent élevés un très-grand nombre de magnifiques monuments.

BRUNN (florissait vers 821).

BRUNN, surnommé *Candidus*, moine de l'abbaye de Fulde, peintre et poëte du neuvième siècle, couvrit de peintures, vers l'an 821, les murs et la voûte du chœur de l'église de son couvent, terminée sous l'abbé Œgil. Il célébra lui-même, dans un poème en vers latins, publié par d'Achery et Mabillon, la beauté de ce monument, et la magnificence des abbés qui l'avaient élevé. Le portrait de cet artiste, peint en miniature par un religieux du même couvent, nommé *Modestus*, se trouve gravé, ainsi que celui de Modestus lui-même, dans les *Antiquités de Fulde*, de Brower (Anvers, 1612, in-fol., p. 170).

MÉTHODIUS (9ᵉ siècle).

MÉTHODIUS, moine et peintre, né à Thessalonique, florissait vers le milieu du neuvième siècle.

Comme il se trouvait à Constantinople, en l'an 853, soit pour apprendre son art, soit pour l'exercer, Bogoris, roi des Bulgares, l'appela à Nicopolis, pour lui faire peindre une salle de festin dans son palais. Ce prince avait déjà été disposé à adopter la religion chrétienne par les exhortations de sa sœur, instruite dans la foi à la cour de Constantinople, où elle était demeurée longtemps prisonnière : une peinture acheva sa conversion. Par un effet de la férocité de ses mœurs, Bogoris prescrivit à Méthodius de représenter un sujet tragique et terrible ; et il lui laissa, d'ailleurs, la liberté de choisir le trait historique selon son propre goût. D'accord apparemment avec la sœur de ce prince, Méthodius peignit la grande scène du jugement dernier, quoique ce sujet convînt très-peu dans une salle de festin. Dans le haut de la composition, se trouvaient le Sauveur et les chérubins ; à droite, étaient les élus ; à gauche, les réprouvés, que les démons entraînaient dans les flammes. Ce sujet était reproduit fort souvent, à cette époque, par les peintres et par les sculpteurs ; on le voyait représenté dans les églises, dans les cloîtres et dans les salles des monastères : mais il produisit cette fois un tel effet, que Bogoris, épouvanté, se fit chrétien. Après quelque résistance, l'armée entière des Bulgares embrassa pareillement la religion chrétienne, et un tableau eut l'honneur de cette conversion. Ce fait (rapporté par Cedrenus) mérite d'être cité comme un exemple de la puissance de la peinture sur l'imagination.

Il serait difficile de dire si Méthodius était le plus habile maître de son temps : Le Beau l'a avancé un peu au hasard. Divers artistes, ses contemporains, avaient obtenu une grande réputation, tels que Lazare à Constantinople, Tutilon en Allemagne, Modalulphe, et plusieurs autres, en France. Il y a, toutefois, lieu de croire que ce maître avait un talent peu commun. Il était moine, on ne dit pas de quel ordre : à l'époque où il vivait, les arts s'étaient réfugiés dans les couvents.

Les travaux apostoliques de Méthodius ne se bornèrent pas à la conversion des Bulgares : de concert avec saint Cyrille ou Constantin, il alla prêcher l'Évangile aux Moraves et à d'autres peuples slaves, leur donna un alphabet dont ils se servent encore pour la liturgie, que leur donnèrent aussi ces deux apôtres, après avoir traduit la Bible en leur langue. Méthodius fut archevêque des Moraves et de Pannonie : il parvint à un âge avancé; mais on ignore l'année de sa mort. L'Église l'a honoré d'un culte public : les Grecs et les Russes célèbrent sa fête le 11 mai; elle est marquée au 9 mars dans le martyrologe romain.

TUTILON (florissait vers 880 ; mort vers 908).

Tutilon, bénédictin du couvent de Saint-Gall, né de parents nobles, fut peintre, statuaire, poëte et musicien. Il florissait en 880 ; l'époque de sa naissance est inconnue, il mourut vers l'an 908.

Passionné pour les arts, il ne se contenta pas de l'instruction qu'il pouvait acquérir à cet égard dans le monastère de Saint-Gall, quoique cette maison eût la réputation de renfermer les plus habiles artistes de son temps, et qu'elle fût gouvernée par le savant Notker, dit *Balbulus*, qui ne négligeait rien pour y faire fleurir les études propres à l'embellissement des églises. Il voyagea dans tous les pays où il espéra pouvoir acquérir des connaissances (*multas propter artificia peragraverat terras*). Ses voyages le perfectionnèrent dans la théorie et la pratique des arts ; « mais partout aussi, dit naïvement le religieux qui a écrit son histoire, on admira en lui une telle habileté, que personne ne doutait qu'il ne fût moine de Saint-Gall. »

De retour à son monastère, il exécuta divers ouvrages, tant pour cette maison que pour les pays voisins, et acquit beaucoup de célébrité. On citait de lui, entre autres, une table d'ivoire, ornée de bas-reliefs, qui couvrait un des côtés d'un manuscrit de l'Évangile, tracé et orné de miniatures, par Sintramne, religieux du même monastère, et contemporain de Tutilon. La couverture placée sur l'autre face était pareillement une table d'ivoire, sculptée en bas-relief.

Un des ouvrages de cet artiste parut si beau qu'il fut regardé comme miraculeux. Voici la manière dont on rapporte la chose. Comme Tutilon sculptait, dans la ville de Metz, une image de la Vierge, tout à coup des traits de feu parurent sortir de ses mains ; un clerc en fut témoin. Deux anges, sous les dehors de deux pèlerins, abordèrent en ce moment l'artiste, et lui demandèrent si Marie était sa sœur ou sa parente, pour qu'il pût la représenter si bien. Le lendemain, dans le fond doré qui environnait la statue, se trouvèrent des abbés en relief, et dorés. On jugea que c'était la Vierge qui avait elle-même ajouté cet ornement, en signe d'approbation. La figure, qui était assise et qui paraissait vivante, *et quasi viva*, devenue fameuse par ces récits, demeura exposée aux yeux des habitants de Metz, et fut l'objet de la vénération publique. Une inscription placée au-dessous rappelait le miracle.

Doué d'une belle voix, Tutilon ne fut pas employé seulement à peindre et à sculpter ; ses supérieurs le nommèrent maître de musique des élèves de l'abbaye. Pendant longtemps on chanta, dans l'église de ce monastère, des hymnes qui passaient pour être aussi son ouvrage.

A sa mort, une épitaphe fut placée sur son tombeau; on y lisait ces mots : *Pictor egregius, Tutilo, cœlaturâ elegans, pietate potens*, etc. Quel que puisse avoir été le degré de beauté de la Vierge de Metz, on voit toujours que Tutilon avait été richement doté par la nature : il paraît ne lui avoir manqué que de naître dans un meilleur temps [1].

BERNWARD (né vers 950; mort en 1025).

BERNWARD, évêque d'Hildésheim, amateur des arts et artiste lui-même, naquit à Hildesheim, dans la Basse-Saxe, entre les années 950 et 955.

Il était neveu par sa mère d'Adalbéron, comte palatin, et parent de Tangmar, homme distingué par ses connaissances, chanoine et primicier dans le chapitre d'Hildesheim, et chargé de la direction de l'école attachée à ce chapitre. C'est à Tangmar que l'éducation de Bernward fut confiée. Soit qu'il fût généralement d'usage à l'école d'Hildesheim, comme dans beaucoup d'autres du même temps, d'instruire les jeunes gens dans les arts utiles à la décoration des églises, tels que la peinture, la sculpture, l'architecture, l'orfévrerie, l'art de la mosaïque, et celui de monter les diamants; soit que Tangmar eût lui-même cultivé cette branche des connaissances humaines par un goût particulier, il initia son élève dans les arts; et celui-ci, que favorisaient ses dispositions naturelles, y obtint de rapides succès. Il devint peintre, sculpteur, orfévre, ouvrier en mosaïque; il montait les diamants, et ne copiait pas moins habilement les manuscrits. Dans la suite, dit son historien, il développa même les talents d'un architecte : *Picturam etiam limatè exercuit... omnique structurâ mirificè excelluit, ut in plerisque ædificiis quæ pompatico decore composuit, post quoque claruit* [2].

Après avoir terminé ses études et avoir été ordonné prêtre, Bernward alla demeurer auprès de son aïeul Adalbéron. Il s'attacha ensuite au service du jeune empereur Othon III, alors âgé de sept ans, et fut chargé de son éducation, sous l'inspection de Théophanie, impératrice-mère et régente. A la mort de cette princesse, il

[1] Voy. Canisius, *Antiq. lect.*, t. II, p. iii, p. 215, 230; t. III, part. ii, p. 567. — Mabillon, *Annal. ord. S. Bened.*, t. III, p. 339, 340, etc.

[2] Tangmar, ap. Leibnitz, *Script. rer. Brunsw.*, t. I, p. 442.

dirigea seul l'instruction d'Othon III, et eut la plus grande part au gouvernement de l'État. Le célèbre Gerbert, devenu quelque temps après pape, sous le nom de Sylvestre II, donnait à Othon des leçons particulières; mais il ne me paraît pas avoir été jamais chargé de la direction de ses études. En 993, Bernward fut nommé à l'évêché d'Hildesheim. Les soins qu'il continua de donner aux affaires publiques ne l'empêchèrent pas de s'occuper de celles de son diocèse, et particulièrement de l'embellissement de sa cathédrale.

Il accompagna Othon en Italie, où, suivant son historien, sa modération servit plusieurs fois à tempérer la colère de son élève contre les habitants de Tusculum et contre les Romains. Il est possible que la magnificence de Rome ait accru sa passion pour les arts; quoi qu'il en soit, l'église d'Hildesheim ne tarda pas à s'embellir, non-seulement par son influence, mais encore par son habileté personnelle. Il enrichit de peintures les murs et les plafonds (*exquisitâ ac lucidâ picturâ tam parietes quam laquearia exornabat*). Il répara des peintures anciennes et leur donna, dit son historien, tout l'éclat de la nouveauté (*ex veteri novam putares*). Les pavés de plusieurs chapelles se couvrirent de mosaïques; il exécuta en même temps plusieurs pièces d'argenterie, le tout de sa propre main. Jamais il ne laissait échapper l'occasion d'acquérir, soit des vases précieux, soit d'autres objets propres à relever la magnificence du culte. Il forma aussi une bibliothèque composée d'ouvrages, tant profanes que sacrés, dont il donna l'usage aux personnes studieuses. Mais il fit plus encore pour étendre le goût des arts. S'étant attaché quelques jeunes gens en qui il avait reconnu quelques dispositions, il les conduisit avec lui dans ses voyages; il leur faisait étudier et copier ce qu'il rencontrait de plus digne de remarque, et, en exerçant ainsi leur jugement et leur main, il en faisait des artistes capables de lui succéder et d'étendre, plus loin qu'il n'avait pu le faire lui-même, le perfectionnement de tous les arts. Un calice, qu'on dit avoir été en or, ou en argent doré, et du poids de vingt livres, ouvrage de sa main, se voyait encore dans le trésor de l'église de Saint-Michel, à Hildesheim, au commencement du siècle dernier.

Ce prélat mourut le 20 novembre 1023, et fut canonisé en 1193. On ne peut douter que les écoles de peinture allemandes du moyen

âge ne lui aient dû une partie de leurs progrès. Sa vie est une
preuve de plus de l'application qu'on apportait à l'étude des arts,
à une époque où tant d'auteurs ont cru faussement qu'elle était
abandonnée.

HUGUES DE MONTIER-EN-DER (10e siècle).

HUGUES DE MONTIER-EN-DER, peintre et sculpteur du dixième
siècle, naquit vraisemblablement dans les environs de Brienne, de
l'an 960 à l'an 970.

Placé, dès l'enfance, dans l'abbaye des Bénédictins de Montier-
en-Der, il y reçut l'instruction générale qu'on donnait alors dans
les couvents ; mais il y apprit spécialement les principes, ou, si
l'on veut, les procédés de la peinture et de la sculpture.

S'étant échappé de son monastère, il mena, dit-on, une vie peu
régulière ; et, trouvant assez d'emploi pour vivre de son art, il vint
à Châlons-sur-Marne, où sa réputation d'habile peintre l'avait précédé (*compertâ ejus scientiâ*), et fut chargé par Giboin, évêque
de cette ville, de renouveler les peintures de la cathédrale, effacées
par l'effet du temps (*ad renovanda opera suæ ecclesiæ, quæ erant
obnubilata multorum temporum vetustate*)[1]. Pour déterminer
Hugues à entreprendre ce travail, Giboin le laissa jouir de sa liberté. Ce prélat, ayant ensuite été invité, en l'an 1000, à consacrer
l'église de Montier-en-Der, dont l'abbé Bérenger venait de terminer la construction, emmena Hugues avec lui ; et celui-ci consentit
à être réintégré dans le couvent. Il reçut alors de son abbé l'ordre
de sculpter un crucifix. « Le Christ, dit l'historien, ne voulut point
être représenté par des mains si profanes : » Hugues fut frappé
d'une maladie grave, et, tandis qu'elle le retenait au lit, un autre
moine sculpta la sainte image.

Ce que nous voyons de remarquable dans ce récit, c'est que
l'usage de couvrir de peintures les murs intérieurs des églises se
conservait encore en France, à la fin du dixième siècle. On en
trouve, en effet, un grand nombre d'exemples, et à cette époque,

---

[1] *De diversis casibus Derrensis cœnob.*, apud d'Achery et Mabill., *Act.
SS. ord. Bened.*, t. II, p. 856.

et dans les deux siècles suivants. Le mot *opera*, employé ici pour indiquer les peintures, contribue, par une signification si détournée, à prouver combien cet usage était général. Il fallait que l'on fût bien habitué à voir les murs des temples revêtus d'images, pour que les mots *opera ecclesiæ* pussent signifier *les peintures de l'église*. Le mot *obnubilata* doit nous faire présumer que les peintures, exécutées plus anciennement dans l'église de Châlons, n'étaient point des encaustiques, mais des fresques, genre de peinture très sujet à changer de ton. Hugues était ainsi au nombre des peintres français qui, vers l'an 1000, cultivaient l'art de la fresque dans les monastères.

JEAN (10e siècle).

JEAN, peintre, né en Italie, vraisemblablement entre les années 960 et 970, obtint une telle réputation dans son pays, qu'il mérita de fixer les regards du jeune empereur Othon III. Ce prince, qui avait établi sa demeure à Aix-la-Chapelle, voulant faire orner de peintures un oratoire de son palais, qui n'avait point encore été peint (*cùm antea nondum eo in loco picturæ ullæ haberentur*), l'appela auprès de lui, et le chargea de cet ouvrage, qui valut à l'artiste des éloges universels. Othon, étant parti pour Rome, le nomma, pour le récompenser, à un évêché vacant dans une ville d'Italie, que les historiens n'indiquent point. Le duc de la province où cet évêché se trouvait situé, ne lui permit pas d'en prendre possession. Jean revint alors en Allemagne, et demeura quelque temps à la cour d'Othon. Il se rendit ensuite à Liége, soit avec la permission, soit par ordre de l'empereur, qui le recommanda à l'évêque Notker, et il orna de peintures les murs du cloître de la cathédrale de cette ville. Notker et Othon étant morts, Jean persuada à Baldric, successeur de Notker, de bâtir une église et un monastère en l'honneur de l'apôtre saint André. Il paraît qu'il dirigea la construction de cet édifice comme architecte. Il s'établit ensuite au couvent avec les Bénédictins, qu'on y appela d'une maison voisine, et il y mourut dans un âge avancé.

Les peintures qu'il exécuta au palais d'Aix-la-Chapelle subsistaient encore, quoique endommagées par le temps, en 1612, lorsque Gilles Boucher publiait ses *Recherches historiques sur les pre-*

miers *évêques de Liége et de Tongres*. Au-dessous d'un des tableaux, on lisait ce vers :

A patriæ nido rapuit me tertius Otto ;

et, sous un autre, celui-ci :

Claret aquis sanè tua quâ valeat manus arte.

Son épitaphe, conservée par le même écrivain, renfermait ces deux vers, qui n'expriment pas moins vivement l'admiration que ses ouvrages d'Aix-la-Chapelle avaient inspirée :

Quâ probat arte manus, dat aquis, dat cernere planum
Picta domus Karoli, rara sub axe poli.

On remarquera sans doute ces mots, *picta domus*, de même que ceux-ci, *cùm antea nondum eo in loco picturæ ullæ haberentur :* ils contribuent à prouver l'usage, pratiqué presque généralement au temps de Charlemagne, ainsi que dans le dixième siècle, de couvrir de peintures les murs intérieurs des églises, dans tout leur pourtour. Cet usage, dont nous avons donné d'autres exemples (voy. *Godehard, Guido da Siena, Hugues*, etc.), subsistait toujours, quoiqu'il fût moins général, non-seulement en Italie, mais encore en Allemagne et en France, à l'époque de la renaissance de l'art, c'est-à-dire, lors du retour du bon goût. Les éloges exagérés accordés au peintre Jean, comme à plusieurs autres peintres et sculpteurs du même temps, ne prouvent pas, sans doute, que les ouvrages de cet artiste renfermassent de véritables beautés; mais ils attestent la haute opinion qu'on s'en était faite, et surtout l'honneur qu'on attachait à les posséder, trait assez important de l'histoire du dixième et du onzième siècle.

ÉRACLIUS (10e ou 11e siècle).

ÉRACLIUS, peintre romain du dixième ou du onzième siècle, mérite d'être connu, à cause d'un ouvrage, partie en prose, intitulé *De artibus Romanorum*, où il traite de différents arts, et notamment de la peinture.

La rareté des exemplaires manuscrits de cet ouvrage est sans doute la cause de l'oubli où Éraclius est demeuré pendant longtemps. Ni Fabricius, ni Saxius, n'ont fait mention de lui. Les auteurs du *Catalogue des manuscrits de la Bibliothèque royale de France*, ayant donné, en 1744, le titre de son traité, d'après l'exemplaire conservé dans notre Bibliothèque, cette publication appela l'attention des savants.

Le traité *De artibus Romanorum* a été imprimé pour la première fois à Londres, en 1781, dans l'ouvrage de M. Raspe, intitulé : *A critical Essay on oil-painting*, d'après un manuscrit moins complet que le nôtre. Éraclius traite de l'art de sculpter le verre, de l'art de peindre les vases d'argile avec des verres de couleur pilés, et employés comme matière colorante ; de la préparation des laques pour la peinture à la détrempe, etc. Il parle de la peinture à l'huile : *de omnibus coloribus oleo distemperatis*. Il traite aussi de la peinture sur verre, dans un chapitre intitulé : *Quomodo pingere debes in vitro*, qui ne se trouve point dans l'édition de M. Raspe.

Ces deux circonstances doivent inspirer le désir de savoir à quelle époque il vivait. « C'est, dit-il lui-même, dans un temps où Rome était livrée à de honteux désordres, où les bonnes études, les arts et les mœurs y étaient tombés dans un égal mépris. » Ce tableau ne peut se rapporter aux pontificats d'Adrien Ier, de Léon III, de Paschal Ier, de Léon IV, d'Adrien III, qui fondèrent et embellirent, par tous les moyens que pouvait offrir leur siècle, tant de riches monuments, et il convient parfaitement aux temps de Jean XI, de Jean XIII, de Jean XIX, de Benoît IX. On peut croire, d'après cela, qu'Éraclius vivait à la fin du dixième siècle, ou vers le commencement du onzième. Sa latinité barbare en est aussi une preuve. La peinture sur verre ne paraît pas remonter au delà du règne de Charles le Chauve. Quant à la peinture à l'huile, Éraclius n'en parle qu'en traitant de la manière de peindre des colonnes ou des murs, à l'imitation du marbre. Son témoignage, s'il était isolé, serait, par conséquent, de peu de valeur, en ce qui concerne l'art de peindre des figures. Celui de Théophile, qui vivait dans le même temps, le corrobore, mais sans diminuer le mérite de Jean de Bruges. (Voy. *Théophile* et *Jean Eyck*.)

THÉOPHILE (10ᵉ ou 11ᵉ siècle).

THÉOPHILE, surnommé, tantôt *Monachus*, tantôt *Presbyter*, *le Moine*, ou *le Prêtre*, artiste très-recommandable pour son temps, vivait dans le dixième ou le onzième siècle. Il paraît que *Théophile* était son nom de religion, et que son vrai nom était *Roger*. C'est ce que peut faire présumer le titre de son livre, tel qu'il est écrit sur l'exemplaire manuscrit de la bibliothèque Nani, décrit par Morelli, où se lisent ces mots : *Theophili Monachi, qui et Rugerus.* Sa patrie est inconnue. Le titre de *Tractatus lombardicus*, que porte le manuscrit de Cambridge, publié par Raspe, ne laisse guère lieu de douter que l'auteur n'habitât la Lombardie lorsqu'il l'a écrit. Quant à l'époque où il vivait, Lessing et les autres éditeurs des manuscrits de la bibliothèque de Wolfenbuttel ont jugé, par la forme des lettres de l'exemplaire de cette bibliothèque, qu'elle devait être fixée au dixième siècle, au plus tard au onzième.

Théophile est un personnage très-intéressant dans l'histoire des arts, à cause de l'ouvrage qu'il a composé sur les procédés usités de son temps. Cet ouvrage, divisé en trois livres, traite successivement de la peinture et des couleurs les plus propres à être employées sur les murs, sur la toile, le bois et le vélin ; de l'art de peindre sur verre et d'exécuter des mosaïques avec des cristaux colorés ; de l'orfévrerie et des arts qui en dépendent, tels que l'art de *nieller*, celui de damasquiner, celui de monter les pierres fines. Le bon prêtre paraît avoir considéré les arts principalement comme des moyens de contribuer à la décoration des églises. Homme simple et sans prétention, il se qualifie de *humilis presbyter, servus servorum Dei, indignus nomine et professione monachi.* « O toi qui liras cet ouvrage, dit-il, dans l'introduction, qui que tu sois, ô mon cher fils, je ne te cacherai rien de ce qu'il m'a été possible d'apprendre. Je t'enseignerai ce que savent les Grecs dans l'art de choisir et de mélanger les couleurs ; les Italiens, dans la fabrication de l'argenterie, le travail de l'ivoire, l'emploi des pierres fines ; la Toscane particulièrement [1], dans le vermeil et la fonte des *nielli* ;

____

[1] Plusieurs manuscrits portent, en cet endroit, *Ruscia*, la Russie ; on lit,

l'Arabie, dans la damasquinerie ; l'Allemagne, dans le travail de l'or, du cuivre, du fer, du bois ; la France, dans la construction de ses brillants et précieux vitraux. Recueille et conserve, mon cher fils, ces leçons, que j'ai apprises moi-même dans beaucoup de voyages, de travaux et de fatigues ; et, quand tu les posséderas, loin d'en être avare, transmets-les toi-même à d'autres disciples. Nécessaires à l'embellissement des temples, ces connaissances sont l'héritage du Seigneur. » Théophile tient parole et enseigne, en effet, à ses disciples, tout ce qu'il a promis de leur apprendre.

Nous ne saurions donner ici une analyse détaillée de son important ouvrage. Il est imprimé, par extrait, dans une collection de Raspe, intitulée : *A critical Essay on oil-painting*, et en entier, sous le titre de : *Diversarum artium Schedula*, dans les *Mémoires d'histoire et de littérature, tirés de la bibliothèque du duc de Wolfenbuttel* ; Brunswick, 1781, vi⁰ partie. Jacq. Morelli en a donné une analyse, dans son Recueil intitulé : *Codices manuscripti latini Bibliothecæ Nanianæ*, Venise, 1776, in-4°, n° xxxix, page 33 et seq. On en voit un exemplaire très-complet dans le cabinet des manuscrits de la Bibliothèque royale de Paris ; il porte pour titre : *De omni scientiâ picturæ artis*.

Les instructions de Théophile sur la peinture à fresque sont très-détaillées. Il ne dit, au contraire, pas un seul mot de l'encaustique ; ce qui contribue à prouver que si cet excellent procédé n'était pas oublié au dixième ou onzième siècle, il était du moins généralement abandonné.

L'auteur n'omet rien de ce qui concerne l'art de peindre sur verre *par apprêt*. En ceci, l'époque où il vivait devient un utile renseignement pour l'histoire de l'art. On ne sera pas étonné de voir ce genre de peinture déjà porté, dans ses procédés, à un haut degré de perfection dès le dixième siècle, si l'on veut bien se rappeler ce que l'auteur de la présente notice croit avoir démontré par des pièces originales, dans son premier *Discours historique sur la peinture moderne (Magasin encyclopéd.*, mai 1812), savoir, que cette manière de peindre fut mise en œuvre à Dijon, sous le

dans celui de Paris, *Tuscia*, la Toscane. Le travail du *niello* fait voir que cette dernière version est la bonne. Les Russes, instruits par les Grecs, peuvent avoir mis en œuvre le *niello* ou le *nigellum*, dans le moyen âge ; mais l'art de *nieller* était spécialement propre aux Toscans.

règne de Charles le Chauve, et que son invention doit dater de la même époque.

On sait que l'art de *nieller* sur l'or et l'argent, très-répandu dans le cours du moyen âge, a donné naissance à l'art d'imprimer des estampes. (Voy. *Finiguerra*.) Théophile en expose tous les procédés ; mais l'article de son ouvrage qui a donné, depuis quelques années, le plus de célébrité à cet écrit, est celui dans lequel il traite de la peinture à l'huile.

Quelques personnes, après une lecture trop rapide de ce passage, ont cru y reconnaître la peinture à l'huile telle que nous la pratiquons ; et, dès lors, s'évanouissait le mérite de Van Eyck ; mais ce jugement n'est point exact. Théophile ne parle que de peintures exécutées avec de l'huile de lin pure, ou seulement concentrée au feu. Il emploie cette peinture à *plat*, pour couvrir les portes et les fenêtres ; et il dit lui-même que, lorsqu'il veut s'en servir pour représenter des fleurs et des figures, il trouve fort long et fort incommode (*diuturnum et tœdiosum*) d'attendre qu'une couleur ait séché pour en établir une autre par-dessus (lib. I, cap. XXIII). Ce trait nous fait voir que la peinture à l'huile était encore, au temps de cet artiste, dans l'état où Van Eyck la trouva, et d'où il l'a tirée. (Voy. *Jean Eyck*.)

On pourra disputer entre Van Eyck et d'autres artistes qui ont vécu vers le même temps. Cennino Cennini, qui écrivait son *Trattato della pittura* en 1437, vingt-sept ans après la découverte faite par Van Eyck, connaissait l'art de mêler l'huile avec des vernis, et il enseigna ce procédé, qu'il dit être pratiqué en Allemagne : *Innanzi che più oltre vada ti voglio insegnare a lavorare d'olio ; che l'usano molto i Tedeschi* (part. IV, cap. LXXXIX, p. 84).

Il sera donc possible, en faveur de l'antiquité de la peinture à l'huile, d'établir des discussions sur le fait et sur les dates ; mais il faut renoncer à la preuve qu'on a cru trouver de l'ancienneté de la peinture à l'huile, dans le témoignage de Théophile ; car il est évident, par son texte, que le procédé de Jean de Bruges et de Cennini lui était absolument inconnu. L'ouvrage de Théophile n'est pas le seul du même genre qu'ait produit le moyen âge ; mais il est, sans contredit, le plus complet, le plus méthodique de ceux que nous possédons ; et nous devons ajouter qu'il peut encore être utile, aujourd'hui, en plusieurs de ses parties. Il présente une filiation non interrompue, depuis les anciens jusqu'à nous, en tout ce qui appartient au matériel des arts.

GODEHARD (mort en 1038).

GODEHARD (saint), né d'une famille distinguée de Bavière, vers la fin du dixième siècle, se livra à l'étude de la littérature, contre le vœu de ses parents, qui apparemment ne le destinaient point à l'état ecclésiastique, et fut nommé évêque d'Hildesheim en 1023.

« Constamment appliqué, dit son historien, à dissiper les ténèbres de l'ignorance qui couvraient son diocèse, il bâtit, près de son palais, un monastère de Bénédictins, où il réunit les jeunes gens qui annonçaient le plus de talent, et où il les fit instruire, notamment dans l'écriture et dans la peinture [1]. »

Le rapprochement de ces deux mots, l'écriture et la peinture, pourrait faire croire qu'il ne s'agissait, quant à l'art de peindre, que de miniatures propres à orner les manuscrits; mais les résultats prouvent le contraire. Godehard orna son église, non-seulement de livres (*libris*), et de vêtements pontificaux ou de tentures en soie (*sericis*), mais encore de véritables peintures (*picturis*), c'est-à-dire de fresques et de tableaux. Il voulait que les élèves se rendissent utiles dans les différentes manières d'écrire et de peindre : *in diverso studio sculpturæ et picturæ rationabiliter utiles*. L'exemple de Bernward, son prédécesseur immédiat dans le même évêché, prouve d'ailleurs qu'on pratiquait dans cette école tous les genres de peinture.

Bernward, né vers l'an 965, petit-fils, par sa mère, d'Adalbéron, comte palatin, et neveu de Falemar, évêque d'Utrecht, fit ses études dans le séminaire d'Hildesheim. En 987, l'impératrice Théophanie le choisit pour être un des précepteurs du jeune Othon III, alors âgé de sept ans; et, en 993, il fut élu évêque de cette même ville d'Hildesheim, où il avait reçu l'instruction par laquelle il se distingua. Passionné pour tous les arts, soit mécaniques, soit libéraux, il les exerçait tous lui-même, et il les fit enseigner dans la principale école de son diocèse.

[1] *Chron. Episc. Hildeshem.*, apud Leibnitz, *Script. rer. Brunsc.*, t. I, et *Vita S. God.*, ib.

Peintre, architecte, modeleur, fondeur, metteur en œuvre, il passait habituellement une partie de ses journées dans les ateliers qu'il avait établis près de son évêché ; et il y travaillait, de ses propres mains, à tous les ouvrages d'orfèvrerie et de joaillerie dont il ornait ses églises [1]. Il excella particulièrement dans la peinture : *Picturam etiam limatè exercuit.* Il peignit des fresques sur les murs et sur les plafonds de son église principale : *Exquisitâ ac lucidâ picturâ tam parietes quam laquearia exornabat.* Il exécuta même une mosaïque sur le sol : *Musivum in pavimentis.* On voit dans une observation, faite à ce sujet par son historien, qui avait été son contemporain, qu'on n'enseignait point l'art de la mosaïque à l'école d'Hildesheim ; Bernward l'avait apprise par une autre voie. « Il produisit cet ouvrage, dit l'écrivain naïf, sans avoir eu de maître » (*propriâ industriâ, nullo monstrante*). Guidé par son goût naturel, Bernward recherchait avidement les beaux vases de tous les genres : il en faisait acheter partout. Il avait soin, *afin que rien de beau ou d'élégant ne lui échappât,* de se faire accompagner dans ses voyages par plusieurs de ses élèves, qui dessinaient, sous ses yeux, ce qu'il rencontrait de plus digne de son attention. Il alla à Rome, auprès d'Othon, en l'an 1000, dans l'espoir de contribuer à rendre la paix à l'Italie ; il assista au siége de Tibur, apaisa la colère de l'empereur, qui voulait détruire cette ville antique, et revint à Pavie avec ce prince, qui lui témoigna constamment la plus grande confiance.

Cet homme éclairé et bienfaisant, qui fonda le monastère de Saint-Michel à Hildesheim, mourut le 20 novembre 1022, et fut mis au rang des saints en 1193.

Godehard justifia, par sa conduite libérale et par son zèle pour l'instruction, le choix qui fut fait de lui pour remplacer Bernward. Il mourut le 4 mai 1038, et fut canonisé en 1131. On a de lui plusieurs lettres sur des sujets de piété ; elles ont été publiées dans le *Codex historico-epistolaris,* de dom Pez.

Godehard eut, au nombre de ses successeurs, un autre Bernward, d'abord maître des écoles à Hildesheim, ensuite évêque de la même ville, et qui mourut, en 1153, après vingt-trois ans d'épiscopat. Ce Bernward II orna de peintures le cou-

---

[1] *Vita S. Bern.*, ibid.

vent où étaient placées les écoles : *Monasterium nostrum picturis adornavit.*

Des faits si positifs contribueront à prouver que la peinture ne
fut nullement oubliée dans l'Occident, aux dixième, onzième et
douzième siècles.

BUSCHETTO (né vers 1020 ; mort vers 1080).

BUSCHETTO, architecte et sculpteur grec, naquit à Dulicchio,
vraisemblablement vers les années 1020 ou 1030. Les Pisans,
après avoir conquis Palerme sur les Sarrasins, en 1063, ayant
délibéré d'employer le produit des marchandises trouvées dans le
port de cette ville à la reconstruction de leur cathédrale, appelèrent Buschetto en Italie, et le chargèrent de diriger ce monument.

Vasari, trompé par une inscription qui se rapporte à une victoire
des Pisans, antérieure à cette époque, a cru faussement que la
bâtisse de l'église avait été commencée en 1016, et a induit en
erreur un grand nombre d'écrivains, qui ont cru pouvoir adopter
son témoignage avec assurance. La première pierre fut posée à
la fin de l'année 1063, ou au commencement de l'année 1064.
L'église de Pise est particulièrement remarquable par l'immense
quantité de colonnes de marbre, de porphyre et de granit, qui la
décorent. Ce vaste et riche monument n'est point dans le genre
appelé gothique : on y retrouve la manière grecque très-dégénérée,
mais présentant encore cette sorte de grandeur qui forme le caractère distinctif de toutes les productions des Grecs, jusqu'au dernier
degré de la décadence du goût.

Buschetto forma des architectes et des sculpteurs, qui élevèrent
de grands monuments dans différentes villes de l'Italie. Quelques
bas-reliefs antiques, dont la cathédrale de Pise fut ornée, contribuèrent à diriger leur goût. C'est de cette école que sortit Nicolas
Pisan, qui devint le régénérateur de l'art statuaire vers le temps
où Guido de Sienne et Cimabué commençaient à rétablir les vrais
principes de la peinture.

A la mort de Buschetto, les magistrats de Pise lui élevèrent un
tombeau contre la façade de la basilique qu'il avait construite.
L'épitaphe qu'ils gravèrent sur ce monument existe encore, et elle
prouve, de la manière la plus convaincante, qu'il avait seul donné

le plan de la basilique. Cette épitaphe ne renferme point de date :
on voit, dans un passage d'un ancien registre cité par Morrona
(*Pisa illustrata*), que Buschetto vivait encore en 1080. (Voy. *les
Vies des Architectes*, de Félibien.)

THIÉMON (né vers 1045 ; mort en 1101).

THIÉMON, autrement appelé *Diethmar*, peintre, sculpteur, fondeur et doreur, comme la plupart des artistes du moyen âge, naquit, dans la Bavière, de parents très-nobles (*alto genere oriundus*),
vers l'an 1045, et fit ses études dans le monastère dit *Altahense
inferius* (Nieder-Altaich). Il s'y attacha particulièrement à l'étude
des beaux-arts, de la mécanique, et de tout ce qui entrait, de son
temps, dans les connaissances d'un artiste.

Plusieurs églises s'enrichirent de ses ouvrages de peinture et de
sculpture, notamment celle de Saint-Blaise, dépendante du monastère dit *Admuntense*, près de l'Ems ; et ces productions y subsistaient encore à la fin du douzième siècle. Ses talents et sa naissance le firent nommer, en 1079, abbé de Saint-Pierre, dans le diocèse de Salzbourg. En 1090, il fut élu archevêque de cette ville, et
vers 1099, il partit pour la Terre-Sainte, où il mourut, en l'an 1101.

On racontait, après sa mort, qu'ayant été fait prisonnier par les
Infidèles (l'historien ne dit pas de quelle nation), le chef de la troupe
qui l'avait arrêté lui demanda : « Qui es-tu, quelle est ta profes-
» sion ? » et qu'il répondit : « Je suis peintre ; on m'a enseigné
» à exécuter des tableaux, et à restaurer ceux qui se dégradent ;
» je sais aussi dorer et sculpter. » Le prince fit alors apporter une
statue, à laquelle il manquait les bras, et lui commanda de la restaurer. Le religieux artiste refusa de réparer une idole, et fut mis
à mort. Cette aventure, vraie ou fausse, le fit placer au rang des
martyrs. Un des historiens de l'église de Salzbourg a écrit l'histoire
de sa *Passion* [1]. L'habileté de ce maître à peindre, à sculpter et
à restaurer les vieux tableaux, nous a paru mériter d'être men-
tionnée dans l'histoire de l'art.

[1] Ap. Canisium, *Antiq. lect.*, t. III, part. II, p. 103, 109, 440. — Mabill.,
Annal. ord. S. Bened., t. V, p. 3, etc.

PIETROLINO (florissait vers 1110).

PIETROLINO est un des hommes qui, par une filiation non interrompue, joignent les artistes modernes aux maîtres de l'antiquité.
Ce peintre, évidemment italien, ainsi que son nom le prouve, exécutait à Rome, de l'an 1110 à 1120, conjointement avec un autre
Italien nommé Guido Guiduccio, les peintures qu'on voit encore
sur les murs intérieurs de l'église de' Santi Quattro Coronati. Ces
peintures portent les noms de leurs auteurs. Guido Mancini, dans
son traité manuscrit, intitulé : *Della conoscenza della pittura*,
conservé à la bibliothèque Nani, à Venise, cité par Tiraboschi et
par le P. Dellavalle, dit que Pietrolino habitait ordinairement
Sienne. Ce maître n'est connu que par les peintures de Rome,
dont nous venons de faire mention ; mais l'époque où il florissait
le rend intéressant pour l'histoire de l'art. Guido, son associé,
exécuta divers ouvrages, qui ont joui longtemps de beaucoup de
réputation, et dont plusieurs subsistent encore à Vérone, à Pise et
à Bologne : ils sont cités par Maffei, par Flaminio del Borgo, et
par Malvasia.

Il ne faut pas confondre les peintures de' Santi Quattro Coronati, exécutées par Pietrolino et le Guido, avec celles qu'on voit
dans la chapelle de Saint-Silvestre de la même église, et qui représentent le Baptême de Constantin et d'autres sujets puisés dans
l'histoire de ce prince. Celles-ci appartiennent à des maîtres grecs,
et ne datent que de l'an 1248 environ. Elles ont été publiées par
le P. Fuhrmann, dans son *Histoire du Baptême de Constantin*,
t. II, p. 190, et par M. d'Agincourt. Il faut aussi distinguer Guido
Guiduccio d'avec Guido da Siena, qui florissait cent ans plus tard.
(Voy. *Guido da Siena.*)

GUIDO DA SIENA (florissait en 1221).

GUIDO, peintre, né à Sienne, dit *Guido da Siena*, florissait
en 1221. Cette époque est fixée par un tableau, encore existant,
cité dans diverses chroniques, et portant une date dont la sincérité
ne peut être révoquée en doute.

Ni Vasari, ni Baldinucci, tous deux Florentins, n'ont fait mention de cet artiste. Cette omission leur a valu de graves reproches, de la part de plusieurs écrivains italiens, qui les ont accusés de dissimuler volontairement le mérite, et surtout l'ancienneté des artistes nés hors de Florence, à l'époque de la renaissance de l'art, dans la crainte d'affaiblir la gloire de Cimabué. Peut-être Vasari et Baldinucci auront-ils cru pouvoir négliger ce maître, par la raison qu'il n'a exécuté, ni des fresques, ni des mosaïques, comme Cimabué, Andréa Tafi, Gaddo Gaddi, et les autres peintres florentins du treizième siècle, dont ils ont parlé ; et qu'il n'a produit que des tableaux sur bois, représentant, ou des madones, ou des images de sainte Catherine de Sienne, accompagnées d'anges et d'autres figures purement accessoires. Quoi qu'il en soit, la gloire de Guido da Siena ne consiste point, comme on l'a cru trop légèrement, à avoir le premier, dans l'Occident, repris les pinceaux, abandonnés depuis plusieurs siècles.

Des écrivains italiens se sont efforcés de prouver, les uns contre les autres, que les villes de Florence, de Naples, de Sienne, de Pise, de Lucques, de Ferrare, de Bologne, ont donné naissance à des peintres, quinze ans plus tôt, ou quinze ans plus tard, dans le courant du treizième siècle ; ces disputes sont vaines et sans motifs. Plus riche qu'elle-même ne l'a longtemps présumé, l'Italie, non plus que la France et l'Allemagne, n'a cessé, à aucune époque du moyen âge, de produire des artistes. Ce ne sont pas seulement des miniatures qu'exécutaient les peintres italiens, français, allemands, dans les sixième, huitième, dixième, onzième et douzième siècles ; ils couvraient d'images religieuses, soit de peintures à l'encaustique, soit de fresques, mosaïques, ou peintures sur toile et sur bois, les murs, les colonnes, le sol, les plafonds des églises, des palais, et même des dortoirs et des réfectoires. On remarque des exemples innombrables de ce fait, durant le cours entier des temps appelés *barbares*.

L'auteur de cet article en a pleinement démontré la réalité dans un autre ouvrage ; et l'on en trouvera encore des preuves dans celui-ci, aux articles de Brunn, Éraclius, Godehard, etc. Hugues, moine de Montier-en-Der, Jean, évêque de Liége, Madalulphe, Méthodius, Notker, Théophile, surnommé *Presbyter*, Thiémon, Tutilon, Vazelin, etc., pourraient également augmenter cette liste.

Le père Dellavalle prouve qu'il avait trop cédé à l'erreur commune, lorsqu'il avoue, dans ses *Lettere sanesi*, t. I, p. 237, avoir hésité pendant un an, avant de se déterminer à croire que le tableau de Guido da Siena date, en effet, de 1221, comme le porte l'inscription. Mais son hésitation nous a valu des témoignages nombreux, qu'il a recueillis dans des chroniques manuscrites, et dans les archives publiques de la ville de Sienne.

Rien de mieux avéré aujourd'hui, que l'antiquité de ce tableau vraiment curieux. Guido da Siena dut naître vers la fin du douzième siècle. Mancini, dans un traité manuscrit sur la peinture, cité par Dellavalle, le nomme *Guido-Fiori*. Dellavalle le suppose élève de Pietrolino, que le même Mancini assure avoir vécu à Sienne, en 1110 et 1120. Cette supposition est gratuite et invraisemblable ; mais elle donne une preuve de plus de l'existence de ce Pietrolino ou Pierrolino, qui peignait des fresques, à Rome, sous Paschal II, ou Gélase II, et dont quelques ouvrages subsistent encore.

Le tableau qui a fait la réputation de Guido da Siena, fut peint pour l'église des Dominicains de Sienne, où il a été conservé jusqu'à présent. On y lit cette inscription, tracée sur le corps de l'ouvrage :

> Me Guido de Senis diebus depinxit amenis,
> Quem Christus lenis nullis velit agere penis.
> A. D. M. C. C. XXI.

Une ancienne chronique porte, sous la rubrique de 1221, qu'il fut terminé et placé, le 19 décembre de cette année, dans la chapelle de la famille Malavolti. Il représente la Vierge, assise sur un trône, et tenant l'enfant Jésus assis sur ses genoux. La figure principale conserve, dans cette attitude, dix palmes romaines de hauteur, formant environ six pieds et demi, ce qui suppose une taille de huit à neuf pieds. Au-dessus du dossier du trône, on voit six anges en adoration, trois de chaque côté. Le corps du tableau est en bois ; sur le bois est appliquée une toile couverte d'un enduit de plâtre ; la surface du plâtre est dorée ; la peinture repose sur ce fond d'or. Sur la partie dorée, restée à découvert, se trouvent, conformément à l'usage du temps, de petits ornements, imprimés avec des fers chauds gravés en relief.

Ce qui nous paraît véritablement digne d'attention dans ce tableau, et surtout dans la figure principale, c'est la dignité de l'attitude, la justesse assez générale des mouvements, la convenance de l'expression, nous oserons même ajouter, malgré d'inévitables incorrections, la noblesse des formes, la gravité de l'ensemble. Les deux têtes, d'un choix heureux, ne sont pas trop mal dessinées; celle de la Vierge exprime assez bien le sentiment de l'amour divin. Les vêtements de cette figure se font autant remarquer par leur élégance, que par leur richesse. Deux tuniques, brodées vers les bords, et posées l'une sur l'autre, deux voiles, aussi ornés de broderies, et un ample manteau, forment des plis abondants et sans roideur. Il faut bien croire qu'il y a de la sécheresse dans le faire : des personnes, qui ont examiné cette peinture de très-près, assurent, cependant, qu'elle offre des parties aussi bien peintes que les meilleurs ouvrages de Giotto. C'est cette somme de mérite, très-remarquable, eu égard au temps où Guido da Siena vivait, qui lui assigne une place distinguée dans l'histoire de l'art. Ce tableau de la Vierge est le seul où l'on reconnaisse avec certitude la main de ce maître.

Ugurgiere Azzolini, dans ses *Pompe Sanesi*, et le père Dellavalle, déjà cité, lui attribuent une autre Vierge, qu'on voit à Sienne, dans l'église de Saint-Bernardin, et qui présente la date de 1262 : mais ils n'ont étayé leur opinion, que sur la ressemblance du style et du faire. Divers connaisseurs croient reconnaître Guido dans d'autres tableaux, où sont représentés, soit la Vierge, soit le Père Éternel, ou sainte Catherine, portant l'étendard de la ville de Sienne.

On lui donne pour élève, avec assez de vraisemblance, un peintre, désigné dans une charte, à la date de 1227, sous la dénomination de *Diotisalvi del maester Guido*, qui, en 1256, était au nombre des vingt-quatre magistrats de la république de Sienne, et qui vivait encore en 1276. On veut, aussi, qu'il ait formé deux autres peintres, savoir : Fra Mino, ou Jacomino, né à Turrita, lequel exécutait des mosaïques, à Florence, en 1225; et Berlinghieri, natif de Lucques, qui florissait en 1235. La première de ces deux opinions repose sur quelques probabilités; la seconde est une supposition purement gratuite.

La Vierge, de Guido da Siena, se trouve gravée dans la quinzième livraison de *l'Histoire de l'art*, de Séroux d'Agincourt.

6

Elle est reproduite, sous de plus grandes proportions, dans l'*Etruria pittrice*, de Lastri, et dans la collection de MM. Riepenhausen,
intitulée : *Histoire de la peinture et de ses progrès en Italie*, en
allemand.

On cite deux autres peintres, du douzième et du treizième
siècle, nommés GUIDO. Le premier, dit GUIDO GUIDUCCIO, travaillait à Rome, avec Pietrolino, de l'an 1110 à l'an 1120. Son nom
se voit encore sur une peinture exécutée dans la tribune de
l'église de' SS. Quattro Coronati. Sa patrie est inconnue : Malvasia,
Maffei et Tiraboschi en ont parlé. Le second était de Sienne, et
florissait en 1287.

PIERRE DE MONTEREAU (né à la fin du 12e siècle, mort en 1266).

PIERRE DE MONTEREAU, architecte du treizième siècle, est un
des artistes de cette époque dont les noms, heureusement parvenus
jusqu'à nous, malgré la négligence de leurs contemporains, doivent figurer avec le plus d'honneur dans l'histoire de l'art. Il ne
faut pas le confondre, comme on l'a fait plus d'une fois, avec *Eudes
de Montreuil*, architecte et statuaire d'un grand mérite, mais,
de plus, ingénieur militaire, qui accompagna saint Louis à la Terre-
Sainte, lors du premier voyage de ce prince, y éleva les fortifications de Jaffa, et en revint avec le roi, en 1254[1].

Celui-ci construisit plusieurs églises, à Paris, après son retour,
savoir : celle de l'hospice des Quinze-Vingts, en 1254 ; celle des
Chartreux, en 1257 ; celle des Cordeliers, en 1262 ; et d'autres
encore, dont ce n'est pas ici le lieu de faire l'énumération. Il mourut en 1289, et fut inhumé dans l'église des Cordeliers[2]. On posa
contre un mur, auprès de sa tombe, un bas-relief, qu'il avait
sculpté lui-même pour cet objet, en 1287. Il s'y était représenté
de grandeur naturelle, à mi-corps, entre ses deux femmes, tenant
de la main gauche une équerre, de la droite le plan de l'église des
Cordeliers, et ayant auprès de lui, sur une table, un ciseau de
statuaire.

Pierre de Montereau mourut à Paris, le 17 mars 1267. Il fut

[1] Thevet, *Hist. des hommes illustres*, t. I, f. 503.
[2] Sauval, *Antiq. de Paris*, t. I, p. 630.

inhumé dans le chœur de la grande chapelle de la Vierge, qu'il avait construite, à l'abbaye de Saint-Germain des Prés, comme nous le dirons plus tard[1]. On le représenta sur sa tombe, tenant d'une main une règle ; de l'autre, un compas. Autour de son image (vraisemblablement gravée) fut tracée cette épitaphe :

> Flos plenus morum, vivens doctor Latomorum,
> Musterolo natus, jacet hic Petrus tumulatus ;
> Quem Rex cœlorum perducat in alta polorum ;
> Christi milleno, bis centeno, duodeno
> Cum quinquageno quarto decessit in anno.

Agnès, sa femme, fut ensuite inhumée près de lui, et l'on grava cette inscription sur sa pierre tumulaire :

> Li gist Annès, famme jadis feu mestre Pierre de Montereul.
> Priez Dieu pour l'âme d'elle.

ce qui fut un honneur de plus rendu à la mémoire du célèbre artiste[2].

L'abbé Lebeuf a élevé des doutes sur la question de savoir s'il était né réellement à Montereau-Faut-Yonne, ou plutôt au village de Montreuil, près de Paris. Le mot de *Montereul*, employé dans l'épitaphe d'Agnès, le fait pencher vers cette dernière opinion[3] ; mais l'orthographe de ces anciens textes est trop peu sûre pour former une autorité décisive. Les deux noms, savoir : celui de *Montereau* et celui de *Montreuil*, paraissent venir l'un et l'autre de *Monasteriolum*, *petit monastère* ; toutefois, le village de *Montreuil* est appelé *Monsterol*, *Monsterel*, et, plus généralement, *Montreuil sur le Bois*, ce qui semble le distinguer de *Montereau-Faut-Yonne*. Mais tous ces rapprochements, fussent-ils justes, n'offriraient pas une raison suffisante pour faire rejeter la tradition suivie jusqu'aujourd'hui.

L'époque de la mort de Pierre de Montereau, fixée au 17 mai 1260, et celle de son premier ouvrage connu, qui est le réfectoire de Saint-Germain des Prés, construit en 1239, nous autorisent à placer sa naissance à la fin du douzième siècle. Cela posé, on voit

---

[1] D. Bouillard, *Hist. de l'abb. de Saint-Germain des Prés*, p. 133.
[2] Bouillard, p. 139.
[3] Lebeuf, *Hist. du diocèse de Paris*, t. V, v^e partie, p. 70.

que, lorsqu'il bâtit son premier monument, plusieurs des plus grands édifices de cette architecture française, qu'on a faussement appelée *gothique*, étaient terminés, et que d'autres, qui s'élevaient, laissaient déjà voir leur plan et le caractère de leur construction ; telles étaient : la magnifique basilique de Chartres, terminée seulement en 1260, mais qui était en pleine construction en 1145, et dont le portail, les deux clochers et les premières travées étaient achevés à cette époque [1] ; l'église de Notre-Dame de Paris, commencée en 1160 et terminée en 1223, moins le portail méridional ; la cathédrale de Reims, commencée en 1210, terminée en 1295 ; celle d'Amiens, commencée en 1220, terminée en 1269. Il suit de là que Pierre de Montereau put voir élever plusieurs de ces célèbres édifices, connaître les artistes à qui nous les devons, recevoir, peut-être, des leçons de quelqu'un d'entre eux ; qu'il assista, en un mot, à la grande révolution qui créa cette architecture, mais que l'honneur de la création ne saurait lui appartenir. Le mérite de Pierre de Montereau consiste à avoir pleinement saisi l'esprit de cet art tout nouveau, qui se trouvait en opposition directe avec l'architecture gréco-romaine, en règne jusqu'alors, et d'y avoir apporté toute l'élégance, toute la perfection où il semblât pouvoir atteindre. Ses monuments furent tous, il est vrai, dans de petites proportions ; mais il sut en faire des chefs-d'œuvre.

Pour donner, en ceci, de la clarté à nos idées, nous devrions, peut-être, commencer par rapporter les faits relatifs à l'établissement de cette architecture, qui, après avoir repoussé complétement l'architecture gréco-romaine, régna elle-même en France, en Angleterre, en Allemagne, et porta ses productions jusqu'en Italie, depuis la fin du douzième siècle jusqu'à la fin du quinzième. Une considération générale pourrait aussi nous y exciter, c'est que, malgré le mérite de plusieurs écrits publiés sur cette partie importante de l'histoire des arts, tout encore y est en question. Bien qu'il soit généralement reconnu que la dénomination d'architecture *gothique*, sous laquelle on la désigne, est pleinement fausse, personne n'a cherché à découvrir l'origine d'une si visible anomalie. On a tenté de lui donner le nom d'architecture *romane*, tandis qu'elle a été, volontairement et en tout point, le contre-pied de

[1] Gilbert, *Descript. hist. de N.-D. de Chartres*, p. 10.

l'architecture romaine dégénérée, qu'on pourrait appe'er de ce nom. On a voulu, notamment, qu'il n'y ait eu, dans ce genre de bâtisse, aucune sorte d'invention, qu'elle n'ait été qu'un produit de la corruption de tout ce qui était ancien, un résultat de débris de l'architecture antique, un chaos où l'analyse ne saurait s'introduire.

Comme, en admettant une semblable opinion, tout éloge accordé, soit à un édifice de ce genre, soit à quelqu'un des artistes qui s'y sont appliqués, paraîtrait dénué de toute raison, il faudrait rechercher ce qu'il peut y avoir de vrai ou de faux dans une critique exagérée; mais la discussion où cet examen nous entraînerait sortirait des bornes imposées à notre travail.

Nous dirons donc seulement ce que nous croyons pouvoir hardiment avancer, que l'architecture des églises françaises des treizième, quatorzième et quinzième siècles, fut une véritable création, grande, audacieuse, profondément calculée, et dont aucun peuple, aucun temps n'avait offert d'exemple. Vainement dirait-on que l'ogive et la voûte croisée étaient connues dans l'antiquité. Entre un modèle trouvé dans des ruines antiques, et un modèle remis en œuvre, l'intervalle est immense. Rendre la vie à ce qui ne vit plus, n'est point d'un esprit vulgaire. D'ailleurs, ni l'ogive ni la voûte croisée ne constituent le vrai caractère de l'architecture gothique. Son caractère, c'est de parvenir, avec des lignes toujours simples et de larges lumières, à établir une voûte à cent cinquante pieds d'élévation, d'une *solidité inébranlable*. Voilà la véritable invention, et le mérite des artistes est d'avoir conçu et mis à exécution cette pensée, lorsque régnait encore une architecture surbaissée, pesante et obscure.

Nous dirons que cet art se proposa un genre de beauté particulier, et se créa lui-même ses règles. Fatigués de cette fastueuse architecture romaine, de plus en plus dégradée, que l'Empire avait léguée au moyen âge, des esprits qui commençaient à s'éclairer en secouèrent le fardeau; un art nouveau naquit. Quatre principes en furent la base, tous conçus dans la vue de repousser les formes lourdes du dixième et du onzième siècle. Ces principes furent ceux ci : 1° Exhausser l'édifice autant qu'il était possible et convenable, et en élever les piliers intérieurs d'un seul jet, sans qu'aucun membre d'architecture arrête l'œil, depuis le sol jusqu'à la voûte ; — 2° Abandonner totalement les ordres, n'en laisser subsister nulle trace ; — 3° Agrandir les fenêtres le plus qu'il serait possible, et mitiger les lumières par des vitraux coloriés ; — 4° Faire disparaître même les murailles, en remplaçant les peintures qui les couvraient par celles des vitraux.

Si l'on ne voulait pas que ce fussent là des principes nettement établis, une théorie fixe et convenue, encore faudrait-il reconnaître que tel fut le but où aspirèrent les artistes en général, et dont ils approchèrent plus ou moins, suivant la puissance de leur talent ou la bizarrerie de leur esprit.

Pour se convaincre de la différence radicale qui existe, en effet, dans cette architecture, dite *gothique*, produite par la révolution dont nous parlons, et celle des temps antérieurs, il suffit de voir, d'une part, nos plus belles églises de France, des dixième et onzième siècles, et de la moitié du douzième, telles que la cathédrale d'Angoulême, fondée en 974 ; Saint-Pierre et Sainte-Marie la Grande, de Poitiers ; la Trinité, de Caen, fondée par la duchesse Mathilde, entre l'année 1066, où Guillaume, mari de cette princesse, partit pour l'Angleterre, et l'année 1083 où elle mourut ; Notre-Dame du Port, de Clermont ; Notre-Dame, du Puy, dans le Cantal ; l'église de Civrais, dans le département de la Vienne : ou, enfin, l'église de Saint-George, de Bocherville, près de Rouen, et d'autres encore du même genre, monuments tous d'un mâle et grand caractère, malgré leur pesanteur, et nous osons dire prodigieux pour leur époque ; et, d'une autre part, les cathédrales du treizième siècle, ou des premières années du quatorzième : celles de Chartres, de Reims, d'Auxerre, d'Amiens, ou bien la magnifique et élégante église de Saint-Ouen, de Rouen : rien de semblable entre ces édifices de deux âges si voisins l'un de l'autre. On se demanderait si c'est dans le même pays, par le même peuple, qu'ils ont été construits. Il suffirait même d'observer l'église royale de Saint-Denis et celle de Notre-Dame de Paris

A Saint-Denis, le chœur et le porche seulement sont de Suger : encore, le chœur n'est-il pas de lui dans les parties supérieures. L'édifice, commencé par Suger en 1140, terminé par lui en 1151, fut repris par Eudes Clément en 1231. Dès l'élargissement du chœur, se voit la jonction des deux styles. De ce point au fond du chevet, c'est Suger ; de ce point au porche, ce sont Eudes Clément et Matthieu de Vendôme. D'une part, colonnes lourdes et courtes, arcs cintrés ou à peine aigus, chapiteaux byzantins, bases à profils courts ; de l'autre, dans toute la nef, piliers en faisceaux de colonnettes, qui s'élèvent sans interruption, du sol jusqu'à la voûte, arcs en tiers-point, chapiteaux ornés de feuillages, bases dépassant le socle. La pesanteur de Louis le Jeune et l'élégance de saint Louis se sont rapprochées sans se confondre.

A Notre-Dame de Paris, à droite et à gauche, quand on entre dans l'église, est un pilier formé de colonnettes en faisceau, qui part du sol et monte d'un seul jet jusqu'à la voûte. Dans la croisée, même système, piliers semblables à ces deux-là. Dans le chœur et dans la nef, au-dessus des colonnes courtes et pesantes et des arcs à plein cintre de Maurice de Sully, des colonnes minces ou fuseaux, qui, posés de trois en trois sur les chapiteaux des grosses colonnes, vont soutenir la voûte. C'est encore l'architecture du treizième siècle, associée à celle du siècle précédent ; ce sont deux modes de construction opposés entre eux. On voit que l'édifice, commencé par la routine sous l'évêque Maurice, mort en 1196, a été terminé par le génie inventif du treizième siècle.

Or, le vrai *gothique* (car ce nom n'a point été donné sans motif), le gothique des Goths, celui qu'ils ont mis en œuvre, où ils se sont même illustrés, c'est l'architecture gréco-romaine dégénérée des quatrième, cinquième, sixième, neuvième, dixième, onzième siècles, et de la moitié du douzième ; c'est celle de la cathédrale d'Angoulême, de Saint-Pierre et de Sainte-Marie la Grande de Poitiers ; celle de Suger et de l'évêque de Paris, Maurice de Sully ; c'est celle dont on disait : *Miro opere, quadris lapidibus, manu gothicâ*[1] ; ou bien, en parlant d'un seigneur goth, nommé Lunebodes, qui commandait à Toulouse en l'absence du roi Euric :

> Quod nullus veniens romanâ gente fabrivit,
>   Hoc vir barbaricâ prole perigit opus.
>
> Fortunat, lib. ii, carm. ix.

C'est là le vrai gothique ; mais ce mode gréco-romain, et celui de Philippe-Auguste et de saint Louis, ayant été associés plus d'une fois l'un à l'autre dans le même monument, ont été désignés con-

---

[1] *Vita S. Audoeni*, apud Bolland., 24. August., p. 818, 819.

fusément par le même nom de *gothique*; de là l'anomalie qui se
perpétue encore aujourd'hui.

Il existe des textes qui se rapportent à cette révolution opérée,
à la fin du douzième siècle, dans l'art de bâtir : nous n'en rappellerons ici qu'un seul ; il est relatif aux fenêtres. « Autrefois, dit un
» chroniqueur du douzième siècle, les églises et les habitations
» des religieux étaient peu élevées et sombres ; mais leurs cœurs
» éclataient des feux de l'amour de Dieu. Aujourd'hui, leurs égli-
» ses et leurs maisons resplendissent de lumière, et leurs cœurs,
» livrés aux vices et à la paresse, sont tombés dans les ténèbres. »
Veteres enim monachi cellas quidem, ecclesias et alias man-
siones humiles habebant et tenebricosas ; sed eorum corda erant
lucida valdè in amore Dei : novi autem ecclesias, cellas, do-
mosque et omnes mansiones lucidas fabricant, sed corda eorum,
vitiis et desidiâ plena, tenebricosa sunt[1].

Après ces observations, nous oserons répéter que Pierre de
Montereau est un des architectes du treizième siècle qui ont le mieux
saisi l'esprit de ce système nouveau, et qui l'ont mis en œuvre avec
le plus d'habileté.

Son premier ouvrage connu fut le réfectoire du monastère de
Saint-Germain des Prés. L'abbé Simon, élu en 1235, ayant trouvé
des fonds considérables, rassemblés par Eudes, son prédécesseur,
dans l'intention de faire des embellissements à l'église et à l'habitation des religieux, et ne voulant pas les distraire de cette pieuse
destination, conçut le projet de cet édifice[2]. Il est possible que cet
abbé, ayant fait, dans la même année, des acquisitions qui accrurent considérablement les propriétés de l'abbaye, au voisinage de la
ville de Montereau, cette circonstance l'eût mis à portée de connaître le jeune architecte Pierre, natif de cette ville. Quoi qu'il en
soit, c'est cet artiste qui fut choisi pour diriger les travaux, et c'est
là qu'il commença sa réputation. La première pierre fut posée en
1239. L'édifice fut établi au nord du grand cloître, parallèlement
à l'église, sur le terrain qu'occupent aujourd'hui une portion de la
rue dite de l'Abbaye, et des maisons qui la bordent au nord. D'un

[1] *Annales Novesiennes*, apud Martenne et Durand, *Ampliss. collect.*,
t. IV, col. 556.
[2] D. Bouillard, *Hist. de l'abb. de Saint-Germain des Prés*, p. 119.

côté de l'édifice, était le cloitre ; de l'autre, étaient ces jardins [1]. Ce bâtiment eut cent quinze pieds de longueur dans œuvre, sur trente de large [2] ; sa hauteur, sous clef de voûte, était de quarante-sept pieds sept pouces. Des piliers, composés de petites colonnes et de fuseaux, engagés de chaque côté dans le mur, partaient du sol pour aller, sans interruption, soutenir une voûte à arêtes, et formaient seuls les trumeaux, entre lesquels s'ouvraient seize immenses fenêtres, dont huit au nord, et huit au midi ; ces fenêtres étaient ornées de vitraux coloriés. Un soubassement, de neuf à dix pieds seulement, élevait les fenêtres au-dessus du sol. Le pavé se composait d'une mosaïque en très-petites pierres, et formant divers compartiments [3]. De simples éperons, établis en dehors contre les trumeaux, étayaient cet édifice, dont les écrivains qui en ont parlé n'ont pas cessé d'admirer la hardiesse et la solidité. Il fut terminé en 1244, et il subsistait encore en 1794, lorsqu'il a été démoli dans la nouvelle distribution des terrains de l'abbaye.

Ce monument fut tellement admiré, que saint Louis, voulant construire, à côté de son palais, une église où il pût déposer les nombreuses reliques qu'il avait rassemblées, chargea Pierre de Montereau d'en diriger la construction. Rien ne devait être épargné pour que ce temple répondit, quoique dans de petites proportions, à la sainteté des objets qu'on y devait renfermer, et à la pieuse magnificence du roi [4].

Le programme fut celui-ci : Bâtir, sur l'emplacement qu'occupaient la chapelle Saint-Nicolas, fondée par Louis le Gros vers l'an 1020, et l'Oratoire de la Vierge, fondé par Louis le Jeune en 1154, tous deux attenants au Palais du roi, une chapelle dont le sol soit de niveau avec le Palais, afin que le prince y arrive de plain pied, et une église où le service divin se fasse tous les jours, pour répondre à la piété des fidèles. L'artiste satisfit à ces conditions, en construisant deux églises l'une au-dessus de l'autre, dont la plus haute, établie au niveau des planchers du Palais, serait celle du roi ; tandis que celle du plan inférieur serait donnée aux

[1] Plan en perspective gravé à la tête de l'Histoire de D. Bouillard.
[2] D. Bouillard, ibid., p. 123. — Dubreul, *Théâtre des antiq. de Paris*, p. 146.
[3] Sauval, *Antiq. de Paris*, t. I, p. 341.
[4] Morand, *Hist. de la Sainte-Chapelle du Palais*, p. 26, 27.

chanoines des anciennes chapelles, lesquels y célébreraient les offices pour le public.

Les travaux furent commencés en 1245. L'ensemble de l'édifice, à partir de l'entrée, et non compris le vestibule, n'obtint que quatre-vingt-onze pieds de longueur à l'intérieur, sur trente-deux pieds de large. Dans l'église inférieure, l'architecte éleva des colonnes isolées qui formèrent une nef, une abside et des bas-côtés. Ces colonnes monolithes n'eurent, avec leur base et leur chapiteau, que six pieds deux pouces de hauteur. Un stylobate octogone, de deux pieds et demi, les éleva à huit pieds huit pouces. Leur module fut de quinze pouces. Elles furent placées à vingt pieds de distance l'une de l'autre sur la largeur de l'édifice, à seize pieds environ sur la longueur, à quatre pieds et demi environ d'un pilier de cinq pieds de large, qui, flanqué en dehors par un éperon, et renforcé en dedans par une colonne engagée dans le parement du pilier, ainsi que ses quatre fuseaux, parut porter seul le poids de l'édifice. La colonne engagée fut établie en face de la colonne isolée, et dans les mêmes proportions, ce qui, par l'effet de sa saillie, ne laissa que trois pieds et demi de large aux bas-côtés entre les colonnes, et, par conséquent, trois pieds et demi d'ouverture aux arcs posés dessus. Les colonnes isolées, rangées en demi-cercle dans l'abside, répondirent chacune au pilier placé sur le même rayon.

On voit l'artifice de cette disposition. Une voûte centrale, croisée et en ogive, avec ses pénétrations, ses arêtes et ses nervures, couvrit la nef et l'abside, et elle reposa tout entière sur les colonnes isolées; mais, en même temps, dans les bas-côtés, sur ces mêmes colonnes et sur les colonnes engagées contre les piliers, fut établie une autre voûte croisée en ogive, avec ses pénétrations et ses nervures, qui, n'ayant que trois pieds et demi d'ouverture en ligne droite, n'opéra qu'une très-faible poussée, suffisamment contenue par les éperons élevés pour servir de contre-forts.

Nous ne nous étendrons pas davantage sur ces dispositions architectoniques, qui cessent peut-être de paraître intéressantes, aujourd'hui qu'elles ne sont plus nouvelles. Il en résulta dans l'église supérieure une solidité parfaite; et dans l'église inférieure, une lumière variée qui, malgré le peu d'élévation de la voûte principale, haute seulement de vingt-un pieds et demi, à partir du sol, se jouant dans les huit nervures qui reposent sur les huit côtés du tailloir de chaque colonne isolée, et versée par des fenêtres de douze pieds de large, et par les pénétrations qui les couronnent, produit des effets très-pittoresques. Ce jeu des lumières nous charme encore aujourd'hui, quand nous pénétrons dans ce monument : on juge, d'après cela, de la sensation qu'il dut produire, lorsque ce genre de construction était encore tout nouveau.

C'est dans l'église supérieure que l'artiste dut montrer tout son art et tout son goût. La longueur et la largeur étaient nécessairement les mêmes ou à peu près que dans l'église inférieure; mais ici, plus de colonnes isolées, ni de bas-côtés. Une seule nef de quatre-vingt-onze pieds de long sur trente-deux de large fut le champ livré aux combinaisons de l'architecte. Il en respecta l'étendue, et parut même l'agrandir par la simplicité des lignes et par l'abondance des lumières.

Les piliers en retraite sur ceux du rez-de-chaussée n'eurent plus que quatre pieds de large dans la nef, et un peu plus de trois pieds dans l'abside ; le groupe de colonnettes ou de fuseaux qui les couvrit, s'éleva d'un seul jet, du sol de l'église jusqu'à la naissance de la voûte, qui eut sous clefs soixante pieds d'élévation. La hauteur du groupe des petites colonnes, y compris leur base et leurs chapiteaux, ornés seulement de feuillages, fut de quarante-deux pieds. La principale de ces colonnettes n'eut que huit à neuf pouces de module. L'espace resté vide entre un pilier et l'autre fut de treize pieds. Un soubassement de dix pieds d'élévation environ remplit la partie inférieure dans tout le pourtour de l'église. Cette disposition laissa, entre les piliers, des ouvertures de cinquante pieds de hauteur environ, sur treize pieds de large dans les travées, et beaucoup moins dans le contour de l'abside. Ces vastes espaces furent remplis par des vitraux peints et représentant des sujets historiques, que divisèrent, seulement dans la hauteur, des meneaux en pierre, surmontés de leurs ornements en forme de trèfle. Une rose, de trente pieds de diamètre, également ornée de vitraux coloriés, occupe la largeur presque entière de la façade occidentale.

C'est ainsi qu'un homme de génie se conforma aux principes que nous avons rappelés, principes qu'on peut dire avoir été imposés à un art naissant par une opinion universelle, mais que le talent devait combiner entre eux et mettre en œuvre : celui de porter des piliers, sans aucune interruption, du sol de l'église jusqu'à la voûte ; celui d'agrandir, autant qu'il se pouvait, les fenêtres. C'est ainsi que Pierre de Montereau résolut le problème qui consistait à construire une église d'une parfaite solidité, où les murs disparaîtraient presque entièrement, et seraient remplacés par du verre.

Nous ne nous arrêterons point à faire sentir la justesse de ces principes réclamés au treizième siècle par l'opinion. Il n'est personne qui, en portant le pied dans une église où règne cette unité des lignes, ne se soit senti ému par la majesté qu'elle donne à la maison du Seigneur. Il semble que les piliers, en ne formant qu'un tout avec la voûte, unissent en quelque sorte la terre avec le ciel. L'homme religieux croit être déjà auprès de Dieu dans les demeures célestes. Les ordres grecs associaient merveilleusement l'harmonie à la richesse ; les églises du treizième siècle puisent leur grandeur dans l'unité. Ce genre de beauté a bien aussi son mérite. Nos artistes n'y atteignirent pas toujours entièrement dans leurs premiers monuments de ce genre, parce qu'ils ne faisaient quelquefois que réparer ou terminer des édifices commencés avant eux. La Sainte-Chapelle de Paris offrit un modèle épuré de ce mode de construction ; Saint-Ouen, de Rouen, en reproduisit la beauté dans de plus grandes dimensions ; Cologne, dans des proportions colossales, en fut le chef-d'œuvre.

Quant à la décoration de la Sainte-Chapelle, les nervures de la voûte furent dorées [1], et, vraisemblablement, la voûte fut peinte en bleu et parsemée d'étoiles d'or ; le soubassement fut enrichi, au-dessous de chaque fenêtre, de petites colonnes de six pieds à six pieds et demi de haut, formant une espèce de balustrade ; ces colonnes étaient couronnées, de deux en deux, d'une archivolte ogive, dont le vide, resté au-dessus d'une colonne intermédiaire, était rempli par des arcs découpés en trèfle et par une rosace [2]. Ces archivoltes et ces rosaces étaient dorées, et le fond du soubassement était couvert d'une mosaïque en cristaux de diverses couleurs. Cette décoration se continuait sur le jubé, construit de la hauteur du soubassement, qui séparait le chœur d'avec le reste de l'église.

[1] G. Corrozet, *Antiq. de Paris*, fol. 76, recto, éd. 1586.
[2] Voy. Morand, pl. vi, à la page 31. — G. Corrozet, ibid.

Le maître-autel fut établi entre quatre colonnes [1], et derrière l'autel, entre d'autres colonnes, s'élevait un tabernacle en or, où furent déposées les reliques. Les vitraux, dont les brillantes couleurs sont devenues un proverbe, représentèrent des histoires de l'Ancien et du Nouveau Testament, et de l'Apocalypse. Les historiens ne nous disent point comment fut orné le pavé; mais il est à croire que l'artiste, qui avait couvert d'une mosaïque celui du réfectoire de Saint-Germain, ne laissa pas sans une décoration convenable le sol d'une chapelle, objet de la dévotion de saint Louis. La sculpture fut prodiguée sur la façade et dans les vestibules des deux églises. Nous ne parlons ni de la charpente, ni du clocher élevé sur l'église même, incendié en 1630, et reconstruit après cet événement.

Dans des temps postérieurs à Pierre de Montereau, on plaça, à la chapelle haute, des statues des douze apôtres, en pierre et de six pieds de haut. Elles furent élevées sur des colonnes presque de la hauteur du soubassement, posées au-devant des piliers. Cette addition au plan éminemment simple de Montereau, richesse inutile, dut en troubler l'unité.

Quatre de ces statues ont été transportées récemment à l'église royale de Saint-Denis. Quatre sont gisantes au mont Valérien. Elles avaient été recueillies au Musée des Petits-Augustins, par M. Alexandre Le Noir. On les y a vues jusqu'à la destruction de cette précieuse collection. Il y en a des gravures dans l'ouvrage de M. de Brès, intitulé : *Souvenirs du Musée des monuments français.*

Il est encore un éloge à faire de la Sainte-Chapelle de Paris et de l'architecte qui l'a construite, c'est-à-dire, que ce curieux monument subsiste dans une intégrité presque parfaite, même avec ses magnifiques vitraux, et qu'avec peu de réparations il serait facile de le rendre à la religion et aux beaux-arts [2].

Cet édifice ayant été terminé et consacré en 1248, Hugues d'Issy, abbé de Saint-Germain des Prés, successeur de Simon, s'empara encore une fois de Pierre de Montereau, et lui fit construire, dans l'enclos de l'abbaye, une église qu'il dédia à la Vierge,

---

[1] Morand, Plan de la chapelle haute, pl. iii. — Corrozet, *loc. cit.*
[2] Le vœu d'Émeric David a été réalisé : la Sainte-Chapelle aujourd'hui a subi une restauration complète, par les soins de M. Duban. (*Note de l'édit.*)

et qui fut appelée la Sainte-Chapelle de Notre-Dame [1]. Cette église fut bâtie tout auprès du réfectoire, du côté de l'est et dans la même direction. La Sainte-Chapelle du Palais était tellement admirée, que l'abbé Hugues ne voulut pas d'autre plan que celui de la partie supérieure de cet édifice [2]. L'architecte en réduisit seulement un peu les proportions. Cette église eut cent pieds de longueur dans œuvre, vingt-neuf de large, et quarante-sept pieds deux pouces de haut sous clefs. Ce monument fut orné de vitraux, où étaient peints des sujets de l'histoire sainte. Il subsistait encore en 1794, et fut abattu en même temps que le réfectoire.

C'est dans cette église, comme nous l'avons dit, que Pierre de Montereau obtint la singulière faveur d'être inhumé [3]. Son tombeau fut placé dans le chœur, honneur extraordinaire, si l'on considère les usages de cette époque, et qui atteste encore la haute opinion qu'on avait conçue de son mérite. Par une nouvelle faveur, la femme de cet artiste obtint, quelques années après, d'être inhumée à ses côtés.

Peu de temps après sa mort, l'abbé Gérard fit élever, entre le réfectoire et la chapelle de la Vierge, une salle capitulaire, dans le même style que ces deux édifices. D'immenses fenêtres, ornées de vitraux coloriés, l'éclairèrent des deux côtés ; une mosaïque, en très-petits carreaux vernis, en orna le sol. Montereau en avait-il laissé les plans ? avait-il formé quelque élève capable de le remplacer ? Ces deux suppositions sont également admissibles.

RICHER (mort en 1267).

RICHER, religieux de l'ordre de Saint-Benoît, au couvent de Sénones, dans les Vosges, homme lettré, amateur des arts, et artiste lui-même, florissait sous les pontificats d'Innocent III, d'Honorius III, de leurs successeurs, et enfin d'Urbain IV. Il a composé une chronique [4], où il dit s'être proposé, quoique le plus ignorant et le plus abject des serviteurs de Dieu, de recueillir tout ce qui est

---

[1] Sauval, *Antiq. de Paris*, p. 336. — Dubreul, *Théâtre des antiq. de Paris*, p. 216.

[2] Morand, p. 30.

[3] Bouillard, p. 126.

[4] *Chron. Senon.*, apud d'Achery, *Spicil.*, t. II, p. 603 et seqq.

venu à sa connaissance sur l'histoire de son monastère, notamment, ce qui s'est passé sous ses yeux, et de décrire d'une manière détaillée les embellissements faits au couvent et à l'église par de pieux abbés.

Nous ne connaissons de sa vie que ce qu'il nous en a lui même appris. Il a fait ses études de littérature, et apparemment de théologie, à Strasbourg, avant son noviciat. Devenu moine, il a été bientôt après prieur de la maison de *Danubrium*. Sous le pontificat d'Honorius III, il a été député, par son abbé, auprès du duc de Lorraine, pour se plaindre des vexations qu'un seigneur du voisinage exerçait envers son couvent.

En 1223, il était à Paris, ou plutôt à Saint-Denis, chez ses frères, les religieux de cette maison, apparemment comme artiste ou comme amateur des arts [1]. Il y a été témoin des funérailles du roi Philippe-Auguste; il y a vu le tombeau de Charles le Chauve dans son premier état : *Quod ego propriis oculis vidi.* Ce tombeau consistait en un sarcophage de bronze, de huit pieds de long et de trois de large. Sur le sarcophage, reposait un lion, aussi de bronze et dans les mêmes proportions.

Le sarcophage de Philippe-Auguste était entièrement en argent doré, et entouré de figures en ronde-bosse, en petites proportions, habilement exécutées : *Tumbam argenteam, deauratam, cum imaginibus plurimis artificiosè factam.* Le placement de ce monument causa la destruction de celui de Charles le Chauve. L'étroite pensée d'ériger le dernier monument à la place de l'ancien, donna un prétexte pour ouvrir celui de Charles. On assura qu'il avait été trouvé plein de charbon; ce qui parut prouver, dit-on alors (c'est Richer qui le raconte), que ce malheureux prince était tombé dans l'enfer, par la raison qu'il avait levé des décimes sur le clergé. D'après cette notion, ce tombeau fut enlevé, et disparut entièrement. Cette violation de sépulture fut réparée, aussi bien qu'il se pouvait, dans des temps postérieurs; mais le lion ne fut pas remplacé [2].

Un abbé du monastère de Sénones, nommé Rambert, mort en 1136, avait été inhumé dans un de ces sarcophages posés au-

[1] *Chron. Senon.*, lib. III, cap. XVII, p. 628.
[2] Félibien, *Hist. de l'église de Saint-Denis*, p. 554.

dessus de terre, qu'on appelait alors des *tombes hautes* ; mais, cette tombe ne paraissant pas assez honorable à Richer pour un homme de ce mérite, il obtint de son abbé la permission de l'embellir ; et il paraît qu'il s'en acquitta avec succès. Aux quatre coins du sarcophage, il établit quatre petites colonnes de marbre, sur ces colonnes, il posa une table de marbre qui couvrait la tombe ; et, sur cette table, il coucha une statue de Rambert, revêtu de ses habits pontificaux et tenant son bâton pastoral. Il nous dit lui-même : *Propriâ manu sculpsi* (lib. II, cap. XXII). On voit que, conformément à l'usage pratiqué à cette époque dans cette espèce de tombeau, c'est l'image de l'homme réputé vivant, et non pas celle de l'homme mort, qu'il plaça sur le sarcophage.

En 1256, furent inhumés en *tombes hautes*, dans une des chapelles de l'abbaye, un seigneur nommé de Blammont, et une dame nommée de Bayon. Richer sculpta sur leurs sarcophages des figures en bas-relief, des fleurs et des inscriptions : *In quibus sarcophagis et ego propriâ manu sculpsi imagines et flores et versus.*

Un autre abbé du monastère, nommé Widéric, fut aussi inhumé en *tombe haute*, ornée de sculptures (*in tumbâ elevatâ lapideâ, satis decenter sculptâ*). Cet usage s'étendait de plus en plus.

Quelques-unes des particularités que Richer a écrites sur l'histoire de son couvent ne sont pas sans intérêt, même pour les arts. Il raconte que l'abbaye de Sénones, fondée en 720 par un seigneur français, nommé Gundebert, ayant déjà perdu de son lustre au temps de Charlemagne, ce prince, afin d'y attirer l'attention des fidèles, y fit déposer le corps du pape Alexandre Ier, et qu'il le fit déposer dans une chapelle, qu'il orna d'une mosaïque du genre de celle que les anciens appelaient *opus tessellatum*, c'est-à-dire composée de petits morceaux de marbre de diverses formes et de diverses couleurs : fait à ajouter à ceux qui prouvent le soin que prenait Charlemagne pour l'embellissement des édifices religieux, et pour le maintien des arts en général. Richer raconte aussi que, de son temps, un simple prieur du couvent des Bénédictins de Xures fit orner son église de peintures, et l'enrichit de vitraux coloriés : *Et picturis et fenestris vitreis decoravit.* Ce prieur construisit un autel, qu'il orna, dans tout son pourtour, de sculptures peintes et dorées : *Et illud imaginibus sculptis auro et coloribus in circuitu adornavit.*

La Chronique de Richer contient aussi divers faits relatifs aux règnes de Philippe-Auguste, de l'empereur Othon, et de Frédéric II (lib. IV, cap. XXXVI). L'ouvrage se termine sous le pontificat d'Urbain IV, en 1262. Ducange, dans sa table des auteurs qui lui ont servi à composer son *Glossaire de la latinité du moyen âge*, place sa mort à l'an 1267.

Cette chronique contribue essentiellement à enrichir l'histoire de l'art français du treizième siècle.

EUDES DE MONTREUIL (mort en 1289).

EUDES DE MONTREUIL, architecte, statuaire et ingénieur militaire, vivait sous saint Louis; on ignore l'époque de sa naissance; il mourut en 1289.

Parti, pour la Palestine, avec saint Louis, il s'y distingua par la construction de la forteresse de Jaffa, et il en revint, avec ce prince, en 1254. A son retour, le roi et les particuliers l'occupèrent à bâtir plusieurs églises. Ce furent : en 1254, l'hospice et l'église des Quinze-Vingts, fondés par saint Louis; en 1257, celle des Chartreux; en 1262, celle des Cordeliers; en 1268, celle de Sainte-Croix de la Bretonnerie, et, à des époques que nous ne pouvons pas déterminer, mais toujours pendant la vie de saint Louis, l'église de l'Hôtel-Dieu, celle des Blancs-Manteaux, et celle des Mathurins. La plupart de ces monuments ont été détruits et rebâtis, depuis cette époque. L'église des Blancs-Manteaux a été reconstruite et changée de lieu; celle de l'Hôtel-Dieu a également été refaite. Eudes vivait à une époque où l'art éprouvait de grands changements; il paraît qu'il y avait eu peu d'égards; on ne voit pas qu'il eût fait de grands progrès. Le temps et les incendies ont mis fin à ses ouvrages [1].

Il ne s'était pas moins distingué, comme sculpteur, que comme architecte. En 1287, il avait sculpté lui-même, pour être placé près de son tombeau, dans l'église des Cordeliers, un bas-relief, grand comme nature et à mi-corps, où il avait représenté ses deux femmes, et sur lequel on le voyait entre elles deux, tenant de la main gauche une équerre, ayant auprès de lui, sur une table, un

---

[1] Thevet, *Hist. des hommes illustres*, t. 1, fol. 503.

ciseau de sculpteur. Il n'y a point à douter, d'après ce monument,
que plusieurs des tombeaux, ornés de sculptures, consacrés à des
princes ou à des princesses, qui embellissaient cette église, ne
fussent aussi de lui. Le feu qui la consuma, le 19 novembre 1580,
détruisit entièrement toutes ces sculptures et en fit disparaître
jusqu'à la trace. C'est ainsi que chacun des ouvrages connus
d'Eudes de Montreuil a péri, et qu'il serait lui-même inconnu, si
des vies écrites n'en conservaient le souvenir.

Cet artiste, qui paraît avoir joui, de son temps, d'une grande
réputation, ne doit pas être confondu avec Pierre de Montereau:
celui-ci, à peu près du même temps, mais plus jeune, s'était
attaché avec autant de chaleur à la nouvelle architecture, qu'Eudes
de Montreuil la recherchait peu. La Sainte-Chapelle, attenante au
palais de Justice, et qui subsiste encore, est un des monuments
les plus remarquables de cette époque.

GIOTTO (1276-1336).

Giotto (ou *Angiolotto*, diminutif d'*Angiolo* ou d'*Angelo*), *di
Bondone*, du nom de son père, ou *da Vespignano*, du nom de son
pays, peintre, sculpteur et architecte, naquit dans une ferme près
de Vespignano, village situé dans la vallée de Mugello, à quinze
milles environ de Florence.

Vasari place sa naissance à l'an 1276. Baldinucci, généralement
très-exact sur les dates, s'est rangé à cette opinion, en faisant
toutefois remarquer qu'elle est peu vraisemblable, attendu que
Giotto, ayant exécuté la mosaïque de la *Pêche miraculeuse*, à
Rome, en 1298, n'aurait eu alors que vingt-deux ans; et qu'il
faudrait, par conséquent, supposer qu'il aurait produit une grande
partie de ses meilleurs ouvrages, à Florence, à Arezzo, à Assise, à
Pise et à Rome même, avant d'être parvenu à cet âge, et presque
au sortir de l'enfance. On peut croire qu'il a été fait par Vasari,
ou tout autre, une erreur de chiffre, et que Giotto est né en 1266
ou environ, vers le temps de la naissance du Dante, son contemporain et son ami, suivant le même auteur, *coetano, ed amico suo
grandissimo*. Mais, cette opinion n'étant fondée sur rien de bien
positif, nous ne saurions la présenter que comme un doute ou
comme une forte présomption.

Fils d'un laboureur, Giotto fut d'abord employé à garder les troupeaux. Cimabué, traversant les campagnes de Vespignano, le surprit occupé à dessiner sur une pierre l'image d'un de ses moutons, l'emmena à Florence, et eut la gloire d'en faire son élève. La nature avait doué cet enfant de toutes les qualités dont elle forma plus tard l'apanage de Raphaël et de Lesueur. Il devait, si des circonstances heureuses lui permettaient de saisir le pinceau, se montrer gracieux, noble, grand, touchant, original. Mais il naquit lorsque l'Europe, à demi barbare, voyait luire à peine le premier rayon de la lumière qui devait en changer l'aspect. Depuis dix siècles, les peintres et les sculpteurs, et surtout les maîtres latins, méconnaissant ce principe simple, que, pour imiter avec succès un objet quelconque, il faut placer la chose même sous ses yeux, étaient tombés d'erreurs en erreurs, jusqu'à crayonner des figures difformes, où l'on retrouvait à peine quelques traits du corps humain. Rappelé par son génie à ce principe fondamental, le naïf Guido da Siena parvint à rendre avec quelque vérité des figures isolées. Digne rival de Michel-Ange, s'il fût entré dans la carrière vers les temps de Jules II, ou de Léon X, le mâle et rude Cimabué éleva son pinceau jusqu'à des images fortes et pathétiques, mais sans grâce et sans aménité. Vérité du dessin, style, coloris, art de la composition, il fallait tout créer, ou plutôt retrouver tout dans l'imitation de la nature : tel fut le mérite de Giotto.

C'est par la dignité et la grâce que son dessin, quoique incorrect, se fit particulièrement remarquer.

Les Latins du douzième siècle, roides et secs, ne traçaient plus, pour ainsi dire, que des lignes droites. Les Grecs, à la même époque, conservaient, au contraire, une pratique ancienne, dont ils avaient étrangement abusé, mais qui rappelait encore l'habileté de leurs ancêtres : elle consistait à cintrer largement les contours, soit des formes humaines, soit des draperies, pour donner au style de l'ampleur et de la gravité : à la maigreur, ils préféraient l'enflure. L'élève de Cimabué reconnut, au milieu de ces gonflements, le principe caché du grand et du beau ; et, en repoussant l'exagération qui déshonorait les Grecs, il associa, autant que des connaissances peu avancées le lui permettaient, à la vérité que recherchait son maître, le galbe élégant dont Cimabué avait senti bien imparfaitement le charme, et qu'appréciaient, mal sans doute, ces

Grecs dégénérés, dans les ouvrages desquels il en retrouva le type.
Si cette observation est aussi juste qu'elle pourra paraître neuve,
c'est ici un des plus grands services que Giotto ait rendus à l'art
renaissant.

On assure que l'exemple de Nicolas et de Jean de Pise, qui
déjà avaient tenté de s'approprier le style de quelques bas-reliefs
antiques apportés dans leur patrie, ne lui fut point inutile. Guidé
par un tact juste, inspiré par un sentiment vrai et profond, Giotto,
comme Raphaël, mit ainsi à profit tout ce que ses contemporains
offrirent de meilleur à ses studieuses recherches; et, en peu de
temps, il laissa bien loin, et Cimabué, son maître, et tous les
artistes qui jouissaient alors de quelque célébrité. « La gloire de
Cimabué s'est éclipsée, dit le Dante; il crut régner toujours, et
Giotto tient aujourd'hui le sceptre de l'art. »

> O vana gloria dell' umane posse !
> Com poco il verde in sù la cima dura,
> Se non è giunta dall' etadi grosse !
> Credette Cimabue, nella pintura,
> Tener lo campo : ed ora ha Giotto il grido ,
> Si che la fama di colui è oscura.

Il Purgat., cant. XI, v. 91-96.

Les fresques dont Giotto orna le chœur de la cathédrale de Florence, et le tableau du maître-autel de la même église, furent ses
premiers ouvrages publics. Bientôt il couvrit entièrement de peintures les murs de quatre chapelles des Franciscains de Sainte-
Croix : il y représenta différents traits de la vie de saint Jean-
Baptiste et de saint Jean l'Évangéliste, les martyres des apôtres,
l'histoire de la Vierge. Ces fresques, quoique fort endommagées,
subsistent encore. Les murs du réfectoire furent aussi ornés de
sujets historiques. Vingt-six petits tableaux, peints sur la boiserie
de la sacristie, suivirent ces grands ouvrages : treize représentèrent
la vie de Jésus-Christ, et treize, celle de saint François. Ces petits
chefs-d'œuvre, bien conservés jusqu'à présent, sont une des productions les plus propres à honorer la renaissance de l'art. On ne
sait, malgré des incorrections nombreuses mais inévitables, ce
qu'on y doit le plus admirer, ou l'élévation des pensées et l'intelligence de la composition, ou la vivacité des attitudes, la noblesse
du style, la justesse et la dignité de l'expression. Dans le tableau

de la Cène, est le type de la plupart des belles compositions qui ont retracé le même sujet; dans la Transfiguration, est l'*exemplaire* que Raphaël a dû seulement épurer pour la partie supérieure de son sublime ouvrage.

A ces travaux succédèrent les peintures de l'église dite *del Carmine*, et celles d'un des palais de la seigneurie de Florence. Ce fut dans ces dernières que l'artiste plaça le portrait du pape Clément IV, déjà mort, ceux de Brunetto Latini, du Dante, de Corso Donati, et le sien propre. Il ne faut pas prendre ici dans un sens absolu, ce que dit Vasari, que depuis deux cents ans l'art de peindre le portrait n'avait point été mis en pratique (*non s' era usato*) : cet art n'avait pas été plus oublié, que la peinture elle-même n'avait été abandonnée. Mais Giotto y apporta un esprit et une vérité que l'on ne connaissait plus depuis longtemps; et il en devint par là le nouveau créateur.

Appelé à Assise pour continuer les peintures commencées par Cimabué dans la célèbre église des Franciscains, il traça, sur les murs de la nef supérieure, trente-deux sujets puisés dans l'histoire du fondateur de l'ordre. Chefs-d'œuvre de noblesse et de naïveté, ces peintures, encore existantes, lui firent dès lors obtenir le titre glorieux pour lui, et non moins honorable pour le siècle qui le lui décerna, de *Disciple de la nature.* Sur le pourtour de l'église souterraine, furent peints plusieurs sujets de la vie de Jésus-Christ, et notamment une *Glorification de saint François.* Dans la disposition de cette scène mystique, se montre particulièrement le disciple des Grecs modernes, mais bien supérieur à ses guides. On se dissimule les imperfections du dessin, charmé par les poses gracieuses des figures, entraîné par la vivacité de l'expression générale. Revenu à Florence, Giotto peignit, pour les Franciscains de Pise, le tableau que nous possédons au Musée Royal, représentant la vision où saint François reçut les stigmates. La fermeté et l'expression de la tête du saint, qui est de grandeur naturelle, les plis larges et faciles de la draperie, évidemment dessinée sur la nature, la vérité et la transparence des tons, la finesse de la touche, le choix même des formes, assez remarquable sur la poitrine du Sauveur, ont également droit de nous étonner dans ce tableau précieux. Au-dessous de l'image principale, sont peints, dans une espèce de frise, trois sujets tirés de la vie de saint François. Les

7.

figures de ces compositions additionnelles n'ont que huit ou dix pouces de proportion. Giotto se plaisait à l'exécution de ces petits ouvrages. Vivacité du coloris, naïveté, variété des attitudes, justesse de l'expression, entente déjà judicieuse de la composition pittoresque, tous les genres de mérite, permis à cette époque, se trouvent réunis dans ces petits compartiments.

Les Pisans furent tellement charmés de la beauté de ce travail, que, pour multiplier les ouvrages de Giotto dans leur patrie, ils conçurent le projet d'orner de peintures, sur toute leur surface, les murs du cimetière, que Jean Pisan venait de terminer. Giotto y représenta, dans six grandes fresques, les misères et la patience de Job. De là l'origine de ces célèbres peintures du *Campo-Santo*, où les plus habiles maîtres de la Toscane s'exercèrent à l'envi pendant cent cinquante ans.

Giotto terminait ces fresques, lorsque le pape Boniface VIII, qui voulait l'employer à Rome, envoya auprès de lui un de ses gentilshommes pour juger si son mérite égalait sa réputation. Soit que Giotto attachât, en effet, quelque importance à la fermeté d'une main capable de tracer d'un seul jet, et avec une délicatesse toujours égale, un cercle parfait; soit plutôt que le régénérateur de l'art se sentît offensé d'un doute qui semblait annoncer peu de lumières, il peignit alors, sous les yeux de l'envoyé du pape, cette figure régulière qui a donné naissance au proverbe : *Rond comme l'O de Giotto* ; et il insista pour que l'envoyé portât ce trait au saint-père, refusant obstinément de présenter tout autre dessin.

Boniface, qui vraisemblablement reconnut son erreur, se hâta d'appeler l'artiste auprès de lui. Giotto peignit d'abord un grand tableau pour la sacristie de l'église de Saint-Pierre. Il couvrit ensuite de fresques une partie du pourtour de cette ancienne église, démolie, depuis, sous Jules II. Toutes ces fresques ont péri, malgré les soins que l'on a pris pour les enlever de dessus les murs, et pour les conserver.

La mosaïque qu'il exécuta immédiatement après, représentant la *Pêche miraculeuse de saint Pierre*, et connue sous la dénomination de la *Navicella*, se voit encore sous le portique de la nouvelle basilique, mais restaurée par Marcello Provenzale sous Paul V, redessinée et refaite presque en entier par Orazio Mannetti sous Clément X. Elle fut composée en 1298, suivant l'écrit authentique rapporté par Baldinucci, et fut payée, par le cardinal Gaëtano de Stephaneschis, 2,200 florins. Cette date nous donne, en rétrogradant, celle du tableau de notre Musée Royal, qui doit avoir été peint vers 1295 ou 1296.

Giotto se délassait en quelque sorte des grands travaux de l'église de Saint-Pierre en ornant de miniatures une *Vie de saint George*, dont le même cardinal Stephaneschis fit présent à la librairie de cette église. Ce manuscrit sur vélin existe peut-être encore dans la bibliothèque du Vatican. On doit y voir le portrait du donateur et celui du pape Célestin V[1].

Clément V, élu pape en 1305, rappela Giotto de sa patrie, où il était retourné, et l'emmena avec lui à Avignon. Il serait inutile de donner l'énumération des peintures que ce maître exécuta, depuis ce moment, jusqu'à la fin de sa carrière, à Avignon et dans d'autres villes de la Provence et du Languedoc; à Padoue, à Vérone, à Ferrare, à Ravenne, à Urbain, à Arezzo, à Lucques, à Gaëte; à Naples, où le demandait le roi Robert; à Rimini, où il fut appelé par le prince Pandolfo Malatesta; à Milan, dernier terme de ses voyages; et enfin, à Florence, où il accourait chaque fois qu'il retrouvait sa liberté. Il revint de France dans cette dernière ville, en 1316, chargé de biens, et accompagné d'une immense réputation.

Déjà, depuis son retour, il avait exécuté plusieurs ouvrages à Padoue et à Vérone; et il se trouvait à Ferrare, lorsque le Dante, tourmenté sans cesse par le chagrin que lui causait son exil, apprenant que cet ancien ami était dans son voisinage, s'empressa de venir l'embrasser, et le conduisit à Ravenne, où le prince Guido Novello lui avait donné un asile. Giotto y peignit des fresques sur les murs intérieurs et extérieurs de l'église de Saint-François. C'est dans cette église que fut enterré le Dante, mort le 14 septembre 1321 : de sorte que, par une circonstance assez remarquable, Giotto, célébré dans les ouvrages de l'illustre proscrit florentin, goûta la satisfaction d'avoir embelli le tombeau de ce poëte malheureux. Une seule des peintures, qu'il exécuta alors à Saint-François, subsiste encore; elle se voit sur un des murs extérieurs.

Le 12 avril de l'an 1334, Giotto fut nommé architecte de la

[1] Terrigio, *Delle sacre grotte vaticane*, part. II, cap. II.

ville de Florence, et chargé, en cette qualité, de diriger les travaux de Santa-Maria del Fiore, et ceux des fortifications de la ville. Au mois de juin de la même année, furent posés les fondements du *Campanile*. Ce monument, le seul que nous connaissions de son architecture, est gothique ou *tudesque*, suivant l'expression de Vasari; mais il présente un caractère mâle et une régularité, qui le distinguent du gothique ordinaire du quatorzième siècle, et qui annoncent un génie inventif et original. Laurent Ghiberti assure, dans un traité manuscrit que nous avons cité (voy. *Ghiberti*), que les bas-reliefs dont cet édifice est enrichi, et les statues placées dans l'intérieur, ont été sculptés sur des dessins de Giotto, et sont même en partie l'ouvrage de son ciseau.

Ce grand artiste mourut à Florence, le 8 janvier 1336.

Si, oubliant la différence des temps, on comparait ses ouvrages à ceux de Raphaël, du Corrége, de Lesueur, du Poussin, on y remarquerait, sans doute, des défauts très-graves ; de là, les critiques, justes à quelques égards, et souvent aussi fort exagérées, dont ce maître a été l'objet. Mais, si l'on considère l'époque où il a vécu, l'état où il a trouvé l'art, la perfection où il l'a élevé, tout paraîtra prodigieux dans ses progrès.

Appliqué à la recherche du vrai, il a su choisir, suivant la convenance, des types élégants et gracieux, ou mâles et grandioses, réformer un original imparfait, embellir la nature par elle-même. Le premier parmi les modernes, il a montré réunies deux des qualités fondamentales d'un beau dessin, la grâce et la grandeur. La simplicité qu'il a apportée dans le jet des draperies, fait le plus grand honneur à son goût. Poëte dans l'invention, ingénieux même dans l'ordonnance, il a, pour ainsi dire, créé de nouveau les règles de la composition, totalement oubliées avant lui, et il a tracé des plans que les plus grands maîtres d'Italie n'ont pas dédaigné d'imiter. Quand il essaye d'enchaîner des groupes, comme dans les *Misères de Job*, on admire la fécondité de son imagination, en remarquant ses fautes contre la perspective. Tantôt des poses naïves, tantôt des attitudes vives et hardies, animent ses tableaux. L'art d'exprimer les affections de l'âme est en lui un don naturel. Son coloris a quelquefois une vivacité, une transparence, et sa touche même une finesse, qui surpassent toute attente. Souvent aussi, ses contours sont lourds, et ses raccourcis paraissent tronqués ; il cache, sous de longues draperies des pieds, qu'il dessinerait mal. Mais l'art du dessin ne pouvait pas atteindre tout d'un coup à la précision que nous exigeons aujourd'hui : l'expérience a prouvé que ce triomphe du talent et du savoir exigeait les efforts de deux siècles.

Peu de maîtres ont exécuté autant de travaux que Giotto, et ont autant joui de leur réputation et des faveurs de la fortune. Il ne pouvait suffire aux grands ouvrages que les princes et les républiques d'Italie ne cessaient de lui demander. S'il a eu le mérite d'accélérer les progrès de l'art, son siècle a la gloire de l'avoir dignement apprécié lui-même. La république de Florence, en l'admettant au nombre de ses citoyens, lui accorda une pension annuelle de 100 florins d'or. Lorsqu'il fut nommé architecte de la cité, le décret renferma ces expressions flatteuses : *Cùm in universo orbe non reperiri dicetur quemquam qui sufficientior sit, in his et aliis multis (artibus), magistro Giotto Bondonis, de Florentiâ, pictore, et accipiendus sit in patriâ suâ velut magnus magister,* etc. Il fut enterré dans l'église de Santa-Maria del Fiore, dont, pendant deux ans, il avait dirigé la construction. Laurent de Médicis, dit le Magnifique, lui érigea un tombeau, où fut placé son buste en marbre, avec une inscription composée par Ange Politien, commençant par ce vers :

Ille ego sum per quem pictura extincta revixit.

Les plus célèbres écrivains italiens de son temps, et du siècle suivant, l'ont honoré de leurs éloges. Pétrarque, dans son testament, « n'ayant rien, dit-il, de plus digne à présenter au seigneur Carcaria, » son ami, lui lègue une Vierge de la main de Giotto : *Operis Jotti, pictoris egregii…. cujus pulchritudinem ignorantes non intelligunt, magistri autem artis stupent* (t. III, *Op.,* in fine).

L'influence de Giotto sur l'art fut immense. On a dit que de son école, comme du cheval de Troie, sortit une armée de héros. Il compta parmi ses élèves Pietro Cavallini, Puccio Capanna, Pietro Laurati, Simon Memmi, Taddeo Gaddi, Ottaviano et Pace da Faenza, Guglielmo da Forli, Francesco di maester Giotto, Stefano Fiorentino, Giusto Padovano, etc. Attachés à sa manière, tous ses élèves accrurent sa réputation. La plupart bornèrent leur gloire à l'imiter avec facilité. Plusieurs d'entre eux ouvrirent des écoles où son style fut transmis avec une sorte de religion à d'autres élèves. Les peintres dits *Giotteschi* remplissent presque à eux seuls l'histoire pittoresque du quatorzième siècle. Parmi tant d'artistes, un seul a paru avoir surpassé le chef de l'école : c'est Stefano Fiorentino, son petit-fils. Ce respect excessif des élèves pour le maître, arrêta quelques moments les progrès du goût. L'art attendit un nouveau régénérateur, jusqu'à la naissance du Masaccio. Pietro Cavallini naquit en 1259 (voy. *Cavallini*) ; il fut plutôt l'aide que le disciple de Giotto. Son âge peut cependant servir à prouver que ce dernier naquit avant 1276.

Giotto eut quatre fils et quatre filles : un seul de ses fils est cité comme peintre ; c'est Francesco, surnommé *di Maester Giotto*. Il eut de sa fille Catherine, mariée à un peintre nommé Ricco di Lapo, deux petit-fils, tous deux peintres : Bartolo et Stefano. C'est ce Stefano, surnommé *Fiorentino*, qui, au jugement de Lanzi, surpassa son aïeul. On voit des ouvrages de ce maître au Campo-Santo de Pise. Ce Stefano eut pour fils Tommaso di Stefano, surnommé *Giottino*, en qui, disait-on, avait passé le génie de son bisaïeul.

Giotto a été cité souvent, pour ses bons mots et la vivacité de ses reparties. Il était fort laid ; ce que Pétrarque remarquait avec regret, en considérant la beauté de son esprit (*Epist. ad famil.*, lib. v, ep. 17). Un de ses mots les plus heureux, dit à l'occasion de sa laideur, à un seigneur aussi laid que lui, a fourni à Boccace le sujet d'une de ses nouvelles.

Les ouvrages de ce maître, né longtemps avant l'invention de l'art d'imprimer des estampes, ont été gravés rarement jusque vers la fin du dernier siècle. Nous pouvons citer maintenant : — I La *Pêche miraculeuse*, par N. Beatrizet (1559, grand in-fol.), telle qu'elle existait avant les changements faits sous Clément X. — II. La *Vierge mise au tombeau*, par Carlo Lasinio, dans l'*Etruria pittrice*, de Lastri. — III. Quinze sujets publiés par M. Séroux d'Agincourt, dans la quinzième livraison de son *Histoire de l'art*. — IV. La *Pêche miraculeuse*, avec les changements de Mannetti, et un *Couronnement de la Vierge*, d'après un dessin, dans l'ouvrage publié par C. M. Metz, à Londres, 1798, gr. in-fol., sous le titre de *Imitations of ancient and modern drawings*. — V. Quatorze pièces, parmi lesquelles on remarque le portrait de Giotto, peint par lui-même ; une *Annonciation* : *Jésus parmi les docteurs* ; la *Transfiguration* ; une *Assomption de la Vierge*, etc. ; dans la collection publiée à Tubingen, en 1810, par MM. F. et J. Riepenhausen, sous le titre allemand de l'*Histoire de la peinture et de ses progrès en Italie*. — VI. Les *Misères de Job*, dans les gravures du Campo-Santo, publiées, à Florence, par Molini et Landi. — VII. Huit tableaux gravés par M. Piro'i, dans son ouvrage, encore inédit, sur les peintres des treizième, quatorzième et quinzième siècles, savoir : 1° la *Transfiguration* et la *Cène de la sacristie de Sainte-Croix*, sur une même feuille ; 2° *Saint François guérissant un habitant de Lérida* ; 3° *Saint François rendant la vie à un personnage couronné* ; 4° *Jésus-Christ unissant saint François à la pauvreté* ; 5° *Saint François prêchant devant ses disciples* ; 6° la *Vision d'Innocent III, à qui saint François apparaît en songe* ; 7° la *Glorification de saint François* : tous sujets tirés de l'église d'Assise. Ces diverses gravures, et notamment celles de M. Piroli, où les figures ont six à huit pouces de hauteur, et sont rendues avec esprit et avec fidélité, contribueront à faire connaître et apprécier Giotto.

PIETRO CAVALLINI (1259-1344).

Cavallini (Pietro), peintre et sculpteur, né à Rome, en 1259, mort dans la même ville en 1344, fut élève de Giotto, et peut être regardé comme le plus ancien peintre que l'école romaine ait produit depuis la régénération.

Après avoir travaillé, conjointement avec son maître, aux mosaïques que celui-ci exécutait, à Rome, dans l'église de Saint-Pierre, il orna de fresques les églises d'Ara-Cœli sur le Capitole, de Saint-Pierre, de Sainte-Marie, et de Sainte-Cécile *in Trastevere*, et de plusieurs grandes mosaïques, celle de Saint-Paul hors des Murs. Venu à Florence pour voir les ouvrages de Giotto, il peignit l'*Annonciation*, dans l'église de Saint-Marc, dans celle de Saint-Basile, et dans plusieurs autres églises de la même ville. Ce sujet lui était si familier, qu'on a cru que toutes les *Annonciations* peintes à Florence dans le quatorzième siècle étaient de lui ou d'après lui. Appelé ensuite à Assise, il peignit à fresque le *Crucifiement* de *Jésus-Christ*, dans l'église souterraine du couvent de Saint-François.

La fresque d'Ara-Cœli, représentant une *Vierge entourée de rayons, qui tient l'enfant Jésus dans ses bras*, l'*Annonciation* de l'église de Saint-Marc, de Florence, et celle de Saint-Basile, de la même ville, subsistent encore, ainsi que la fresque de Saint-François d'Assise. Ce dernier ouvrage passe pour le chef-d'œuvre de Cavallini. On y voit un grand nombre de figures, des costumes variés et singuliers ; l'expression est assez vive, le coloris, brillant et bien conservé.

Suivant l'opinion de Vasari et de Baldinucci, qui ont écrit la vie de ce maître, il associa un reste de la manière grecque à celle de Giotto. On dit qu'un Crucifix qu'il avait sculpté en ronde-bosse, et qui était placé dans l'église de Saint-Paul hors des Murs, parla à sainte Brigitte, en l'an 1370. On rapporte aussi que le tableau de l'*Annonciation*, peint dans l'église de Saint-Marc, de Florence, a opéré plusieurs miracles dans le quatorzième siècle. Ces traditions ont fait regarder pendant longtemps Cavallini comme un saint.

FLAVIO GIOIA (né à la fin du 13º siècle).

Gioia (Flavio), pilote ou capitaine de vaisseau, naquit à Pasitano, village situé près d'Amalfi, vers la fin du treizième siècle. Ce navigateur a été généralement regardé, du moins pendant longtemps, comme l'inventeur de la boussole. Les idées ont été si précises à cet égard, que quelques écrivains ont fixé la date d'une si mémorable invention, à l'an 1302 ou 1303. Chacun sait aujourd'hui que cette gloire lui a cependant été disputée. Gioia a-t-il, en effet, inventé la boussole ? l'a-t-il seulement perfectionnée ? ou bien serait-il totalement étranger à l'invention de cet instrument, qui a changé, pour ainsi dire, la face du monde ?

Pour être justes envers lui, nous sommes obligés de rappeler les opinions les plus remarquables élevées à ce sujet, et surtout d'exposer les faits sur lesquels on a cherché à les établir. Polydore Virgile place l'invention de la boussole au nombre de celles dont les auteurs sont inconnus : *Omnino in aperto non est* [1], et, quel-

---

[1] Pol. Virg., *De invent. rer.*, lib. III, cap. XVIII.

que superficiel que soit cet écrivain, son témoignage est d'un grand poids contre Gioia, attendu qu'il était né en Italie, deux cents ans seulement après ce célèbre Amalfitain.

Plusieurs savants ont attribué l'invention de la boussole aux Phéniciens, aux Tyriens, au roi Salomon. Court de Gébelin est un de ceux qui en font honneur aux Phéniciens. D'autres, induits en erreur par un passage mal interprété de Plaute, ont cru que les Romains et les Grecs avaient connu ce guide des mariniers. De ce nombre est Abundantius Collina, dans son mémoire intitulé : *De acûs nauticæ inventore* [1]. Ces opinions ont été complétement réfutées par Turnèbe, Bochart, Dutens ; par J. Chr. Trombelli, *De acûs nauticæ inventore* [2] ; par Gr. Grimaldi, *Sopra il primo inventore della bussola* [3] ; par Montucla, dans son *Histoire des mathématiques* ; et plus récemment, par M. Azuni, dans une *Dissertation sur l'origine de la boussole*, imprimée deux fois en italien, et ensuite en français (Paris, 1807, in-8°). Les anciens ne connurent point la vertu directive de l'aimant. Le silence de tous les auteurs de l'antiquité qui ont parlé de cette pierre, et notamment de Lucrèce, de Pline, de Claudien, de Plutarque, forme, sur ce fait, une preuve négative, qui ne laisse rien à répliquer.

Gerbert, né en Auvergne, vers le commencement du dixième siècle, et pape sous le nom de Silvestre II, voulant, lorsqu'il était évêque de Magdebourg, construire une montre solaire horizontale, reconnut le point du nord à l'aide d'un instrument avec lequel il considéra l'étoile polaire : *In Magdeburg horologium fecit, illud r.cte constituens, consideratâ per fistulam quamdam stellâ nautarum duce* [4]. Le père Costadau, Collina, déjà cité, et d'autres écrivains, ont cru reconnaître dans cet instrument une boussole. Montucla a détruit cette fausse opinion, et n'a vu, dans l'instrument de Gerbert, qu'un tube qu'il dirigeait sur l'étoile polaire, pour prendre la direction du méridien.

Mais des témoignages plus convaincants attestent que les navigateurs de la Méditerranée connaissaient l'aiguille aimantée, et sa-

[1] *Bonon. instit., Comment.*, t. II, part. III.

[2] Ibid.

[3] *Recueil de l'académie de Cortone*, t. III.

[4] Dithmar., *Chronic.* ; apud Leibnitz, *Scriptores rer. Brunsw.*, t. I, p. 399.

vaient en faire usage plus de cent ans avant Gioia. Albert, dit le Grand, dans son traité *De mineralibus* (lib. II, tract. III, cap. VI), rapporte un passage d'un ouvrage faussement attribué à Aristote, qu'il rend en ces termes : *Angulus magnetis quidam est, cujus virtus apprehendendi ferrum est, ad zoron, hoc est, septentrionalem, et hoc utuntur nautæ : angulus verò alius magnetis illi oppositus, trahit ad aphron, id est, polum meridionalem.* Que ce passage ne soit point d'Aristote, peu importe pour le temps où vivait Albert, né en 1193, et mort en 1280 ; et il faut même remonter plus haut, car la citation doit être extraite de quelque ouvrage plus ancien. Le traité *De mineralibus* lui-même ne fût-il pas d'Albert, comme l'ont pensé quelques critiques, cela n'atténuerait point le mérite du texte que l'auteur y a inséré. Le même texte se trouve, d'ailleurs, cité par Vincent de Beauvais, dans la première partie de sa *Bibliotheca mundi* (lib. VIII, cap. XIX) ; et cette première partie, intitulée : *Speculum naturale*, a été terminée l'an 1250, ainsi qu'on le voit au livre XXVII, chapitre CII. Brunetto Latini parle aussi de la boussole, dans son *Trésor*, composé d'abord en français, à Paris, en 1260, et ensuite traduit par lui-même en italien : « Pour ce, dit-il, nagent les mariniers à l'enseigne de ces deux étoiles, que l'on appelle Tramontaines..., et chacune des deux faces (de l'aimant) aise la pointe de l'aiguille à celle tramontaine à que cette face gist (lib. I, cap. CXIII). »

Il existe un texte, devenu fameux dans cette discussion ; c'est celui de la *Bible-Guyot* (vers 622 à 658). La boussole s'y trouve nettement désignée sous les noms de *manière* ou *marinière*, *manette* ou *marinette*, suivant les variantes des divers manuscrits. Il commence par ces vers :

> De nostre pere l'apostoile,
> Voissise qu'il semblast l'estoile
> Qui ne se muet.....

et finit par ceux-ci :

> Molt est l'estoile et belle et clere,
> Tiex devroit estre nostre pere.

On peut le voir en entier dans les *Fabliaux et Contes*, publiés par Barbazan et Méon (t. II, p. 327). La satyre dite la *Bible-Guyot* est généralement attribuée à Guyot, moine français, natif de Pro-

vins, qui florissait à la fin du douzième siècle, puisqu'il se trouvait
à la cour de l'empereur Frédéric Ier en 1181. Cette pièce de vers
fût-elle, comme on l'a supposé, un ouvrage de Hugues de Bercy,
contemporain de saint Louis, cette différence ne rapprocherait la
date que de cinquante ou soixante ans.

Un passage du cardinal de Vitry, également clair, fixe enfin les
époques d'une manière non équivoque ; et il nous reporte au temps
de Guyot, et même au delà. Jacques de Vitry, natif d'Argenteuil et
évêque de Ptolémaïs, alla dans la Palestine, lors de la quatrième
croisade, par conséquent, vers l'an 1204. De retour de ce voyage,
il remplit les fonctions de légat du pape Innocent III, en 1210,
dans l'armée du comte de Montfort contre les Albigeois. Reparti
pour la Terre-Sainte, il en revint sous Honorius III, assez longtemps avant la mort de ce pape ; et il mourut lui-même, en 1244.
On croit qu'il a écrit sa description de la Palestine, formant le premier livre de son histoire, et intitulée *Historia orientalis*, pendant son second séjour dans l'Orient, ce qui en place la composition entre les années 1215 et 1220 ; et, d'ailleurs, il parle d'un fait
qu'il a observé dès l'an 1204. Or, il s'exprime ainsi (cap. xci) :
*Acus ferrea, postquam adamantem contigerit, ad stellam sep-
tentrionalem, quæ velut axis firmamenti, aliis vergentibus, non
movetur, semper convertitur ; unde valdè necessarius est navi-
gantibus in mari.* Le sens de ces paroles ne présente aucune
obscurité. On voit même qu'il ne s'agit pas d'une découverte nouvelle, mais d'un usage déjà établi, d'un instrument regardé comme
absolument nécessaire aux marins, d'une connaissance devenue
générale et vulgaire.

Albert le Grand, Guyot, et le cardinal de Vitry, étant tous des
Français ; Brunetto Latini ayant composé son ouvrage pendant son
séjour en France, et Jacques de Vitry ayant dû traverser la Méditerranée sur des vaisseaux français, les Bénédictins, auteurs de
l'*Histoire littéraire de France*, ont cru pouvoir en conclure que la
boussole est une invention française. Ils ont aussi fait valoir l'usage,
sans doute français, et adopté par toutes les nations, de tracer une
fleur de lis sur la rose des vents, pour marquer le côté du nord.
C'est cette opinion que M. Azuni a renouvelée et défendue par tous
les moyens qu'une érudition étendue a pu lui fournir, dans la dissertation que nous avons citée.

D'autres écrivains ont réclamé en faveur des Arabes. Tels sont Tiraboschi, dans sa *Storia della letteratura italiana*; Andrès, *Origine e progressi d'ogni letteratura*; Bergeron, *Abrégé de l'histoire des Sarrasins*; Riccioli, *Geographia et hydrographia reformata*, etc. Ceux-ci n'ont présenté, il est vrai, que des assertions vagues et dénuées de toute preuve positive. Chardin, qui s'est élevé contre leur opinion, est persuadé que les Arabes ont reçu la boussole de l'Europe. Renaudot est allé jusqu'à soutenir qu'il n'existe aucun écrit arabe, où il soit fait mention, ni de la boussole, ni même de la vertu directive de l'aimant[1]. Il paraît qu'on n'a pu lui opposer jusqu'à présent qu'un ouvrage de Bailak Kaptchaki, intitulé, en arabe : *Trésor des marchands dans la connaissance des pierres*[2]; et le passage de cet écrivain, découvert originairement par M. Silvestre de Sacy, confirme l'opinion de Renaudot plutôt qu'il ne la détruit, puisque l'auteur, qui écrivait l'an 681 de l'hégire, rapporte un fait dont il a été témoin en l'an 640 (1242 de notre ère), et que ces époques sont postérieures à Guyot de Provins et au cardinal de Vitry. Ebn-Iounis, astronome arabe, dans sa *Grande table hakemite*, ouvrage composé l'an 1007 de notre ère, et publié en français par M. Caussin[3], fournit même une preuve négative très-concluante, que les Arabes de son temps ne connaissaient pas la boussole; car, soit parmi les instruments dont il fait mention, soit parmi les observations qu'il rappelle, il n'en parle en aucune manière. Mais il reste toujours entre ces deux époques, c'est-à-dire, entre l'an 1007 et l'an 1290, le passage attribué à Aristote, nécessairement puisé dans quelque auteur arabe.

Les auteurs qui ont écrit sur la Chine ont attaqué Gioia, avec plus de succès. Le P. Le Comte, Mailla, le P. Gaubil, *Histoire de l'astronomie chinoise*; Barrow, *Nouveau voyage en Chine*, etc., se montrent convaincus que les Chinois faisaient usage de la boussole, fort longtemps avant notre ère. M. Jos. Hager a développé cette opinion dans une dissertation publiée en italien, sous le titre de *Memoria sulla bussola orientale* (Pavie, 1809, in-fol.); il

---

[1] *Anciennes relations des Indes*, p. 288, 291.
[2] Bibliothèque du Roi, départem. des manuscrits, in-fol., n° 976.
[3] *Notices des manuscrits de la Bibliothèque Royale*, t. VII.

s'est attaché à prouver que la boussole est une invention des Chinois, et que ce peuple nous l'a transmise par ses communications avec les Arabes. Il pourra paraître étonnant, dans ce système, que la boussole, en usage dans les mers de l'Inde, 1000 ou 2000 ans avant J.-C., n'ait été connue ni des navigateurs égyptiens, sous les Ptolémées, ni des Grecs de Constantinople, dans le moyen âge. Chardin avait laissé la question dans le doute. M. de Guignes a fait plus; il assure que les sources où le P. Gaubil a puisé, sont des romans modernes, et il blâme cet historien d'avoir cru voir une boussole dans des textes reconnus pour fabuleux [1]. Cependant on ne doute plus guère aujourd'hui, que les Chinois n'aient possédé la boussole, sinon aux époques dont parle le P. Gaubil, du moins longtemps avant les Européens. Le jugement qu'en ont porté Barrow, Macartney et les autres voyageurs les plus récents, a donné une très-grande force à cette opinion.

Les écrivains, enfin, qui ont attribué l'invention à Gioia, sont innombrables. G. Grimaldi, entre autres, savant Napolitain, a rassemblé en faveur de son compatriote, dans la dissertation que nous avons citée, une foule de passages très-positifs, et s'est étayé de noms très-imposants. On ne peut se dissimuler que Gioia n'ait eu pour lui, pendant longtemps, l'opinion de l'Europe entière; et il faut bien que quelque fait important ait donné sujet à cet assentiment général. Quel est donc le titre de ce marin à la reconnaissance publique?

Le P. Fournier a résolu cette espèce de problème, dans son *Hydrographie* (liv. xi, chap. i); et Montucla, adoptant l'opinion de Fournier, l'a développée avec une clarté propre à satisfaire tous les esprits. La boussole, en usage sur la Méditerranée dans le douzième et le treizième siècle, ne consistait qu'en une aiguille aimantée, qu'on faisait nager dans un vase, au moyen de deux brins de paille ou d'un morceau de liége, qui la soutenaient sur l'eau. Telle est la description qu'en fait l'auteur de la *Bible-Guyot*. De là, le nom de *calamite* ou de *grenouille*, sous lequel on la trouve désignée dans quelques auteurs. La boussole connue des Arabes, au treizième siècle, suivant Bailak Kaptchaki, n'était pas autre chose : « Il est aisé de sentir, dit Montuclà, combien ce moyen était peu

____

[1] *Mémoires de l'Académie des Inscriptions*, t. XLVI, p. 549, 551.

» commode, et combien de fois l'agitation de la mer devait le
» rendre impraticable... Les Melphitains, ajoute cet auteur (il au-
» rait dû dire les Amalfitains), imaginèrent la suspension com-
» mode dont nous usons aujourd'hui, en mettant l'aiguille touchée
» de l'aimant, sur un pivot qui lui permet de se tourner de tous
» les côtés avec facilité. On ne sait s'ils allèrent d'abord plus loin.
» Dans la suite, on la chargea d'un carton divisé en 32 rumbs
» de vents, qu'on nomme la *rose des vents*, et l'on suspendit la
» boîte qui la porte, de manière que, quelques mouvements qu'é-
» prouvât le vaisseau, elle restât toujours horizontale. Les Anglais
» se font honneur de cette addition à la boussole, *jure an injuriâ*,
» c'est ce que je ne saurais dire; je n'en connais du moins aucune
» preuve. » Si l'on examine avec attention le sens du vers d'Anto-
nius Panormitanus, dans lequel on a cru trouver une des preuves
les plus fortes de l'invention de Gioia, peut-être remarquera-t on
qu'il ne fait allusion, en effet, qu'à un grand et important perfectionnement. Ce vers est ainsi conçu :

Prima dedit nautis usum magnetis Amalphis.

Le poëte ne paraît pas vouloir assurer que la ville d'Amalfi ait
donné la connaissance de l'aiguille aimantée; il dit seulement
qu'elle en a donné ou plutôt facilité l'usage. Voilà donc le mérite
de Gioia ; c'est, selon toute apparence, celui d'avoir rendu véritablement utile un instrument dont à peine on pouvait faire usage
auparavant. La timidité de nos pilotes, dans le douzième et le treizième siècle, lorsqu'ils étaient déjà en possession de la *calamite*
et l'audace qu'ils ont déployée, munis de la boussole d'Amalfi,
attestent évidemment l'importance du service qu'a rendu Gioia à
la marine moderne. Perfectionner de cette manière, c'est réellement inventer.

Il est possible que les Français aient ajouté la rose des vents à
l'aiguille suspendue de Gioia : de là, sera venue la fleur de lis qui désigne le nord. Il est possible encore que les Anglais aient conçu la
pensée de renfermer l'aiguille, son pivot, et la rose des vents, dans
une boîte, *box* ou *boxel* : de là, le nom de *boussole*. Les Allemands réclament cependant les noms des vents, Est, Sud, Nord,
Ouest, et même le nom *boussole*. Ces particularités sont de peu
d'importance. Ce qui paraîtra démontré, c'est que la découverte

de la vertu directive de l'aimant est antérieure à Gioia, et qu'avant lui les navigateurs, tant de la Méditerranée que des mers de l'Inde, faisaient usage de l'aiguille aimantée. Ce qui est plus que vraisemblable, c'est qu'il a été cependant en Europe, par un perfectionnement très-important, le véritable créateur de la boussole, telle que nous la possédons aujourd'hui. On ne connaît, d'ailleurs, nullement l'histoire de sa vie. Quelques écrivains l'ont nommé *Giri*; le nom de *Gioia* est le plus généralement adopté. Musanzio se plaint, dans ses *Tables chronologiques*, de ce que Vossius et d'autres savants l'appellent *Gira*, et le disent natif de *Molfi* : « C'est, dit-il, Gioia d'Amalfi, qui a inventé la boussole, en l'an 1303. » (Tab. xxxviii, p. 219.)

JEAN VAN EYCK (1370-1441).

Eyck (Jean Van), dit *Jean de Bruges*, fils d'un peintre dont les prénoms ne sont pas connus, naquit à Maeseyck, petite ville dépendante de l'évêché de Liége, en 1370, et fut instruit dans la peinture par Hubert Van Eyck, son frère, né dans la même ville, en 1366.

La nature l'avait doué de toutes les qualités qui font les grands peintres. Deux cents ans plus tard, il se serait fait distinguer à côté des Rubens et des Van Dyck ; né à une époque où les connaissances fondamentales de l'art du dessin avaient fait peu de progrès, et dans un pays où l'on recherchait plus la perfection des détails que les grands effets de l'ensemble, il excella dans tous les genres de mérite les plus estimés des Flamands, ses compatriotes. Les deux frères travaillèrent souvent ensemble sur le même tableau ; ils peignirent ainsi, à Ypres, à Gand et à Bruges. Hubert étant mort, le 18 septembre 1426, Jean fixa sa demeure dans cette dernière ville ; de là lui vint le surnom de *Jean de Bruges*. Parmi les ouvrages qu'Hubert et Jean ont exécutés, soit ensemble, soit chacun en particulier, on cite principalement les suivants : 1. les *Vieillards* et les *Vierges* de l'Apocalypse, adorant l'Agneau ; tableau qui renferme plus de trois cents figures, de douze à quatorze pouces de proportion. Ce tableau fut recouvert de deux volets, où se voyaient les portraits des deux artistes ; il fut peint à Gand, pour Philippe le Bon, comte de Flandre : nous le possé-

dons au Musée du Louvre, à Paris. Les deux volets sont restés à Gand.
— II. *Dieu le Père*, assis sur un trône, figure de grandeur naturelle, recouverte de deux volets, où sont représentés, d'un côté, la *Vierge*, et, de l'autre, *saint Jean-Baptiste*. — III. *Saint Donatien*, *Saint George* et un *Chanoine devant la Vierge*. — IV. Une *Vierge au donataire*, qu'on voyait autrefois dans la cathédrale d'Autun, et qui orne maintenant notre Musée, ainsi que les deux tableaux précédents : celui-ci est gravé dans la collection de Filhol (n° 578, 97° livraison). — V. Un *Jeune homme* et une *Jeune fille*, allant se marier. — VI. Une *Salle de bain*, peinte pour Frédéric, duc d'Urbin. — VII. Un *Saint Jérôme*, peint pour Laurent de Médicis. — VIII. Une *Adoration des Mages*, qu'on voyait autrefois dans la galerie du Palais-Royal. Plusieurs de ces tableaux sont dans de petites proportion ; celui de la *Vierge au donataire* n'a guère que deux pieds de haut sur un peu moins de large.

Quelques compositions où l'on retrouve la monotone régularité des peintures du moyen âge ; d'autres qui offrent, au contraire, du mouvement et du naturel ; des têtes expressives et d'un assez beau caractère ; des draperies où commence à se montrer quelque style ; des accessoires, tels que des monuments d'architecture, des armes, des tapis, d'une grande vérité ; des fonds de paysage, d'un extrême fini ; un sentiment assez juste de la perspective aérienne, qui se manifeste même quelquefois dans des ouvrages où la perspective linéaire est en défaut : ce sont là autant de traits qui caractérisent Jean Van Eyck. Mais ce qui étonne véritablement dans les tableaux de ce maître, c'est la fraîcheur et l'éclat des tons. Si l'art de peindre à l'huile fut longtemps le secret de Van Eyck, il semble, quand on considère ses ouvrages, que ce secret, quoique transmis à ses élèves, ne soit pas parvenu en entier jusqu'à nous. Le temps, qui rembrunit si promptement nos tableaux, a respecté les teintes des siens. Son coloris n'offre pas, il est vrai, toute l'harmonie des chefs-d'œuvre modernes ; mais il a bien plus de vivacité. Cette remarque prouve qu'en posant les couleurs, ce maître en conservait, autant qu'il était possible, la virginité ; mais elle peut aussi faire présumer qu'il employait quelque vernis dont la composition nous est inconnue.

On croit généralement que Jean de Bruges inventa la peinture à l'huile, et qu'il donna connaissance de ce procédé à Antonello da Messina, qui le communiqua aux Vénitiens. Vasari, dans la *Vie d'Antonello*; Raphaël Borghini, dans son *Risposo*; Zanetti, dans son *Istoria della pittura Veneziana*; le Gallo, dans ses *Annali di Messina*; Gaëtano Grano, dans ses *Memorie de' pittori Messinesi*; Ridolphi, Baldinucci, le judicieux Lanzi, Van Mander, Sandrart, Descamps, Fuessly, le baron de Budberg, lui ont accordé l'honneur de cette invention.

Il lui a toutefois été contesté. Malvasia, dans sa *Felsina pittrice* (t. I, p. 27 et 30), a cité plusieurs ouvrages de Lippo Dalmasio, l'un sur bois, portant la date de 1376, et deux autres sur des murs, datés de 1407, que Tiarini et lui estimaient être peints à l'huile. Dominici, dans ses *Vite de' pittori Napoletani*, paraît persuadé qu'on a peint à l'huile *de temps immémorial*, ou, du moins, depuis le commencement du quatorzième siècle. Il cite aussi plusieurs tableaux, savoir : une *Annonciation* et une *Vierge*, ouvrages de Tommaso de' Stefani, né vers l'an 1220, et mort en 1310; deux tableaux de Simone, qui florissait en 1325, et quelques autres de Gennaro di Cola et de Stefanone, tous deux élèves de Simone; il s'autorise de l'opinion du cavalier Massimo Stanzioni, qui, dans ses *Vies* manuscrites des peintres, disait avoir observé avec beaucoup d'attention les deux tableaux de Tommaso de' Stefani, et assurait qu'ils étaient peints à l'huile. M. Christian de Mechel, dans sa *Description de la galerie impériale de Vienne*, a donné connaissance d'un tableau de Tommaso da Modena portant la date de 1297, qu'il a cru aussi peint de cette manière. L'opinion contraire à la gloire de Van Eyck a acquis une nouvelle force, depuis que Lessing, dans une dissertation sur l'origine de la peinture à l'huile, publiée en 1770, a appelé l'attention sur un manuscrit d'un peintre nommé Théophile, qui vivait à la fin du dixième siècle ou au commencement du onzième, et qui, suivant ce qu'il dit lui-même, employait quelquefois ses couleurs avec de l'huile. M. Raspe, auteur d'une dissertation imprimée à Londres, en 1787, sous le titre de *A critical essay on oil-painting*, a cru pouvoir soutenir que la peinture à l'huile n'a pas cessé d'être en usage depuis Théophile jusqu'à Van Eyck, et il a publié, en faveur de cette opinion, un manuscrit d'un autre peintre, nommé Éraclius, intitulé : *De coloribus et de artibus Romanorum*. (Voy. *Éraclius*.) L'auteur de la

présente notice a eu l'occasion de citer un autre manuscrit, encore
inédit, conservé dans notre Bibliothèque nationale de Paris (in-4°,
lat., n° 6741), intitulé : *Alia tabula*, où il est aussi fait mention
de l'art d'employer les couleurs avec de l'huile, sous les mots *Sta-
neas petulas*, et sous le mot *Tabula*. Enfin, M. Cicognara, dans
son intéressant ouvrage, ayant pour titre : *Storia della scultura,
dal suo risorgimento in Italia, sino al secolo di Napoleone*,
dont le premier volume a paru à Venise, en 1813, a entrepris
de démontrer que la peinture à l'huile a été inventée par *Théophile*, qu'on peut croire Lombard d'origine ; il pense même
qu'elle était aussi accomplie dans ses procédés, sous le pinceau
de cet artiste, qu'elle l'est aujourd'hui ; et il conclut que l'honneur
de l'invention appartient à la Lombardie.

Nous ne saurions nous dispenser d'examiner des assertions si
opposées dans un article qui a pour objet de marquer le rang que
Van Eyck doit occuper parmi les artistes. Il est certain que Théophile connaissait l'art de broyer les couleurs avec de l'huile de lin ;
ce ne sont pas seulement les fonds de ses tableaux qu'il peignait
de cette manière, comme l'ont pensé le baron de Budberg et
M. Burtin, dans son *Traité des connaissances nécessaires aux
amateurs de tableaux* ; il employait le même procédé, dans les
draperies et les têtes de ses figures. Mais, d'une autre part, il est
incontestable que Van Eyck a été généralement regardé par les
peintres flamands, et notamment par les artistes italiens de son
temps et des deux siècles qui ont suivi, comme l'inventeur de la
véritable peinture à l'huile. Au témoignage de Vasari, de Borghini et de tous les écrivains mentionnés ci-dessus, il faut en
joindre un autre, qui n'est pas moins convaincant, c'est l'épitaphe
placée à Venise, vers l'an 1496, sur le tombeau d'Antonello da
Messina, et conservée par Vasari et par Ridolfi. On y lisait ces
mots : *Non solùm suis picturis, in quibus singulare artificium
et venustas fuit, sed et quòd coloribus oleo miscendis splen-
dorem et perpetuitatem primus italicæ picturæ contulit*. Rien
ne peut atténuer une preuve si forte, établie, en Italie même, en
faveur de l'artiste de Bruges ; car les peintres vénitiens n'auraient
pas laissé consacrer cette épitaphe à Antonello, s'il n'eût été no-
toire qu'en effet il avait le premier pratiqué, à Venise, la véritable
peinture à l'huile. Mais s'il fut le premier à Venise, et en Italie,

il ne fut pas le premier dans un sens absolu. Ces faits paraissent,
il est vrai, contradictoires; mais, comme ils sont également indubitables, il doit, par cela même, exister un moyen de les concilier.
Or, l'explication qui les concilie, la voici :

Les peintres ne durent ignorer, dans aucun temps, que toutes
les matières colorantes se broient plus ou moins bien avec de l'huile
pure, et qu'au moyen de cette simple préparation, elles peuvent
presque toutes être employées, soit dans des peintures à *plat*,
soit dans des peintures imitatives. C'est là tout ce que pratiquait
Théophile ; il broyait ses couleurs avec de l'huile de lin, qu'il employait pure : « Prends les couleurs que tu voudras employer;
» broie-les soigneusement avec de l'huile de lin, sans eau, et fais
» les mélanges convenables pour les chairs et les habillements,
» ainsi que tu avais fait auparavant avec de l'eau ; tu varieras (avec
» ces mêmes couleurs) les teintes particulières des quadrupèdes,
» des oiseaux, des feuillages, comme il te conviendra [1]. » (Lib. i,
cap. xxii.) Les couleurs employées de cette manière séchaient très-
difficilement et s'empâtaient mal. Aussi, Théophile trouvait-il fort
désagréable, lorsqu'il avait posé une couleur, d'être obligé d'attendre longtemps pour en poser une autre par-dessus : c'est ce
qu'il nous dit lui-même (cap. xxiii). Il n'employait cette peinture
que dans les ouvrages qu'il pouvait faire sécher au soleil ; et, à
cause de ces difficultés, il conseillait aux jeunes peintres, qui vou-
draient accélérer leur travail, de préférer la gomme de cerisier ou
de prunier (*ibid.*). Croire, avec M. Cicognara, que c'était là la véritable, la meilleure manière de peindre à l'huile, que tout ce qu'on
y a ajouté n'a fait que l'altérer, et que, par conséquent, Théophile doit être regardé comme l'inventeur de cet art, ce serait évidemment aller trop loin. Il doit, au contraire, paraître certain que
Théophile ne possédait qu'un procédé imparfait et fort peu utile.
Les expériences tentées sur les tableaux cités par M. de Mechel,
n'offrent rien de concluant en faveur de son système. Soit qu'ils
broyassent les couleurs avec de la gomme, de la colle de taureau,
du blanc ou du jaune d'œuf, les peintres du dixième et du onzième

---

[1] Accipe colores quos imponere volueris, terens eos diligenter oleo lini,
sine aquâ, et fac mixturas vultuum ac vestimentorum, sicut superiùs aquâ
feceras; et bestias, sive aves, aut folia, variabis suis coloribus, prout li-
buerit.

siècle couvraient leurs peintures d'un vernis composé d'huile de lin, de galbanum, de myrrhe, de mastics ou d'autres résines. Cette pratique subsistait encore dans les treizième et quatorzième siècles. Il est possible que Mechel et d'autres curieux aient pris la couche extérieure du vernis pour le gluten qui liait les couleurs.

On pourrait, au surplus, se persuader que Tommaso da Modena, Lippo Dalmasio, et d'autres artistes peignaient à l'huile, suivant le procédé usité par Théophile, sans altérer le mérite de Van Eyck. Que, dans un ouvrage manuscrit, qui porte la date de 1437, Cennino di Andrea Cennini, peintre florentin, élève d'Angiol Gaddi, parle de l'art de peindre avec de l'huile de lin cuite (*cocendo l'olio della semensa del lino*), « art, dit-il, que pratiquent beaucoup les Allemands, » cela ne change rien non plus au fond de la question. Soit que Cennini connût déjà, en 1437, quelque chose des procédés de Van Eyck, soit qu'il eût appris d'Angiol Gaddi qu'il valait mieux faire bouillir l'huile que de l'employer dans son état naturel, on voit bien qu'il n'était pas beaucoup p'us avancé que les autres Italiens de son temps. Si le procédé de Théophile, de Tommaso et de Dalmasio eût été la véritable peinture à l'huile ; si cette manière eût déjà paru accomplie, comment les exemples qu'on cite, en les tenant pour réels, seraient-ils si rares ? comment Giotto, Masolino, les Bellini, les Gaddi, n'auraient-ils pas préféré l'huile à des matières dont ils reconnaissaient les défauts ? ou pourquoi leurs successeurs auraient-ils adopté avec tant d'empressement, après avoir vu les tableaux d'Antonello, une manière de peindre qu'ils dédaignaient auparavant ? Il doit donc paraître constant que c'est dans l'emploi combiné des huiles plus ou moins siccatives, que consiste l'invention de Van Eyck ; il est certain, aussi, que ce sont, suivant l'expression de Vasari, les ingrédients et les préparations dont il fit usage (*le altre sue misture*) qui constituent la véritable peinture à l'huile, et il sera, par conséquent, démontré que c'est à cet artiste que nous devons ce procédé, éminemment propre à fixer et à marier les couleurs de toute nature, minérales, végétales, animales ; ce procédé que le Titien, Raphaël, le Corrège et les autres grands maîtres ont immortalisé.

L'opinion de quelques écrivains, tels que le Sansovino, dans sa *Descrizione di Venezia*, et Bonfiglio Costanzo, dans sa *Messina descritta*, qui regardent Antonello comme l'inventeur, et croient

que c'est lui qui communiqua son secret à Van Eyck, cette opinion
mérite à peine d'être examinée. Il suffit des dates pour la réfuter.
Jean Van Eyck, avons-nous dit, naquit en 1370, et Hubert, son
frère, mourut en 1426. Les deux frères peignirent, par conséquent,
ensemble le tableau de Philippe le Bon, entre cette année 1426 et
l'année 1419, puisque c'est en 1419 que Philippe monta sur le
trône. Or, Antonello travaillait encore en 1493, et Gallo dit qu'il
mourut en 1496 : l'impossibilité se démontre donc d'elle même ;
car Van Eyck, qui peignait à l'huile au plus tard en 1426, ne
peut pas avoir appris cet art d'Antonello, né à Messine, au plus
tôt vers l'an 1406. M. de Mechel a dit sans preuves que Jean Van
Eyck mourut en 1441. Van Mander et Sandrart disent seulement
qu'il mourut *très-vieux*. M. Puccini, dans ses *Memorie istorico-
critiche di Antonello*, présume, avec la saine critique qui le distingue, que ce maître était mort en 1450, mais depuis peu de
temps. Nous possédons au Musée national du Louvre deux petits
tableaux d'Hubert Van Eyck (sous le n° 50 du nouveau Catalogue
supplémentaire) : l'un représente la Vierge donnant le sein à l'enfant Jésus ; l'autre, sainte Catherine.

On compte, parmi les élèves de Jean Van Eyck, Hugues Van
der Goes, à qui quelques personnes attribuent le tableau du *Jugement dernier*, conservé dans notre Musée sous le nom de Jean
Van Eyck lui-même, et Roger de Bruges, qui égale et surpasse
peut-être son maître par la délicatesse de l'exécution. Ce dernier
se trouvait à Rome en 1450, après avoir demeuré auprès de Jean
dans la vieillesse de ce peintre. Hubert et Jean Van Eyck eurent
une sœur nommée *Marguerite*, qui se rendit célèbre dans la peinture, et qui refusa, dit-on, de se marier, pour se livrer entièrement à son art.

LAURENT GHIBERTI (1378-1456).

GHIBERTI (Laurent), habile sculpteur, fils d'Uguccione, dit par
abréviation *Cione*, naquit à Florence, non en 1380, comme le dit
Vasari, mais en 1378, suivant les pièces originales rapportées par
Baldinucci. Sa famille, illustrée dès le treizième siècle, dans le
gouvernement de Florence, par diverses fonctions publiques, s'était
appliquée aux arts, plusieurs générations avant lui, et particuliè-

rement à l'orfévrerie, genre où les Florentins avaient acquis, à cette époque, une grande célébrité. Le jeune Ghiberti apprit le dessin, l'art de modeler et celui de fondre les métaux, d'un orfévre nommé *Bartoluccio*, mari de sa mère en secondes noces, lequel appartenait à une école de sculpture, qui remontait à Andrea Ugolini, dit *André de Pise*. On croit qu'il reçut ensuite des leçons de peinture de Starnina.

La peste, qui affligea son pays à la fin du quatorzième siècle, l'ayant obligé de s'en éloigner, il peignait, en l'an 1401, une fresque, à Rimini, dans un palais du prince Pandolfo Malatesta, lorsque les prieurs de la Confrérie des marchands de Florence, ouvrirent le concours pour l'exécution d'une des portes de bronze qui décorent encore aujourd'hui le baptistère de Saint-Jean. Il s'agissait, non-seulement de surpasser André de Pise, auteur d'une de ces trois portes, terminée en 1339 ou 1340, mais encore, ce qui était plus difficile, de l'emporter sur les plus habiles artistes vivants. Ghiberti, âgé de vingt-deux ans, vint se présenter. Ce concours, digne de servir d'exemple aux administrateurs qui désirent véritablement obtenir des chefs d'œuvre, mérite d'être connu dans toutes ses circonstances. Entre les maîtres venus des différentes parties de l'Italie, sept des plus renommés furent particulièrement choisis pour concourir; savoir : Jacobo della Quercia, natif de Sienne; Nicolo d'Arezzo, élève de ce Jacolo; Simone da Colle, surnommé *de' Bronzi*, à cause de son habileté à couler et à ciseler le bronze; Francesco di Valdambrina; Filippo Brunelleschi; Donatello, génie précoce, qui, à peine âgé de dix-huit ans, avait déjà fixé l'attention publique; et Ghiberti lui-même. Chacun de ces artistes reçut une indemnité pour le travail d'une année, ainsi que pour ses déboursés, et s'obligea à présenter, au terme d'un an, un panneau en bronze doré, où serait sculpté, en bas-relief, le sacrifice d'Isaac. L'année étant expirée, on nomma trente-quatre experts parmi les sculpteurs, les peintres et les orfévres, soit de Florence, soit du dehors, qu'une nouvelle proclamation avait appelés à cette intéressante solennité. Il fut réglé qu'ils prononceraient leur jugement en public, devant les modèles soumis à l'opinion générale, et que chacun d'eux donnerait à haute voix les motifs de sa détermination. Les ouvrages de Brunelleschi, de Donatello et de Ghiberti, ayant attiré tous les regards, sont mis d'abord au-dessus des autres; mais bientôt, frappés de la supériorité de leur jeune rival, Brunelleschi et Donatello se retirent à l'écart, s'interrogent réciproquement, et tous deux sont assez justes pour se confesser vaincus, et assez grands pour déclarer publiquement leur opinion. Ce jugement fut confirmé au milieu des applaudissements de l'assemblée. Les *prieurs* des marchands, en donnant la palme à Ghiberti, l'invitèrent à n'épargner, ni le temps, ni la dépense, pour produire un ouvrage digne de lui et de la république; et ils méritèrent, par cette sage conduite, que le génie de la sculpture enfantât pour eux ces belles portes que Michel-Ange jugeait dignes d'orner l'entrée du paradis.

Celle dont Ghiberti fut alors chargé, et à laquelle il travailla pendant vingt-un ans, entièrement semblable pour les proportions à celle d'André de Pise, est de même divisée en vingt panneaux, renfermant autant de bas-reliefs dont les sujets sont tirés du Nouveau Testament, et ornée, dans les angles, de bustes figurant des prophètes et des sibylles. Elle fut posée le 23 avril 1424, à l'une des entrées latérales; et, en 1428, les prieurs chargèrent Ghiberti d'en exécuter une autre, encore plus riche, pour remplacer, à l'entrée principale, celle d'André de Pise, qui fut transportée de l'autre côté. Ghiberti se surpassa lui-même dans ce nouveau travail, qui l'occupa dix-huit ou vingt ans. M. Cicognara (*Storia della scult.*, t. II), veut que la première porte ait été terminée en 1414, et cette dernière en 1424. Séroux d'Agincourt croit, au contraire, que la seconde ne fut posée qu'en 1456. Nous ne saurions adopter ni l'une ni l'autre opinion. Le second monument, commencé vers 1428, fut vraisemblablement consacré vers l'an 1446, puisque, d'une part, suivant les preuves authentiques rapportées par Baldinucci, Ghiberti y travaillait encore au mois de mai de l'an 1445, et que, de l'autre part, on ne saurait étendre beaucoup plus loin les quarante années environ que cet écrivain donne, ainsi que Vasari, à la durée de l'ensemble du travail.

Pendant ces quarante années, Ghiberti produisit d'autres ouvrages de sculpture en bronze, très-remarquables; savoir: en 1414, une statue représentant saint Jean-Baptiste, pour l'église d'*Or-san-Michele*; vers 1417, deux bas-reliefs, dont les sujets sont tirés des actes du même saint, pour le baptistère de la cathédrale de Sienne; vers 1420, une statue de Saint

Mathieu, pour l'église d'*Or-san-Michele*; vers 1422, une statue de Saint Étienne, pour la même église, etc.; et, en 1439, la châsse de saint Zénobius, évêque de Florence, p'acée à *Santa-Maria del Fiore*. Tous ces ouvrages subsistent. Les époques où ils furent exécutés, ne marquent pas seulement les progrès de Ghiberti; elles montrent aussi les perfectionnements successifs de l'art. Instruit par des maîtres de l'école de Giotto, ce grand dessinateur avait conservé quelques restes de la sécheresse dont le crayon du fondateur de cette école n'avait pu se préserver; mais l'étude de l'antique, à laquelle, un des premiers parmi les modernes, il fut appelé par son goût naturel, lui donna un style, de jour en jour plus moelleux et plus ferme; la statue de Saint Jean-Baptiste n'annonçait encore qu'un génie capable de devancer ses contemporains: mais déjà, dans celle de Saint Matthieu, on reconnut le disciple des Grecs; et les bas-reliefs de la châsse de saint Zénobius, ainsi que la seconde porte du baptistère de Saint-Jean, chefs-d'œuvre de la sculpture du quinzième siècle, méritent même aujourd'hui d'être comptés parmi les plus beaux monuments de l'Italie moderne. Ces ouvrages se font également remarquer par l'esprit et la sagesse de la composition, par la vérité des attitudes, par l'exactitude, la fermeté et, très-souvent, l'élégance des contours, par la justesse, la vivacité, la dignité de l'expression. Leur influence sur les progrès du goût fut aussi grande que celle des fameux cartons de Léonard de Vinci et de Michel-Ange le devint, soixante ans plus tard. Dans le travail de la première porte, Ghiberti forma, parmi ses élèves, quant au dessin, Masolino da Panicale, qui fut le maître du Masaccio; dans l'exécution de la seconde, il instruisit Maso Finiguerra, Paolo Uccello, et notamment Antonio del Pollaiuolo, alors enfant, célèbre sculpteur et orfévre, un des guides de Michel-Ange dans l'étude de l'anatomie.

Ghiberti cultivait tous les arts. Peintre sur verre, il imprima une figure de Saint Jean-Baptiste, sur une des fenêtres de l'église d'*Or-san-Michele*, et exécuta la plus grande partie des vitraux de *Santa-Maria del Fiore*. Architecte, il fut associé à Brunelleschi, en 1419, pour la construction de ce dernier édifice; mais, s'étant aperçu de la peine que cette association causait à un concurrent généreux, il s'abstint de tout travail. Il composa aussi un écrit sur la sculpture, dont on conserve une copie dans la bibliothèque Magliabecchiana, à Florence, et dont M. Cicognara a publié un long fragment dans l'ouvrage que nous avons cité plus haut. Les concitoyens de Ghiberti ne l'élevèrent point, comme nous l'avons dit, par erreur, dans nos *Recherches sur l'art statuaire*, au rang suprême de gonfalonier de justice; mais, en 1443, il fut porté au nombre des douze prud'hommes dont se composait alors la *Seigneurie*, et il fut un des trois *majeurs* parmi les douze. Il avait commencé, dans les dernières années de sa vie, le modèle d'une troisième porte, qui devait remplacer celle d'André de Pise, et qui ne fut jamais terminée.

On diffère sur l'année où il mourut. Son testament est daté du mois de novembre 1455. Sa mort dut suivre de près, puisqu'il était alors âgé de 77 ans.

Ghiberti eut un fils, nommé *Buonaccorso*, suivant Vasari, ou plutôt *Vittorio*, d'après les recherches de Baldinucci. Ce fils, habile sculpteur et fondeur, termina le chambranle de la principale porte du baptistère de Saint-Jean, et le mit en place après la mort de son père. C'est vraisemblablement ce fait qui aura porté d'Agincourt à croire que cette porte ne fut posée qu'en 1456. A Vittorio, succéda son fils Buonaccorso, sculpteur et orfévre, et à ce dernier, un autre Vittorio, ardent républicain, qui, durant les discordes civiles, au rapport de Varchi, peignit un portrait de Clément VII, accompagné d'images peu décentes, dont l'objet était de tourner ce pape en ridicule.

On voit, au nombre des bustes qui ornent la principale porte du baptistère, celui de Ghiberti, et celui de Bartoluccio, son beau-père et son maître. Tout auprès, est cette inscription en lettres d'or : *Laurentii Cionis de Ghibertis mirâ artê fabricatum.* Une inscription si flatteuse pour lui, et son buste lui-même, n'ont dû être inaugurés qu'après sa mort. T. Patch, réuni à F. Gregorio, Théodore dit le Calmouck, et Calendi, ont gravé plus ou moins fidèlement la principale porte du baptistère de Saint-Jean. L'ensemble de cette porte, deux des bas-reliefs dont elle se compose, et celui de la partie antérieure de la châsse de saint Zénobius, se trouvent gravés dans l'*Histoire de l'art*, de d'Agincourt (pl. XLI et XLII). Trois bas-reliefs de la même châsse ont été publiés dans l'ouvrage de Richa, intitulé *Notizie istoriche delle chiese Fiorentine* (t. VI, p. 204, pl. CCCIV). M. Cicognara a donné, dans son

Histoire de la sculpture (t. II, pl. xx et xxi), des gravures des panneaux présentés au concours par Ghiberti et par Brunelleschi, d'un des bas-reliefs de la porte latérale de Saint-Jean, d'un de ceux de la porte principale, et de la statue de Saint Mathieu. M. Piroli a gravé, avec beaucoup d'exactitude, plusieurs bas-reliefs de la grande porte, dans son ouvrage projeté sur les monuments de l'Italie moderne, antérieurs à Raphaël.

MASO FINIGUERRA (florissait en 1452).

FINIGUERRA (Tommaso, et par abréviation Maso), sculpteur et orfévre, célèbre pour avoir inventé l'art d'imprimer des estampes sur des planches de métal, gravées en creux, vivait à Florence, au milieu du quinzième siècle. Il naquit dans cette ville, où la famille des Finiguerra était connue dès l'an 1213. On ignore l'année de sa naissance et celle de sa mort; mais il est constant qu'il fut élève de Laurent Ghiberti, qui sculpta les portes de bronze du baptistère de Saint-Jean-Baptiste, de Florence. Il n'est pas fait mention de lui parmi les jeunes artistes qui travaillèrent, auprès de ce maître, à la plus ancienne de ces portes, commencée en 1400, et terminée en 1425; et Baccio Bandinelli, dans une de ses *Lettres*, le cite, au contraire, au nombre des élèves employés à ces sculptures en même temps que Pierre Pollajuolo, né en 1426, et qui, selon Vasari, était alors presque enfant. Il suit de ces rapprochements que Finiguerra dut travailler, sous Ghiberti, à la seconde porte, commencée en 1425, et terminée en 1445, et qu'il naquit vers les années 1410 ou 1415. On ne le trouve pas nommé avec les orfévres que les administrateurs de l'église de Saint-Jean employaient en 1477; cela peut faire croire qu'à cette époque il ne vivait plus.

Des faits constatés récemment ne laissent aucune incertitude sur l'invention qui lui est due. On ne saurait plus la lui disputer, et cet art nouveau, que Vasari ne faisait remonter que vers l'an 1460, date réellement de l'année 1452. L'invention ne consiste point, comme des écrivains recommandables l'ont dit souvent, à avoir trouvé l'art de graver en creux sur les planches de métal, mais celui d'imprimer des estampes sur ces planches gravées. Les anciens gravaient en creux sur le bronze, l'or et le fer,

avec un burin, ferme, exact, et souvent très-spirituel : il ne leur
manqua, pour imprimer des estampes, qu'un papier moelleux, tel
que celui de coton, ou mieux encore celui de chanvre, dont l'un
paraît n'être en usage en Europe que depuis le neuvième siècle,
et l'autre, depuis le treizième. Finiguerra avait acquis une grande
réputation dans l'art de *nieller*. Cet art, employé dans tout le cours
du moyen âge à décorer l'argenterie, à orner des bijoux, et abandonné vers le temps de Léon X, consistait à répandre dans les sil-
lons d'une gravure exécutée sur l'or ou l'argent une matière mé-
tallique noirâtre, appelée en latin *nigellum*, qu'on y fixait en la
mettant en fusion, et qui, polie ensuite avec le corps de la pièce,
produisait, sur le fond clair de l'argent ou de l'or, un effet à peu
près semblable à celui d'un dessin au crayon noir tracé sur du
vélin. On exécutait de cette manière des ornements très-délicats,
des portraits dont les proportions n'excédaient pas celles de nos
miniatures et même des compositions historiques. Un excellent
nielleur était nécessairement un graveur habile. Tel était le double
mérite de Finiguerra : on le cite comme le nielleur le plus renommé de son temps, d'où il suit qu'il est un des plus estimables,
sinon le premier de tous ceux qui ont honoré l'art.

Chargé de nieller une *paix* pour l'église Saint-Jean-Baptiste
de Florence, il y traça, sur une surface de quatre pouces huit
lignes de haut, et de trois pouces deux lignes de large, une composition de quarante deux figures, représentant le couronnement
de la Vierge. Tandis qu'il gravait la planche, voulant juger avec
sûreté des progrès et de l'effet de son travail, il forma sur le métal
une empreinte d'argile, et sur l'argile il coula un soufre, dans les
profondeurs duquel il répandit du noir de fumée détrempé avec
de l'eau, en état de pâte ou de liquide. Il paraît que cette pratique était commune à tous les nielleurs. Ce qui devint particulier à Finiguerra, ce fut d'imaginer qu'en imprimant un papier
humecté sur le soufre où se dessinait le noir de fumée, il pouvait
multiplier les épreuves, et peut-être aussi apprécier encore mieux
ses travaux. L'expérience fut faite, et elle réussit. L'exemple des
graveurs en bois, qui obtenaient ainsi tous les jours des épreuves
en papier sur des planches gravées en relief, put toutefois en inspirer la pensée. Mais Finiguerra fit un pas de plus, et c'est par là
qu'il devint réellement l'inventeur de l'art d'imprimer les estampes

sur des planches de métal gravées en creux. Lorsque le travail de la gravure fut terminé, avant de fixer le *nigellum* sur la lame d'argent, il y imprima des épreuves avec une encre véritable, formée de noir de fumée et d'huile, et il obtint, par cette impression, des estampes nettes et vives, les premières estampes, proprement dites, qui aient existé. Vasari, qui nous a transmis la connaissance du premier fait, ne parle point de celui-ci, c'est-à-dire des impressions prises sur la planche de métal; mais la réalité en a été démontrée, à l'auteur du présent article, de deux manières : premièrement, par l'inspection de l'épreuve, heureusement parvenue jusqu'à nous, et conservée à Paris dans le Cabinet des estampes, à la Bibliothèque du Roi; la finesse, la fermeté, le ton brillant de cette estampe ne permettent pas de supposer qu'elle ait été imprimée sur une planche de soufre; secondement, par l'état de deux soufres, que le temps a aussi respectés, et qui se trouvent, l'un à Gênes, dans le cabinet de M. le comte de Durazzo, l'autre à Florence, dans le cabinet de Seratti. Sur le premier, le travail de la gravure est peu avancé ; il ne présente que les traits essentiels et quelques hachures; il existe encore, dans les creux du second, des restes du mélange de noir de fumée et d'eau, que Finiguerra employa dans son premier essai ; l'estampe du Cabinet du Roi, au contraire, est imprimée avec une encre forte et indélébile, sur une gravure entièrement terminée. Ces circonstances ne permettent pas de douter que Finiguerra, averti du mérite de son invention par le succès des premières impressions faites sur ses planches de soufre, n'ait ensuite conçu la pensée d'imprimer, sur des planches de métal, des épreuves durables, de véritables estampes. On ne peut, d'après cela, se refuser à le regarder, et dans le fait même, et dans son intention, comme l'inventeur de l'art qui reproduit et perpétue non-seulement les traits et l'expression, mais encore le clair-obscur des chefs-d'œuvre du crayon et de la peinture.

L'espèce de partage qu'un illustre connaisseur allemand a proposé, en dernier lieu, entre ce maître qui aurait, dit-il, obtenu par hasard, sur une planche de soufre, une épreuve boueuse, et Martin Schoengauer, qui, le premier, aurait eu l'idée d'imprimer des estampes sur des planches de métal, ce partage est inadmissible. Il est reconnu que Martin Schoengauer, ou Martin Schoen, connu en France sous le nom de *Beau Martin*, n'a imprimé des estampes,

que postérieurement à l'an 1460; un anonyme, son contemporain,
ne remonte pas au delà de l'an 1465. L'ouvrage de Finiguerra est
plus ancien, et l'époque en est certaine. La *paix*, niellée par ce maître, existe encore à Florence, dans l'église de Saint-Jean-Baptiste ;
le registre des administrateurs, qui a aussi été conservé, atteste
qu'elle fut terminée et payée soixante florins une livre six de-
niers, l'an 1452 ; et, comme l'impression de l'exemple dut nécessairement précéder l'application du *nigellum* sur la gravure, elle
date au moins de la même année. Les monuments qui assurent à
Finiguerra la gloire de l'invention, établissent ainsi d'une manière
complète cette partie de l'histoire des arts.

L'estampe du *Couronnement de la Vierge*, du Cabinet du Roi, est
très-remarquable par le mérite de l'exécution. Le dessin, correct
et vrai, ne manque pas de noblesse; il se rapproche de celui du
Masaccio; c'est ce qui a fait croire que Finiguerra fut élève de ce
maître. Les figures sont distribuées avec trop de symétrie, suivant
l'usage du temps, mais cependant avec beaucoup d'intelligence.
Les têtes ont de l'expression; le burin est étonnant par la finesse
et l'esprit qui le caractérisent.

Finiguerra exécuta une grande partie des bas-reliefs en argent
d'un autel, qu'on place encore dans l'église de Saint-Jean-Baptiste
de Florence, les jours de grandes solennités. Ces ouvrages, commencés avant lui par Beeto Geri et d'autres artistes, furent terminés, après sa mort, par Bernardo Cenui, le Verrocchio et Antonio
Pollajuolo. Il a laissé un grand nombre de dessins coloriés à l'aqua-
relle; on en conserve environ cinquante-six dans la galerie de
Florence. Heinecken et Huber lui attribuent vingt-quatre estampes,
les unes en rond, les autres en carré, de quatre à huit pouces
environ, soit de diamètre, soit de hauteur, représentant, pour la
plupart, des sujets de la Fable, ou des ornements, et qu'on voyait,
il y a peu d'années, dans le cabinet de M. Otto, à Leipsig. Heinecken pense qu'on peut aussi lui attribuer deux petites pièces,
représentant des ornements, marquées *M. F.* Strutt lui donne une
estampe allégorique, marquée *F.*, dont Jansen a publié une copie
dans le premier volume de son *Essai sur l'origine de la gravure*,
pl. VIII. Elle représente le Génie de la gravure, sous la forme d'un
vieillard, occupé de son travail. Derrière le vieillard, on voit un
arbre où est suspendu un carquois; à ses côtés, un livre, et une

sphère, et sur le devant, un Hercule portant le globe du monde : emblèmes qui semblent signifier que l'art de la gravure, perfectionné par l'application et l'expérience, donnera une nouvelle puissance à l'esprit humain, facilitera l'étude de l'histoire, et pourra même contribuer aux progrès des sciences naturelles ; mais ce ne sont là que des conjectures. Il est une autre pièce, où M. l'abbé Zani a cru reconnaître le burin de Finiguerra, et dont plusieurs connaisseurs ont porté le même jugement. C'est une épreuve imprimée sur une *paix*, qui a évidemment été gravée pour recevoir du *nigellum* : elle représente la Vierge tenant l'enfant Jésus sur ses genoux, entourée d'anges et de saints en adoration, et elle renferme, sur une surface cintrée par le haut, de quatre pouces de hauteur et de deux pouces huit lignes de largeur, trente figures. On la voyait autrefois à Paris, dans le cabinet de M. Borduge ; elle se trouve encore dans la même ville, et elle appartient à M. Durand. Plusieurs traits caractéristiques semblent annoncer un ouvrage de Finiguerra : même genre de composition, même expression, même style que dans la *paix* de Florence. La gravure est un peu moins riche de détails, le burin est aussi moins fin, moins recherché, et l'ensemble a cependant, avec la *paix* de 1452, une ressemblance frappante. L'impression a été faite incontestablement sur une planche de métal.

Le Tommaso Finiguerra, déjà mort en 1424, suivant une pièce que l'abbé Manni rapporte dans ses notes sur Baldinucci, est vraisemblablement le père de celui dont nous parlons.

On peut consulter, au sujet de l'invention de Finiguerra, l'ouvrage de M. l'abbé Zani, intitulé : *Materiali per servire alla storia dell' origine e de' progressi della incisione in rame e in legno* (Parme, 1802, in-8°), et le t. XIII du *Peintre-graveur*, de M. A. Bartsch. Nous oserons citer aussi le *Discours historique sur la gravure en taille-douce et sur la gravure en bois*[1], placé à la tête du troisième volume du *Musée français*, publié par MM. Robillard, Péronville et Laurent.

---

[1] Ce discours a été réimprimé à la suite de l'*Histoire de la peinture au moyen âge*. (*Note de l'éditeur.*)

MICHEL COLOMB (né vers 1431, mort après 1512).

Colomb ou Colomer (Michel), très-habile statuaire français, qui vivait sous les règnes de Charles VIII et de Louis XII, est un des artistes de cette époque injustement oubliés par un effet de la célébrité de l'école de Fontainebleau, et que François Iᵉʳ semble lui-même avoir méconnus. Ni d'Argentré, ni Lobineau, Morice, Taillandier, La Gybonais, Desfontaines, n'ont fait mention de lui dans leurs écrits historiques, quoiqu'ils disent que le tombeau de François II, duc de Bretagne, son principal ouvrage, est un *magnifique tombeau*, un *superbe mausolée*, et qu'il a été exécuté par *les plus habiles ouvriers*. Montfaucon lui-même, qui a publié des gravures du tombeau de François II, n'en a point indiqué l'auteur; peut-être ne le connaissait-il pas. Le nom des artistes les plus recommandables est ce qui, pendant longtemps, a le moins occupé nos historiens. Heureusement, Mellier, magistrat de Nantes, qui a composé une description de ce mausolée, à l'occasion de l'ouverture qui en fut faite par ordre du roi en 1727, dit qu'on y trouva une inscription portant ces mots : *Par l'art et l'industrie de M. Michel Colomb, premier sculpteur de son temps, originaire de l'évêché de Léon*[1]. Quoique cette inscription paraisse avoir été rapportée par Mellier peu fidèlement, elle mérite une pleine confiance. La Martinière (art. *Nantes*, t. IX) et Piganiol de la Force (*Description de la France*, t. VIII, p. 287, édit. de 1754) en ont reproduit le contenu. Jean Brêche, jurisconsulte, natif de Tours, dans son *Commentaire* publié en 1552, sur le titre du Digeste relatif à la signification des mots, au mot *Monumentum*, en rendant hommage aux sculpteurs de l'école de Tours qui ont exécuté des *monuments*, parle de Colomb, d'une manière plus particulière : « Entre les statuaires, dit-il, et les modeleurs que notre ville a vus naître, est Michel Colomb, que nul certainement n'a surpassé » (*inter statuarios et plastas exstitit Michaël Colombus, homo nostras, quo certè alter non fuit præstantior*[2]). Fallût-il croire, malgré l'assertion de Brêche, que cet artiste était

---

[1] G. Mellier, *Ouverture et description du tombeau de François II*, etc.; Nantes, 1727, in-8º.

[2] Johan. Brechæus, *De verb. et rer. signif. Comment.*, p. 410, 411.

né en Bretagne, dans la ville de Saint-Pol de Léon, il serait toujours prouvé qu'il appartenait à la savante école de sculpture, formée à Tours, à laquelle l'art français dut, à la même époque, Jean
Juste, à qui nous avons nous-même restitué le magnifique tombeau de Louis XII, qui est un des plus beaux ornements de
l'église de Saint-Denis (Voy. *Trébatti*) ; J. Texier, né dans la
Beauce ; François Marchand, né à Orléans ; Philippe, né à
Chartres, et d'autres statuaires protégés par Louis XII et par le
cardinal d'Amboise.

Chalmel (*Hist. de Touraine*, t. IV, p. 115) attribue à Colomb
d'autres ouvrages, indépendamment du tombeau de François II,
savoir : une statue de Saint Maur, en terre cuite, conservée longtemps à Tours, dans la sacristie d'une chapel'e de Saint-Martin ;
un bas-relief en marbre, représentant la mort de la Vierge, placé
autrefois à l'église de Saint-Saturnin, et qui n'existe plus. Ce ne
sont là que des traditions ; mais le mausolée de François II existe
encore et n'a été que très-peu endommagé. Après avoir été enlevé
de l'église des Carmes, il est placé aujourd'hui dans le chœur de
la cathédrale de Nantes. Ce monument, qui renferme les corps du
duc François II, de Marguerite de Bretagne, de Marguerite de
Foix, ses deux femmes, et le cœur d'Anne de Bretagne, reine de
France, sa fille, fut érigé, en 1507, par les soins d'Anne de Bretagne. Il se compose d'un sarcophage en marbre blanc, de cinq
pieds de haut, sur lequel sont couchées les figures du duc François
et de Marguerite de Foix, plus grandes que nature. Trois anges à
genoux et vêtus, aussi en marbre blanc, soutiennent un coussin
sur lequel le duc et sa femme reposent leurs têtes. Le prince ap-
puie ses pieds contre un lion ; la duchesse, sur un lévrier. Deux
rangs de figures placées dans des niches ornent le pourtour du
sarcophage. Au rang supérieur, dans la longueur du monument,
sont les douze Apôtres en pied, six de chaque côté ; et, dans la
largeur, saint François d'Assise et sainte Marguerite, du côté de la
tête ; Charlemagne et saint Louis, du côté des pieds. Ces figures, de
vingt-deux à vingt-quatre pouces de haut, sont en marbre blanc ;
les niches sont en marbre rouge, ornées de pilastres et d'archivoltes
à plein cintre, et séparées par des plates-bandes revêtues d'arabesques de fort bon goût et exécutées avec beaucoup de délicatesse.
Au rang inférieur, sont seize niches moins grandes que celles du

dessus, et rondes, dont six de chaque côté dans la longueur, et deux sur le travers. Ces niches renferment des figures de moines et de religieuses, à mi-corps, représentés pleurant les défunts ou priant pour eux. Les têtes et les mains de ces figures sont en marbre blanc; les draperies, en marbre noir. Ce monument est élevé sur un socle de six à sept pouces de haut, et sur le socle, aux quatre angles, sont posées debout quatre figures, représentant la Prudence, la Justice, etc., aussi en marbre blanc, et plus grandes que nature. On voit que ce monument est composé à peu près sur la même pensée que le tombeau de Louis XII, produit par la même école; mais avec cette grande différence que, dans ce dernier, les figures couchées sont presque nues, et que, dans celui de François II, elles sont entièrement vêtues. Ce monument est bien conservé; les figures seules des religieuses et des moines ont souffert quelques dégradations. On le voit gravé, mais dessiné d'une manière fort incorrecte, dans l'*Histoire de Bretagne*, de Lobineau, t. Ier, p. 800.

GIOVANNI GIOCONDO (né vers 1435; mort après 1514).

Giocondo (fra Giovanni), en latin, *Jocundus*, littérateur profond, savant antiquaire, habile architecte, naquit à Vérone, vraisemblablement vers l'année 1435. Orlandi le croit issu de la maison Monsignori; Temanza le donne, avec plus de probabilité, à la famille Ognibono. Entré de bonne heure dans l'ordre des Frères Prêcheurs, il fut destiné à professer les langues et la littérature anciennes. Un registre de son ordre paraît prouver, qu'en 1449, il était déjà maître des novices (*magister studentium*). Il faudrait, en admettant ce fait, reporter sa naissance vers l'an 1430. On le choisit ensuite pour enseigner le grec à Lodrone, petite ville de l'évêché de Trente, sur la frontière du Brescian et des États de Venise. Le dessin et l'architecture occupaient ses moments de loisir.

Le désir d'observer et de mesurer les ruines des édifices antiques, et celui de connaître, en général, les monuments de l'antiquité, l'ayant conduit à Rome et dans d'autres villes de l'Italie, il rassembla une collection de plus de deux mille inscriptions anciennes, et en donna le manuscrit à Laurent de Médicis, qui lui

témoigna constamment une affection particulière (*Magnifici Laurentii amicitiâ clarus*). Cette collection n'a point été imprimée
séparément [1]. On n'avait encore publié, au temps de Giocondo,
aucun recueil de ce genre ; mais elle a, sans doute, servi à enrichir celle de Gruter et de Muratori ; et Burmann la cite avec distinction, dans le Discours préliminaire placé à la tête de l'édition
de Gruter, donnée en 1707. Vers les années 1494 et 1498, Giocondo était à Vérone, auprès de l'empereur Maximilien, soit en
qualité d'architecte, soit comme littérateur ; et ce prince le chargea, conjointement avec Jérôme Dominique Noricus, d'enseigner
le latin, le grec, et la littérature de ces deux langues, au jeune
Jules-César Scaliger, alors au nombre de ses pages. (J.-C. Scalig.,
Exercit. cccxxix.)

Les biographes ne disent point, d'une manière certaine, à quelle
époque Giocondo éleva le bâtiment destiné à former la salle du
conseil de la ville de Vérone, que Temanza présente cependant
comme un des plus propres à faire connaître quels étaient déjà les
progrès de l'architecture lorsqu'il fut construit. Il y a lieu de croire
que ce fut avant la fin du quinzième siècle. Quoi qu'il en soit, la
réputation de Giocondo, comme architecte, était, sans doute, solidement établie avant cette époque, puisque Louis XII l'appela à
Paris, en 1499, pour lui confier la direction de différents travaux.
Un des plus importants fut la construction du pont Notre-Dame.
La première pierre de ce monument, qui subsiste encore, fut posée
le 28 mars de l'année 1500, et la dernière, le 10 juillet 1507.
On a cru faussement que Giocondo avait bâti aussi, sur la Seine, le
pont voisin de l'Hôtel-Dieu, dit le Petit-Pont. Cette erreur, établie
ou confirmée par le distique de Sannazar, que Vasari a daigné célébrer :

> Jocundus geminum imposuit tibi, Sequana, pontem ;
> Jure tuum potes hunc dicere pontificem ;

cette erreur, disons-nous, a été complétement réfutée par Ma-

---

[1] On en connaît trois copies, dont une appartenant, au commencement du
siècle dernier, à Fr. Scip. Maffei ; une autre, conservée encore aujourd'hui
à Florence, dans la *Biblioteca Magliabecchiana* ; et une troisième, sur
vélin, celle de Laurent de Médicis, déposée dans la bibliothèque du Vatican.

rielle, dans deux lettres adressées à Temanza, en date du 9 août 1771 et du 14 mars 1772. Sauval assure, dans ses *Antiquités de la ville de Paris*, que le distique de Sannazar, seul témoignage original qu'on pût invoquer, n'a jamais été gravé, comme on l'a dit, sur le pont Notre-Dame. Lemaire, dans son ouvrage intitulé : *Paris ancien et moderne*, rapporte une inscription contraire à celle-là, et qui commence par ce vers :

> Jocundus facilem præbet tibi, Sequana, pontem.

Le Petit-Pont, construit en pierre en 1408, n'a été rebâti tel qu'il est, qu'en 1718, après avoir été gravement endommagé par un incendie. Peut-être Gioconde aura-t-il dessiné un plan pour quelque autre pont sur la Seine, et ce projet aura trompé Sannazar, ou plutôt motivé sa pensée. D'un autre côté, Sauval, fâché de reconnaître que le pont Notre-Dame, qu'il regardait comme le plus beau et le mieux bâti de tous les ponts modernes existants de son temps en Europe, fût l'ouvrage d'un Italien, veut qu'il ait été construit par un architecte français, nommé Didier de Félin, et que Giocondo n'ait été que le *contrôleur de la pierre*. Il se fonde sur un arrêt du parlement de Paris, qui donne à Didier de Félin le titre de *maître principal touchant la surintendance de l'œuvre de la maçonnerie*, et à Giocondo, celui de *commis à soy donner garde sur la forme d'icelui pont*. Mais l'artiste, chargé de diriger la forme du pont, est bien évidemment l'architecte. Le continuateur des *Chroniques* de Monstrelet, dit, sous la rubrique de l'an 1500, que *le roy y envoya Jean de Doyac, pour donner la conduicte de refaire ledict pont, lequel fut faict en petit de temps*. On ne peut douter que le nom de Jean de Doyac ne soit une corruption de celui de Giovanni Giocondo, qu'on traduisait aussi, en français, par celui de Jean Joyeux [1]. Giocondo remplissait alors les fonctions d'*architecte du roi*; du moins, voyons-nous que Budé, dans ses *Annotations sur les Pandectes*, le qualifie de

---

[1] Giocondo recevait, pour ses honoraires, 8 livres par jour. On a voulu induire de là qu'il n'était pas employé comme architecte ; mais des honoraires si considérables prouvent, au contraire, qu'il avait réellement cette qualité, puisqu'aux prix comparés de l'argent, la somme de 8 livres représenterait aujourd'hui plus de 43 francs, et que le travail dura sept ans.

architectus tunc regius (fol. 120). Il construisit le palais de la Chambre des Comptes, qui a été démoli [1], et rebâtit la grande chambre du Parlement, dite la *Chambre dorée*, qui subsiste encore, mais qui n'a jamais offert de remarquable dans sa décoration, aujourd'hui entièrement changée, que la boiserie du plafond en ogives et à culs-de-lampe, exécutée par un menuisier, nommé du Hancy, lequel avait appris en Italie cette manière, alors nouvelle.

En admirant les restes du château de Gaillon, apportés et relevés dans le Musée des Monuments français, des hommes éclairés ont supposé que cet édifice, assez remarquable pour l'époque où il a été construit, était aussi l'ouvrage de Giocondo. Cette opinion aurait besoin de preuves. Les formes encore gothiques de ce monument, bien éloignées du style que les bons architectes italiens avaient déjà mis en vogue vers le même temps, pourraient suffire pour la faire rejeter. Elle est, d'ailleurs, peu vraisemblable, attendu que le château de Gaillon, bâti par le cardinal d'Amboise, ne fut commencé qu'en 1505, et que Giocondo quitta la France, pour se rendre à Venise, au commencement de 1506. Il était appelé, dans cette ville, par le Sénat, pour donner son avis sur la manière de perfectionner et de terminer le canal de la Brenta, dit *le Brentone*, dirigé sur les lagunes de Chioggia, à l'effet d'empêcher de nouveaux atterrissements auprès de la ville. Giocondo se trouva en opposition avec un ingénieur, nommé Aleardi, qui avait commencé les travaux. Des mémoires furent publiés, de part et d'autre, en 1506 et 1507. Vasari assure que les projets de Giocondo furent exécutés; il cite Louis Cornaro, gentilhomme vénitien, contemporain et ami de cet artiste, qui disait que, pour un si grand bienfait, il méritait d'être regardé comme un *second fondateur* de la ville de Venise. Temanza dit, au contraire, que la guerre produite par la Ligue de Cambrai fut cause qu'on ne suivit provisoirement que les plans d'Aleardi; que l'exécution de ceux de Giocondo fut différée, et qu'elle n'a jamais eu lieu.

Le séjour de Giocondo à Paris n'avait pas été inutile à la littérature. Ce savant y avait découvert un manuscrit de Pline le Jeune, renfermant, outre de nombreux passages propres à remplir les la-

[1] G. Brice, *Descript. de Paris.*

cunes des éditions précédentes, onze lettres de Pline à ses amis, et toute sa correspondance avec Trajan, partie intéressante de cette collection, et entièrement ignorée jusqu'alors. Il donna ce manuscrit, par lui corrigé, au célèbre Alde Manuce, qui l'imprima, à Venise, au mois de novembre 1508, in-8°. Le père Niceron, Maffei, dans sa *Verona illustrata*; Temanza, dans ses *Vite dei più celebri architetti e scultori Veneziani*, et plusieurs autres biographes, ont pris, pour l'édition complète de Giocondo, celle qui a été publiée par Beroaldo, à Bologne, en 1498 : c'est une erreur.

La première édition des *Lettres* de Pline, Venise (sans nom de lieu), 1471, et celle de Milan, 1478, ne renfermaient que deux cent vingt-deux lettres, distribuées en huit livres; celle de Béroalde, entièrement conforme à celle de Rome, de 1490, en contient deux cent trente-six, divisées en neuf livres ; celle d'Alde, de 1508, nous en a donné, dans dix livres, trois cent soixante-treize, y compris celles de Domitien, etc., et elle a servi de type à toutes les éditions subséquentes. Plusieurs bibliographes, et notamment M. Bandini, dans son *Catalogue des manuscrits latins de la Bibliothèque de Médicis*, suppose une première édition d'Alde, de 1504. Cette édition, que Maittaire ne cite pas, qu'on ne trouve, ni dans notre Bibliothèque Nationale, ni dans aucun de nos plus riches cabinets, et que M. Renouard, dans ses *Annales de l'imprimerie des Alde*, dit n'avoir jamais vue, n'existe vraisemblablement pas, puisque Alde Manuce, dans sa lettre à Alvise Mocenigo, sénateur vénitien, placée à la tête de celle de 1508, dit que Giocondo lui a donné le manuscrit, deux ans avant qu'il ne l'ait mis sous presse, et que cet intervalle nous reporte à l'an 1506, époque où, en effet, Giocondo se rendit de Paris à Venise. A la suite de cette édition des *Lettres* de Pline, de 1508, Alde Manuce plaça le traité de Julius Obsequens, *De prodigiis*, dont Giocondo lui avait aussi donné le manuscrit (*dono dedit*).

La guerre ayant éclaté, le paisible religieux fut retiré, en 1509, du couvent des Dominicains de Trévise, où, déjà avancé en âge, il cherchait le repos, pour protéger, comme ingénieur, la sûreté de sa patrie : il fortifia la ville de Trévise et divers points des environs, sur lesquels les Vénitiens allaient être attaqués. Lié avec Guillaume Budé, Giocondo, pendant son séjour à Paris, lui expliquait les passages difficiles de *Vitruve*, non-seulement par des interprétations verbales, mais encore par des dessins [1].

En 1511, il publia son édition de *Vitruve*, dont il avait corrigé le texte, et qu'il orna de 138 figures en bois (Venise, Jean de Tridino, in-fol.). Cette édition est la première de cet auteur, qui ait été donnée avec des gravures. Peu de temps après, les administrateurs de la ville de Vérone recoururent à Giocondo, pour fonder avec solidité une des piles principales d'un pont de l'Adige, que les eaux avaient renversée plusieurs fois. Ces importantes constructions n'interrompaient pas ses travaux littéraires. En 1513, parurent son édition des *Commentaires de César*, donnée à Venise (*in œdibus Aldi*), in-8°, avec des figures représentant des ponts et des fortifications ; et une seconde édition de *Vitruve* (Florence, Giunta), à laquelle Giocondo joignit le traité de Frontin, *De aquæductibus*. Vers le même temps, un incendie ayant consumé, à Venise, le quartier de Rialto, et ébranlé le pont qui porte ce nom, il traça, sur l'invitation du sénat, des plans très-riches, pour la construction d'un pont nouveau et des rues les plus voisines. Soit par défaut de lumières chez les administrateurs, soit peut-être à cause de l'épuisement du trésor public, la préférence fut accordée aux plans de Zanfragnino ou Scarpagnino, que Vasari dépeint, quoique vivant encore de son temps, comme un homme ignorant et sans goût. Quelque chagrin qu'il dût ressentir de cette injustice, l'illustre vieillard ne quitta pas sur le champ Venise, comme Vasari l'assure : plus sage, il se consola, en publiant les *Traités d'agriculture*, de Caton, Varron, Columelle et Palladius (Venise, *in œdibus Aldi*, gr. in-8). Enfin, en 1514, et déjà sans doute octogénaire, le Bramante étant mort, il fut appelé à Rome, par Léon X, pour diriger, de concert avec Michel-Ange, Raphaël et Ant. Piconi San-Gallo, la construction de l'église de Saint-Pierre, et notamment pour donner les moyens de consolider les fondations de cet immense édifice. On connaît les beaux travaux qui, exécutés par ces grands maîtres, ont assuré à ce monument une solidité inébranlable.

J.-C. Scaliger donne lieu de croire que Giocondo mourut à Rome. Les nombreux passages, où il parle de cet artiste, renfer-

[1] Bud., *Annot. in Pandect.*, fol. 120.

ment des témoignages de reconnaissance et d'estime, que nous ne saurions passer sous silence. « Depuis que le saint-père l'a appelé auprès de lui, dit-il, je ne sais s'il a joui de plus de tranquillité qu'auparavant... Vénérable vieillard, à qui je dois l'instruction de ma jeunesse, mathématicien profond, physicien savant, prince des architectes, modèle unique et de sainteté et de tout genre d'érudition, bibliothèque antique et moderne !... Puisse-t-il avoir enfin goûté une vie plus conforme à ses vœux ! Mais, au milieu de tant de travaux, ce serait une sorte de miracle [1], » Giocondo paraît avoir en effet regretté le sacrifice de son indépendance ; il écrivait à Jules II, dans la dédicace de son *Vitruve*, en parlant de divers écrits qu'il avait commencés : « Occupé à rétablir dans leur pureté les ouvrages d'autrui, le littérateur ne doit pas négliger les siens propres : je n'ai point ce tort envers moi-même. J'ai écrit sur l'architecture et sur l'emploi des mathématiques ; mais je n'ai jamais pu disposer de ma personne ; je ne m'appartiens point. Mes ouvrages ne sont pas encore suffisamment polis. Il faudrait, pour les terminer, que je jouisse du repos nécessaire à l'homme studieux ; et vous seul, ô saint-père, pouvez me l'assurer. » Tel fut ce frère Joconde, dont la tradition a perpétué parmi nous un honorable et juste souvenir.

Poleni, dans ses *Exercitationes vitruvianæ*, et M. J.-G. Schneider, dans la préface de l'édition de *Vitruve*, qu'il a publiée en 1807, lui reprochent de s'être trop livré à son imagination, en corrigeant le texte des auteurs rustiques, et particulièrement dans les passages obscurs de Vitruve. Il est vrai que quelques-unes de ses corrections ou de ses restitutions sont un peu hasardées ; mais nous ne devons pas, pour cela, oublier les services qu'il a rendus aux lettres, de même que tous les savants, qui les premiers se sont attachés à épurer les anciens manuscrits. Poleni reconnaît, au surplus, tout ce que lui doit le texte de Vitruve pour la clarté et la pureté générales : *haud parum de Vitruvii libris meritus est.* L'ordre qu'il a établi dans les chapitres a été maintenu jusqu'à M. Schneider, qui en a seulement divisé quelques-uns en deux.

On a cru faussement qu'à son retour en Italie Giocondo s'était fait cordelier ; cette opinion a pu venir de ce que, pendant plu-

Exercit. CIV, CXXVI, CCCXXIX, CCCXXXI ; *Poem., Heroes.*

sieurs années, il porta l'habit de simple ecclésiastique. Les écrits qu'il annonçait à Jules II n'ont jamais été publiés. Le Titien avait placé son portrait dans une peinture qui ornait la salle du grand conseil de Venise, et dont le sujet était puisé dans la vie du pape Alexandre III : ce tableau a péri dans un incendie. On croit posséder un autre portrait de Giocondo, dans un bas-relief sculpté sur la façade de la salle du conseil de Vérone, représentant un moine de l'ordre de Saint-Dominique, qui tient un livre ouvert, sur lequel est gravée cette inscription, dont le dernier mot se trouve en partie caché par une des deux mains : C. PLI. VERON. E., et que l'on interprète par *C. Plinii Veronensis epistolæ*.

Soit estime réciproque et véritable amour pour les sciences et les lettres, soit désir d'être à leur tour appréciés et loués, les savants du quinzième siècle et des premiers temps du seizième s'accordent fréquemment, les uns aux autres, de justes éloges, et quelquefois même de trop fastueuses épithètes ; on les voit aussi se faire honneur du mérite et de la célébrité de leurs maîtres : l'exemple de Giocondo n'offre en cela rien que d'assez commun. Mais les éloges que lui ont donnés, après sa mort comme de son vivant, une foule de ses contemporains les plus illustres, Politien, Panvini, Manuce, Budé, J. César et Joseph Scaliger, offrent un caractère de sincérité et d'affection, qui inspire de l'intérêt pour cet artiste savant, et qui contribue réellement à la gloire de cette belle époque de l'histoire littéraire.

LORENZO SCIARPELLONI DI CREDI (1453-1531).

CREDI (Lorenzo Sciarpelloni, surnommé DI), peintre, né à Florence, en 1453 ou 1454, et mort dans la même ville, vers la fin de l'année 1531, apprit d'abord l'art de l'orfèvrerie dans l'atelier de Credi, et ensuite la peinture sous le Verrocchio.

Admirateur et ami de Léonard de Vinci, il s'appliqua avec tant de soin à s'approprier le style et la manière de peindre de ce grand maître, que, dès leur vivant, on confondait leurs ouvrages. On remarque, dans les tableaux de Credi, des compositions très-simples, des têtes bien caractérisées, et généralement gracieuses, une expression vive, un faire très-délicat. Son pinceau, patient et moelleux, ne se fait pas admirer par des oppositions fortes, mais par des tons doux et par un extrême infini. On cite, parmi ses meilleures productions, une *Nativité* conservée à Florence, dans l'église de Sainte-Claire, et principalement un tableau, représentant la *Vierge, saint Julien* et *saint Nicolas*, qui se trouve encore dans l'église de la Magdeleine, de la même ville. C'est dans ses *saintes familles* qu'il ressemble le plus à Léonard de Vinci.

Ses principaux élèves sont Tommaso di Stefano, et Gio-Antonio Sogliani, dont le faire est, comme celui de leur maître, très-laborieux et très-fin.

SIMON POLLAÏOLO IL CRONACA (1454-1509).

CRONACA (Simon Pollaïolo, surnommé IL), naquit à Florence, en 1454.

Des étourderies de jeunesse l'ayant obligé de chercher un asile à Rome, auprès d'Antoine Pollaïolo, son parent, qui sculptait le tombeau de Sixte IV et celui d'Innocent VIII, que ce pape faisait exécuter de son vivant, il se livra à l'étude de l'architecture, et mesura, avec beaucoup de soin, un grand nombre de monuments antiques. Lorsqu'il fut de retour à Florence, l'enthousiasme avec lequel il parlait de l'architecture ancienne le fit surnommer *il Cronaca* ou *l'Antiquaire*. A cette époque, Philippe Strozzi, dit *le Vieux*, faisait construire son palais, et Benedetto de Mayano, qui l'avait élevé jusqu'au premier étage, ayant quitté Florence, le Cronaca fut chargé de le continuer. Ce maître plaça, sur la construction en bossages, à pointe de diamants, formant le rez-de-chaussée, un mur à bossages, percé de deux rangs de fenêtres à deux cintres, ornées chacune de trois colonnes d'ordre toscan ; il couronna le faîte et masqua le toit par une corniche corinthienne, imitée d'une ruine antique qu'on voit à Rome auprès de l'église de Santa-Maria in Campo Carleo, dont il agrandit les proportions, et qu'il adapta avec beaucoup d'art au caractère du monument ; il entoura la cour d'un portique à deux étages : le premier, d'ordre dorique ; le second, d'ordre corinthien, et fit admirer, dans toutes les parties de l'édifice, une parfaite connaissance des principes de son art, de grandes idées et un goût très-élevé. Vasari et les autres écrivains italiens qui ont parlé du palais Strozzi, ne se lassent point de célébrer entre autres la beauté de la corniche, et de louer le Cronaca de l'habileté avec laquelle il sut créer en imitant. On voit, au dehors de cet édifice, dans les bossages, de grands anneaux de fer, qui servaient à soutenir des lampes aussi de fer, exécutées par un serrurier dont le nom a été jugé digne d'être conservé, nommé *Nicolo Grosso Caparra*.

Ce palais offre un des plus beaux modèles de cette architecture rustique, mâle, noble, on pourrait dire terrible, convenab'e aux mœurs du temps, que les architectes florentins, justement recommandables à toutes les époques, perfectionnèrent dans le quinzième siècle, et qu'on retrouve dans les palais Pitti, Ricardi, Salviati, etc. Il ne faut pas le confondre avec trois autres palais qui portent aussi le nom de la maison Strozzi, et qui ont été construits par Brunelleschi, Scamozzi, Buontalenti, l'Ammanato, le Cigoli, et d'autres maîtres. Après avoir appartenu successivement à Pierre et à Philippe Strozzi, tous deux maréchaux de France, il forme encore aujourd'hui l'habitation de M. le duc de Strozzi, leur descendant. On peut en voir une gravure dans l'ouvrage d'Andrea Gerini, intitulé : *Scelta di XXIV vedute delle principali contrade, chiese, e palazzi di Firenze*.

Le Cronaca, que ce monument a immortalisé, s'est aussi rendu illustre par la construction de l'église de Saint-François, bâtie sur le mont Miniate, que Michel-Ange appelait *la Belle Villageoise*, et par la sacristie de l'église du Saint-Esprit (à Florence), bâtie sur un plan octogone, et dont on loue les proportions et l'élégance. On reproche à cet artiste de s'être rangé parmi les sectateurs de Savonarole, contraire aux Médicis. Il mourut en 1509. Un seigneur de la famille Strozzi, nommé *Jean-Baptiste*, composa l'épitaphe qui fut gravée sur son tombeau.

CLAUDE (né vers 1465).

CLAUDE, habile peintre sur verre, naquit, vraisemblablement, dans une de nos provinces méridionales, vers l'an 1465 ou 1470. Jules II ayant ordonné au Bramante, son architecte, d'orner quelques fenêtres du Vatican de vitraux de verre peint au feu, où seraient représentés des sujets historiques, le Bramante, qui avait vu, chez l'ambassadeur de France, à Rome, une peinture de ce genre d'une beauté merveilleuse, suivant l'expression de Vasari, appela auprès de lui Claude, qui demeurait alors à Marseille, et qui lui fut désigné comme jouissant en France d'une grande réputation. Claude emmena à Rome le frère Guillaume, de l'ordre des Dominicains, né à Marseille en 1475, et qui excellait dans le même art. Les deux maîtres français exécutèrent d'abord ensemble, dans le Vatican, plusieurs vitraux, qui furent brisés par les impériaux en 1527, et ensuite, deux autres dans l'église de Santa-Maria del Popolo, où ils peignirent six sujets puisés dans l'histoire de la Vierge. Ces deux derniers subsistent encore, et le coloris, qui faisait dire que ces peintures paraissaient divines et descendues du ciel, a conservé toute sa vivacité. Claude mourut peu de temps après avoir terminé cet ouvrage. Guillaume lui survécut et s'illustra par de nouveaux travaux. (Voy. *Guillaume.*)

Il ne faut pas croire, avec un de nos écrivains modernes, que ces artistes eussent appris leur art en Italie : Vasari dit formellement que Guillaume en avait reçu les principes en France. L'art de peindre au feu sur le verre paraît avoir été inventé par les Français ; du moins, est-ce en France, et au neuvième siècle, qu'on en peut remarquer les premiers essais. L'étonnement du Bramante, à la vue du beau panneau de vitres que lui montra l'ambassadeur de France, l'appel de Claude et de Guillaume à Rome, et la vive admiration que leurs ouvrages inspirèrent aux Romains et aux Florentins, contribueraient à prouver, s'il en était besoin, que cet art vraiment français était encore peu familier aux Italiens, du vivant de Raphaël.

JEAN BURGKMAIR (né en 1474).

Burgkmair (Hans ou Jean), peintre et graveur, naquit à Augsbourg, en 1474.

Quelques ouvrages, qu'il exécuta en commun avec Albert Dürer, ont fait supposer qu'il était élève de ce peintre ; mais rien ne le prouve d'une manière authentique. On conserve, dans sa ville natale, des peintures à fresque et des tableaux de sa main, peints à l'huile sur bois. Ses compositions sont assez ingénieuses, mais quelquefois bizarres, et généralement entachées du mauvais goût de son siècle. Ce sont des gravures en bois qui ont le plus contribué à sa réputation. Telle fut son habileté dans ce genre de travail, porté de son temps à une rare perfection, qu'il y égala Albert Dürer, et ne fut peut-être surpassé que par Jean Holbein. On connaît environ soixante-dix-huit pièces séparées, entre autres l'*Empereur Maximilien I*er à cheval, *Saint Georges à cheval*, le *Martyre de saint Sébastien*, gravées par lui, ou exécutées d'après ses dessins par Josse Negker et d'autres graveurs. Quelques-unes de ces gravures sont en plusieurs couleurs, dans la manière appelée *clair-obscur*.

Burgkmair a eu la plus grande part à quatre collections curieuses de gravures en bois. La première renferme soixante-dix-sept pièces, offrant chacune la figure en pied d'un des personnages qui formaient la généalogie de l'empereur Maximilien : elle est très-rare. La seconde est intitulée : *le Roi sage, ou Narration des actions de l'empereur Maximilien I*er (en allemand). Elle n'était pas terminée à la mort de ce prince : les planches, conservées dans différents dépôts, n'ont été retrouvées que vers l'année 1775, et c'est à cette époque qu'elle a été publiée ; elle se compose ordinairement de deux cent trente-sept pièces ; l'exemplaire de la Bibliothèque impériale de Vienne en contient treize de plus, dont les planches ont péri. Quatre-vingt-douze de ces gravures portent la marque de Hans Burgkmair ; ce sont les plus belles. La troisième collection, intitulée : *le Triomphe de l'empereur Maximilien I*er, représente l'histoire des guerres de Maximilien et les officiers de sa maison ; elle renferme cent trente-cinq pièces, et elle est incomplète. Elle n'a été publiée qu'en 1796, par des causes semblables à celles qui avaient retardé la publication du *Roi sage*. La quatrième représente *les Images des saints et des saintes de la famille de Maximilien* ; elle renferme communément cent dix-neuf pièces. L'exemplaire de la Bibliothèque de Vienne en contient cent vingt-deux ; elle a été publiée en 1799. On en connaissait un grand nombre de pièces auparavant. La plupart de ces gravures ont été exécutées d'après des dessins de Burgkmair ; quelques-unes, sur des dessins d'Albert Dürer. Différents graveurs y ont été employés, et plusieurs ont tracé leur nom sur le revers des planches qui existent encore. Adam Bartsch cite une gravure de Burgkmair à l'eau-forte, représentant *Mars et Vénus :* elle est d'une extrême rareté.

Quelques écrivains ont placé la mort de cet artiste à l'année 1517 ; d'autres, à l'année 1559. Il existe des pièces de lui qui sont datées de 1524 et 1526. Son portrait et celui de sa femme, peints par lui-même, portent la date de 1529.

Bartsch pense que ni cet artiste, ni Albert Dürer, ni Hans Scheuffelein, ni la plupart des autres peintres comptés parmi les graveurs en bois, n'ont gravé eux-mêmes, et qu'ils ont seulement dessiné les planches qu'on leur attribue. Nous croyons pouvoir opposer à cet illustre connaisseur : premièrement, l'ancienne tradition, qui a dû être établie sur des faits connus ; secondement, le soin qu'ont pris Josse de Negker et d'autres artistes, en gravant d'après Burgkmair, de signer leurs planches ; troisièmement, la différence du *faire*, et la supériorité évidente des gravures qu'on donne à Burgkmair.

FRÈRE GUILLAUME (1475-1537).

Guillaume, dit *le frère Guillaume*, un de nos plus habiles peintres sur verre, naquit à Marseille, en 1475. Il apprit dans nos provinces l'art de peindre sur verre, au feu et par apprêt ; art qui paraît avoir été inventé en France, sous le règne de Charles le Chauve, et dans lequel un grand nombre d'artistes français se sont illustrés, non-seulement dans le quinzième et le seizième siècle, mais dès le onzième et le douzième. (Voy. *Théophile*.) Une affaire criminelle, où Guillaume se trouva indirectement compromis, l'ayant obligé à chercher un asile dans un couvent, il entra dans l'ordre des Dominicains et s'affilia à la maison de Marseille. Là, il se lia d'amitié avec le frère Claude, l'homme le plus habile de son temps dans le même genre (voy. *Claude*) ; et lorsque celui-ci fut appelé à Rome, par Jules II, pour orner de ses ouvrages les édifices qui devaient immortaliser le règne de ce pontife, il emmena Guillaume avec lui. Ces deux artistes exécutèrent d'abord, en commun, plusieurs vitraux dans les fenêtres d'une des salles principales du Vatican, et dans les appartements particuliers du pape, ensuite dans l'église de Sainte-Marie *del Popolo*, où ils représentèrent des sujets tirés de l'histoire de la Vierge. Claude étant mort sous le pontificat de Léon X, Guillaume, qui possédait au plus haut degré les connaissances et la dextérité nécessaires dans la pratique

de son art, s'appliqua avec une nouvelle émulation au perfectionnement du dessin, agrandit son style en étudiant Michel-Ange et
l'antique, surpassa Claude, et se surpassa lui-même. Son premier
ouvrage dans cette grande manière fut un vitrail peint à Rome,
pour l'église de Sainte-Marie *dell' Anima*. Le cardinal Silvio
Passerini, dit le cardinal de Cortone, également charmé de l'exécution de ce travail et de la beauté d'un genre de peinture assez
négligé jusqu'alors en Italie, conduisit l'artiste à Cortone, sa patrie, où il lui fit exécuter plusieurs vitraux, tant pour la cathédrale, que pour son propre palais.

Appelé successivement à Arezzo et à Florence, Guillaume orna
ces deux villes de vitraux, qui excitèrent une vive admiration.
Pérouse, Castiglione et d'autres villes, s'enrichirent de ses brillants ouvrages. La plupart subsistent encore. On voit de ses vitraux,
à Rome, dans l'église de Sainte-Marie *del Popolo*; à Arezzo,
dans la cathédrale, et dans l'église de Saint-François et de Sainte-
Marie *delle Lagrime*; à Florence, dans la chapelle Capponi, de
l'église de Sainte-Félicité. Nous pouvons citer, comme ses chefs-
d'œuvre, tous ceux de la cathédrale d'Arezzo, le *Baptême de
Jésus-Christ*, la *Résurrection du Lazare*, les *Vendeurs chassés
du Temple*, et notamment un vitrail conservé dans l'église de
Saint-François, de la même ville, représentant le pape Innocent III, qui, au milieu de son consistoire, approuve la règle des
Frères Mineurs.

Non content d'exceller dans la peinture sur verre, Guillaume
cultiva l'architecture, la fresque, la peinture à l'huile. Il couvrit
d'une fresque monochrome la façade du palais du cardinal Passerini, à Cortone, et orna d'une fresque à toutes couleurs un des
murs d'une église de Sainte-Marie de la Miséricorde, située près
d'Arezzo. Les figures de cette dernière composition étaient plus
grandes que nature. A cinquante ans, cet artiste étudiait encore,
et s'appliquait chaque jour à agrandir et à épurer son style. Vasari
ne se lasse pas de louer ses vitraux; il y admire la noblesse et la
correction du dessin, la *morbidesse* des chairs, la vivacité de l'expression, la vérité de la perspective, l'éclat et l'harmonie du coloris. La république d'Arezzo fit présent, à Guillaume, d'une propriété territoriale, qui lui assura le moyen de vivre dans l'aisance.
Captivé par un si grand bienfait, il établit sa demeure dans cette

patrie adoptive. Dès son arrivée à Rome, il avait quitté l'habit de religieux ; on l'appelait le *prieur Guillaume*.

Cet artiste, trop peu connu en France, est cependant un de ceux dont la France doit le plus s'honorer. Il mourut en 1537, âgé de soixante-deux ans. De son école sont sortis plusieurs peintres sur verre, qui ont acquis, après lui, de la célébrité, tels que l'historien Vasari, qui a écrit sa vie ; Benetto Spadari, Battista et Maso Borro, tous d'Arezzo ; Michel-Agnolo Urbani, de Cortone, et Pastorino, de Sienne, qui peignit les vitraux du dôme de cette dernière ville, et qui a été regardé comme le disciple le plus habile de notre illustre Français. « Le prieur, dit Vasari, mérite des louanges infinies ; car c'est à lui que la Toscane doit l'avantage d'avoir porté l'art de peindre sur verre au plus haut degré de délicatesse et de perfection où il semble possible d'atteindre. »

ROBERT PINAIGRIER (né vers 1490).

PINAIGRIER (Robert), peintre sur verre, dit *le bon Pinaigrier*, a partagé le sort d'une multitude d'artistes français, nés du treizième au seizième siècle, de qui les écrivains contemporains, par une impardonnable négligence, nous ont laissé totalement ignorer l'histoire, et le plus souvent n'ont pas daigné tracer le nom, alors même qu'ils témoignaient de l'admiration pour leurs ouvrages. Nous ne connaissons ni le lieu, ni l'année de sa naissance, ni la date de sa mort. Nous pouvons seulement présumer qu'il naquit à Tours, ou dans les environs de cette ville, par la raison qu'il s'y transporta vers la fin de sa vie, sans qu'aucune grande entreprise paraisse l'y avoir attiré, et que ses enfants y conservèrent leur établissement après lui. On sait que la fréquente présence de nos rois dans la Touraine, au quinzième et au seizième siècle, excita, dans cette contrée, l'émulation d'une foule d'hommes de talent. Les villes de Tours, de Blois, de Bourges, d'Angoulême, donnèrent naissance à plusieurs artistes très-distingués, et notamment à un grand nombre d'habiles peintres sur verre. Robert Pinaigrier naquit vers l'an 1490.

Il est vraisemblable que, malgré l'habileté des maîtres français qui dirigèrent ses études, il ne se borna point à l'instruction qu'il pouvait acquérir dans son propre pays, et qu'il alla étudier l'art du dessin en Italie, où brillaient alors les Léonard de Vinci, les Pollaïuoli, les Pérugin. Ce qui porte à le croire, c'est que, dans un des vitraux dont il orna l'église de Saint-Hilaire, de Chartres, il peignit un paysage, au milieu duquel s'élevait cette capitale du monde chrétien. La ville de Chartres conserve encore le souvenir de ce tableau, placé autrefois dans la chapelle dite *des Teinturiers*. Ces peintures de l'église de Saint-Hilaire furent le premier ouvrage qui fonda la réputation de Pinaigrier. Le Vieil, dans son *Traité de la peinture sur verre*, dit qu'elles furent exécutées de l'an 1527 à l'an 1530. Félibien, natif de Chartres, assure qu'elles datent de l'an 1520. Pinaigrier vint ensuite à Paris, où il enrichit successivement de ses ouvrages l'église de l'abbaye Saint-Victor, celle de Saint-Jacques de la Boucherie, de l'hospice des Enfants Rouges, de Saint-Gervais, de Saint-Médéric ou Merry. On sait que la plupart de ces églises ont été fondées ou rebâties par François Ier; celle de Saint-Jacques de la Boucherie fut terminée en 1520; celle des Enfants Rouges fut fondée en 1524; celle de Saint-Médéric, peu d'années après.

Un des tableaux de Saint-Hilaire, de Chartres, présentait une de ces conceptions bizarres, que la piété peu éclairée des âges précédents avait avidement recherchées, et dont le beau siècle de François Ier offre encore plus d'un exemple. C'était une allégorie dont l'objet était de rendre sensible le bienfait de la Rédemption. On y voyait le corps du Sauveur couché sur un pressoir; le sang en ruisselait de tous côtés; les évangélistes recueillaient cette précieuse liqueur; les docteurs de l'Église en remplissaient des barriques, qu'ils transportaient sur une charrette conduite par un ange; des papes, des rois, des évêques, des cardinaux, renfermaient ces barriques dans des caves, ou les distribuaient aux peuples. Dans le fond, étaient des patriarches qui labouraient une vigne; les prophètes cueillaient le raisin; les apôtres le portaient au pressoir; saint Pierre le foulait. Les têtes des principaux acteurs étaient des portraits; on y reconnaissait Léon X, François Ier, Charles-Quint, Henri VIII, et d'autres personnages illustres du même temps. Ce tableau singulier obtint une grande réputation; il fut copié sur les vitraux de plusieurs autres églises, et notamment, à Paris, dans les charniers de Saint-Étienne du Mont, par un des petits-fils de l'auteur, cent ans environ après l'exécution du vitrail de Chartres.

La plupart des ouvrages de Pinaigrier n'existent plus; mais nous en possédons encore assez pour pouvoir nous former une juste idée du mérite de cet habile peintre. L'église de Saint-Hilaire de Chartres, après avoir été plusieurs fois ravagée pendant la Révolution, a été démolie en 1804. On doit au zèle et aux lumières du magistrat qui remplissait alors les fonctions de maire (M. Billard, maire actuel), d'avoir sauvé ce qui restait des ouvrages à demi détruits de Pinaigrier. Il en a été formé deux vitraux de cinq pieds environ de hauteur, sur une largeur à peu près égale, placés aujourd'hui dans l'église de Saint-Père ou Saint-Pierre, de la même ville, aux deux côtés de la chapelle de la Vierge, derrière le chœur. Ces fragments ne présentent plus aucun sujet complet: ce ne sont que des figures ou des groupes isolés; mais on y retrouve le style et le coloris de leur auteur.

Les vitraux de l'église de Saint-Victor, ceux de Saint-Jacques de la Boucherie et de l'église des Enfants Rouges, ont péri, ainsi que les édifices auxquels ils étaient attachés, à moins, toutefois, que les soins de quelque amateur zélé pour la conservation des chefs-d'œuvre d'une industrie toute française, n'en ait sauvé quelques débris. Ceux de l'église de Saint-Victor représentaient les débauches de l'Enfant prodigue, la Résurrection du Lazare, la Cène, et quelques traits de la vie de saint Léger. Ils ont été long-temps regardés comme les meilleurs que Pinaigrier ait exécutés à Paris. Sur ceux qui décoraient l'église de l'hospice des Enfants Rouges, ce maître représenta François Ier, et la reine de Navarre, sa sœur, caressant ces jeunes orphelins; l'Entrée de Jésus-Christ dans Jérusalem, et notamment, le Sauveur montrant des enfants à ses disciples, et les leur faisant admirer comme des modèles de candeur. Tous les historiens ont célébré ces peintures, et particulièrement la dernière, à cause de la naïveté des attitudes, de la vérité des contours, de l'expression des têtes, et de la richesse du coloris.

L'église de Saint-Gervais et celle de Saint-Médéric n'ont pas entièrement perdu leurs ornements. Les vitraux du chœur de l'église de Saint-Gervais, qui représentaient le Paralytique, la Piscine et la Résurrection du Lazare, sont détruits, ainsi que ceux de Jean Cousin, qui leur servaient de pendant. Une autre peinture de Pinaigrier, représentant des Pélerins qui arrivaient au Mont-Saint-Michel, et des bergers qui exécutaient des danses sur cette montagne, a subi le même sort. Mais il subsiste encore, dans la chapelle de la Vierge, située derrière le maître-autel, trois vitraux, et des fragments de deux autres, de la main de ce maître, où est peinte l'Histoire de la Vierge. Ces vitraux offrent tous les genres de mérite justement attribués à cet habile peintre. Les têtes sont belles, les expressions justes, les draperies d'un bon style. Les formes, en général, tiennent encore un peu de la manière du Pérugin. Ces peintures se distinguent surtout par la fermeté de l'exécution et la magnificence du coloris.

Mais les plus beaux ouvrages de Pinaigr'er qui subsistent dans la capitale, sont les vitraux de l'église de Saint-Médéric, représentant l'Histoire de Joseph. Les figures en sont grandes comme nature. Il paraît que ces vitraux étaient d'abord au nombre de trois, et qu'ils furent placés dans le chœur, à gauche, où ils se trouvent encore. Un des curés, voulant donner plus de jour à l'église, a fait enlever de chacune des fenêtres les deux panneaux du centre, et les a fait transporter aux quatre fenêtres de la croisée, où ils sont associés à d'autres peintures sur verre, d'une manière différente, et qui représentent d'autres sujets. Mais la supériorité du style, la vivacité et la vérité du coloris, les font aisément distinguer. Dans les peintures du chœur, on voit Joseph gardant les troupeaux de son père, expliquant les songes, retiré du puits, vendu à des marchands, paraissant devant Pharaon, etc. Les fragments de la croisée représentent le Songe de la gerbe, et celui des étoiles ; ils renferment aussi diverses figures qui appartenaient aux compositions restées dans le chœur. Le style de l'auteur s'est fort agrandi dans ces peintures. Les poses sont plus hardies, sans être moins vraies, que celles de l'Histoire de la Vierge ; les contours sont plus purs ; il y a, en tout, plus de fermeté, plus d'élégance et plus de noblesse. Apparemment que l'habitude de lutter avec Jean Cousin avait excité l'émulation de Pinaigrier. Peut-être aussi que les progrès de Raphaël, connus en France par les tableaux de Saint Michel et de la Sainte Famille, avaient développé de plus en plus ses facultés naturelles. Un artiste italien, consulté par Sauval, disait de ces peintures : *Sono delicate, dolcissima e di grandissima maniera.*

Il est à regretter que des maîtres tels que Pinaigrier aient exclusivement consacré leur talent à des peintures sur verre, et soient aujourd'hui si peu connus. Il en résulte, dans la suite de l'art français, une lacune apparente, qui ne vient réellement que de la destruction d'une multitude de ces fragiles ouvrages, et de l'incurie de la plupart des personnes qui en possèdent les derniers restes.

Pinaigrier eut trois fils, qu'il instruisit dans son art : Nicolas, Jean et Louis. Nicolas fut le plus habile des trois. La tradition lui attribue deux vitraux, de cinq à six pieds de haut, qui se voient encore à Chartres, dans l'église de Saint-Aignan : l'un représente le Portement de croix ; l'autre, le Jugement dernier. On croit reconnaître la main de Nicolas dans les vitraux de l'église inférieure de Notre-Dame, de Chartres. Ces vitraux ont été gravés par M. Willemin, parmi ses *Monuments français inédits*, avec la fidélité et l'esprit qui caractérisent les ouvrages de cet estimable artiste. Le chœur de l'église de Saint-Père, de Chartres, renferme sept vitraux, de huit pieds de haut environ, que la tradition donne aussi à Nicolas. On y admire la beauté et l'élégance du dessin ; mais on trouve que le coloris n'a pas toute la vigueur de celui de Robert. La conservation en est due aux soins vigilants de M. le maire actuel : c'est lui qui les a fait enlever d'une église abandonnée, et qui les a placés dans celle-là [1].

Les ouvrages de Robert Pinaigrier sont inédits. Il est à désirer, pour la connaissance de l'histoire de l'art français, qu'il en soit publié des gravures, et particulièrement des tableaux de Joseph.

Un second Nicolas PINAIGRIER, petit-fils de Robert, s'illustra dans le dix-septième siècle. Il peignit des vitraux, à Paris, en 1618 et en 1635. Il orna de plusieurs de ses ouvrages les charniers de l'église paroissiale de Saint-Paul, ancienne église royale, qui n'existe plus. C'est ce Nicolas qui exécuta, dans les charniers de l'église de Saint-Étienne du Mont, une copie du pressoir mystérieux de Saint-Hilaire, de Chartres. Ce sujet avait été adopté par diverses

---

[1] L'auteur de la présente notice doit la connaissance des faits qui concernent la ville de Chartres, aux lumières et à la complaisance de M. Hérisson, juge au tribunal civil du département d'Eure-et-Loir. Ce magistrat occupe ses loisirs à la composition d'une histoire de cette ville, où nous trouverons de précieux détails sur l'état des arts, dans les treizième, quatorzième, quinzième et seizième siècles.

confréries de marchands de vin. Il ne subsiste plus à Paris, à notre connaissance, aucune peinture de ce maître, à moins qu'on ne lui attribue quelqu'un des vitraux qui se voient encore dans les charniers de Saint-Étienne du Mont. Cette opinion ne serait pas sans vraisemblance ; mais on n'en peut donner aucune preuve.

PAUL-PONCE TRÉBATTI (né vers 1480 ; mort après 1570).

TRÉBATTI (Paul-Ponce), sculpteur florentin, a passé en France la plus grande partie de sa vie. Ce maître est un de ceux à qui des traditions, vraies ou fausses, ont fait la plus brillante réputation, et sur le compte desquels il a été avancé le plus d'assertions contradictoires. On l'a fait arriver en France en 1500 et en 1560 ; il a été élève de Michel Ange, né en 1474, et de Jean de Bologne, né en 1524 ; il a exécuté le tombeau élevé par Louis XII à sa famille, lequel fut terminé en 1504, et une partie des sculptures du château des Tuileries, dont Catherine de Médicis ne jeta les fondements qu'en 1564. Tantôt il ne vivait plus en 1556 ; tantôt il est mort en 1562. Mais ce qui est plus grave, ce sont les erreurs commises au sujet du mausolée de Louis XII : suivant quelques écrivains, on doit à Trébatti les sculptures de ce monument, et Jean-Juste en a composé seulement l'architecture ; suivant d'autres, l'artiste florentin n'a exécuté qu'une partie des sculptures ; suivant d'autres, enfin, l'architecture et la sculpture lui appartiennent ; assertions que nous croyons toutes entièrement fausses. Ce qui nous paraît certain, c'est que l'opinion qui suppose Trébatti, Paul-Ponce, ou maître Ponce (car on l'a désigné de ces différentes manières), auteur du monument élevé, par Louis XII, au duc d'Orléans et à Valentine de Milan, n'est fondée sur aucune preuve, et doit être mise à l'écart. Il en est de même de celle qui en fait le sculpteur ordinaire du cardinal d'Amboise. Ces assertions vagues sont démenties par des faits indubitables. Trébatti naquit à Florence, ou dans les environs de cette ville ; il vint à Paris, fut employé à Fontainebleau à exécuter des figures de stuc en ronde-bosse, et développa dans cet ouvrage beaucoup de talent. C'est là ce que nous dit Vasari : *Nel medesimo luogo* (Fontainebleau) *ha lavorato ancora molte figure di stucco, pur tonde, uno scultore similmente de' nostri paesi, chiamato Ponzio, che si è portato benissimo. (Vita di Primaticio.)* La première édition des *Vies* de Vasari ayant paru en 1550, il n'est pas étonnant que cet historien n'ait parlé d'aucun ouvrage postérieur aux stucs de Fontainebleau; mais il n'est pas présumable qu'il eût ignoré ou négligé des travaux aussi importants que le tombeau de la famille d'Orléans, les sculptures du château de Gaillon, exécutées pour le cardinal d'Amboise, et le mausolée de Louis XII. Félibien confirme indirectement le témoignage de Vasari, en disant que *ce fut le Primatice qui fit les premiers ouvrages de stuc* (de Fontainebleau), et qu'il y employa Damiano del Barbieri, et *un sculpteur florentin nommé Ponce (Entret.*, t. II, p. 188, éd. in-12). Même silence de la part de cet écrivain sur tout ouvrage de Ponce, antérieur à ceux-là. Or, le Rosso, chargé en chef des travaux de Fontainebleau, n'arriva en France qu'en 1530, et Primatice, qu'en 1531. Ces deux maîtres amenèrent d'Italie, avec eux, plusieurs jeunes artistes qu'ils employèrent à des peintures et à des sculptures, d'après leurs dessins, et auxquels ne tardèrent pas à se joindre plusieurs jeunes Français. L'âge de ces Italiens nous est à peu près connu, puisque l'on comptait parmi eux Lucca Penni, frère du Fattore, et Joanne-Battista da Bagnacavallo, de qui les époques sont certaines. De ces divers rapprochements, nous croyons pouvoir conclure que Trébatti, collaborateur de ces jeunes Italiens, était du même âge; qu'il était né, par conséquent, vers les années 1500 ou 1505, et même, qu'il arriva d'Italie avec le Rosso ou le Primatice. Les faits qui vont suivre confirmeront cette opinion.

Trébatti se fit connaître à Paris, en 1535, par le tombeau du prince Alberto Pio da Carpi, Savoisien de naissance, officier au service de François Ier. Il y représenta ce prince, de grandeur naturelle, en ronde-bosse et en bronze, couvert de son armure, la tête et les bras nus, à demi couché, les jambes croisées, appuyé sur le coude, tenant un livre ouvert, comme en état de méditation. Ce monument fut placé dans l'église des Cordeliers; il échappa à l'incendie de 1580, qui anéantit tant d'autres sculptures. On l'a vu longtemps au Musée des Monuments français; il est maintenant déposé au Musée des sculptures modernes, dit *Musée d'Angoulême.* Corrozet et Dubreul rapportent l'épitaphe, qui renferme la date de 1535. Ni l'un ni l'autre de ces écrivains ne nomme l'artiste. Sauval a suppléé à leur silence, et a indiqué Trébatti. (*Antiq. de Paris*, t. II, p. 341.) Cette figure se fait remarquer par la franchise de l'attitude et par la vérité de la tête, qu'on voit bien être un portrait ; le travail des bras est un peu lourd, quoique l'artiste ait voulu y manifester de la vigueur ; et l'exécution, en général, n'est peut-être pas assez soignée.

Les grandes entreprises de Fontainebleau ne furent point interrompues par la mort de François Ier. La décoration de la grande galerie s'acheva sous Henri II, et tout porte à croire que Trébatti continua d'être employé à l'exécution des figures de stuc, comme il l'avait été aux ouvrages précédents.

Les travaux de sculpture du Louvre, commencés sous Henri II, l'appelèrent à Paris. Jean Goujon fut chargé seul de la totalité de ces décorations : c'est Sauval qui nous apprend ce fait (t. II, p. 29), et l'on sait que cet écrivain a puisé directement ses instructions aux archives de la Cour des comptes. Il répète plusieurs fois la même assertion (t. III, p. 15). Il dit notamment, en parlant des *demi-reliefs de l'attique*, que Goujon les a sculptés et dessinés (t. II, p. 26). Engagé dans une si vaste entreprise, Goujon dut s'associer des collaborateurs ; aussi, Brice nous dit-il qu'*il y a dans l'attique quelque chose de Paul-Ponce, sculpteur renommé, qui a beaucoup travaillé à Fontainebleau* (t. I, p. 51). Mais croire, comme l'ont voulu de très-habiles critiques, que la totalité des sculptures de l'attique soit de Ponce, c'est ce qui nous est impossible. Tout le monde voit qu'il s'agit ici de la partie de l'édifice, dite le *Vieux Louvre*, où se trouve l'ancienne salle des Cent-Suisses, décorée par la tribune de Jean Goujon, et qui fait aujourd'hui partie du Musée des antiques. Les sculptures du pavillon central, de bas en haut, sont toutes de Sarrazin et de ses collaborateurs, Guérin Van Opstal, Le Clair et Bistelle. Celles des trois frontons de l'attique, dans la partie du nord, sont, les premières, de J.-G. Moitte ; les secondes, de Rolland ; les troisièmes, de Chaudet. La décoration de l'intérieur de ce bâtiment occupa aussi Trébatti. Il exécuta, conjointement avec Rolland, Maillard, Biard le grand-père, les Hardouin et Francisque, les sculptures en bois qui ornaient les lambris, les portes, les embrasures des fenêtres, et notamment le plafond de la chambre de parade (Sauval, t. II, p. 35). Ces magnifiques ornements, chefs-d'œuvre de goût et d'exécution, furent vraisemblablement sculptés d'après les dessins de Pierre Lescot, dit *l'abbé de Clagny*, architecte et directeur général de l'édifice. Un autre ouvrage du même genre ne dut pas faire moins d'honneur à Trébatti : ce fut la décoration de la chambre particulière du roi. Ici, tout était son propre travail, à moins qu'il ne se fût donné lui-même des collaborateurs (*Id.*, t. III, p. 16 et 29). Les dessins étaient de lui ou de l'abbé de Clagny. Cette chambre, occupée d'abord par Henri II, et devenue un objet de vénération à cause de la présence d'Henri IV, subsistait encore en son entier en 1807, aussi bien conservée que le jour où ce malheureux roi en sortit pour la dernière fois. Seulement, dans un temps postérieur, il y avait été ajouté des peintures dont le style troublait un peu l'harmonie de l'ensemble. Elle était dirigée au midi, sur le jardin dit postérieurement de *l'Infante*. Le fond était entièrement occupé par une alcôve élevée de quelques pouces au-dessus du niveau de la chambre. Un balustre en bois doré, des sculptures également en bois doré, qui représentaient des rideaux soulevés par deux Renommées, formaient la séparation. Cette alcôve, où reposait le grand Henri, était simplement tapissée d'une tenture de cuir vert. A côté de la chambre se trouvait un petit cabinet de travail, orienté de la même manière, et décoré, sans doute, par la même main. L'élégance et la simplicité de la décoration de ce dernier appartement frappaient autant les esprits que le souvenir du bon roi imprimait de respect. Les murs et le plafond étaient entièrement revêtus d'un lambris en bois de noyer. Sur l'épaisseur du bois étaient sculptés, en bas-reliefs plus ou moins élevés, des casques, des épées, des boucliers et d'autres trophées d'armes du meilleur style. Des festons enroulés entouraient deux glaces de Venise (à biseaux), qui faisaient face l'une à l'autre. Les reliefs seuls étaient dorés mat ; tous les fonds conservaient leur couleur naturelle, un peu brunie par le temps ; on eût dit d'un revêtissement de bronze relevé d'or. Toutes ces pièces se démontaient, pour pouvoir être nettoyées. Tel avait été le produit du bon goût de Trébatti, et de l'habileté de sa main [1].

[1] Lorsque les nouvelles dispositions de l'intérieur du Louvre ont été ordonnées, les architectes chargés de ce travail ont conservé toutes les boiseries, tant de la chambre de parade, que de la petite chambre. Leur projet était d'en revêtir des salles particulières, à l'effet que de tels chefs-d'œuvre

Dans le même temps, Primatice dirigeait la construction du petit château de Meudon, appelé *la Grotte*, et Trébatti fut chargé d'une partie des décorations. Cet édifice, commencé en 1552, offrit tout ce que les arts pouvaient produire, à cette belle époque, de plus élégant et de plus accompli. Le cardinal de Lorraine, qui le fit construire, le dédia aux *Muses d'Henri II*. Depuis longtemps il a été totalement détruit. Deux monuments, qui suivirent de près ces derniers, paraissent avoir illustré de plus en plus Trébatti. Le premier est le tombeau de Charles de Maigné ou de Magny, capitaine des gardes de la porte, mort en 1556 et inhumé aux Célestins. L'artiste plaça au-dessus du sarcophage une statue de ce seigneur, en pierre, grande comme nature. Il le représenta assis, sommeillant, la tête nue, et le corps revêtu de son armure. Beurrier, dans son Histoire de l'église des Célestins, n'a pas nommé l'auteur; c'eût été contraire à son habitude : il n'en nomme jamais aucun. Comme beaucoup d'écrivains français de son époque, il dédaignait un pareil soin. Sauval nous désigne Paul-Ponce (t. II, p. 343); Germain Brice, Piganiol, d'Argenville, Lépicié, ont suivi et confirmé son témoignage. Le second monument dont nous voulons parler est le tombeau d'André Blondel de Roquancourt, mort en 1558. Ce monument est en bronze. La figure de Blondel est couchée, la tête soulevée sur le bras gauche, lequel est appuyé sur un oreiller. Ce tombeau fut d'abord placé dans l'ancienne église des Filles Repenties, ensuite transporté dans celle de Saint-Magloire. La figure a été recueillie plus tard, comme la précédente, dans le Musée des Monuments français, et toutes deux ornent aujourd'hui le Musée d'Angoulême. C'est encore Sauval qui nous dit qu'elle est l'ouvrage de Ponce (t. I, p. 582). Ces deux morceaux ont été généralement regardés jusqu'à présent comme lui appartenant. Une opinion récente les attribue tous deux à Ponce Jacquio. Nous n'entendons ni adopter, ni contredire, ni même discuter ce jugement; seulement, nous regrettons que le savant qui l'a publié n'ait pas fait connaître ses autorités.

A la mort de François II, son cœur, renfermé dans une urne de

ne fussent pas perdus. On espère que ce projet pourra se réaliser. Ces deux architectes, qui ont tant de fois, et sous tant de rapports, si bien mérité de l'art, sont MM. Percier et Fontaine.

bronze, fut posé sur une colonne de marbre blanc, d'ordre composite, de neuf pieds et demi de haut. Du dessus du chapiteau, et autour de l'urne, s'élevaient des flammes en bronze doré, par allusion à la devise qu'avait prise ce roi : *Lumen rectis*. La colonne était censée représenter celle qui conduisait les Israëlites dans le désert. Elle était élevée sur un piédestal triangulaire, de marbre rouge, et sur les saillies duquel furent placés trois génies nus, en marbre blanc, de deux pieds de hauteur environ, pleurant et tenant des flambeaux renversés. Une des inscriptions porte que ce monument fut érigé en 1562. Il subsiste en entier, et se trouve aujourd'hui consacré dans l'église de Saint-Denis. « *Les Trois enfants*, dit Sauval, *sont de maître Ponce* » (t. I, p. 461). Un écrivain, dont nous apprécions toute l'autorité en matière de goût, dans ce qui concerne les arts, M. Al. Le Noir, les croit plutôt de Germain Pilon (*Musée franç.*, n° 104, p. 228) ; mais il nous paraît difficile de rejeter le témoignage de Sauval. Legrand d'Aussy suppose que Ponce mourut en 1562 (*Mém. de l'Instit.*, Sciences morales, t. II, p. 617). Apparemment, il ne connaissait point d'ouvrage de ce maître postérieur au monument de François II ; c'est une erreur de ce savant.

Catherine de Médicis ne lui témoigna pas moins d'estime que n'avait fait Henri II. Elle l'employa dans les décorations du château des Tuileries, dont elle jeta les fondements au mois de mai de l'an 1564. Tandis que Jean Bullant élevait la façade du couchant, et que Philibert Delorme construisait la façade orientale, et ordonnait les dispositions intérieures, Trébatti sculptait les ornements et particulièrement les figures des frontons qui enrichissent ce côté de l'est, bâti par Delorme. Au-dessus de la porte du manége, construit sur l'emplacement occupé aujourd'hui par la rue de Rivoli, il plaça la figure d'un cheval, en pierre, grande comme nature. Mais un ouvrage plus important dut l'honorer encore davantage. Au milieu des jardins devait être élevée une fontaine colossale ; c'est lui qui fut chargé de l'exécuter. Sur un grand piédestal à quatre faces, devait, apparemment, être établie une vasque, d'où se seraient élancées des gerbes d'eau. Il sculpta le piédestal, d'un seul bloc de marbre, et, sur les quatre faces, il représenta, en bas-relief, des figures, plus grandes que nature, de deux fleuves et deux naïades, groupées avec des vases et des

10.

conques marines. Il paraît qu'il tomba ici dans quelque exagération. « *Ces figures sont d'un grand goût*, dit notre historien, *mais maniérées.* » (Sauval, t. II, p. 60.) Ce monument ne fut pas terminé, soit par la mort de l'auteur, soit par toute autre cause. Le marbre demeura, pendant longtemps, gisant, dans les jardins, et il reçut enfin une autre destination. Ce travail ne pouvait guère avoir été commencé avant les années 1566 ou 1567.

Une entreprise encore plus considérable occupait alors Trébatti. Catherine de Médicis faisait construire, auprès de l'église de Saint-Denis, la rotonde appelée la *Chapelle* ou le tombeau *des Valois*. Indépendamment du mausolée qu'elle élevait, au centre de cet édifice, à Henri II, son mari, à ses enfants et à elle-même, quoique vivante, il paraît qu'elle avait le projet de consacrer, dans les six chapelles ménagées sur le pourtour, soit des monuments particuliers en l'honneur de divers princes de la branche de Valois, soit des représentations pieuses du genre de celles qu'on appelait des *mystères*. C'est en exécution de ce projet qu'on plaça, de son vivant ou après elle, dans la chapelle située derrière le mausolée, à la partie orientale de l'édifice, la statue de Henri II et la sienne propre, couchées et vêtues des habits de cour. (Félib., *Hist. de Saint-Denis*, p. 566 ; *Mus. des Mon. franç.*, n° 103.) Ces sortes de statues ou de représentations étaient ce qu'on nommait alors, comme dans les siècles précédents, des *propriétaires* ou des *personnes*. On sait, qu'en outre, le roi et la reine étaient représentés nus, en état de mort, au-dessus du sarcophage ; et une seconde fois, vivants et à genoux devant des prie-Dieu, sur la voûte du monument. Vraisemblablement, on devait placer dans une des chapelles le mystère de la Résurrection : Germain Pilon avait sculpté, à cet effet, trois figures de marbre, représentant Jésus-Christ qui ressuscitait, et deux soldats. Nous devons supposer qu'on voulait placer, dans une autre chapelle, une Mère de pitié ; car Trébatti sculpta un Christ mort, en marbre, grand comme nature. Il ne paraît pas qu'il ait jamais exécuté la figure de la Vierge, qui devait se grouper avec celle-là. Ces travaux furent interrompus, ensuite abandonnés ; et les statues demeurèrent à Paris, dans des dépôts, où elles se trouvaient encore sous le règne de Louis XIII. *Dans le magasin de marbres du Roi, chez M. Lerambert, dit Sauval, on voit cinq figures de marbre, de Pilon : un Christ ressuscitant, deux Soldats qui gardent le sépulchre, etc. — Il y a aussi un Christ mort, qui est la plus belle pièce que Ponce ait jamais faite. — Toutes ces figures,* ajoute-t-il, *devoient entrer dans le sépulchre des Valois, mais la disposition n'en est pas sue* (t. III, p. 16, 17).

Ces faits nous placent au moins aux années 1568 ou 1570, puisqu'à cette époque la construction de la chapelle n'était pas terminée. Ils conduisent donc à une conséquence toute naturelle, et que nous avons annoncée en commençant, c'est que Ponce, encore vivant à cette dernière époque, ne peut avoir sculpté ni le tombeau de la famille d'Orléans, terminé en 1504, ni celui de Louis XII, soit en totalité, soit en partie, puisque ce dernier monument porte la date de 1515. Ainsi tombe la fausse tradition, qui donne à un sculpteur italien deux chefs-d'œuvre de la sculpture française du commencement du seizième siècle. Mais nous ne devons pas nous en tenir à cette preuve détournée, pour montrer que le tombeau de Louis XII n'appartient pas à Trébatti. Il existe, à ce sujet, un témoignage direct et sans réplique : c'est celui de Jean Brèche, jurisconsulte, natif et habitant de Tours, qui vivait au commencement et au milieu du seizième siècle. Dans son traité sur le titre du Digeste, intitulé : *De usu et significatione verborum*, cet écrivain, à l'occasion du mot *monimentum*, nous dit que le magnifique tombeau ou le monument de marbre élevé à Louis XII dans l'église de Saint-Denis, a été sculpté à Tours par le statuaire Jean Juste : *Videas monimentum marmoreum, Ludovico XII dicatum, miro et eleganti artificio factum in præclarissimâ civitate nostrâ Turonensi, à Joanne Justo, statuario elegantissimo* (p. 410). Le *permis d'imprimer* de l'ouvrage de Brèche, donné à Fontainebleau, porte la date du 8 janvier 1552. Ainsi, vingt-quatre ans s'étaient à peine écoulés depuis que Juste avait terminé son ouvrage, et Trébatti vivait encore lorsque J. Brèche rappelait un fait qui devait être alors de notoriété publique. La preuve qui résulte de ce témoignage est donc complète et absolue. D. Félibien (*Histoire de Saint-Denis*), à qui nous devons l'indication du passage de Brèche, suppose que les deux artistes Trébatti et Juste ont travaillé à ce monument. Il se fonde sur ce que Sauval dit qu'il a été sculpté à Paris, dans l'hôtel Saint-Paul. Mais on sent bien que Jean Juste avant à faire transporter

de Tours à Paris un fardeau si considérable, ne termina poin
avant le transport les parties les plus délicates, et qu'il dut venir
les achever à Paris et à Saint-Denis même. Nous croyons, en
outre, connaître le fait d'où a pu dériver l'erreur que nous avons
dû combattre. Dans le dépôt de Lerambert, dont nous venons de
parler, se trouvait, au temps de Sauval, avec le Christ, une autre
statue de Trébatti, en marbre, représentant Anne de Bretagne
nue et en état de mort. Ce fait s'explique de lui-même; car on
n'avait pas sans doute dépouillé le tombeau de Louis XII, dans
l'église de Saint-Denis, de la statue d'Anne de Bretagne, pour la
jeter dans le dépôt de Lerambert : il est donc évident que cette
statue, sculptée par Trébatti, n'était pas celle du tombeau. Apparemment, Catherine de Médicis avait conçu la pensée d'élever un
monument quelconque à Louis XII, prince de la maison de Valois,
dans une des chapelles de sa rotonde. C'est cette statue d'Anne de
Bretagne, qu'on aura confondue avec celle qui repose sur le sarcophage.

On cite d'autres ouvrages de Trébatti, ou qui lui ont été attribués avec plus ou moins de vraisemblance. — I. Un bas-relief en
marbre, où est représenté saint George combattant le dragon. Ce
bas-relief, qui se voyait précédemment au Musée des Monuments
français, est déposé aujourd'hui au Musée d'Angoulême ; mais il
a été apporté du château de Gaillon, et cette considération doit
empêcher de l'accorder à Trébatti. Sauval, d'ailleurs, dit, à ce
sujet, que de son temps on regardait avec plaisir dans la rue Saint-
Denis une basse-taille de Ponce, représentant le combat de saint
George contre le dragon (I, 131), ce qui prouve que l'on a confondu des ouvrages de deux maîtres. — II. Un bas-relief où se
voyait sainte Anne, montrant à lire à la sainte Vierge (Sauval,
ibid.). — III. Un buste, en bronze, d'Olivier Lefèvre, seigneur
d'Ormesson, exposé au Musée d'Angoulême (n° 40). Ce magistrat
y est représenté âgé au moins d'une quarantaine d'années ; or, il
naquit en 1525 ; son buste a dû, par conséquent, être exécuté vers
l'année 1565. — IV. Un bas-relief, qu'on voyait autrefois au-dessus de la porte de l'Hôtel de ville de Paris, auprès de la statue
d'Henri IV.

Il n'est plus question aujourd'hui de la fausse opinion qui attribuait à ce maître la statue de l'amiral Chabot. Tout le monde con-

vient que cette belle figure est de Jean Cousin. Quant au caractère
ou au style qui peut distinguer Trébatti, les auteurs qui ont parlé
de lui, sous le règne de Louis XIII, disent qu'*il est fier en sa manière*, et que ses figures sont même *un peu trop fières*. De nos
jours on a douté si les génies de la colonne de François II, d'un
style gracieux et élégant, sont de Germain Pilon ou de lui. Ces
opinions différentes nous semblent prouver ce que nous croyons
en effet, que cet artiste varia sa manière, soit pour s'arranger avec
les maîtres qui dirigeaient les travaux où il était employé, soit
pour se prêter au goût dominant. Formé d'abord sur les ouvrages
de Michel-Ange, ce que paraît annoncer la statue du prince Carpi,
il montra dans celle de Charles de Magny (si elle est de lui) un
naturel, une bonhomie, qui rappellent un peu le quinzième siècle.
A Fontainebleau, il imita Primatice, et dans la chapelle des Valois, il se rapprocha de Germain Pilon. En tout, c'est un maître
de beaucoup de talent, et un étranger que la France doit honorer,
puisqu'il lui a consacré une grande partie de sa vie. Deux faits
principaux ressortiront néanmoins de cette notice : l'un, que Trébatti n'est nullement l'auteur du Mausolée de Louis XII, et que
ce monument appartient en entier à la France ; l'autre, que ce
maître n'a exercé aucune influence sur notre école, et qu'il a suivi
le mouvement imprimé aux esprits plutôt qu'il ne l'a communiqué.

ADAM DE CRAPONE (1519-1559).

CRAPONE (Adam de), issu d'une famille noble, originaire de Pise,
qui s'était attachée à la maison d'Anjou, naquit à Salon en 1519,
et, malgré le préjugé qui semblait encore repousser la noblesse de
la culture des sciences, il s'appliqua à l'étude des mathématiques
et de l'architecture hydraulique, où il déploya les plus rares talents On peut dire de lui qu'il était né géomètre.

Le désir d'être utile à la ville de Salon, sa patrie, lui fit entreprendre un canal d'arrosage, qui porte les eaux de la Durance depuis le village de Cadenet jusqu'à l'étang de Berre, et fertilise,
dans un cours de treize lieues, les terroirs de la Roque, de Lama-
non, de Salon, de Grans, d'Istres, une partie de la Crau et plusieurs autres villages. Ce canal, qui porte le nom de *Crapone*, et
qui est devenu un sujet inépuisable de louanges pour son auteur

dans les pays dont il a multiplié les richesses et augmenté la population, contribue moins cependant à prouver son génie que des projets encore plus utiles demeurés sans exécution. Crapone conçut la pensée de joindre les deux mers, en unissant la Saône et la Loire par un canal qui aurait traversé le Charolais. Cette entreprise, commencée par Henri II, fut abandonnée à la mort de ce prince, et remplacée, sous Henri IV, par le canal de Briare. Il forma le projet du grand canal de Provence, qui devait porter les eaux de la Durance, depuis le rocher de Cante-Perdrix, au-dessus du village de Peyroles, jusqu'à l'étang de Berre, en passant par la ville d'Aix, projet repris sous Louis XIII et sous Louis XIV, un des plus utiles et des plus magnifiques qui eussent pu illustrer nos rois, agrandi et remis en activité dans le siècle dernier, dont l'exécution fut même commencée par des actionnaires en 1752, et abandonnée faute de fonds. Adam de Crapone conçut aussi, non point l'idée générale de conduire un canal au travers du Languedoc, idée plus ancienne, et qu'on fait remonter au temps de Charlemagne, mais celle de conduire les eaux de l'Ariège au lieu appelé *les Pierres de Naurouse*, et de les diriger ensuite vers les deux mers, en les soutenant par des écluses, d'une part jusqu'à la rivière de l'Aude, et de l'autre jusqu'à la Garonne. C'est ce projet que Riquet a étendu et rendu plus facile en conduisant aux Pierres de Naurouse les eaux recueillies dans la montagne Noire. Au temps de Crapone, les écluses, connues en Italie, ne l'étaient point en France; s'il eût exécuté son plan, c'est lui qui aurait eu le mérite de les y introduire. Cet habile ingénieur fut employé utilement à dessécher des marais à Fréjus et dans le comté de Nice.

Henri II l'envoya à Nantes, pour y démolir les travaux d'une citadelle commencée sur un mauvais terrain. Il y fut empoisonné par les premiers entrepreneurs, à l'âge de quarante ans, et, par conséquent, en l'année 1559, qui est la dernière du règne de Henri II. Le canal dit de Crapone, le plus ancien ouvrage de ce genre, suivant Lalande, qui ait été exécuté en France, fut commencé en 1557, et terminé dans l'espace de trois ou quatre ans. Henri II en avait donné les eaux à Crapone en forme de fief; mais celui-ci, manquant de fonds pour l'entreprise, les vendit à des prix très-modiques, et à sa mort ses associés et ses créanciers formèrent

une compagnie qui acheva l'ouvrage. Adam de Crapone mourut
sans enfants.

JEAN BULLANT (florissait en 1540; mort après 1575).

Bullant (Jean), architecte et sculpteur, florissait en 1540, et
vivait encore en 1573. Le château d'Écouen, qui a fondé sa réputation, est un des monuments dont la France peut s'honorer à plus
juste titre. Quelques historiens paraissent croire que le connétable
Anne de Montmorency fit élever cet édifice pendant sa disgrâce, qui
dura depuis le commencement de l'an 1542 jusqu'en 1547; d'autres écrivains pensent, au contraire, qu'il l'avait construit avant de
quitter la cour. Quoi qu'il en soit, l'architecture du château
d'Écouen offre généralement un style bien supérieur à celui des
édifices que François Ier fit commencer, à Fontainebleau, vers
l'an 1529; et il est, d'ailleurs, constant que Bullant n'étudia point
son art sous les maîtres employés par ce prince, mais qu'il l'apprit
en Italie, en observant et en mesurant lui-même les ruines antiques. Si ce monument présente, dans diverses parties, quelques
restes de la manière appelée *gothique*, on y trouve, en bien plus
grand nombre, des beautés conformes au goût des Grecs. Cham-
bray, dans son *Parallèle de l'architecture antique et de l'architecture moderne*, place Bullant parmi les artistes qui ont suivi les
traces de l'antiquité avec le plus d'intelligence et de lumières, et
estime qu'il est « le seul de tous les sectateurs de Vitruve qui soit
» demeuré dans les termes réguliers du maître, touchant les profils
» et les justes proportions des ordres. » Le péristyle majestueux,
formé de quatre colonnes corinthiennes, et d'autant de pilastres
adossés au mur, qui présente un avant-corps au milieu de la façade,
situé à gauche de la porte d'entrée, dans la cour du château
d'Écouen, est un des chefs-d'œuvre de cet habile architecte. Le
portique et la galerie supérieure, qu'il avait établis à l'entrée de la
cour, n'existent plus.

En 1564, Bullant fut chargé, par Catherine de Médicis, de bâtir
le château des Tuileries, conjointement avec Philibert Delorme
Il serait difficile de distinguer, dans les décorations extérieures de
ce palais, qui ont été conservées lors des agrandissements exécutés
dans des temps postérieurs, l'ouvrage particulier de chacun des

deux architectes. On croit que Bullant y eut la moindre part. Catherine de Médicis le chargea, en 1572, de réunir en un seul corps la maison des Filles Pénitentes et un hôtel contigu, dont elle voulait faire son habitation. Ce travail ingrat lui fit moins d'honneur. Le palais qu'il forma de la réunion de ces anciens édifices, appelé alors l'Hôtel de la reine, et, dans la suite, l'Hôtel de Soissons, a été démoli dans le siècle dernier. La Halle au blé est construite sur le terrain qu'il occupait : il ne subsiste, des travaux de Bullant, que la colonne astronomique, malheureusement engagée dans les murs de la Halle, mais que cette disposition a donné du moins le moyen de conserver. Suivant une ancienne tradition, Catherine de Médicis la fit élever pour y observer les astres avec un astrologue nommé Côme de Ruggieri, natif de Florence, qui se trouva enveloppé, en 1574, dans la conjuration de la Mole et de Coconnas : elle dut, par conséquent, être construite vers l'an 1573.

Bullant, ainsi qu'un grand nombre d'artistes de son temps, joignit l'art de la sculpture à celui de l'architecture. L'autel de la chapelle d'Écouen, conservé dans le Musée des Petits-Augustins, et sur lequel on a placé les statues du connétable et de Madeleine de Savoie, sa femme, sculptées par Prieur, passe pour être son ouvrage. Cette opinion est d'autant plus vraisemblable, que la sculpture de ce monument diffère, quant au style, de tous les ouvrages des sculpteurs qui travaillèrent, en France, à la même époque, et qu'elle est, au contraire, parfaitement semblable à celle qui décore l'architecture du château. Les bas-reliefs qui entourent l'autel sont en pierre de liais ; ils représentent les quatre Évangélistes et les Vertus théologales. Celui du retable est en marbre blanc, et représente le sacrifice d'Abraham. Au-dessus de la corniche, est la statue d'un génie qui paraît occupé à écrire l'histoire du connétable.

Bullant, qui avait eu l'habileté de se faire, comme architecte, un style à lui et réglé sur l'antique, adopta, comme sculpteur, la manière de dessiner du Rosso, qui entraîna plus ou moins, dans le seizième siècle, presque tous les artistes français. Son dessin est mâle, grandiose, mais un peu sauvage, comme on l'a dit de celui du Rosso et de celui de Bandinelli, que ce maître avait imité ; quelques figures offrent des attitudes trop recherchées ; le faire n'est pas toujours exempt de sécheresse. L'architecture de Bullant renferme de plus grand s beautés et moins de défauts. Il nous reste de lui un traité intitulé : *Reigle généralle d'architecture des cinq manières, à savoir : tuscane, dorique, ionique, corinthe et composite, à l'exemple de l'antique.* Cet ouvrage renferme des dessins de plusieurs temples anciens, tels que le Panthéon, le Théâtre de Marcellus, etc., et les mesures de ce monument, que l'auteur dit avoir prises lui-même à *l'antique, dedans Rome.* Il est daté d'Écouen, l'an 1564, et imprimé à Paris, sous la date de 1568, in-fol., avec des figures. Bullant avait publié auparavant un *Recueil d'horlogéographie, contenant la description, fabrication et usage des horloges solaires,* qui fut imprimé à Paris, en 1561, in-4°, avec des figures, et réimprimé, en 1608, avec des additions de Claude de Boissière.

Les biographes qui ont écrit les vies des architectes célèbres n'ont pas tous été justes envers ce maître. D'Argenville n'en a pas parlé ; Milizia n'en a dit qu'un seul mot dans l'article relatif à Philibert Delorme, et ce mot est une critique. Il faut croire que ces écrivains ne connaissaient pas le château d'Écouen. Si l'on comparait Bullant, soit à Philibert Delorme, soit à l'abbé de Clagny, ses contemporains, on trouverait que son style offre autant d'élégance, plus de simplicité et plus de grandeur. Androuet du Cerceau, dans son ouvrage intitulé : *Des plus excellents bâtiments de France,* et Baltard, dans la collection qui a pour titre : *Paris et ses monuments,* ont publié des gravures représentant l'architecture et la sculpture du château d'Écouen. On peut aussi consulter l'*Encyclopédie méthodique (Dictionnaire d'architecture)*, au mot BULLANT.

LES CATANEO (seizième siècle).

CATANEO (Pietro), architecte, né à Sienne, vers le commencement du seizième siècle, publia à Venise, en 1554, *in casa de' figliuoli di Aldo,* les quatre premiers livres de son Traité d'architecture, in-folio, avec des figures. Le traité complet, divisé en huit livres, est intitulé : *l'Architettura di Pietro Cataneo, Sanese,* ibid., 1567, in-fol., figures. Cet ouvrage renferme non-seulement les règles des ordres, mais encore des principes de fortification.

CATANEO (Girolamo), architecte et ingénieur, né à Novare, vers

le même temps, publia successivement les ouvrages suivants :
I. *Opera nuova di fortificare, offendere, difendere, far gli
alloggiamenti campali ; aggiuntovi un trattato degli esamini
de' bombardieri, e di far fuochi arteficiali*, Brescia, 1564, in-4°,
figures ; — II. *Avertimenti e esamini intorno a quelle cose che
richiede a un bombardiere* (même ouvrage que la seconde partie
du précédent, avec des augmentations), Brescia, 1567, in-4° ; —
III. *Tavole brevissime per sapere con prestezza quanto file
vanno a formare una giustissima battaglia*, ibid., 1567, in-4° ;
— IV. *Nuovo ragionamento del fabricare le fortezze*, ibid.,
1571, in-4° ; — V. *Modo de formare con prestezza le moderne
battaglie*, ibid., 1571, in-4°, avec des figures ; — VI. *Opera
del misurare*, ibid., 1572, in-4°, figures. Son Traité des fortifications, sous ce titre nouveau : *Dell' arte militare libri V*, etc.,
réimprimé à Brescia, en 1584, in-4°, et, en 1608, in-4°, a été
traduit et imprimé en français, par Jean de Tournes, à Lyon,
en 1564, in-4°, et en latin, à Genève, en 1600, in-4°.

Cataneo (Danese), sculpteur et architecte, né à Massa di Carrara,
mort vers l'an 1573, élève de Sansovino, a laissé, à Venise t à
Vérone, quelques monuments qui ont été cités avec éloges.

JEAN BREUGHEL (1568-1642)

Breughel (Jean), dit *Breughel de Velours*, à cause de l'affecta-
tion qu'il mettait à se vêtir de cette étoffe, naquit, dit-on, à
Bruxelles, vers l'an 1568. Il était fils de Pierre Breughel le Vieux.
Orphelin dès son enfance, il fut élevé dans la maison de son aïeule,
Marie Bessemer, veuve du peintre Pierre Koeck, et fut placé dans
l'atelier de Pierre Goekindt.

Il s'attacha d'abord à peindre des fleurs et des fruits ; mais,
après avoir vu les beaux sites de l'Italie, il abandonna ce genre de
peinture, et s'appliqua au paysage ; c'est à ce dernier genre qu'il
doit sa célébrité. Il se plaisait à représenter de vastes campagnes
dans de petits tableaux. Ses fonds sont riches ; ses compositions,
très-variées. Il dessinait assez bien les figures, et aimait les sujets
où il pouvait en faire entrer un grand nombre. Il en a peint
souvent dans des tableaux de Henri Steenwick, de Momper, et de
quelques autres artistes. Rubens, Adrien Van den Velde, Rotten-

hamer, Van Baelen, Henri de Klerk, en ont placé dans les siens. Ses plus beaux paysages se font remarquer par des tons verts très-vifs. Son coloris est généralement fin et transparent ; sa touche, légère et spirituelle. Le feuiller de ses arbres offre cependant quelquefois un peu de sécheresse ; on lui reproche aussi de trop multiplier les petits objets sur les devants, et de donner à ses fonds une teinte trop bleuâtre. Le tableau d'*Adam et Ève dans le paradis terrestre*, dont Rubens a peint les figures, et qui fait partie du Musée Napoléon, passe pour son chef-d'œuvre. Ceux des *Quatre Éléments*, qu'on voyait autrefois à Milan, dans la Bibliothèque Ambrosienne, n'ont guère moins de célébrité : on les a vus quelque temps au Musée Napoléon.

Jean Breughel mourut, suivant Félibien, vers l'an 1642. Gil. Sadeler, Th. Galle, Hollar, et d'autres maîtres, ont gravé d'après lui. Il a gravé lui-même plusieurs pièces à l'eau-forte.

Il eut un frère nommé BREUGHEL D'ENFER, parce qu'il se plaisait à peindre des sabbats et des scènes de voleurs. On cite, parmi les meilleurs ouvrages de ce dernier maître, un tableau de la Galerie de Florence, représentant *Orphée qui joue de la lyre devant Pluton et Proserpine.*

PIERRE PUGET (1622-1694).

PUGET (Pierre), qui fut en même temps célèbre statuaire, constructeur de vaisseaux, peintre et architecte, naquit à Marseille, le 31 octobre 1622. Sa famille se fait descendre d'une maison déjà illustre à la cour des comtes de Provence de la première branche d'Anjou ; elle s'y rattache par Christol de Puget, troisième fils de Jean, lequel Jean fut quatre fois premier consul de la ville d'Aix, en 1541, 1550, 1559 et 1570. Simon, petit-fils de Christol, et père du statuaire, était architecte. Il paraît qu'il mourut jeune, et ne laissa qu'un faible patrimoine.

L'éducation de Pierre Puget fut extrêmement négligée. Il s'appliqua de bonne heure aux beaux-arts ; mais il les étudia mal. A l'époque de sa jeunesse, les établissements créés par Louis XIV, pour en aplanir la route au génie, n'existaient point encore. L'Italie, lorsqu'il alla y puiser de l'instruction, était tombée dans une décadence d'autant plus funeste, qu'elle croyait avoir fait de nouveaux progrès vers la perfection. Trompé dans la peinture, par un maître dont il dut, dans la suite, abjurer les leçons; sans guide dans l'architecture, non plus que dans l'art statuaire ; dominé par une âme sensible, mais ardente , par un caractère brusque et impétueux, il se montra pathétique, gracieux, grand, énergique, sublime, mais irrégulier, par la force de cette impulsion intérieure qu'on ne lui apprit point à modérer. La nature l'avait fait artiste, et il fut artiste, comme le voulait la seule nature.

A l'âge de quatorze ans, il fut placé auprès d'un constructeur de galères, nommé Roman, qui était aussi sculpteur en bois. A peine un an s'était écoulé, que Roman, ne trouvant plus rien à lui enseigner, se reposa entièrement sur lui de la construction d'une galère. Puget ne se borna point à en diriger les travaux , il en exécuta, en grande partie, les sculptures de sa propre main. Il était âgé de seize ans, quand ce bâtiment fut lancé à la mer.

A dix-sept ans, il était en route pour l'Italie : il voyageait à pied. Arrivé à Florence, il fut réduit à solliciter des travaux pour subsister. Sa jeunesse, et peut-être aussi sa qualité d'étranger, lui fermaient tous les ateliers. Déjà ses hardes étaient en gage, lorsqu'il parvint à se faire présenter chez un sculpteur en bois, qui exécutait des meubles pour le grand-duc. Il lui fallut supporter plus d'une humiliation, avant qu'on lui permît de dégrossir un bout de bois. Quand ce travail fut terminé, il demanda la permission d'exécuter un *scabellon*. Le maître jette sur lui un regard moqueur, en lui disant : « En serez-vous capable? » Puget s'était contenu jusqu'à ce moment. La patience enfin lui échappe : il saisit un crayon ; et, sans répondre un seul mot, il improvise des projets de meubles, de figures, d'enroulements, d'ornements de divers genres, avec tout le feu qui le caractérisait. Le maître le regarde avec étonnement : le dédain se change en admiration ; et bientôt, l'estime qu'il conçoit pour ce jeune homme est si grande, qu'oubliant les usages de l'Italie, il le loge dans sa maison, l'admet à sa table, et le traite comme son fils.

Au bout d'un an, Puget est parti pour Rome ; il voulait être peintre, et y apprendre son art. Son maître lui donna des recommandations pour un ami du Cortone, qui jouissait alors d'une réputationcolossale. Puissamment sollicité par le maître florentin,

cet ami accueillit Puget comme un père, et le présenta au Cortone ;
lequel, ayant visité ses portefeuilles, le reçut auprès de lui avec
empressement. Le jeune peintre ne tarda pas d'être employé dans
les travaux de son maître. La tradition désigne encore, dans le
plafond du palais Barberini, deux figures de Tritons, regardées
comme son ouvrage. Le Cortone, appelé à Florence pour exécuter
les plafonds dans le palais Pitti, emmena dans cette ville un si
précieux élève. Son attachement pour lui croissait de jour en jour.
Mais le besoin de revoir ses parents et son pays commençait à se
faire sentir dans l'âme du jeune Marseillais. Son amour pour sa patrie est la plus vive passion que ce grand homme paraisse avoir
éprouvée. Si nous en croyons les récits qui se perpétuent encore,
le Cortone, qui avait une fille unique, et qui possédait de grands
biens, lui fit en vain les offres les plus brillantes.

En 1643, Puget était de retour à Marseille. Sa première production fut un Portrait de sa mère, esquisse rapide, où l'on retrouve, trait pour trait, sa propre image : ce portrait existe dans
le cabinet d'un amateur de la ville d'Aix. A peine Puget fut-il
arrivé, que des officiers de marine, instruits du génie précoce qu'il
avait manifesté, en construisant une galère à l'âge de seize ans,
et ayant vu des dessins de vaisseaux, qu'il traçait pour son amusement, parlèrent de ses talents avec tant d'admiration au duc de
Brezé, amiral de France, que celui-ci l'appela auprès de lui, à
Toulon, et le chargea de dessiner et de faire exécuter le vaisseau
de guerre le plus magnifiquement décoré que son imagination
pourrait concevoir. Ce fut alors que Puget, âgé de vingt et un ans,
inventa ces poupes colossales, ornées d'un double rang de galeries
saillantes et de figures en bas-relief et en ronde-bosse, qu'on imita
promptement dans divers ports, et qui ont fait longtemps l'ornement des vaisseaux de toute l'Europe. Lors de l'invention des
armes à feu, le système de décoration des bâtiments de mer avait
dû changer. Les constructeurs ne s'occupèrent d'abord que de les
défendre, autant qu'il serait possible, contre le choc des bou-
lets. Bientôt, cependant, ils devinrent plus hardis ; et déjà, avant
Puget, on avait établi à la poupe une galerie saillante. Plus
audacieux encore, ce jeune maître conçut l'idée de joindre à ce
premier essai toutes les richesses propres à former un ensemble
majestueux et imposant. Le vaisseau qu'il exécuta portait soixante

canons ; la poupe était ornée de deux galeries, l'une au-dessus de l'autre, de quatre figures colossales en ronde-bosse, et de plusieurs figures en bas-relief. Cette décoration présentait des allégories en l'honneur d'Anne d'Autriche, devenue régente du royaume. Ce bâtiment, nommé *la Reine*, fut terminé en 1646.

Peu de temps après, un religieux de l'ordre des Feuillants, chargé par Anne d'Autriche d'aller faire exécuter à Rome une suite de dessins d'après les monuments antiques les plus célèbres de tous les genres, le prit avec lui, pour l'aider dans ce travail. L'observation attentive des édifices de l'antiquité développa chez le jeune Puget un sentiment dont il ne s'était pas encore rendu compte. Sa passion pour l'architecture devint si vive, qu'il voulut en faire son art favori. On ne lui connaît point de maître dans cet art, non plus que dans la sculpture en marbre : son génie lui en tint lieu ; mais les emprunts qu'il a faits à l'antique montrent combien il l'avait étudié.

Dans ses projets de travail, il devait être principalement architecte ; la peinture devait remplir ses moments de loisir ; la sculpture était ce qui appelait le moins son attention. La fortune en disposa autrement. Revenu à Marseille en 1653, il fut d'abord invité à peindre un grand nombre de tableaux d'église. Les ouvrages de ce genre se succédèrent rapidement. Les villes de Marseille, d'Aix, de Toulon, de Cuers, de la Ciotat, s'embellirent de ses productions, tandis que quelques petits tableaux se répandaient dans les cabinets de divers amateurs. L'*Annonciation* et la *Visitation* de la ville d'Aix, dont les figures sont grandes comme nature ; le *Sauveur du monde*, de la même proportion ; et les petits tableaux représentant le *Baptême de Constantin* et celui de *Clovis*, aujourd'hui dans le Musée de Marseille, ainsi qu'un Portrait de lui, peint de sa main, qui se trouve à Marseille, dans un cabinet riche de ses ouvrages (celui de M. le marquis de Panisse), appartiennent à cette époque. Ces tableaux, indépendamment de ceux dont il nous reste à parler, suffisent pour faire apprécier son talent tout entier.

Vers la fin de l'année 1655, Puget ayant été frappé d'une maladie grave, ses médecins lui conseillèrent de quitter la peinture. Il se livra, dès ce moment, à la sculpture en marbre, dont aucun monument public ne prouve qu'il se fût occupé jusqu'alors d'une manière suivie. La porte et le balcon de l'hôtel de ville de Toulon furent son premier ouvrage. Ce monument est entièrement de lui : il en a été l'architecte et le sculpteur. Le contrat qu'il fit, à ce sujet, avec les consuls, porte la date du 19 janvier 1656. Son travail fut terminé dans le courant de la même année. Le balcon qui sert de couronnement à la porte, est soutenu par deux *Termes* ou Atlas, dont l'effort met en contraction tous les muscles, ce qui fait apparemment allusion aux travaux exécutés dans l'Arsenal par les malheureux que la loi condamne à ce genre de peine. Le Bernin, lorsqu'il vint en France (1665), eut la générosité de dire qu'il s'étonnait d'avoir été appelé, puisque le roi possédait un si habile artiste.

C'est une opinion assez générale, à Marseille, que la façade de la maison commune, ou de la *Loge* de cette ville, est un ouvrage de Puget. Cette tradition, adoptée par Piganiol de la Force et par d'autres auteurs, paraît dénuée de fondement. Ce fut le 7 septembre 1653 que le conseil administratif de la commune délibéra de faire démolir l'ancien hôtel de ville et d'en construire un nouveau. La première pierre du nouvel édifice fut posée le 25 octobre suivant. Cette promptitude donne lieu de croire qu'il y avait déjà auparavant un architecte choisi et des plans arrêtés. Nous avons dit que Puget revint de Rome la même année. A peine arrivé, il dessina un projet de façade beaucoup plus riche et incomparablement plus beau que celui qui a été exécuté. Ce dessin se voit à Marseille, dans le cabinet d'un amateur (M. Rollandin). Mais, soit que la dépense parût devoir être trop considérable, soit que les administrateurs eussent contracté un engagement définitif, son plan ne fut point adopté. L'auteur du monument est, jusqu'à présent, inconnu : il paraît n'en avoir été fait mention nulle part, dans les archives de la ville. Une semblable négligence a quelque chose d'étonnant : mais les exemples n'en sont pas rares dans notre histoire. Le buste de Louis XIV, qui orne la façade, est d'un sculpteur nommé Morel, qui habitait Marseille. Les quatre bas-reliefs sont de Garavague, que Guys, dans son ouvrage intitulé : *Marseille ancienne et moderne*, dit élève de Puget et membre de l'Académie Royale. Ils n'ont été exécutés qu'en 1718. Il n'y a de Puget, dans tout ce monument, que l'écusson aux armes de France, dont nous parlerons tout à l'heure. Du reste, la gloire de ce maître s'accroîtrait peu par l'invention de cette façade, quel que puisse en être le mérite. Elle est hors de sa manière ; et il s'y montrerait au-dessous du grand caractère qui lui est propre.

A peine la porte de l'hôtel de ville de Toulon venait d'être achevée, que Puget fut appelé en Normandie, par le marquis de Girardin. Il exécuta, pour ce seigneur, dans sa terre de Vaudreuil, deux statues ou deux groupes, de huit pieds et demi de haut, en pierre de Vernon, dont l'un représentait *Hercule*, l'autre *Janus et la Terre*. C'est alors qu'il vint à Paris pour la première fois. Il y fut connu de Lepautre, architecte, à l'occasion d'un bas-relief dont il avait modelé l'esquisse : celui-ci en fit l'éloge à Fouquet, qui, dès ce moment, conçut le projet de le charger de toutes les sculptures destinées à l'embellissement de son château de Vaux-le-Vicomte, et de l'envoyer d'abord, à Carrare, choisir les marbres nécessaires pour ces importants travaux. Sur ces entrefaites, Mazarin, qui entendit parler de lui, voulut se l'attacher, et chargea Colbert, alors son secrétaire, de l'engager à quitter le surintendant pour se vouer à son service. Puget n'était pas homme à trahir un engagement : les offres les plus brillantes furent rejetées ; et peut-être Colbert a-t-il eu le tort de se ressouvenir, étant ministre, d'une négociation où il avait échoué avant de le devenir.

Puget partit de Paris pour Carrare, en 1660. On bâtissait, à Marseille, l'hôtel de ville ; on s'occupait aussi de l'établissement de la rue d'Aix, du Cours et de la rue de Rome, sur des terrains qui se trouvaient auparavant hors de la ville. Puget fut consulté : il proposa de donner plus de largeur à la rue d'Aix, ce qu'on ne fit point. Mais il dessina des projets de façade pour les maisons centrales et pour celles des angles de chacune des îles du Cours, et, heureusement, quelques-uns de ses dessins furent suivis. Du côté gauche du Cours, en allant du nord au midi, à partir de la rue dite de l'Arbre, les maisons qui portent les numéros 2, 4 et 6, et ensuite en commençant à l'angle de la rue de Noailles, celles qui portent les numéros 1, 3, 5, 7, 9, sont regardées comme son ouvrage. Ces édifices offrent, en effet, les formes grandioses qui le distinguent. Les cinq maisons, particulièrement, qui suivent la rue de Noailles, numéros 1 à 9, coordonnées entre elles, de manière qu'elles paraissent n'en former qu'une seule, présentent, ainsi réunies, un ensemble plein de grandeur et de majesté, et bien

digne d'une des principales villes du monde. L'idée première de
ces bâtiments consiste en deux pilastres ioniques ou corinthiens,
qui, du dessus du rez-de-chaussée, s'élèvent aux deux extrémités
latérales et montent jusqu'au faîte. Un balcon en saillie, soutenu
par des Tritons ou des Sirènes, couronne la porte principale; et
une corniche, qui règne dans toute l'étendue de l'édifice, complète
le beau système de cette décoration. Malheureusement, les propriétaires ne respectent pas toujours ces inventions du génie. Le
Cours de Marseille a déjà éprouvé plusieurs dégradations dans les
édifices de Puget, qui en sont le plus bel ornement.

Depuis peu de temps, cet habile maître avait établi sa demeure
à Gênes, lorsque Fouquet fut disgracié. Les Génois ne lui permirent pas de retourner en France. Les travaux et les honneurs se
succédèrent et le retinrent dans cette ville, qui fut pour lui une
seconde patrie. Au moment de la disgrâce de Fouquet, il avait commencé la statue dite l'*Hercule français*. M. Guillaume Sublet des
Noyers en fit l'acquisition. Cette statue se voit aujourd'hui dans
une des salles d'assemblée de la chambre des Pairs : elle est en
marbre, et de six pieds et demi de proportion. Il exécuta ensuite
les ouvrages qui ornent la ville de Gênes : ce sont la statue colossale du bienheureux *Alexandre Sauli*, et celle de *Saint Sébastien*, de l'église de Carignan; le groupe de l'*Assomption*, de
l'hospice dit *l'Albergo*; la figure de la *Vierge*, du palais Balbi;
celle du palais Carréga; la statue de *Saint Philippe Néri*; le Tabernacle et les Anges en bronze doré de l'église de Saint-Syr;
l'autel de Notre-Dame des Vignes; le groupe de l'*Enlèvement
d'Hélène*, du palais Spinola. Il sculpta, pour le duc de Mantoue,
un grand bas-relief, représentant aussi l'*Assomption*. Tandis
qu'il était prieur de la confrérie de l'Annonciade, on reconstruisit
une des chapelles de cette église, sous le titre de Saint-Louis.
Constamment attaché à son pays, Puget composa tous les dessins,
et paya lui seul la moitié de la dépense.

Suivant le témoignage du père Bougerel, qui cite Tournefort et
Jean de Dieu, ce fut le Bernin qui, ayant vu les sculptures de
Gênes et la porte de l'hôtel de ville de Toulon, manifesta auprès
de Colbert tant d'admiration pour ces ouvrages, qu'il décida ce
ministre à rappeler un artiste qui illustrait sa patrie dans l'étranger
d'une manière si distinguée. En effet, Colbert invita Puget à ren-

11.

trer en France ; mais, au lieu de l'appeler à Paris, il le nomma *di-recteur de la décoration des vaisseaux*, à Toulon, avec 3,600 fr. d'appointements. Puget jouissait, à Gênes, de l'existence la plus brillante. La maison Doria l'avait chargé de la construction d'une église paroissiale, dont les dessins étaient déjà tracés. La famille Sauli et la famille Lomellini le gratifiaient chacune d'une pension de 3,600 fr., et lui payaient, en outre, ses ouvrages. Le sénat venait de le choisir pour peindre en entier la salle du grand-conseil. Rien ne put le retenir.

Arrivé à Toulon, au commencement de 1669, après un séjour à Gênes de sept à huit ans, il fut sur-le-champ employé par le duc de Beaufort, alors amiral, à la décoration du vaisseau-commandant (*le Magnifique*, de 104 canons), que ce prince montait dans la malheureuse expédition où il perdit la vie, le 25 juin de la même année. Cette construction fut exécutée avec une extrême précipitation. Comme le duc manifestait un jour du mécontentement de ce que les travaux ne s'achevaient pas aussi rapidement qu'il l'aurait voulu, Puget, impatienté à son tour, lui dit : « Monseigneur, si » mes services ne sont pas agréables à V. A., je la prie de me » donner mon congé. — Le roi, répondit le prince, ne retient » personne malgré lui. » A ce mot, Puget rentra dans son logis ; et déjà il était occupé à faire une malle pour retourner à Gênes, lorsque le prince lui envoya un de ses pages, et le fit inviter à revenir. Dès qu'il le revit, il fit un pas vers lui, l'embrassa, le pria d'oublier le passé, et lui donna des marques sincères de son estime (Bougerel). Ce trait rappelle Jules II à Bologne, disant à Michel-Ange : *Il m'a donc fallu te venir chercher !* Mais il honore d'autant plus le jugement du duc de Beaufort, que l'artiste français était encore loin d'avoir obtenu l'immense et juste réputation du célèbre Buonarroti. La poupe du *Magnifique* était ornée de plusieurs figures en ronde-bosse, de vingt pieds de haut. Ce vaisseau périt dans l'expédition où le duc de Beaufort fut tué. Puget exécuta ensuite les décorations de plusieurs galères, notamment de celles qu'on appelait la *Commandante*, la *seconde Commandante*, la *Victoire*, et de quelques autres vaisseaux. On conserve, dans l'arsenal de Toulon, deux *Renommées*, deux *Tritons*, la figure d'un *Sauvage*, tous en ronde-bosse, et divers bas-reliefs, représentant le *Soleil*, les *Quatre Éléments*, les *Quatre Saisons*, les *Quatre*

parties du jour, et d'autres sujets qui proviennent de ces différents bâtiments.

Tandis qu'il s'occupait de ces sculptures, il faisait exécuter une
machine de son invention, propre à mâter et à démâter les plus
grands vaisseaux. Cette machine a été employée, dans le port de
Toulon, jusqu'au milieu du siècle dernier. Il construisit aussi une
maison pour son habitation : elle est située au voisinage du port,
sur un angle formé par la rue de l'Hôtel-de-ville et par celle de
Bourbon. L'idée en est à peu près semblable à celle des maisons
du Cours de Marseille, sur une moindre échelle. Puget orna le
plafond d'une des salles, d'une peinture représentant les *Trois
Parques*; il y déposa aussi son portrait, peint par lui même. Le
tableau des *Parques* a péri depuis peu d'années. Le portrait est
maintenant à Paris. Quelques églises de Toulon s'embellirent de
ses ouvrages. Il sculpta, en marbre, pour le tabernacle des Minimes, deux *Anges enfants*, que nous avons vus dans le Musée des
Monuments français, sous le n° 552 ; et, pour l'autel de la chapelle dite de *Corpus Domini*, dans la cathédrale, deux Anges en
adoration, appelés les *Adorateurs*, encore aujourd'hui existants
dans cette église.

Un projet bien plus important flattait sa passion pour l'architecture : c'était la construction d'un arsenal. Aucun genre de bâtiment ne convenait mieux à un génie de cette trempe. L'intendant
des galères, le duc de Vendôme, gouverneur de la province, le
ministre même, avaient approuvé ses plans ; une salle d'armes
était déjà construite. L'intendant de Toulon fit naître des difficultés, il fallut attendre une nouvelle décision de la cour. Dans l'intervalle, les concurrents de Puget employèrent un moyen plus
expéditif que les réclamations ; ils mirent le feu à la partie déjà
élevée : tout devint la proie des flammes ; et, par d'autres machi-
nations, le projet fut abandonné (Bougerel). Navré de douleur,
Puget sollicita sa retraite et revint dans sa ville natale. Son premier travail fut d'y construire une maison, où il s'établit avec sa
famille. Cet édifice est situé dans la rue de Rome, sur l'angle
formé par cette rue et par celle de la Palun. La façade la plus
étroite, c'est-à-dire celle qui se présente sur l'angle, est la principale. Elle se compose, au-dessus du rez-de-chaussée, de deux pilastres composites, accompagnant un balcon en saillie, et surmontés

d'un fronton qui forme le faîte de l'édifice. Ce qui n'est pas moins à remarquer, c'est le caractère religieux de la décoration. On dirait que Puget ait voulu y déposer l'empreinte du sentiment douloureux dont il était pénétré quand il construisit ce monument. Dans l'architrave, et dans une portion de la frise, au-dessus de la fenêtre du premier étage, est taillée une niche ronde, où était consacré un buste du Sauveur, remplacé aujourd'hui par une copie. Dans la frise est tracée cette inscription : *Salvator mundi, miserere nobis* ; et, dans le couronnement qui surmonte la corniche de la porte-fenêtre du balcon, se lit cette devise, dont Puget paraît avoir fait la sienne : *Nul bien sans peine*. Ce monument, plein de goût et d'élégance, a été dégradé lors de l'établissement d'une boutique, par l'enlèvement du chambranle et de la corniche de la fenêtre du rez-de-chaussée ; mais il est connu par un ancien dessin qui subsiste encore [1].

Un édifice plus important occupait Puget, à la même époque, c'était la Halle aux poissons du quartier des Acoules, dite aujourd'hui la *Halle Puget*. Il en avait obtenu l'adjudication, en 1672, pour le prix de 8,350 livres. Cet édifice se compose de vingt colonnes isolées, d'ordre ionique, disposées sur un carré long, au nombre de cinq sur deux côtés, et de sept sur chacun des deux autres. Les colonnes sont élevées sur des stylobates, entre lesquels règnent trois rangs de marches. Les arcs reposent directement sur les chapiteaux ; la saillie du toit sert de corniche. Toutes ces parties, habilement combinées, forment un ensemble singulièrement élégant. Puget aimait, dans l'architecture, les pensées neuves, hardies, grandes, originales ; mais cet amour de la singularité était guidé par un sentiment judicieux qui le trompait rarement. Le trait distinctif de l'édifice dont nous parlons, ce sont les colonnes en nombre impair sur chaque façade. L'antiquité offre des exemples d'une semblable licence. L'habile maître a senti que les colonnes en nombre pair auraient donné aux façades une gravité mal assortie avec l'esprit d'un monument où la foule du public qui monte et descend les marches se présente sans cesse en état d'agitation. C'est au nombre impair des colonnes que ce bel édifice doit, en partie, la piquante légèreté qui le distingue.

[1] Ce dessin a été retrouvé par M. Penchaud, architecte du département, de qui le zèle pour la conservation des anciens monuments égale l'habileté.

La sculpture occupait Puget en même temps que l'architecture. En 1673, les échevins lui demandèrent un écusson aux armes de France, soutenu par deux anges enfants, destiné à décorer le portail de l'hôtel de ville. Il éprouvait une si grande satisfaction à orner enfin sa ville natale d'une production de son ciseau, qu'il exécuta celui-ci pour 1,500 livres, somme inférieure à ses déboursés. Ce groupe se voit sur la façade de l'hôtel de ville, toujours digne de ce grand statuaire, quoique mutilé plusieurs fois, dans les orages de la Révolution.

Pendant son séjour à Toulon, Puget avait obtenu, de Colbert, trois blocs de marbre destinés pour Paris, et, dans des moments de loisir, il avait commencé à sculpter, sans aucune destination, le groupe colossal de *Milon*, et le grand bas-relief d'*Alexandre et Diogène*. Aucun sujet ne pouvait mieux convenir à la sculpture, et aucun n'était mieux approprié au génie particulier de Puget, que celui de Milon déchiré par un lion. Son ciseau p'ein de feu trouvait, dans une scène si dramatique, l'occasion de développer tout ce qu'il possédait de force et de grandeur dans le style, de vivacité dans la pantomime, de chaleur et d'énergie dans l'expression des affections les plus passionnées de l'âme. Aussi, l'art de la sculpture, qui a produit, sans contredit, des ouvrages plus achevés, n'en a-t-il enfanté aucun qui saisisse le spectateur avec autant de promptitude, et qui le touche plus profondément. Ce groupe, qui n'avait été commencé que pour la jouissance personnelle de l'artiste, obtint une juste réputation, avant même d'être terminé.

Le Nôtre, ayant eu occasion de le voir, en fit un si digne éloge à Colbert, à Louvois, et au roi lui-même, que Puget reçut l'ordre de le terminer, et de l'envoyer à Versailles. La caisse qui le renfermait y arriva au printemps de l'année 1683, et fut ouverte en présence de Louis XIV et de sa cour. Plusieurs historiens ont rapporté l'exclamation échappée à la reine Marie-Thérèse, à l'instant où la figure se trouva dévoilée : *Ah! le pauvre homme !* Ce cri de la pitié ne fut pas le seul éloge donné, dans cette occasion, au chef-d'œuvre de la sculpture française. Lebrun, qui se trouvait présent à cette scène, en fit connaître quelques détails à Puget, dans une lettre qu'il lui écrivit, en date du 19 juillet : « Lorsque » Sa Majesté, lui dit-il, me fit l'honneur de me demander mon » sentiment, je tâchai de lui faire remarquer toutes les beautés de

» votre ouvrage. Je n'ai fait en cela que vous rendre justice ; car,
» en vérité, cette figure m'a semblé très-belle dans toutes ses par-
» ties, et travaillée avec un grand air... Je vous témoignois (dans
» une précédente lettre) l'estime que je fais de votre mérite, et
» vous demandois part en votre amitié ; faisant plus de cas de l'af-
» fection d'une personne de vertu comme vous, que de celle des
» plus qualifiés de votre cour. » (Bougerel, p. 35, 36.) Nous
avons dû rapporter cette lettre presque en entier, parce qu'elle
prouve que Lebrun ne fut point envieux de Puget, comme on l'a
faussement supposé, et qu'il n'est pas vrai que celui-ci ait abandonné la capitale à cause des dégoûts que le premier peintre lui
faisait éprouver. On y voit, en outre, que Puget n'avait pas quitté
sa retraite pour venir solliciter des louanges à Paris, et qu'il était
demeuré au milieu de ses travaux, tandis que son ouvrage venait
former le plus bel ornement des jardins de Louis XIV ; trait de
caractère qui dément beaucoup de fausses chroniques, et qui ne
devait pas nous échapper. Le roi, satisfait de la beauté du *Milon*,
chargea Louvois de demander à Puget s'il avait commencé quelque
figure qui pût servir de pendant à celle-là, et de s'informer en
même temps de son âge. La réponse de Puget, en date du 20 octobre 1683, renferme des mots naïfs, qui nous offrent le portrait
le plus fidèle de l'esprit et du caractère de ce grand homme. Il
propose d'abord son groupe d'*Andromède*, auquel il avait déjà
travaillé pendant cinq ans. « Je suis dans ma soixantième année,
» dit-il ensuite au ministre, mais j'ai des forces et de la vigueur,
» Dieu merci, pour servir encore longtemps. Je suis nourri aux
» grands ouvrages ; je nage quand j'y travaille, et le marbre
» tremble devant moi, pour grosse que soit la pièce. » Il fait, après
cela, une description abrégée de quelques ouvrages dont il a conçu
l'idée pour l'embellissement de Versailles : puis, oubliant l'*Alexandre Sauli*, le *Saint Sébastien*, le *Milon*, et tant d'autres belles
figures, il ajoute, avec la candeur qui le distinguait : « Toutefois,
» Monseigneur, avant que de penser à aucun autre ouvrage, je
» crois, sauf votre bon plaisir, qu'il faudra attendre que mon An-
» dromède soit posée à sa place ; et j'espère qu'alors vous serez
» plus persuadé de ma suffisance. » (Bougerel, p. 38 à 43.)
Louis XIV, en effet, lui fit demander le groupe d'*Andromède*,
qui fut placé dans le parc de Versailles, en 1685 ; Puget ne quitta

pas plus la ville de Marseille, dans cette occasion, qu'il ne l'avait fait lors de l'envoi du *Milon*. Il chargea François Puget, son fils, de présenter ce monument au roi. Ce fut à François que Louis XIV adressa ces nobles paroles: « Votre père est grand et illustre ; il » n'y a personne dans l'Europe qui le puisse égaler. » Mais cet hommage rendu au génie, par un roi digne de l'apprécier, n'eut point d'autre effet que de proclamer le mérite d'un artiste qui approchait du terme de sa carrière. Puget ne reçut, d'ailleurs, aucune récompense, aucune distinction. Le groupe d'*Andromède* ne lui fut payé que quinze mille francs. Sept ans après, il exposait encore au roi, que le marbre lui coûtait, avec les frais de transport, neuf mille cinq cents francs ; qu'il avait, en outre, payé des ouvriers, supporté d'autres frais, et qu'il ne lui restait presque rien, pour un travail de six années : son *placet* demeura sans réponse. En 1685, il travaillait encore au bas-relief de *Diogène*, et il exécutait des dessins et des modèles de plusieurs figures qu'il avait annoncées à Louvois, pour l'embellissement de Versailles. C'était, entre autres, une Statue équestre de Louis XIV. Il s'agissait aussi d'une figure d'Apollon, de trente-huit pieds de haut, qui aurait été élevée au-dessus du canal, et portée de chaque côté par des rochers où se seraient groupés des Tritons et des Sirènes

Quelques tableaux de Puget prouvent, par l'époque à laquelle ils appartiennent, qu'il n'avait pas totalement abandonné la peinture. Il n'avait pas non plus cessé d'exécuter de ces dessins à l'encre de Chine, où il a représenté, avec tant d'esprit et de vivacité, des sujets de marine de divers genres, des vaisseaux amarrés ou flottants, des orages, des combats maritimes, des poupes de navires enrichis de divers ornements.

Tandis qu'il s'occupait des projets de Versailles, la ville de Marseille voulut ériger une statue équestre, en bronze, à Louis XIV, et construire une place qui serait consacrée à ce monument. Puget fut d'abord choisi, tant pour donner des plans des édifices, que pour exécuter la statue. La place devait occuper un terrain alors obstrué par des bâtiments du parc Royal, et qui font aujourd'hui partie de celle de la Canebière. Plus de deux ans furent employés à tracer des dessins, et à faire un modèle de la statue dans de petites proportions. Le cheval était représenté au galop : il devait être soutenu, s'il le fallait, par des figures de soldats ennemis, morts ou mourants; ce qui aurait été le premier exemple d'une statue équestre dans un semblable mouvement. Le prix était fixé à cent cinquante mille livres; l'artiste fournissait tous les matériaux. (*Archives de Marseille.*) Déjà était dressé un atelier pour l'exécution de la figure en grand. Tout à coup, sous le prétexte d'une économie de douze mille livres que faisait espérer un sculpteur nommé Clérion, l'exécution fut suspendue; le contrat fait avec Puget fut regardé comme non avenu, et le projet de Clérion adopté. Quelques-uns ont prétendu, qu'un échevin, de qui la maison devait se trouver masquée par les nouveaux bâtiments, fut cause de cette détermination. D'autres ont dit que Puget avait refusé à cet administrateur une statue pour ses jardins. On sent combien la douleur de ce grand homme dut être vive. Il partit sur-le-champ pour Paris, à l'effet de réclamer l'exécution de son contrat, Louvois le présenta à Louis XIV. Ce prince lui répéta les paroles honorables qu'il avait adressées à son fils, à l'occasion du groupe d'*Andromède*, et lui donna, de sa main, une médaille d'or, portant pour légende, les mots : *Felicitas publica.* Mais sa réclamation demeura sans effet. Après six mois de séjour à Paris, où il était arrivé dans l'été de l'année 1688, il repartit pour Marseille sans avoir rien obtenu. Clérion ne réussit pas davantage : aucun des deux projets ne fut exécuté.

Revenu dans sa patrie, Puget ne parut occupé que du besoin de s'unir à ses concitoyens par de nouveaux liens. Il bâtit une maison dans un jardin situé hors de la ville, sur des terrains occupés aujourd'hui par la rue de la *Troisième Calade*, et par les maisons qui la bordent au nord. Dans la partie supérieure, vers la rue *Fontgate*, était l'édifice principal, composé d'une salle ronde, éclairée par un dôme et accompagnée de deux pavillons. Dans la partie inférieure, sur la rue de la *Palun*, il construisit une chapelle, où il établit une fondation pieuse. Le milieu de l'emplacement était occupé par des plantations. Un des pavillons subsiste encore, semblable, par la noblesse du style, à une ruine antique entourée d'édifices modernes (dans l'enceinte de la maison de la *Troisième Calade*, qui porte le n° 27). C'est dans cette habitation, que Puget passa ses dernières années, travaillant sans cesse, et se vengeant, par l'excellence des ouvrages qu'il léguait à la postérité, de l'inconcevable indifférence de ses contemporains. L'énergie de sa main se soutint jusqu'à la fin de sa carrière.

C'est de l'an 1689 à 1694, qu'il construisit l'église de l'hospice de la Charité. Une nef ovale, ceinte de douze colonnes d'ordre corinthien, qui soutiennent un tambour et une coupole également ovales ; un vestibule et trois chapelles, disposés autour de cette nef, l'un en face de l'autre, en forme de croix : telles sont les parties principales dont se compose l'intérieur de cet édifice. Le dehors, isolé de toutes parts, est décoré, dans tout son pourtour, de pilastres corinthiens. Le tambour et la coupole, élevés au-dessus de ce premier ordre, font admirer une noblesse et une gravité éminemment convenables à la maison de piété que ce petit temple décore. Puget ne vit point terminer ce monument. Ce fut son fils qui en dirigea la construction après lui. Le portique extérieur, qui devait être orné de quatre colonnes, n'a point été achevé. La dernière production du ciseau de ce grand maître, fut un de ses plus beaux ouvrages. Tout ce que sa jeunesse avait imprimé, dans le marbre, de feu et de mouvement, s'y trouve réuni. Jamais il n'avait donné à la pierre plus de souplesse, à une scène dramatique plus de vérité, à l'expression de la douleur plus de justesse et d'énergie. Cet admirable ouvrage est le bas-relief représentant la *Peste de Milan*, qui se voit à Marseille, dans la salle du conseil de la Santé. Puget l'avait commencé pour M. de la Chambre, curé de la paroisse de Saint-Barthélemi, de Paris. Il ne vécut pas assez pour le terminer entièrement ; et ce travail est demeuré dans un état d'imperfection, dont on s'aperçoit à peine. Les administrateurs l'ont acquis du petit-fils de Puget, moyennant dix mille livres, et une rente viagère de cinq cents livres. Il a cinq pieds de haut, sur trois et demi de large, et renferme quinze figures de diverses proportions.

A tous les arts du dessin, Puget joignait le talent de la musique. Il chantait et jouait habilement de divers instruments. Cet amusement embellit sa vieillesse. Son casin de la rue *Fontgate*, animé par sa présence, était devenu le temple des beaux-arts. C'est là que ce grand homme cessa de vivre, après une courte maladie, le 2 décembre 1694.

Il a produit trop d'ouvrages pour que nous puissions les mentionner tous. Aux tableaux que nous avons déjà cités, nous joindrons, parmi ceux dont les figures sont grandes comme nature, une *Sainte Famille*, tableau d'un dessin noble et d'une bonne couleur, où la figure de saint Joseph paraît être le portrait de

Puget (à Aix, chez M. Boyer de Fonscolombe) ; la *Vierge, l'Enfant Jésus et Saint François* (dans l'église cathédrale de Toulon) ; une *Annonciation* (tableau retouché, dans la même église) ; une *Vocation de saint Mathieu* (dans l'église de Château-Gombert, au terroir de Marseille) ; un *Saint Jean-Baptiste dans le désert* (autrefois dans la galerie du Palais-Royal) ; une *Adoration des bergers*, esquisse vendue publiquement à Paris, vers les années 1804 ou 1806. Parmi les tableaux de petite dimension, nous ne devons pas oublier une *Vierge* regardant l'Enfant Jésus couché sur un coussin, tableau singulièrement remarquable par le bel empâtement et l'énergie de la couleur (dans la collection de M. le marquis de Panisse, au château d'Entrevènes) ; un tableau, d'un ton fin et transparent, représentant l'intérieur d'une chapelle que Puget devait construire dans l'église cathédrale de Toulon, et où il a reproduit son tableau de l'*Annonciation* (à Aix, dans le cabinet de M. le marquis Magnan de la Roquette) ; une *Sainte Famille*, d'un coloris qui tient de celui du Cortone, mais fin et riant, qu'on voyait dans le cabinet de feu M. Dufourny, architecte ; une *Vierge enseignant à lire à l'Enfant Jésus*, et une *Fuite en Egypte*, qui faisait partie de la collection de Boyer d'Aguilles, et qui ont été gravées par J. Coëlmans ; une *Éducation d'Achille*, un *Déluge universel*, etc., etc.

Parmi les ouvrages de sculpture, nous devons citer un *Portrait de Louis XIV*, en médaillon, et une statue de *Faune*, l'un et l'autre en marbre (chez M. de Panisse) ; une *Tête du Sauveur*, aussi en marbre, qu'on dit provenir de la collection de Boyer d'Aguilles (à Marseille, chez M. Germoad) ; un bas-relief en marbre, représentant *Saint Jean-Baptiste enfant* ; un modèle en terre cuite de la *Statue équestre de Louis XIV*, projetée pour la ville de Marseille, où le cheval est représenté au galop ; un modèle du *Milon*, aussi en terre cuite (à Aix, dans le cabinet de M. Magnan de la Roquette) ; un modèle en cire de la Statue équestre de Louis XIV, projetée pour Versailles, où le cheval porte *sur trois pieds*, conformément à la lettre de Puget à Louvois (à Marseille, chez un amateur), etc. M. de Panisse, que nous avons cité plusieurs fois, possède des dessins représentant la *poupe* du vaisseau nommé *la Reine*, et celle du *Magnifique*, ainsi que ceux de la place Royale, projetée pour la ville de Marseille. Dans la belle suite de dessins de M. le marquis de La Goy, on en voit un de la main de Puget, représentant une chapelle du Saint Sacrement, projetée pour la cathédrale de Toulon. M. de Bourguignon de Fabregoule, à Aix, conserve, dans sa riche collection, le dessin du Tabernacle, projeté pour l'église de l'Annonciade de Gênes. Le Cabinet du Roi renferme plusieurs dessins de marine. Il s'en trouve dans divers cabinets. La Révolution a causé la perte de plusieurs grands tableaux de Puget : on ne retrouve plus, à Toulon, un *Saint Félix* ; à la Valette, un *Saint Hermentaire*, un *Saint Jean écrivant l'Apocalypse*, une *Agonie de saint Joseph*.

Puget, comme tous les hommes doués d'un génie original et irrégulier, a été diversement apprécié. Ceux qui ont cherché dans ses ouvrages la pureté des contours antiques, n'ont voulu y reconnaître rien de bien, par la raison qu'ils y ont rencontré rarement ce goût exquis et cette correction achevée. D'autres, frappés de ses écarts, mais étonnés de la vérité qu'il imprime dans les méplats des chairs, l'ont appelé le *Rubens de la sculpture*. D'autres enfin, admirant la variété de ses talents, sa fierté, sa grandeur, sa pathétique expression, l'ont surnommé le *Michel-Ange de la France*. Aucun de ces rapprochements n'est parfaitement exact : Puget ne ressemble à personne. Les chairs que forme son ciseau sont pénétrées d'une chaleur dont l'art de Rubens n'approche point, malgré la magie de ce grand peintre. Recherche-t-on, dans la sculpture, l'expression des affections de l'âme ? Puget se montre au moins l'égal de Michel-Ange, et peut-être il le surpasse. Considère-t-on plus particulièrement la noblesse et l'élégance du style ? Michel-Ange, au contraire, est supérieur à Puget. Dans la peinture, celui-ci soutiendrait rarement la comparaison. Michel-Ange est grand par son savoir ; Puget doit davantage à son organisation. Tout, ou presque tout, en lui, est le produit du sentiment. Ses émotions le dirigent plutôt que la théorie de l'art : on peut même douter qu'il se soit jamais fait une théorie ; mais son âme élève son ciseau, parce qu'elle est elle-même forte et élevée. Dans la composition de ses tableaux, il est généralement simple : il se livre aussi, moins habituellement que dans la sculpture, à son effervescence naturelle. On dirait quelquefois que la crainte de tomber dans le fracas de son maître a retenu sa main. Il y a, par cette raison, du choix à faire dans ses ouvrages. Si une affection vive le rend à lui-même, en reprenant son caractère propre, il retrouve sa grandeur. Il redevient expressif et touchant dès qu'il s'abandonne à la nature. Quant au coloris, il n'a aucune manière habituelle. Tantôt il offre dans ses teintes une lucidité, une finesse, qui rappellent ce que le Cortone présente de plus brillant ; tantôt il est gris et monotone ; tantôt, au contraire, son pinceau déploie une richesse de tons, une force de clair-obscur, dont le Caravage ou le Guide, dans ses meilleurs ouvrages, offrent à peine des exemples. Tel est le tableau du *Sauveur*. Les anges-enfants, groupés dans des nuages aux pieds de la figure principale, sont aussi admirables pour la couleur que pour le dessin. Un de nos plus habiles artistes du siècle dernier, Pierre Julien, disait en présence de ce tableau : « Puget est aussi grand peintre que grand » sculpteur. » Dans la sculpture comme dans la peinture, il varie son style avec ses sujets. Mais il a souvent le tort de ne pas apporter assez de sévérité dans le choix de ses modèles. Avide du grand par une disposition naturelle, il recherche en même temps la vigueur des formes, pour rendre plus facilement l'énergie des affections de l'âme ; et, dans ce désir d'atteindre à une expression vive, il sacrifie souvent l'élégance à la force. La nature lui paraît belle aussitôt qu'elle est ample et robuste.

En ce qui concerne ses incorrections, elles n'atteignent jamais les lignes centrales de ses figures. L'ensemble en est toujours juste, les mouvements en sont toujours précis. De là cette apparence de vérité qui saisit, dès qu'on les aperçoit, malgré ce qu'elles peuvent offrir d'incorrect. Si, dans la violence de l'expression, un muscle trop contracté s'écarte de sa position naturelle, l'imitation de la chair produit, même dans ce moment, une illusion qui dédommage de l'altération des formes : la beauté se place encore à côté du défaut.

Un des caractères distinctifs de Puget, c'est la disposition qui le porte vers des sujets tragiques. Plus la scène est pathétique, plus son génie, qui se retrouve dans son élément, s'élève et acquiert de nouvelles forces. Si, dans une semblable occasion, la grandeur du style s'unit à la chaleur de l'expression, comme dans le *Milon*, il touche, il étonne, il devient sublime. C'est sous cet aspect qu'il faut juger ce grand maître, pour l'apprécier dignement. Quand on se place avec lui à cette hauteur, on lui pardonne ses imperfections, parce qu'on reconnaît que le génie peut difficilement s'élever si haut, sans acheter sa sublimité par quelques écarts.

Une droiture que rien ne pouvait ébranler, un désintéressement à toute épreuve, de la naïveté, de la bonté, de l'emportement, tel était son caractère : il ne savait endurer, ni les exigences, ni la hauteur. On cite quelques mots de lui, qui achèvent de nous faire connaître son caractère fier et indépendant. Mansard, s'étant permis de lui dire que, s'il voulait exécuter la statue du roi au prix proposé par Clérion, on lui donnerait la préférence : « Me comparer à Clérion ! dit Puget : je ne puis être mis en parallèle qu'avec les cavaliers l'Algarde et Bernin. » Louvois, qui marchandait ses honoraires au sujet d'un des colosses proposés pour Versailles, lui dit que « le roi ne payait pas davantage un général d'armée. — J'en conviens, repartit l'artiste ; mais le roi n'ignore pas qu'il peut facilement trouver des généraux parmi le grand nombre d'excellents officiers qu'il a dans ses troupes, et qu'il n'y a pas en France plusieurs Puget. » Toutefois, il faut se ressouvenir que Puget parlait ainsi dans un moment où il était pénétré du sentiment de l'injustice qu'il avait soufferte : il rentrait dans le droit de se juger lui-même, quand on l'appréciait si mal.

On trouve dans la collection de Boyer d'Aguilles, un portrait de Puget, peint de sa main, qui le représente âgé d'environ vingt-cinq ans : il est gravé à la manière noire, par Hardouin Cousin, natif d'Aix. Le portrait, peint aussi par lui, qui appartient à M. de Panisse, a été gravé à l'eau-forte, in-8° ; il porte les lettres L. C. F. Celui de sa maison de Toulon est inédit. Un quatrième portrait, peint par son fils, le représente dans les dernières années de sa vie. On le voit, à Paris, chez une dame descendante d'un de ses frères. Il a été gravé par Jeaurat, in-fol. Un buste en terre cuite, de la main de Veyrier, et qui le représente âgé de plus de soixante ans, ouvrage d'une bonne exécution, orne la collection de M. de Bourguignon, déjà citée.

L'Académie de Marseille a proposé son éloge pour un sujet de prix, en 1801. Le prix a été décerné le 12 avril 1807. Ce concours a fait naître plusieurs discours qui ont été imprimés : 1° Éloge, etc., sans nom d'auteur (par M. Duchesne l'aîné, premier employé au Cabinet royal des estampes, à Paris) ; 2° par

M. L.-D. Feraud ; 3° par M. Alphonse Rabbe. Le prix a été décerné à un Discours (encore inédit) de l'auteur de cette notice. Un
autre ouvrage a suivi ceux-là ; il est intitulé : *Essai sur la vie
et les ouvrages de Pierre Puget*, par Zénon Pons ; Paris, 1812,
in-8°. La vie de Pierre Puget, écrite par le père Bougerel, de
l'Oratoire, que nous avons citée, se trouve dans ses *Mémoires pour
servir à l'histoire de plusieurs hommes illustres de Provence*.
L'hommage rendu par l'Académie de Marseille a appelé une nouvelle attention sur ce grand artiste. En 1807, l'administration mu-
nicipale a fait élever, au-devant de sa maison, rue de Rome, une
colonne surmontée de son buste, exécuté par Chardini, et portant cette inscription : *A Pierre Puget, sculpteur, peintre et
architecte ; Marseille, sa patrie, qu'il embellit et honora*, etc.
Cette colonne est posée sur une fontaine qui existait auparavant
dans le même emplacement.

Puget n'eut qu'un fils, nommé François, architecte, et assez bon
peintre de portraits. On voit un tableau de lui dans la Collection du
Roi : il renferme huit figures, vues à mi-corps, qui sont des portraits de Lulli, de Quinault, et de plusieurs autres poëtes et artistes
du siècle de Louis XIV, au nombre desquels l'auteur s'est placé
lui-même. François, mort en 1707, n'a eu qu'un fils, nommé
Pierre-Paul, qui a été architecte. Celui-ci avait voué une sorte de
culte à son aïeul. Il habitait sa maison, rue de Rome, et il y avait
établi une galerie, entièrement ornée d'ouvrages de Pierre Puget.
C'est à son décès qu'un grand nombre de ces ouvrages se sont
distribués dans divers cabinets. Pierre-Paul est mort sans enfants.
La branche issue de Gaspar, frère de Pierre, existe encore. Puget
forma plusieurs élèves, ce sont : Chabert, constructeur de vaisseaux et sculpteur en bois ; Baptiste, sculpteur en bois ; Veyrier ;
De Dieu (Jean) ; Chabry (Marc) ; Solaro (Andréa) : on lui donne
aussi Du Parc et Garavague, tous statuaires.

On a peu gravé d'après Puget : presque tous ses ouvrages sont
inédits. La Halle-au-poisson de Marseille se trouve sur un plan
de cette ville, exécuté en 1787, et dans l'ouvrage de Durand, intitulé : *Recueil et parallèles d'édifices anciens et modernes*,
pl. xiv. — Le tableau du *Sauveur* a été gravé à l'eau-forte, in-fol.,
par Marchand, artiste de Marseille. Cette estampe, exécutée vers
1785, n'a point été rendue publique. — Le *Milon* a été gravé par

Desplaces; on le retrouve, ainsi que le groupe d'*Andromède*, dans les *Annales du Musée*, de M. Landon, t. IX, pl. LXIII; t. XI, pl. XL.—Le bas-relief de la *Peste* a été gravé négligemment, in-4°, par Moreau. Depuis longtemps le public regrettait de voir le groupe de *Milon*, et celui d'*Andromède*, exposés aux intempéries des saisons dans le parc de Versailles. Le *Milon* a été récemment transporté à Paris; il doit orner un Musée de sculpture moderne, qu'on prépare dans le Louvre. On assure qu'il sera placé au centre d'une des salles[1].

HARDOUIN COUSIN (né vers 1680).

Cousin (Hardouin), graveur, né à Aix, en Provence, non en 1709, comme le dit Bazan, mais, au plus tard, vers l'an 1680, et formé dans l'école de gravure, à laquelle la publication du cabinet de Boyer d'Aguilles donna naissance, a gravé quelques portraits, avec un talent assez médiocre, soit au burin, soit à la manière noire. Il a publié aussi quelques pièces d'après Rembrandt; mais il mérite plus particulièrement une place dans l'histoire des arts, pour avoir gravé à l'eau-forte quelques marines d'après Puget.

ESPRIT-ANTOINE GIBELIN (1739-1814).

Gibelin (Esprit-Antoine), peintre et antiquaire, correspondant de l'Institut de France, naquit à Aix, en Provence, le 17 août 1739. Vainement sollicité de s'attacher soit au commerce, soit au barreau, il se consacra à la peinture, où l'appelait une imagination féconde et brillante, et fut d'abord dirigé par un peintre d'Aix, nommé Arnulfi, élève de Benedetto Lutti. Son admiration pour les grands modèles l'ayant entraîné de bonne heure en Italie, il se livra à l'étude de l'antique, de Raphaël, plus encore peut-être de Jules Romain et de Polydore, et s'attacha particulièrement au genre de peinture où ce dernier s'est illustré, genre éminemment propre à la décoration des édifices publics, et presque abandonné parmi nous depuis longtemps, la peinture monochrome à fresque.

Après avoir séjourné dix années à Rome, et avoir remporté un prix à l'Académie de Parme, en 1768 ou 1769, pour son tableau

[1] Émeric David écrivait cette notice en 1825. Le *Milon* et l'*Andromède* sont placés maintenant dans le Musée de la sculpture française. (*Édit.*)

représentant Achille qui combat le fleuve Scamandre, il vint à Paris en 1771, et fut presque aussitôt chargé de peindre la grande fresque monochrome qui orne encore le grand amphithéâtre de l'École de Chirurgie, aujourd'hui l'École de Médecine; édifice dont on venait de poser les fondements. Cette grande peinture, de soixante-douze pieds de long, sur dix-huit de haut, espèce de frise, qui règne au-dessus de la porte principale, fut exécutée en 1773. Elle est divisée en trois parties : au milieu, Louis XVI, sur son trône, paraît entouré des vertus royales les plus propres à favoriser les progrès des sciences et des arts; à droite, est Esculape, dévoilant les secrets de l'anatomie à ses disciples, sur le corps d'un homme mort; à gauche, une bataille; on voit, sur les devants, des chirurgiens qui pansent des blessés.

Ce maître a peint encore : I. Une figure colossale d'Hygie, ou la Santé, et six figures, grandes comme nature, représentant l'Ostéologie, l'Angiologie, etc., toutes à fresque, la première dans l'escalier du même bâtiment, les autres dans la salle des Actes. — II. Deux fresques, aussi monochromes, en plein air, dans les frontons des deux pavillons méridionaux de l'École Militaire; l'une, représentant le génie des sciences militaires, entouré d'instruments propres à ses études; l'autre, le dieu Mars, ou le génie même de la guerre, environné de symboles guerriers, tenant d'une main une épée nue, et de l'autre, attirant un coursier sur une route montueuse. — III. Une fresque monochrome, de plus de vingt-cinq pieds de long, représentant une prédication de saint François, dans le chœur de l'église des Capucins de la Chaussée d'Antin, aujourd'hui la paroisse Saint-Louis, monument bâti par Brongniart. Cette fresque, d'un bon style, subsiste encore, ainsi que les précédentes; et quoiqu'elle ait été recouverte d'un lait de chaux pendant la Révolution, il serait facile de la rendre au jour. — IV. Plusieurs fresques, les unes monochromes, les autres à toutes couleurs, dans des maisons de particuliers, tantôt dans des intérieurs, et tantôt en plein air. Gibelin a aussi peint quelques tableaux à l'huile; un Accouchement et une Saignée, placés dans une des salles de l'École de Chirurgie; la Correction conjugale, etc., etc.; on y remarque à regret que sa prédilection pour la fresque monochrome lui avait trop fait négliger dans sa jeunesse une partie de l'art qu'il recherche avec peu de succès dans un âge plus

avancé, la vérité de la perspective aérienne ; mais on y retrouve
aussi l'esprit, l'âme, nous pouvons dire, le génie, qui caractérisent
toutes ses productions. Les dessins de ce maître, recueillis dans
divers cabinets, se font presque toujours distinguer par des idées
neuves et ingénieuses.

Nourri de la lecture des auteurs anciens, et formé par une
longue observation des monuments de Rome, il a joint aux talents
d'un artiste les connaissances d'un antiquaire Nous avons de lui
plusieurs ouvrages : I. *Lettres sur les tours antiques qu'on a
démolies à Aix, en Provence, et sur les antiquités qu'elles
renfermaient*, Aix, 1787, in-4°, ornées de onze planches. —
II. *De l'origine et de la forme de la Liberté*, Paris, an IV (1796),
in-8°, avec cinq planches, ouvrage où l'auteur a démontré que le
bonnet de liberté, dans la forme qu'on lui donnait pendant les
désordres de notre Révolution, n'était point, chez les anciens, un
emblème de liberté, mais plutôt un signe d'esclavage. — III. *Mémoire sur la statue dite le Gladiateur Borghèse* (inséré dans
les *Mémoires de la classe de littérature et beaux-arts de
l'Institut*, t. IV) ; dissertation où il a cru pouvoir soutenir que
cette figure représente un *Sphériste ou joueur de ballon*. —
IV. Second mémoire intitulé : *Sur le Gladiateur Borghèse* (imprimé dans la *Décade philosophique*, an XII, 2me trimestre). —
V. *Sur la mosaïque* (même journal, an X, 1er trimestre). —
VI. *Mémoire sur un groupe de marbre blanc, représentant deux
enfants, découvert à Vienne, département de l'Isère* (même
journal, an X, 3me trimestre). — VII. *Éloge funèbre du général
Dugommier*, Aix, an III (1795), in-4°. — VIII. *Discours
sur la nécessité de cultiver les arts d'imitation*, Versailles,
an VIII (1799), in-4° de seize pages. — IX. *Observations critiques sur un bas-relief antique, conservé dans l'hôtel de ville
d'Aix, et sur des mosaïques découvertes près des bains de
Sextius, de la même ville*, Marseille, 1809, in-8°, avec cinq
planches, etc.

M. Étienne Beisson a gravé, d'après lui, à la manière noire,
Le chagrin monte en croupe ; Porporati, *la Prêtresse compatissante* ; Valperga, *la Correction conjugale*. Il a gravé lui-même, à
l'eau-forte, son tableau représentant *un Accouchement*, et plusieurs autres de ses compositions. On trouve, dans l'ouvrage inti-

tulé : *Description des Écoles de chirurgie*, par Gondoin, (in-folio, 1780), des gravures de la fresque du grand amphithéâtre de cette école, etc.

Gibelin ne doit être placé, ni parmi les habiles coloristes, ni même parmi les dessinateurs corrects ; mais on reconnaît, dans toutes ses compositions pittoresques, de l'invention, du sentiment, de la verve, un style noble et gracieux, des pensées élevées, intéressantes, toujours heureusement appropriées à ses sujets. Un des premiers, il a fait briller, dans le style, l'aurore du bon goût, au milieu de la corruption de notre école. Nous lui avons l'obligation particulière d'avoir fait renaître, parmi nous, l'art de la fresque, et d'avoir prouvé, par d'heureux exemples, que ce genre de peinture peut être employé en France, dans les lieux ouverts, malgré l'humidité du climat. Cet artiste est mort à Aix, le 23 décembre 1814, âgé de soixante-quatorze ans.

Un de nos écrivains a fait une erreur que nous ne saurions passer sous silence, lorsqu'il a attribué, à un autre peintre nommé Gribelin, les deux compositions de la *Prêtresse compatissante* et de la *Correction conjugale*, et qu'il a donné à ce Gribelin les prénoms d'Antoine-Esprit. Gribelin, peintre et graveur, naquit à Blois, vers le milieu du dix-septième siècle, et se rangea parmi les imitateurs de Lebrun. Son prénom était Simon ; il eut un fils, graveur comme lui, qui paraît avoir porté le même prénom, et qui a passé une grande partie de sa vie en Angleterre. Ces deux artistes n'ont rien de commun avec Esprit-Antoine Gibelin, postérieur de cinquante ans au dernier d'entre eux.

G. PAUL CAUVET (1731-1788).

Cauvet (Gilles-Paul), né à Aix, en Provence, le 17 avril 1731, mort à Paris, le 15 novembre 1788, destiné à la jurisprudence par le vœu de ses parents, s'appliqua, par un penchant naturel, à l'étude des beaux-arts, et particulièrement à la sculpture d'ornement et à l'architecture.

Venu de bonne heure à Paris, il ne tarda pas à s'y faire distinguer, et fut nommé sculpteur de Monsieur, frère du roi. On peut le regarder comme le premier artiste français qui ait banni de la décoration des appartements le genre vicieux appelé *la rocaille*, et substitué, à ces formes maniérées, des ornements d'un goût simple et noble, imités de l'antique. Il publia, en 1777, un ouvrage intitulé : *Recueil d'ornements, à l'usage des jeunes artistes qui se destinent à la décoration des bâtiments*, dédié à Monsieur. Ce recueil, gravé par J. Le Roy, M. S.-C. Miger, Martini, Petit, Viel, Hemery, Mlle Liottier, l'aînée, et principalement par Mlle F.-C. Liottier, se compose de soixante quatre planches, non compris le frontispice et la dédicace, et renferme cent douze pièces, qui ont souvent servi de modèles à des décorateurs estimés. Entre les monuments de cet artiste qui subsistent encore, on peut citer la galerie de l'hôtel de Mazarin, qui était, sous l'Empire, l'hôtel du ministère de la police générale. Quatre tables, dont le corps et les pieds sont en acier argenté et rehaussés d'or, et les dessus en bois pétrifié, exécutées, sur ses dessins pour la reine Marie-Antoinette, ont été conservées pendant quelque temps dans le Musée Napoléon, comme un objet de curiosité, et décorent maintenant le château de Saint-Cloud. Il existe, dans les cabinets de divers amateurs, des dessins de Cauvet, représentant des projets de galerie, des frises, des arabesques, des portes, des pendules, des vases, des fontaines, et d'autres objets de ce genre. On y remarque des idées neuves, ingénieuses et riantes, un goût élevé, beaucoup d'élégance dans les formes, et beaucoup d'esprit dans l'exécution.

Tout n'est pas pur dans les ouvrages de cet artiste, mais tout s'y montre bien supérieur à ce qui s'exécutait avant lui, et même de son vivant : il réformait la branche des arts à laquelle il s'était appliqué, bien avant l'époque où nos grands maîtres ont épuré le style de la peinture. Les artistes les plus célèbres de son temps recherchèrent son amitié. Il se fit autant honorer par ses vertus et par la dignité de son caractère, que par ses talents.

J.-F. PIERRE PEYRON (1744-1815).

PEYRON (Jean-François-Pierre), peintre, naquit à Aix, en Provence, le 13 novembre 1744. Quoique sa famille ne jouît que d'une fortune médiocre, rien ne fut négligé pour son éducation. Ses parents le destinaient à une place administrative que son père remplit pendant longtemps : la nature plus puissante en fit un artiste. Il eut d'abord pour maître un peintre, natif d'Aix, nommé

Arnulfi, domicilié dans cette même ville, et assez bon élève de Benedetto Lutti.

Arrivé à Paris en 1767, il entra dans l'atelier de Lagrenée l'aîné, et fut dirigé plus particulièrement encore par les conseils de Dandré Bardon, son compatriote, homme instruit, de qui le pinceau ne manquait pas d'énergie, et qui, s'il n'offre pas toujours dans ses tableaux des exemples bons à imiter, a donné dans ses écrits une doctrine généralement saine. Mais un sentiment naturel porta de bonne heure Peyron à étudier les ouvrages du Poussin, bien que ce maître fût depuis longtemps discrédité; et la méditation de ses sublimes modèles lui révéla les vices qui défiguraient encore à cette époque les productions de notre école. En 1773, il remporta le grand prix de peinture, sur un tableau représentant la mort de Sénèque. Ce prix, obtenu avec un grand éclat, est un des premiers essais qui aient dû faire espérer parmi nous le retour aux vrais principes. Dès ce moment, Peyron conçut le projet d'abandonner totalement la fausse route suivie par notre école, et de se créer une manière fondée sur l'imitation de la nature et de l'antique. Vien avait commencé cette réforme : Peyron essaya de le surpasser; il s'appliquait à ramener le style grec. Une émulation louable s'établit entre ce jeune artiste et ses compagnons d'étude. Toute l'académie de Rome était animée du même esprit; et le grand changement, auquel Peyron avait contribué un des premiers, ne tarda pas à éclater. Son tableau représentant Cimon qui se dévoue à la prison pour en retirer et faire inhumer le corps de son père, offrit une manière sévère, qui était alors une nouveauté. Ce tableau est placé au Musée du Louvre. Il fut exécuté à Rome, ainsi qu'un Socrate retirant Alcibiade d'une maison de courtisanes, et un autre tableau qui représente les jeunes Athéniens tirant au sort pour être livrés au Minotaure.

Après avoir passé à Rome les quatre années de son pensionnat, Peyron y demeura encore trois ans à ses propres frais, et ne rentra dans Paris qu'en 1781. La plupart de ses émules y étaient revenus avant lui; mais sa réputation l'y avait aussi précédé. L'Académie de peinture l'admit au nombre de ses membres, en 1783. En 1785, il fut nommé directeur de la manufacture des Gobelins, et il peignit son Alceste, tableau dont les figures sont grandes comme nature. En 1787, il exposa au Salon un Curius refusant les

présents des Samnites, et une première composition de la Mort de
Socrate, où les figures n'ont qu'un pied et demi de hauteur. Par
une rencontre assez singulière, ce sujet fut traité la même année
par David, dans les mêmes proportions. L'affluence du public fut
grande pour juger les compositions des deux nouveaux académiciens, distinguées par des beautés particulières, mais toutes deux
remarquables par une ordonnance, un dessin et un coloris qui ne
ressemblaient en rien à la précédente école. Plusieurs excellents
ouvrages, tant de Peyron que de David et de leurs émules, avaient
précédé ceux-là; mais on peut regarder ce Salon, et cette année 1787, comme l'époque où la peinture a été totalement régénérée. Peyron exposa, l'année suivante, une seconde composition
du même sujet, où les figures sont grandes comme nature. Ce tableau capital, un des meilleurs de notre temps, décore aujourd'hui
une des salles du palais des Députés.

Les troubles de la Révolution ravirent à cet artiste la place de
directeur de la manufacture des Gobelins; il se trouva, en même
temps, privé des travaux importants dont il avait été chargé pour
le roi. Sa santé fut gravement affectée par ces tristes événements;
et à compter de cette époque, il ne cessa, jeune encore, d'éprouver des infirmités qui hâtèrent la fin de sa vie. Cependant, malgré
l'affaiblissement de son corps, son talent ne vieillissait point. Il a
produit, dans cette période, deux de ses tableaux les plus harmonieux et les plus finis : l'un représente Paul-Émile s'indignant de
l'humiliation où se réduit Persée, qui se prosterne à ses pieds;
l'autre, Antigone, fille d'OEdipe, sollicitant de son père le pardon
de son frère Polynice. Le premier est déposé au Musée du Louvre;
M. Monsaldi a gravé le second. Une nouvelle composition des Filles
d'Athènes, gravée par Beisson, appartient au même temps. Nous
devons aussi à ce maître deux petits tableaux remarquables par
la transparence des tons et la délicatesse de la touche, quoique
peints dans les derniers jours de sa vie : l'un représente Pythagore
avec ses disciples; l'autre, l'Entretien de Démocrite et d'Hip-
pocrate.

La manière de Peyron atteste éminemment la réforme de l'art, à
laquelle il a contribué. Sa composition est sage, raisonnée, quelquefois un peu trop méthodique, mais toujours pleine d'intérêt. Il
a souvent traité des sujets neufs et ingénieusement choisis, tels

que ceux de Cimon, de Paul-Émile, des Filles d'Athènes. Son style est grave, énergique, généralement correct. Ses draperies ont de l'ampleur et de la simplicité. La transparence et la suavité de ses teintes, la fermeté, la vivacité, l'esprit de sa touche, forment un des attributs distinctifs de son talent. Dans ses derniers tableaux, ses chairs sont un peu violettes ; mais les lumières sont toujours habilement ménagées : l'ensemble est parfaitement harmonieux, et la touche n'a rien perdu de sa légèreté. Les malheurs que cet homme de bien avait éprouvés dans la Révolution, et l'oubli auquel il semblait s'être condamné lui-même, n'avaient point aigri son caractère doux et paisible. Il est mort le 20 janvier 1815, après dix années d'un état de langueur, qui n'a été qu'une longue maladie. On a entendu, à ses obsèques, l'émule de sa jeunesse prononcer, en un seul mot, un éloge de ce maître, que l'histoire de l'art ne doit point laisser perdre. « *Peyron*, dit-il, *m'a ouvert les yeux.* » Aveu également honorable pour le grand maître qui l'a proféré, et pour l'homme de talent auquel il se rapporte.

Peyron a gravé neuf pièces à l'eau-forte, dont quatre d'après ses propres dessins, quatre d'après le Poussin, et une d'après Raphaël. Les premières sont : la Mort de Sénèque ; Cimon retirant de la prison le corps de son père ; Socrate et Alcibiade, avec cette inscription : *Alcibiadem à Venere et à voluptatibus amovens* ; la Mort de Socrate, d'après le tableau que l'on voit à la chambre des Députés. Les estampes d'après le Poussin sont : une Bergerie, avec cette inscription : *Ti duole d'esser tenuto a chi t'adora ingrato*, d'après un tableau dont Peyron avait fait une copie ; Faustule présentant Romulus et Rémus à sa femme Laurentia ; une première composition de l'Enlèvement des Sabines, et un croquis représentant le Désespoir d'Hécube. Sa gravure, d'après Raphaël, retrace une première pensée de la grande Sainte Famille.

PIERRE CARTELLIER (1757-1831).

CARTELLIER (Pierre), l'un des statuaires qui ont le plus contribué à introduire et à maintenir l'amour du vrai beau dans notre école, naquit à Paris, le 2 décembre 1757. Son père, nommé Philippe, serrurier-mécanicien, esprit inventif, mais simple ouvrier et dénué de toute ressource pécuniaire, fit la fortune de son maître,

par la fécondité de ses idées, et n'eut jamais le moyen de faire la
sienne; mais il favorisa de toute sa puissance l'émulation du jeune
Cartellier, son fils. Celui-ci, dominé par l'amour des beaux-arts,
commença ses études à l'École gratuite de dessin, et entra ensuite
dans l'atelier de Charles-Antoine Bridan, dit *Bridan le père*. Il
fut heureux pour lui d'avoir apporté de bonne heure une application sérieuse à son art; car, privé de son père à dix-sept ans, il se
trouva obligé de pourvoir lui-même à son instruction et à son entretien, et, de plus, au soutien de sa mère, soin de tous les jours,
qui faisait l'embarras, mais aussi le bonheur de sa vie. Son travail
le plus habituel fut de façonner des modèles de pendules et des
ornements d'orfévrerie et de bronzerie; mais il fallait aussi rem-
porter le grand prix aux Écoles royales : c'était là un point capital
pour son avenir. Le malheureux jeune homme travaillait jour et
nuit pour atteindre ce but, et ne pouvait pas donner assez de
temps aux travaux de l'Académie, pour marcher du même pas que
ses condisciples. Bridan, homme excellent, ami sincère de ses
élèves, lui témoignait un intérêt, dont Cartellier conserva toute sa
vie le souvenir ; mais les efforts du maître et ceux de l'élève furent
inutiles : deux fois Cartellier se présenta au concours, deux fois il
échoua, et il lui fallut entrer en lutte, sans avoir vu l'Italie, avec de
jeunes maîtres nourris pendant cinq années de l'étude des plus
précieux trésors de l'antiquité. Mais, s'il ne vit pas l'antique, on
peut dire qu'il le devina. Il portait, en quelque sorte, Rome en
lui même. Le statuaire grec Calamis, en sculptant des coupes et
des candélabres, s'éleva, par son goût naturel, jusqu'à modeler
des chevaux et des quadriges, et à représenter les charmes les
plus attrayants de la pudeur : *Exactis Calamis se mihi jactat
equis* (Propert.); *et Calamis verecundia ornabit illam* (Lucian.,
Imag.). Tel fut le jeune Cartellier : il avait commencé, comme Calamis, par sculpter des coupes et des candélabres ; il modela ensuite, comme lui, des chevaux et des quadriges, et sculpta enfin
une image de la Pudeur elle-même. Dix-neuf années se passèrent
dans un travail continu et forcé. Marié en 1793, avec une personne
digne de son choix par ses qualités et ses talents, cette union,
source d'un bonheur inaltérable, rendit d'abord plus pénible l'état
de gêne où le tenait l'insuffisance de sa fortune. Enfin, au Salon
de 1796, une figure en simple terre cuite, de deux pieds de pro-

portion, manifesta tout à la fois son talent et son caractère ; l'âme sensible de l'auteur et la finesse de son goût s'y firent d'autant mieux remarquer, que cette figure ne lui avait point été demandée, et qu'il n'avait consulté, pour la composer, que son inspiration naturelle. Elle représentait l'Amitié arrosant un arbuste, d'une main, et le pressant, de l'autre, contre sa poitrine. Cette figure, par la délicatesse de la pensée, par la grâce de l'attitude et le mérite de l'exécution, conquit tous les suffrages, et valut à un artiste, jusqu'alors inconnu, un prix d'encouragement.

Chalgrin, architecte chargé de diriger les embellissements qu'on exécutait au palais du Luxembourg, ayant imaginé d'élever auprès du gnomon, situé au haut de la façade méridionale de ce palais, un groupe de six figures propres à lui donner plus de majesté, Cartellier fut chargé de deux de ces figures, Beauvalet et Espercieux, chacun de deux autres. Celles qui échurent à Cartellier étaient la Vigilance et la Guerre : elles durent être en haut-relief et engagées dans le mur de façade ; les quatre autres sont en ronde-bosse. Cartellier représenta la Vigilance, tenant, de la main droite, une lampe ; de la gauche, un arc : il la coiffa d'un casque, dont un coq formait le cimier. Cette figure serait plus admirée, si celle de la Guerre n'était pas placée de l'autre côté du gnomon ; mais celle-ci, dont on vit un modèle en plâtre au Salon de 1800, l'emporte sur son pendant. Elle offre un caractère simple et grandiose, un style tout à la fois monumental et vrai, dont la sculpture n'avait point présenté d'exemple depuis longtemps. La déesse, en levant vivement les deux bras, manifeste par là son activité, et ses bras s'unissent avec le mur, qui sert de fond, d'une manière qui paraît naturelle ; de la main gauche, elle tient un foudre ; de la droite, une épée ; par terre, sur le devant, est une corne d'abondance, que la Guerre foule aux pieds ; une tunique courte forme sur ses chairs, par des plis larges et élégants, une richesse sans embarras. Il y a, dans cette figure, autant de grâce que d'élévation et d'énergie. L'artiste n'a pas oublié que, dans la théorie des Grecs, les Furies mêmes devaient être belles. Les objets d'art conquis en Italie, et dont l'entrée triomphale à Paris eut lieu le 27 juillet 1798 (9 thermidor an VI), exercèrent sans doute de l'influence sur ses opinions ; mais on peut dire, à la vue de ce bel ouvrage, que l'étude de ces chefs-d'œuvre ne fit que raffermir le sentiment du beau, dont la nature l'avait éminemment doué. Dès le moment où cette figure de la Guerre parut, la réputation de Cartellier fut établie, et de beaux ouvrages de quelques autres maîtres, réunis à celui-là, ne permirent plus de douter que la réformation à laquelle tendait la sculpture ne fût opérée, et que cet art ne fût parvenu, chez nous, au même degré d'élévation que la peinture.

A cet ouvrage succéda la figure de la Pudeur, statue en ronde-bosse, exposée en plâtre au Salon de 1801, et dont le marbre, exécuté en 1808, et placé d'abord à Malmaison, a été transporté en Angleterre après la mort de l'impératrice Joséphine. Cette figure remplit les hautes espérances qu'avait données celle de la Guerre. L'inquiétude d'une jeune fil'e qui se voit demi-nue, naïvement exprimée dans le geste et dans le regard, ne laissait pas douter de la pensée de l'artiste. L'heureux choix des contours, le bon goût des draperies, accroissaient l'intérêt qu'inspira cette charmante composition. On y voit un maître, consommé dans l'art de représenter les émotions les plus douces, les sentiments les plus délicats. Sensible, timide et doux, Cartellier parut avoir imprimé, sur cette image de la Pudeur, les traits les plus touchants de son propre caractère. L'année suivante, fut offert au public le bas-relief où il représenta les Jeunes filles de Sparte dansant devant un autel de Diane, ouvrage qui se voit dans la salle du Musée de sculpture, dite alors la *Salle de Diane*, aujourd'hui *du Candélabre*[1]. L'artiste avait à lutter dans ce bas-relief avec les Danseuses qui ornent les trois faces d'un autel antique placé au Musée, dans la salle dite *des Cariatides*[2]. Ce monument passe pour appartenir au culte de Diane. Winckelmann, d'après le caractère de l'autel, y reconnaît, avec plus d'apparence de vérité, le culte des Saisons[3]. Quoi qu'il en soit, Cartellier n'est pas resté au-dessous de ce dangereux objet de comparaison, et il a su éviter toute équivoque.

La statue d'Aristide fut exposée en plâtre au Salon de 1804, et placée dans la salle d'assemblée du Sénat conservateur en 1805. Elle n'a point encore été exécutée en marbre. Le vertueux Athénien est représenté livrant au paysan la coquille sur laquelle il a

---

[1] Voy. le *Musée de sculpture* de M. de Clarac, t. I, p. 507, pl. LXI.

[2] *Catalogue* de Visconti, 1817, n° 302. — *Catalogue* de M. de Clarac, n° 523.

[3] *Monum. inéd.*, p. 57.

écrit son propre nom. « L'antiquité, a dit le secrétaire perpétuel de l'académie des beaux-arts de l'Institut, en parlant de cette figure [1], l'antiquité (on peut le croire) n'aurait pas mieux, dans la patrie même du personnage, fait ressortir cet héroïsme de simplicité qui caractérise l'homme juste en butte à l'ignorante prévention de la multitude. Naïveté de pose et d'action, vérité de style, justesse de costume, on dirait une statue retrouvée ou restituée. » Cette statue d'Aristide fut suivie de celle de Vergniaud, de proportions colossales, exécutée seulement en plâtre, et placée dans l'escalier du Sénat. Pour donner à cette figure le mouvement propre à caractériser l'orateur dont il modelait l'image, Cartellier supposa qu'agité la nuit par le sujet qu'il devait traiter le lendemain à la tribune, Vergniaud était sauté en bas de son lit, et qu'enveloppé seulement d'un manteau, il préludait à son discours par une véhémente improvisation. Tout répondit à cette vive pensée. Une lampe allumée près de l'orateur indique l'heure et le lieu de la scène. La poitrine, les jambes, les bras nus, traités avec autant de fermeté que de précision, la vigueur des mains, les plis abondants et simples du manteau semblèrent imiter l'éloquence nerveuse et grandiose du girondin. L'exécution fut soignée, autant que mâle et savante. Jamais peut-être Cartellier ne s'était montré si habile dans cette partie de l'art. Cette statue, disait-il lui-même, est *le moins faible de mes ouvrages*. Il ne faut pas s'y méprendre : cet éloge qui lui échappait n'était que l'expression de son regret sur ce que son ouvrage de prédilection demeurait oublié et comme abandonné ; et vraiment, il serait à regretter qu'un semblable chef-d'œuvre ne fût point exécuté en marbre.

En 1808, fut exposé au Salon le plâtre, et en 1810, le marbre de la statue de Louis Bonaparte, roi de Hollande, dans le costume de connétable de France, élégante figure où l'artiste montra tout ce qu'un costume français peut offrir de noblesse et de grâce, mis en œuvre par un homme de goût, bien que chargé de dentelles et de broderies. Un buste en marbre du premier fils de ce prince, enfant de quatre ans, mort récemment, accompagna cette statue. Un monument d'une plus grande proportion suivit immédiatement

[1] M. Quatremère de Quincy, *Notice historique sur la vie et les ouvrages de M. Cartellier.*

ceux-là; ce fut le bas-relief, exécuté en 1810, au-dessus de la principale porte du Louvre. Cette composition représente la Gloire debout, dans un quadrige vu de face, comme si la déesse sortait de ce palais pour distribuer de toutes parts des couronnes. Les chevaux, modérés à peine par deux génies enfants, s'élancent, deux à droite et deux à gauche, brûlant de porter la déesse dans toute la France. Cette manière de disposer le char fut critiquée. On oubliait que la sculpture, lorsqu'elle représente une idée allégorique, doit moins chercher à peindre avec exactitude l'image fictive qu'à imprimer vivement le fait réel dans les esprits. Telle fut la théorie de l'antiquité. Sur un beau médaillon de la ville de Sardes où l'artiste a voulu représenter, au revers d'une tête d'Héliogabale, le soleil réchauffant le principe de la vie dans tout l'univers, il l'a peint sous la figure du dieu Hélios, dans un quadrige vu de face, dont deux chevaux volent d'un côté et deux se lancent du côté opposé. Sur une main d'Hélios, il a placé Proserpine, image de l'âme, ramenée des enfers par le héros Solaire[1]. Dans la composition de Cartellier, tout était semblable à celle-là, quant à la pensée, car la gloire, promise par Louis le Grand et par Napoléon, allait enflammer le génie dans toute l'étendue de la France, comme le soleil réchauffe la vie dans le monde entier. Sur des monnaies des villes de *Colossæ* et de *Cotyæum* dans la Phrygie, et sur d'autres encore, se voient pareillement le quadrige du soleil posé de face et les chevaux s'élançant des deux côtés. Ces compositions eussent été les modèles ou l'excuse de Cartellier, si, dans l'art de composer, le génie avait besoin de modèles, et la perfection, d'excuse. Mais le groupe disposé par Cartellier convenait trop bien à l'emplacement central de la façade où il est encastré, pour que la pensée ne s'en offrît pas d'elle-même à son esprit.

A cette époque, les travaux et les honneurs venaient au-devant de cet homme modeste. En 1808, il fut fait chevalier de la Légion d'honneur, et en 1810, élu membre de l'Institut. Une statue de Napoléon législateur, représenté dans son costume impérial, qui a été placée aux Écoles de droit en 1811, ne fut inférieure en rien à celle du roi de Hollande; peut-être même la surpasse-t-elle, tant

---

[1] Voy. Mionnet, *Descript. de méd. antiq.*, t. IV, p. 133, n° 759, sur la signification de Proserpine. Voy. mon *Introduction à l'étude de la mythologie*, p. 245 à 257.

elle offre d'esprit et de vérité dans les traits du visage, de moelleux dans les chairs, de facilité dans les draperies, de sentiment dans l'exécution. Ces deux belles figures sont placées, l'une et l'autre, au Musée historique de Versailles. La haute pensée qui a conçu ce magnifique et intéressant ensemble y réunit toutes les gloires françaises de toutes les époques, de toutes les professions, de tous les régimes.

D'autres ouvrages continuèrent à illustrer la carrière de Cartellier ; ce furent : I. Un bas-relief représentant la *Reddition de la ville d'Ulm*, qui forme l'un des ornements de l'arc de triomphe du Carrousel, ouvrage éminemment remarquable par la dignité du style et par la vie de l'ensemble. — II. La *statue du général Valhubert*, de treize pieds de proportion, exposée au Salon de 1814, destinée d'abord pour le pont de la Concorde, et ensuite érigée sur la place d'Avranches, pays natal de ce militaire. — III. Un *Cheval colossal*, en plâtre, de dix pieds et demi de haut, mesuré au sommet de la tête, modèle de celui qui devait être employé à une statue équestre du maréchal Lannes (ouvrage détruit). — IV. Une *statue du général Pichegru*, en marbre, exposée au Salon de 1819, et placée récemment au Musée de Versailles. — V. Une *statue de Louis XV*, colossale et en bronze, qui a été élevée à Reims, en remplacement de celle de Pigalle, abattue pendant la Révolution. — VI. La *statue de l'Impératrice Joséphine*, à genoux sur son tombeau, monument en marbre, consacré dans l'église paroissiale de Ruel, par le prince Eugène et la reine de Hollande, enfants de cette princesse. — VII. Une *statue colossale de Minerve*, frappant la terre de sa lance et en faisant jaillir l'olivier, qu'on vit en plâtre, au Salon de 1819, et en marbre, à celui de 1822. — VIII. Une *figure en haut-relief de M. de Juigné*, archevêque de Paris, à genoux devant un prie-Dieu, grande comme nature et en marbre, placée dans l'église de Notre-Dame par la famille de ce prélat. — IX. Une *statue de Vivant Denon*, de six pieds de proportion environ, en bronze et en costume français, érigée à cet habile directeur des beaux-arts, à Paris, au cimetière de l'Est, par MM. les frères Brunet-Denon, ses neveux, au mois de décembre 1827. Le même savoir, le même goût, la même âme a présidé à l'exécution de toutes ces sculptures. La statue de Denon, d'une ressemblance parfaite, est digne à la fois de son auteur et de l'homme illustre à qui elle est dédiée ; c'est un des meilleurs ouvrages de Cartellier.

L'âge n'avait ni refroidi son talent, ni amorti son courage. Les difficultés qui avaient entouré sa jeunesse retardèrent quelques-unes des récompenses dues à son mérite; mais ces honneurs ne lui manquèrent point. Nommé professeur aux Écoles des beaux-arts, en 1816, il reçut la décoration de l'ordre de Saint-Michel, en 1824. Dans ses dernières années, il travaillait à deux grands monuments restés inachevés, mais dont ce qui existe est éminemment propre à éterniser sa gloire : l'un était le tombeau qui allait être érigé au duc de Berri en 1830 ; l'autre, une statue équestre de Louis XV, destinée à remplacer celle de Bouchardon. L'exécution du tombeau du duc de Berri avait été partagée entre Charles Dupaty et lui. Dupaty, devenu artiste par une véritable passion pour le beau, et aussi distingué par son goût que par ses connaissances dans la théorie des anciens, était digne d'un choix si honorable. Le monument, entièrement en marbre, aurait été composé d'un groupe colossal, qui eût représenté la France et la ville de Paris pleurant sur l'urne censée renfermer les cendres du prince; et de deux figures, également colossales, assises de chaque côté du groupe principal, sur un plan inférieur : l'une, représentant la Charité ; l'autre, l'Armée dans la consternation. Quatre bas-reliefs, dont deux de sept pieds et deux de quatre de longueur, tous sur quatre pieds de hauteur, devaient orner les quatre faces du soubassement. Quatre génies enfants auraient soutenu des guirlandes de cyprès, suspendues autour de la base. Le groupe central, un des bas-reliefs, et les figures des génies devaient être l'ouvrage de Dupaty, remplacé, à sa mort, par Cortot, sur la désignation de Dupaty lui-même. Les statues représentant la *Charité* et l'*Armée*, colosses de huit à neuf pieds de proportion, ainsi que trois bas-reliefs, étaient échus à Cartellier. Les deux statues et deux bas-reliefs, le tout en marbre, étaient déjà terminés au mois de juillet 1830. Un des bas-reliefs représente le prince dans les bras de la Religion, et demandant la grâce de son assassin ; l'autre, la cérémonie des funérailles. On voudrait espérer que ces beaux morceaux seront recueillis, ou dans des églises, ou dans d'autres édifices publics, et qu'ils jouiront, quoique séparés les uns des autres, de l'honneur qu'ils méritent. La statue équestre de Louis XV avait dù, en premier lieu, être exécutée en marbre, et érigée sur la place dite autrefois de *Louis XV*. Sa destination avait ensuite changé ; elle allait être placée au rond-point des Champs-Élysées, lorsque, à la suite des événements de 1830, il a été pris un parti différent. Le cheval a été coulé en bronze sous les yeux de Cartellier. On assure qu'il doit faire partie d'une statue équestre de Louis XIV, qui sera érigée à Versailles, au milieu de la cour du château, dite *la Cour de marbre*, et que l'exécution de la figure de Louis XIV, groupée avec l'œuvre de Cartellier, et vêtue du costume de bataille de ce prince, est confiée à M. Petitot, un des élèves du statuaire que la mort nous a ravi.

Cartellier n'avait eu que deux filles, l'une mariée à M. Petitot, statuaire, membre de l'Institut ; l'autre à M. François-Joseph Heim, peintre, membre également de l'Institut. Miné par le chagrin que lui avait fait éprouver la perte de la plus jeune de ses filles, Cartellier est mort le 12 juin 1831. Homme sensible et doux, esprit fin et délicat, doué d'une rare modestie, et cependant ferme dans ses opinions, quand il les croyait utiles au bien des arts, professeur zélé, ami sûr, Cartellier réunissait à toutes ces qualités l'ordre et la lucidité des idées qui rendent un maître éminemment propre à l'enseignement. Ce serait rendre incomplétement hommage à son mérite que de ne pas nommer quelques-uns au moins de ses élèves. Son école a remporté douze fois le grand prix et plusieurs fois le second. Les élèves qui ont obtenu le grand prix sont, dans l'ordre chronologique de leur couronnement, MM. Rude, Petitot, Roman, Nanteuil, Seure aîné, Demier, Lemaire, Seure jeune, Dumont, Lannot, Jalley, Desbœufs. On assure que l'école de Cartellier a voulu se réunir à sa famille pour lui élever un tombeau, et que ce travail, exécuté comme à l'envi par ces hommes de talent, sera bientôt achevé. L'histoire de l'art doit perpétuer le souvenir de ce trait de reconnaissance filiale. On peut consulter, sur cet artiste, la *Notice historique sur la vie et les ouvrages de Cartellier*, par M. Quatremère de Quincy, lue à la séance de l'Académie des beaux-arts, le 13 octobre 1832 ; et le *Discours improvisé aux funérailles de Cartellier*, par l'auteur de la présente notice. On trouve quelques-uns de ses ouvrages gravés dans la *Collection* de Filhol. La statue de Vivant Denon est gravée dans la *Collection* des Monuments du cimetière de l'Est.

VIES

DES ARCHÉOLOGUES ET SAVANTS.

P.-A. RASCAS de BAGARRIS (né vers 1567-1620).

Rascas (Pierre-Antoine), sieur de Bagarris et du Bourguet, n'a obtenu de mention d'aucun des biographes les plus connus ; et cependant il a rendu de vrais services à la science des antiquités. Les auteurs des nobiliaires, qui ont publié l'arbre généalogique de sa famille, l'ont également oublié, par la raison, sans doute, qu'il n'a figuré que dans le monde savant. Cet habile antiquaire naquit à Aix, en Provence, vers l'an 1567. François de Rascas, son aïeul, et Guillaume, son bisaïeul, avaient occupé des charges de conseiller au parlement d'Aix. Guillaume, sieur de Bagarris, son père, fut premier consul de la même ville, en 1592. Pierre-Antoine, qui n'était que le second fils de ce gentilhomme, embrassa la profession d'avocat. Il fit son droit dans l'université d'Aix, et il y fut reçu docteur, le 27 mars 1588 (*Hist. manuscr. de l'université d'Aix*) ; mais son goût, ou plutôt sa passion, le portait vers l'étude des médailles et des antiquités, en général. Il mit tous ses soins à se former un cabinet, qui devint un des plus curieux et des plus riches de cette époque.

En 1597, Peiresc, étant venu commencer son droit à Aix, prit, en examinant la collection de Bagarris, l'amour des monuments anciens, qui a fondé sa célébrité. Il employait, dans ce cabinet, tous les moments qu'il pouvait dérober à ses autres études. Bagarris, suivant le témoignage de Gassendi, plaçait, sous les yeux de Peiresc, ses médailles les plus curieuses, lui en donnait l'explication sur le texte même des auteurs propres à les éclaircir, et contribuait ainsi à former le grand homme qui devait à son tour éclairer tant de savants. L'année suivante, Peiresc, qui continuait son droit à Avignon, correspondait avec Bagarris, au sujet des médailles qu'il rencontrait dans cette ville, et il recevait de lui des explications qui excitaient de plus en plus son ardeur pour l'étude.

Peu de temps après, Henri IV, qui avait conçu le projet de rassembler des médailles et des pierreries gravées, pour servir à l'instruction publique, appela Bagarris auprès de sa personne, et lui confia la direction de son cabinet. La collection commencée par François Ier, continuée par Catherine de Médicis et par Charles IX, avait été dilapidée et presque anéantie pendant les guerres civiles. Il fallait recommencer les acquisitions, c'est-à-dire, fonder l'établissement royal. Ce qui restait des antiques de la Couronne se trouvait à Fontainebleau. C'est là que Rascas de Bagarris fut placé, avec le titre de *maître des cabinets et antiques du roi*. La nomination de Bagarris date, par conséquent, de 1602 ou 1601. Ce savant se fit une haute et juste idée des devoirs de sa place, ainsi que des services qu'elle le mettait à portée de rendre aux beaux-arts et à la science des antiquités. Sa première pensée fut d'inviter Henri IV à faire frapper, dans ses hôtels des monnaies, de *vrayes et parfaictes médailles*, servant à célébrer les événements de son règne. Cette conception le conduisit à une autre, plus belle encore, et entièrement neuve; ce fut de composer lui-même l'histoire entière de ce prince, par des médailles qui en retraceraient les faits les plus glorieux, et d'*inventer et dresser*, suivant ses expressions, *les dessins d'icelles sur ceux des médailles antiques*. Henri IV goûta ce noble projet, et chargea Bagarris de *dresser toute son histoire, tant escrite que figurée ensemblement, non seulement au long et continu dans un grand volume, mais aussi de la réduire en abrégé, par articles, séparez et divisez, propres à estre appliquez à ces médailles*. Bagarris se livra sur-le-champ à ce travail, et s'occupa tout à la fois de deux autres ouvrages que le roi lui avait aussi demandés. Le premier devait être intitulé : *Idée des médailles*. Il se divisait en trois parties. Dans la première, l'auteur traitait de la *connaissance élémentaire des médailles* ; dans la seconde, des *principes ou causes des médailles* ; dans la troisième, de la *connaissance des médailles au long*. Dans le second ouvrage, Bagarris s'attachait à démontrer l'*insuffisance de tous les autres monuments à éterniser la mémoire des grands princes, sans l'aide des vrayes et parfaictes médailles*.

Au mois de novembre 1608, l'auteur présenta au roi les *dessins des médailles de son histoire auguste figurée*, non terminés, mais *bien advancez*. Il lut aussi devant lui, *publiquement*, son mémoire *sur la nécessité de rétablir l'usage des médailles*. Il invitait Henri IV, dans ce mémoire, à s'occuper de l'exécution de son *histoire auguste* et à ne pas *remettre ce soin au hazard de ses successeurs*. Les gravures et l'impression allaient, en effet, commencer, lorsque la mort du roi suspendit les travaux. Bagarris fit de vains efforts auprès de Marie de Médicis et du jeune Louis XIII, pour obtenir l'exécution du monument qu'il avait voulu élever à la gloire de Henri le Grand. Il entreprit de publier, à cet effet, un extrait de son mémoire intitulé : *De la nécessité de l'usage des médailles*, dans lequel il exposait quels avaient été les projets du feu roi, et les ordres qu'il en avait reçus; mais ces représentations furent vaines. Désespérant de réussir, il arrêta la publication de son mémoire; c'est du moins ce qu'on peut conjecturer de ce que vingt-six pages seulement ont été imprimées (Paris, in-4°, 1611). Il abandonna ensuite Paris et sa place, en la même année 1611, et alla reprendre à Aix la profession d'avocat. Jean de Chaumont, conseiller d'État, lui succéda dans la garde du cabinet.

Jacques de Bie, qui publia, en 1636, son recueil intitulé : *Les familles de la France, illustrées par les monuments des médailles anciennes et modernes*, ne suivit qu'imparfaitement l'idée du savant antiquaire d'Henri IV. Colbert recueillit le projet de Bagarris sur l'*Histoire auguste du roi*, et l'exécuta en l'honneur de Louis XIV. On sait que quatre membres de l'Académie française furent choisis, en 1663, pour composer l'*Histoire du roi par médailles*. C'est le projet de cet ouvrage, conçu d'abord par Bagarris, qui a occasionné cette réunion et donné naissance à l'Académie royale des inscriptions et belles-lettres.

Bagarris, de retour dans sa patrie, reçut de la cour, comme un dédommagement de la place à laquelle il avait renoncé, le titre d'*intendant des mers Atlantiques du roi*. Il se maria, dans sa retraite, avec une demoiselle d'Albert de Régusse; et il en eut deux fils jumeaux, nés le 15 décembre 1619, l'un nommé *Jean* et l'autre *François*. Il mourut, le 15 avril 1620, étant primicier de l'université d'Aix. Rascas de Bagarris avait apporté dans cette ville la plus grande partie des objets dont se composait son cabinet. Quelques-uns passèrent, après sa mort, dans la collection de Toussaint Lauthier, apothicaire à Aix ; et ils sont venus de chez Lauthier dans le Cabinet du Roi. Bagarris, en quittant Paris, déposa ses manuscrits à a bibliothèque du collége Royal, dit *de Clermont*. Il est vraisemblable qu'ils ont été vendus, avec les autres manuscrits de cette bibliothèque, en 1764. L'auteur qui a donné le plus de renseignements sur ce savant antiquaire, est Bouche (François), dans ses notices sur les Provençaux célèbres, jointes à son *Essai sur l'histoire de Provence*.

Jean de BAGARRIS, l'un des deux fils jumeaux de Pierre-Antoine, paraît avoir été l'aïeul de Jean-Antoine de Rascas, jésuite, natif d'Aix, qui a composé un poëme intitulé : *Oculorum sermo* (le Langage des yeux), imprimé à Lyon, chez Antoine Molin, 1718, in-8°, de dix-neuf pages. Ce poëme est écrit en vers élégiaques. Les auteurs des *Mémoires de Trévoux* en ont rendu compte, dans le numéro du mois de juillet 1718, p. 103. « Il faut beaucoup d'esprit, disent-ils, pour choisir un sujet si heureux ; il en faut encore plus pour le traiter ; mais le père de Rascas est d'une famille où l'on n'en manque pas : l'amour des lettres y est héréditaire. »

P. JOSEPH DE HAITZE (né vers 1648; mort en 1756).

HAITZE (Pierre-Joseph de), littérateur, vulgairement connu sous le nom de *Hache*, était né à Cavaillon, vers 1648, d'une famille noble, originaire du Béarn. Il s'appliqua particulièrement à l'histoire de Provence, et s'efforça d'en éclaircir quelques points par des dissertations spéciales. Quoiqu'il n'eût qu'une érudition commune et superficielle, il avait le ton tranchant ; et il désola, par d'injustes critiques, des hommes tels que P. Galaup de Chasteuil, dont l'instruction était bien supérieure à la sienne. Il mourut à Tretz, près d'Aix, dans la maison de Gaufridi, l'historien, son oncle maternel, le 26 juillet 1756.

On connaît de lui les ouvrages suivants : I. Les *Curiosités les plus remarquables de la ville d'Aix*, 1679, in-8°. — II. *Relation des fêtes célébrées à Aix, en 1687, à l'occasion de la convalescence de Louis XIV*, in-4°. Elle est écrite en forme de lettres adressées à Ruffi, fils de l'historien de Marseille. — III. Les *Moines empruntés, où l'on rend à leur véritable état les grands hommes qu'on a voulu faire moines après leur mort* (sous le nom de *Pierre-Joseph*), Cologne (Rouen), 1696, 2 vol. in-12. Cet ouvrage fit beaucoup de bruit, à sa publication. Les Grandmontains, les Carmes et les Jésuites, y répondirent avec chaleur ; et l'auteur, qui avait sagement gardé l'anonyme, eut le bon esprit de ne pas répliquer à ses adversaires. — IV. Les *Moines travestis*, 1698, 2 vol. in-12. Dans cet ouvrage, qu'il ne faut pas confondre avec le précédent, l'auteur, désigné sous les mêmes noms de *Pierre-Joseph*, cherche à faire connaître les personnages « que les moines se sont enlevés mutuellement, pour accroître le nombre de leurs grands hommes. » — V. *Lettres critiques de Sextus le Salien à Euxénus le Marseillais*, touchant le Discours sur les arcs de triomphe dressés en la ville d'Aix, à l'heureuse arrivée des ducs de Bourgogne et de Berri. Cette lettre, adressée à Ruffi, est datée du 1er janvier 1702, et elle contient une critique peu décente d'un Discours de Pierre Galaup de Chasteuil, littérateur qui méritait d'être traité avec plus d'égards. Celui-ci fit paraître des *Réflexions* judicieuses sur cette lettre (sous le nom de Remerville, de Saint-Quentin), Cologne, 1702, in-12. — VI. *Dissertations* (au nombre de douze) *sur divers points de l'histoire de Provence*, Anvers (Aix), 1704, in-12. Galaup de Chasteuil en a relevé les nombreuses méprises, dans son *Apologie des anciens historiens et des troubadours ou poëtes provençaux*. — VII. *Esprit du cérémonial d'Aix, en la célébration de la Fête-Dieu* (sous le nom de *Pierre-Joseph*) ; Aix, 1708, in-12. C'est une réponse à un ouvrage, dans lequel Mathurin de Neuré (Laurent Mesmes), se plaignait de la bizarrerie de ces cérémonies. Dupin la critiqua vivement dans le *Supplément* au *Journal des savants*, même année [1]. Elle a été réimprimée en 1730.

---

[1] La même édition reparut, avec un nouveau frontispice, en 1738 ; ainsi, celle de 1765 n'est que la troisième. On peut consulter, sur cet objet, l'*Explication des cérémonies de la Fête-Dieu en Provence*, Aix, 1777, in-12 ; ouvrage plein de recherches curieuses. L'auteur (G. S. Grégoire, d'Aix), dont les initiales se trouvent au bas de la dédicace, dit « que de Haitze était un bonhomme qui voulait expliquer religieusement ce qu'il ne pouvait comprendre ni expliquer. » L'ouvrage de M. Grégoire est accompagné de quatorze planches, y compris le portrait du roi René d'Anjou, comte de Provence, qui orne le frontispice : elles sont dessinées par Paul Grégoire, sourd-muet, fils de l'auteur, et gravées par son frère, Gaspard Grégoire.

— VIII. *Histoire de saint Benezet, entrepreneur du pont d'Avignon, contenant celle des religieux pontifes* (sous le nom de *Magne Agricole*), Aix, 1708, in-12; ouvrage curieux pour les recherches qu'il renferme sur cette association utile et peu connue. — IX. *Apologétique de la religion des Provençaux au sujet de sainte Madelène*, ib., 1711, in-12. Haitze cherche à prouver que cette sainte est venue en Provence, et que ses reliques y sont réellement conservées. — X. *Vie de Michel Nostradamus*, ib., 1711, in-12. — XI. *Dissertation sur le symbole caractéristique de sainte Marthe* (la Tarasque), sans nom d'auteur, Aix, 1711, in-16. — XII. *Vie d'Arnaud de Villeneuve*, médecin, ib., 1720, in-12. Il y soutient qu'Arnaud était Provençal. — XIII. *Histoire de sainte Rossoline de Villeneuve, de l'ordre des Chartreux*, ib., 1720, in-12. — XIV. *Dissertation sur l'état chronologique et héraldique de l'illustre et singulier consulat de la ville d'Aix*, ib., 1726, in-12. — XV. *Histoire de la vie et du culte de B. Gérard Tenque, fondateur de l'ordre de Saint-Jean de Jérusalem*, ib., 1730, in-12. — XVI. *Histoire de la ville d'Aix*. Moréri dit que cette histoire a été imprimée in-4°, mais qu'elle n'a pas été rendue publique. Les auteurs de la *Biblioth. de la France* la rangent dans la classe des manuscrits [1]. Haitze a laissé encore en manuscrit : *Catalogue des manuscrits de Peiresc*; *Histoire littéraire de Provence*; *Bibliothèque des auteurs de Provence* (terminée en 1718) [2]; les *Éloges des premiers présidents du parlement de Provence*, et une *Vie* de Jules-Raymond Soliers, historien. On a reproché à ces divers ouvrages, écrits, en général, d'un style clair,

[1] La partie la plus curieuse de ce manuscrit, qui forme 2 vol. in-fol., est le récit des troubles arrivés sous le gouvernement du comte d'Alais, petit-fils de Charles IX, et dans la maison duquel Haitze avait passé sa première enfance. Le comte d'Alais, l'un des hommes les plus instruits et les plus polis de son temps, comme il l'a prouvé par sa correspondance, écrite en latin, avec Gassendi, fut obligé, par les malheurs du temps, d'employer, dans son administration, des mesures violentes, sans doute fort opposées à son caractère. Cette partie de l'*Histoire d'Aix* se trouve quelquefois séparée, sous le titre d'*Histoire de Provence sous le gouvernement du fameux comte d'Alais* : elle doit être accompagnée de pièces justificatives.

[2] Ces manuscrits, recueillis dans la bibliothèque des ci-devant Minimes d'Aix, ou acquis par M. le marquis de Méjanes, sont aujourd'hui déposés dans la Bibliothèque publique, fondée à Aix, par ce généreux ami des lettres.

facile, et quelquefois même assez soigné, de manquer de critique et de citer rarement les sources que l'auteur a consultées.

ANTOINE DAVID (1714-1787).

DAVID (Antoine), né à Aix, en Provence, le 3 février 1714, est auteur de plusieurs ouvrages estimés sur l'agriculture appliquée au climat du midi de la France.

Il était issu d'une famille qui fut appelée, de Lyon à Aix, par les administrateurs de la province et de la ville, en 1597, pour établir une imprimerie à Aix, où cet art avait été fondé en 1572, et était déjà tombé dans une notable décadence. Jean Tholosan, chef maternel de cette famille, venu de Lyon, avec Étienne David, dont il fit ensuite son gendre, imprimait à Aix en 1598, in-8° avec des figures, la *Fauconnerie de Charles d'Arcussia*, édition originale et soignée, devenue très-rare, d'un ouvrage estimé dans son genre, et dont le P. Lelong cite six éditions, postérieures et faites sur celle-là. Les David, savants et littérateurs, ne cessèrent pas de s'honorer dans leur art pendant cinq générations. C'est au sujet d'Étienne David, successeur de Tholosan, que Peiresc écrivait, au fameux antiquaire Fabri-Borelly, à Aix, le 7 mars 1630, ces mots remarquables : « Vous savez que toutes les fois qu'il a été question d'imprimer de bons ouvrages en français, Étienne David s'y est prêté à ma considération ; que plusieurs de nos auteurs et jurisconsultes qui, dans notre province, eussent mieux aimé écrire en latin qu'en françois, sachant mieux la première langue que l'autre, ayant, d'après mes sollicitations, composé et écrit en françois, David *m'a souvent fort aidé à corriger tant le fond que le style* desdits ouvrages, tant avant l'impression, qu'en corrigeant les épreuves. Il a acquis des droits à la gratitude des gens de lettres comme vous[1]. » Charles David imprimait, en 1664, l'histoire de Provence, d'Honoré Bouche, 2 vol. in-fol. ; en 1694, celle de Gaufridi, magnifique édition, ornée de gravures, en 2 vol. in-fol. ; en 1666, l'Histoire de la ville d'Aix, par Scholastique Pithon, 1 vol. in-fol. Joseph David imprimait, en 1715, l'Histoire

[1] Ant. Henricq, *Notice sur l'origine de l'imprimerie en Provence*, p. 18 ; le président de Saint-Vincens, *Lettres inédites de Peiresc*, 1815.

13.

des plantes qui naissent aux environs d'Aix, in-fol., très-belle édition, ornée d'un grand nombre de planches. Antoine pratiqua l'art de ses pères, et fut pourvu, en 1781, du titre d'imprimeur ordinaire du roi ; mais son goût dominant le portait vers les études agronomiques.

Il a publié : I. *Lettre sur les oliviers*, écrite à M. B., le 23 décembre 1762, in-8° de 28 pages. — II. *Seconde lettre sur les oliviers*, écrite à M. B., le 25 novembre 1771, in-8° de 19 pages. Ces deux lettres, ouvrage devenu classique, dans celles de nos provinces où l'on cultive l'olivier, ont été réimprimées à Marseille, en 1832, avec des notes de M. Feissat aîné, in-8° de 60 pages, imprimerie de Feissat. L'auteur avait pour objet de déraciner des routines nuisibles à la culture de cet arbre. — III. *Lettre sur la vigne*, écrite à M. ***, le 16 septembre 1772, in-8° de 32 pages. — IV. *Seconde lettre sur la vigne*, 30 mars 1775, in-8° de 71 pages. — V. *Lettre sur le poirier*, 12 novembre 1776, 108 pages. — VI. *Culture du pêcher en buisson*, 1783, 75 pages. Ces ouvrages, composés sans autre ambition que celle d'être utile, sont remplis d'observations justes, et sont tous le fruit de l'expérience.

Antoine David mourut à Aix, le 14 juillet 1787.

J.-B.-ANT. VISCONTI (1722-1784).

Visconti (Jean-Baptiste-Antoine), préfet des antiquités de Rome, sous Clément XIII, Clément XIV et Pie VI, naquit à Vernazza, au diocèse de Sarzana, le 26 décembre 1722. Son père, nommé Marc-Antoine, né dans le même pays, exerçait la médecine. Sa famille s'était perpétuée dans la ville de Vernazza, pendant onze générations, vivant toujours très-honorablement et alliée à des maisons illustres. Toutes les familles Visconti appartiennent, dit-on, à la même souche que la maison souveraine de Milan ; mais il n'existe là-dessus que des traditions vagues.

Jean-Baptiste-Antoine ayant perdu son père dans son enfance, son éducation fut dirigée par un grand-oncle, archiprêtre, qui l'envoya à Rome, dès qu'il eut atteint l'âge de quatorze ans, auprès d'un autre de ses grands-oncles, nommé Antoine-Marie, peintre et élève de Gio-Battista Gaulli, dit *Baciccio*. Quoique Antoine-Marie pût concevoir le projet de faire un peintre de son jeune élève, il eut le bon esprit de le laisser continuer l'étude des langues anciennes, et le jeune Visconti conçut une telle passion pour ce genre de connaissances, qu'il s'y livra presque entièrement, ne dérobant aux muses latines et grecques que des moments consacrés à l'étude des mathématiques. A peine sorti de ses premières études, il contribua au rétablissement de l'académie dite *de' Fari*; il en écrivit l'histoire, comme secrétaire, et, en 1741, il en fut nommé *prince*. Un prélat avec qui il était lié, nommé Giuseppe Saliceti, avait fondé une neuvaine pour célébrer la fête des Morts, dans l'église de Saint-Jean des Florentins; plusieurs prédicateurs y étaient ordinairement appelés. Visconti, en 1744, âgé de vingt-deux ans, après avoir obtenu, à cet effet, une permission, à cause qu'il était laïque, prêcha seul les neuf sermons qui devaient remplir la neuvaine, tous sur le même sujet. Pour acquérir un état et fixer son rang dans la société, il acheta ensuite une charge de notaire apostolique.

Mais, au milieu de ses travaux scientifiques et littéraires, un goût dominant l'entraînait dans l'étude des monuments antiques. Ce sentiment le lia avec Winckelmann, qui remplissait alors à Rome la place de *préfet des antiquités*, et cet homme célèbre conçut pour lui une telle estime, qu'en partant pour l'Allemagne, en 1767, il disait tout haut que, s'il mourait avant son retour, il croyait ne pouvoir être mieux remplacé que par J.-B. Visconti [1]. Cet honorable legs reçut son exécution. On sait que l'illustre auteur de l'*Histoire de l'art* fut assassiné par son domestique, comme il revenait à Rome, le 8 juin 1768.

Le 30 du même mois, J.-B. Visconti fut nommé, à sa place, par Clément XIII, avec le titre, soit de *préfet des antiquités*, soit de *commissaire aux antiquités*, car on trouve ces deux expressions dans les écrits du temps. Cette place, si honorablement remplie par Winckelmann, ne tarda pas à acquérir une plus grande importance. Clément XIV, élevé sur le trône pontifical, le 19 mai 1769, conçut le projet de fonder un nouveau musée dans le Vatican, et d'y rassembler tous les marbres antiques dont il pourrait faire l'acquisition. Dès lors, il ne suffit plus au *préfet des antiquités*

---

[1] Fr. Cancellieri, *Dissert. sopra la stat. del Discobolo*, etc., p. 64.

d'apprécier les antiques sous le rapport de l'art, d'en expliquer la signification mythologique et les costumes, il dut aussi en établir la valeur numérique : le préfet des antiquités devint le commissaire aux achats.

Les quinze dernières années de la vie de Visconti furent principalement employées à inspecter les fouilles faites pour le compte du gouvernement, à suivre celles des particuliers, à acquérir tous les objets qui offraient quelque intérêt : c'est lui qui décida Pie VI à entreprendre les fouilles qui amenèrent la découverte du tombeau des Scipions (*Monum. degli Scip.*, p. 2). La formation du musée Pio-Clémentin devint en grande partie son ouvrage.

Au milieu de ces graves occupations, il trouvait encore des moments pour des travaux purement littéraires. Il composa, en 1781, une dissertation sur le Discobole en marbre, lançant le disque, trouvé dans les fouilles du mont Quirinal. Elle porte le titre de *Lettre au cardinal Guillo-Pallotta sur le Discobole*, etc., 24 mars 1781. On compte, parmi ses autres ouvrages, une *Dissertation sur un médaillon de la ville de Cologne, représentant Tibère*; un *Mémoire* sur les aqueducs qui existent aux environs de Rome, près de la *villa Casali*; toutes les inscriptions latines placées dans le musée Pio-Clémentin; diverses *lettres et notices sur des inscriptions du tombeau des Scipions*, imprimées dans les tomes V, VIII, IX de l'*Anthologie romaine*, et plusieurs pièces de vers publiées en 1752, 1754, 1764, 1781, etc.

En 1778, Ludovico Mirri ayant conçu le projet de faire graver tous les antiques dont se composait le musée Pio-Clémentin, Jean-Baptiste Visconti fut choisi pour composer le texte, et nommé à cet effet par le pape [1]. Mais atteint d'un anévrisme, il se trouva dans l'impossibilité de travailler assidûment à cette grande entreprise, et il fut suppléé par son fils Ennius-Quirinus. De là, il est arrivé que le premier volume du *Musée Pio Clémentin* porte le nom de *Jean-Baptiste*; que les censeurs lui attribuent le texte de ce volume, en lui donnant de justes éloges, et que cependant Cancellieri a pu dire, avec vérité, que ce premier volume est presque entièrement écrit (*quasi interamente scritto*), par Ennius-Quirinus [2]. Ce dernier lui-même dit, dans la préface du second vo-

---

[1] *Musée Pio-Clément.*, t. I, préf., p. vii
[2] *Dissert. sopra la stat. del Discobolo*, p. 67.

lume, que son père, abattu par une maladie grave plutôt que par les ans, n'a contribué à ce travail *presque que par son nom.*

Jean-Baptiste épousa, en 1750, Ursule Filonardi, née comme lui à Vernazza. Il en eut trois fils : Ennius Quirinus, Filippo Aurelio, antiquaire, qui, en 1782, fut nommé coadjuteur de son père à la place de *préfet des antiquités* ; et Alessandro, médecin, qui, entraîné aussi par l'amour des arts, a publié à Rome, en 1805, le catalogue des médailles de Pietro Vitali. La famille Filonardi avait eu deux cardinaux : Ennio, créé par Paul III, en 1536, et Filippo, élu par Paul V, en 1611. C'est en mémoire de ces deux princes de l'Église, que Jean-Baptiste donna le nom d'*Ennius* à l'aîné de ses fils, et celui de *Philippe* au second. Après trois années de souffrances, il mourut le 2 septembre 1784. Ce savant se fit estimer par de précieuses qualités morales autant que par son savoir. Honoré de tous les hommes instruits, chéri de trois papes, il laissa une réputation que la célébrité de ses fils ne doit pas faire oublier. Cancellieri, qui nous a transmis des instructions intéressantes sur sa vie, complète son éloge avec ce seul mot : « Il a passé, dit-il, par ses mains, plusieurs centaines de mille écus, et il est mort pauvre. » (*Di modo che essendo passato per le sue mani il pagamento di più centinaja di migliaja di scudi, morì povero.*) On peut voir de plus grands détails sur sa vie dans les notes que cet écrivain a jointes à son recueil, intitulé : *Dissertazioni epistolari sopra la statua del Discobolo*, *scoperta nella villa Palombara*, etc.; Rome, 1806, in-8°.

JACQUES GIBELIN (1744-1828).

Gibelin (Jacques), docteur en médecine, membre de la Société médicale de Londres, conservateur de la bibliothèque publique de la ville d'Aix en Provence, secrétaire perpétuel de la Société des amis des sciences, des lettres, des arts et de l'agriculture de la même ville, frère puîné d'Esprit-Antoine Gibelin, peintre d'histoire, correspondant de l'Institut de France, naquit à Aix en Provence, le 16 septembre 1744, et se destina de bonne heure à la médecine. Toutes les sciences, alliées avec celle-là, devinrent pour lui l'objet d'une véritable passion. A peine eut-il reçu le grade de docteur dans sa ville natale, qu'il se rendit à Paris pour y agrandir le cercle de ses connaissances. Parmi les concurrents les plus distingués qu'il rencontra dans la carrière des sciences, plusieurs conçurent pour lui, dès cette époque, une affection qui ne s'est jamais démentie. Tels furent Berthollet et Broussonnet, demeurés fidèles à cet attachement jusqu'à leur mort; et plus tard, notre illustre Bosc, qui rend encore aujourd'hui de si importants services aux sciences naturelles. A un esprit pénétrant et fin, le docteur Gibelin joignait les qualités du cœur les plus affectueuses, les formes les plus aimables: ces dispositions intéressantes ne cessèrent de lui attirer des amis, et il n'en perdit jamais aucun.

Il alla ensuite à Londres, où il fut reçu membre de la Société médicale. Frappé de l'importance de quelques livres anglais, pour les progrès de la physique et de la médecine, il conçut alors le projet d'en enrichir nos écoles, en les traduisant en français. Cette idée le ramena à Paris en 1774, et, dès l'année 1775, il commença à publier ses traductions, dont la première fut le *Traité* de Priestley *sur différentes espèces d'air*, en neuf volumes in-12. Ses travaux en ce genre se continuèrent jusqu'à l'année 1791, où il publia les deux derniers volumes de son *Abrégé des Transactions philosophiques de la Société royale de Londres*, concernant la botanique et la physique végétale.

Dans l'intervalle, il fit paraître les ouvrages suivants : *Expériences et observations sur différentes branches de la physique*, par le même Priestley, 1782, 4 vol. in-12; *Traité sur le venin de la vipère, sur les poisons américains*, etc., par Félix Fontana, imprimé en français à Florence, 1791, 2 vol. in-4°, traduit par Gibelin sur le manuscrit italien de l'auteur, son ami particulier; *Observations sur les maladies vénériennes*, par Swediaur, 1784, in-8°; *Éléments de minéralogie*, de Kirwan, 1785, in-8°; *Abrégé des Transactions philosophiques de la Société royale de Londres ; histoire naturelle*, 1784, 2 vol. in-8°; *Histoire des progrès et de la chute de la république romaine*, par Adam Ferguson (dont la première moitié seulement appartient à Démeunier, et dont la moitié du quatrième volume et les trois suivants sont de Gibelin, et non de Bergier, comme on l'a dit), 1784, 7 vol. in-8° et in-12; *Mémoires de la vie privée de Benjamin*

Franklin, première partie, finissant à l'année 1757, traduits par Gibelin, sur le manuscrit original de l'auteur.

Tandis qu'il s'occupait de ces ouvrages, le marquis de Méjanes (J.-B. M. de Piquet) mourut à Paris, le 5 octobre 1786, après avoir légué à la province de Provence la magnifique bibliothèque qu'il avait formée avec l'intention de la rendre publique dans la ville d'Aix. Ce généreux citoyen, doué de toutes les connaissances nécessaires pour une si noble entreprise, avait employé plus de trente années à rassembler, à cet effet, au delà de quatre-vingt mille volumes renfermant les ouvrages les plus importants dans les sciences, les lettres, l'histoire générale, et particulièrement dans l'histoire politique et administrative de la Provence. En 1787, l'assemblée des communes du pays accepta ce legs, et aussitôt on s'occupa de réunir les livres restés à Arles, à Aix, à Paris, après la mort de l'acquéreur. Le savant abbé Rive, qui avait dirigé auparavant la bibliothèque du duc de Lavallière, fut nommé bibliothécaire, et le docteur Gibelin lui fut donné pour adjoint. Rive, déjà frappé de paralysie, ne pouvant s'occuper du rassemblement des livres, tout ce travail fut à la charge du docteur Gibelin ; et Rive étant mort à Marseille le 20 octobre 1791, celui-ci se trouva seul chargé de la conservation de ce précieux dépôt et du soin d'en dresser le catalogue.

Les estimables qualités de cet homme de bien, qui n'avaient contribué jusqu'alors qu'aux jouissances de sa famille et de ses amis, tournèrent, dès ce moment, au profit de la chose publique. En 1793, 1794, et dans les années suivantes, quoique privé de tout traitement, il ne cessa de s'occuper de la formation du Catalogue, et de la garde assidue du dépôt qui lui avait été confié. L'estime universelle ne l'abandonna point dans ces temps de troubles. Son esprit conciliant aplanissait les difficultés que de fréquentes occasions pouvaient faire naître ; il eut le bonheur de garantir son trésor de toute dispersion, et celui de conserver sa vie. Longtemps encore après que la tranquillité fut rétablie, il continua son travail sans émoluments ; et enfin, le 16 novembre 1810, la Bibliothèque ayant été ouverte au public, il reçut de ses concitoyens un honorable prix de son dévouement. Le conseil municipal de cette époque, et le maire qui le présidait, homme aussi recommandable par ses lumières que par son amour pour les arts, M. Sallier, propriétaire d'une belle collection d'antiquités qu'il a formée lui-même, élevèrent dans les salles de cette Bibliothèque, à côté du buste du fondateur, deux cippes de marbre, sur l'un desquels fut gravé le nom de Jacques Gibelin, accompagné de l'énoncé de ses titres à la gratitude publique.

Au 20 mars 1814, les administrateurs, se trouvant déplacés, et un préfet, dignement informé, ayant à choisir, pour la ville d'Aix, un maire qui jouît au plus haut degré de l'estime publique, et qui sût, par le crédit que lui donnerait son mérite, maintenir dans l'ordre tous les partis, choisit l'avocat Dubreuil, ancien assesseur dans l'administration de la province. A ce maire, il fallait des adjoints dignes de lui : l'un d'eux fut le docteur Gibelin ; et cette municipalité, aussi vigilante que ferme et dévouée, parvint à maintenir la cité dans une tranquillité parfaite, au milieu des passions qui fermentaient à chaque secousse politique.

L'exercice de sa profession de médecin, et ses travaux bibliographiques, n'empêchaient pas le docteur Gibelin de se livrer à d'autres études. En 1809 fut établie, à Aix, une Société académique, connue aujourd'hui, dans le monde savant, par trois volumes de Mémoires. Après avoir coopéré à sa formation, il en devint, dès l'origine, le secrétaire perpétuel, et il ne cessa pas d'en être l'âme. De longtemps, on n'oubliera dans la ville d'Aix l'intérêt des rapports qu'il présentait, chaque année, dans la séance publique de cette académie. Ce travail lui donnait naturellement occasion de développer l'aménité de son caractère, autant que la variété de ses connaissances et les ressources de son esprit. Applaudir avec l'expression du sentiment, critiquer avec reserve, c'était son talent. Nul ne posséda mieux que lui l'art de relever un sujet, et de louer finement, sans outre-passer la mesure.

Des qualités si précieuses le rendirent le confident des travaux de plus d'un littérateur ; et, chaque fois qu'il était consulté, ses avis bienveillants lui valaient un nouvel ami.

Privé de la vue dans les deux dernières années de sa vie, cette infirmité n'altéra point la tranquillité de son âme. Il n'a pas cessé de s'occuper des sciences et des lettres ; et, malgré son grand âge, sa mémoire n'avait rien laissé échapper de son vaste savoir, sa critique n'avait rien perdu de sa délicatesse, ni son cœur, de ses sentiments affectueux.

Cet excellent homme est mort le 4 février 1828. Les personnes qui le connaissaient particulièrement, ou qui ont eu des rapports avec sa famille, verront, à la signature de cette notice, que celui qui l'a composée était son parent et son ami; mais il n'y en aura aucune qui n'ajoute : « Il n'a dit que la vérité. »

A.-J.-A. FAURIS DE SAINT-VINCENS (1750-1819).

FAURIS DE SAINT-VINCENS (Alexandre-Jules-Antoine), président à la cour royale d'Aix, ancien président au parlement de la même ville, ex-membre du Corps législatif et de la chambre des Députés, académicien libre de l'Académie des inscriptions et belles-lettres de l'Institut royal, officier de la Légion d'honneur, est mort à Aix, sa ville natale, le 15 novembre 1819, âgé d'environ soixante-dix ans. La perte de ce respectable magistrat sera vivement sentie par les amis des lettres, ainsi que par les personnes qui ont eu l'avantage de le connaître d'une manière particulière.

Fauris de Saint-Vincens était un descendant de Mme de Sévigné, par sa mère, fille de Mme Villeneuve de Vence, et arrière-petite-fille de Mme de Grignan.

Formé à l'école de Jules-François-Paul Fauris de Saint-Vincens, son père, qui était membre honoraire de l'Académie royale des inscriptions et belles-lettres, il puisa auprès de ce savant magistrat l'amour de la littérature ancienne, et particulièrement celui de l'étude des monuments antiques, où celui-ci s'est rendu illustre, et il ne profita pas moins des exemples de vertu que cet homme vénérable ne cessa de lui donner. Sa famille était alliée à celle de Peiresc. Le culte des muses y était héréditaire, autant que la probité et que la simplicité des mœurs, et autant encore que ces manières, à la fois nobles et aimables, qui sont le produit de la culture de l'esprit, de l'élévation des idées et de la bonté du cœur.

Partagée entre les devoirs de la magistrature et les études auxquelles il se livrait par un penchant naturel, la vie de M. de Saint-Vincens n'a été remplie que de travaux utiles et de bonnes actions. Toute autre ambition que celle de jouir de l'estime des hommes instruits et des gens de bien lui était étrangère. Pendant les malheurs de la Révolution, il avait consumé la plus grande partie de sa fortune à soutenir des familles tombées dans l'indigence, et sa générosité avait été portée jusqu'à le réduire au plus absolu nécessaire, sans qu'il en eût conçu la plus légère vanité et sans qu'il parût même s'en ressouvenir. Ses amis les plus intimes l'auraient ignoré, si la reconnaissance de quelques-unes des personnes qu'il avait obligées ne le leur eût appris.

Véritable ami des lettres, Fauris de Saint-Vincens s'appliquait à en propager le goût, en assistant de ses conseils et de ses secours de tous genres les jeunes gens qui témoignaient le désir de s'instruire. Son cabinet, riche en livres d'archéologie, en médailles, en inscriptions grecques et latines, et même en tableaux des premiers âges de la peinture, était constamment ouvert aux recherches des élèves dont il devenait le guide, et quelquefois le soutien, comme à celles des érudits qui en voulaient examiner les richesses.

Ses études s'étaient portées principalement sur les antiquités de la Provence. Il avait rassemblé, pour compléter à cet égard le travail de son père, une suite considérable de monnaies frappées dans cette province, depuis les premiers temps de la république de Marseille, jusqu'au règne de Charles III, le dernier de ses comtes particuliers ; et il a publié cette collection, dont son père avait déjà fait connaître une partie, en commençant à Boson, et en finissant à Charles III, à l'année 1481. A cette suite intéressante, il a joint des monnaies des comtes de Forcalquier, de la ville d'Albi, des évêques de Maguelone, de ceux de Cahors, des archevêques d'Arles, de la ville de Narbonne, etc.

On distingue, parmi ses ouvrages, un Mémoire sur la position de l'ancienne ville d'Aix ; des notices sur les lieux où les Cimbres et les Teutons ont été défaits par Marius ; des Mémoires et notices, extraits des manuscrits de son père, sur l'état des lettres et des arts, et sur les mœurs et les usages des Provençaux dans le quinzième siècle. Il a composé une Notice sur la vie de son père, où il en fait un portrait aussi fidèle qu'intéressant. Nous lui devons aussi des dessins de plusieurs monuments de l'antiquité et du moyen âge, qui, pour la plupart, n'existent plus, et qu'il a le mérite d'avoir sauvés de l'oubli.

Parmi les richesses de sa bibliothèque se trouvent plusieurs manuscrits de Peiresc, ainsi que des lettres adressées à cet illustre antiquaire, par divers personnages célèbres de son temps. Fauris de Saint-Vincens avait entrepris la publication de plusieurs pièces choisies de ce recueil. Un volume de ces extraits est en ce moment sous presse.

Aux lumières d'un savant et aux précieuses qualités d'un homme de bien, ce vertueux magistrat joignait les dons de l'esprit qui font le charme des sociétés polies. Savant aimable, on le trouvait toujours prêt à répandre, dans ses conversations, le sel attique dont l'étude des anciens lui avait ouvert les sources. Deux sortes de mérite, qui souvent se contrarient réciproquement, brillaient en lui : les saillies de l'esprit et la modestie.

Nous regrettons de ne pouvoir acquitter envers sa mémoire un plus juste tribut d'éloges. Un autre écrivain remplira plus dignement ce devoir. Ce premier hommage est celui de l'estime et de l'attachement.

E.-M. COUSINÉRY (1747-1833)

Cousinéry (Esprit-Marie), membre de l'Institut royal de France, fut un des plus habiles connaisseurs de médailles de notre temps. Né à Marseille le 8 juin 1747, il fut destiné de bonne heure à la carrière des consulats du Levant, et commença son exercice à Trieste, en 1771, dans les fonctions de chancelier. En 1773, il était chancelier à Salonique, et il y géra le consulat pendant deux ans ; en 1779, il était vice-consul à Smyrne, et, en 1784, consul à Rosette. Nommé enfin consul à Salonique en 1786, il en remplit les fonctions jusqu'en 1793. A cette époque, s'étant trouvé obligé de conférer avec M. de Choiseul-Gouffier, ambassadeur de France auprès de la Sublime-Porte, sur les affaires de son consulat, son voyage à Constantinople devint un motif pour le faire porter sur la liste des émigrés. Il perdit son consulat, ne fut rayé de la liste des émigrés qu'en 1803, et n'obtint d'être réintégré dans le consulat de Salonique qu'en 1814.

Ni son séjour à Salonique, lorsqu'il y gérait le consulat, ni sa retraite à Smyrne pendant son émigration, ne furent perdus pour la science des antiquités. Un goût très-vif l'avait porté à l'étude des médailles ; des voyages exécutés avec persévérance dans toute la Grèce et dans plusieurs provinces d'Italie lui facilitèrent le moyen de se former une collection de plus de dix mille médailles grecques, dont un grand nombre de rares et d'inconnues, qui formaient un notable accroissement de matériaux pour la science de la numismatique. Cette collection, apportée à Paris en 1807, et connue de réputation longtemps auparavant, servit plus d'une fois à enrichir les deux grands ouvrages sur la numismatique qui se publiaient à cette époque, savoir : le beau Traité d'Eckhel, devenu justement célèbre sous le titre de *Doctrina nummorum veterum*, et le précieux catalogue de M. Mionnet, intitulé : *Description de médailles antiques grecques et romaines*. L'avantage particulier à Cousinéry d'avoir trouvé lui-même un grand nombre de ses médailles sur les lieux où elles avaient été frappées, lui fit acquérir une connaissance étendue de l'appartenance locale de chaque pièce, partie de la science des médailles que la science des antiquaires appelle la *provenance*. Eckhel, qu'un commerce de lettres assez fréquent avait lié avec lui, s'est plu à lui rendre hautement témoignage. Il déclare, en plus d'un endroit, notamment dans son *Addenda*, que l'opinion de Cousinéry a confirmé ou réformé la sienne : *Istud confirmat judicium Cousinerius ; docuit me clarus Cousinerius ; istud judicium confirmavit præclarus Cousinerius ; clarissimus Cousinerius* [1]. Le nombre de médailles grecques dont ce savant a enrichi, à la suite de ses différents voyages, les collections royales de Munich, de Vienne et de Paris, s'élève à vingt-six mille.

Il a publié quelques ouvrages, savoir : — *Lettre à M. l'abbé San-Clemente, au sujet d'une médaille* de la ville de Magnésie du Sipyle, sur laquelle on a cru voir la tête de Cicéron, et où l'auteur reconnaît Jules César, à qui les habitants de Magnésie la consacrèrent, après l'avoir déifié, et en commémoration de cet acte ; Paris, 1808, in-8°. Cette dissertation, resserrée dans un petit nombre de pages, est un des meilleurs ouvrages de l'auteur. — Quatre *Lettres* adressées à M. Rostan, membre de l'Académie de Marseille, sur l'inscription de Rosette. Ces lettres n'ont pas pour objet les langues dans lesquelles est conçu le texte de cette inscription, mais les faits de l'histoire des Lagides, auxquels elle se rapporte, et particulièrement leur système monétaire. Dans la première lettre, l'auteur prouve que l'inscription n'est qu'un décret qui déifie Ptolémée Épiphane, et il s'attache à établir la dif-

----

[1] *Doctrina*, t. II, p. 498 ; *Addenda*, p. 54, etc.

férence qui existe entre la *déification* et l'*apothéose*. Dans la seconde, il veut montrer que Ptolémée Philadelphe, héritier du trône à l'âge de cinq ans, a eu plusieurs tuteurs. La troisième a pour objet de fixer l'époque à laquelle l'inscription de Rosette appartient. L'auteur fait voir que Ptolémée Épiphane ne dut point être sacré à l'âge de treize ans, comme on l'a cru ; mais à vingt-cinq ans, époque où les rois pouvaient être initiés aux mystères sacrés ; que c'est à cet âge qu'il se maria avec Cléopâtre, fille d'Antiochus le Grand, roi de Syrie, et que la date marquée dans l'inscription, *l'an neuf*, est une ère nouvelle qui part de ce double fait, savoir : du mariage et de la consécration du jeune prince. Enfin, dans la quatrième lettre, l'auteur recherche quel a été le système monétaire des rois d'Égypte, et comment s'est établi le droit, dont ils ont usé, de placer leurs effigies sur leurs monnaies. Il veut démontrer que nous possédons, sur des monnaies d'or, les portraits de cinq rois de la famille des Lagides, et des quatre premières reines, désignés comme dieux ou déesses dans l'inscription de Rosette : c'est là un aperçu totalement neuf, qui, s'il est adopté, jettera un grand jour sur la question de savoir à quelle époque les rois de l'antiquité ont commencé à marquer leurs monnaies de leurs propres effigies. Cette belle question est traitée avec plus d'étendue dans le *Voyage de Macédoine*. Cette quatrième lettre, d'un grand intérêt, forme seule un in-8° de 166 pages. — III. *Mémoire sur un petit monument de bronze trouvé* (par l'auteur) *à Pergame*, dans la Mysie, in-8°, 15 pages. — IV. *Mémoire sur les monnaies des princes croisés*, publié par M. Michaud, dans son *Histoire des Croisades*. — V. *Essai sur les monnaies d'argent de la Ligue Achéenne*; Paris, 1825, in-4° de 170 pages, accompagné de cinq planches de médailles. Le but de l'auteur est de montrer que tous les États grecs qui firent partie de la confédération achéenne frappèrent des monnaies particulières, ou marquées de quelque signe, destinées à être versées dans le trésor commun de la Ligue. Ce travail, neuf et entièrement original, restitue à plusieurs villes des monnaies qu'on ne connaissait plus pour leur appartenir, et qu'on classait parmi les incertaines. Il agrandit et éclaircit en divers points la science de la géographie numismatique. — VI. *Voyage dans la Macédoine*; Paris, de l'Imprimerie Royale, 1831, in-4°, 2 vol. ornés de

22 planches. Le sujet de cet ouvrage peut être divisé en trois parties : 1° description du pays dans l'état où il se trouve aujourd'hui : mœurs, commerce, gouvernement; 2° géographie ancienne, histoire, révolutions; 3° monnaies des rois de Macédoine et des peuples renfermés dans ce pays. En ce qui concerne les monnaies, l'auteur propose une opinion, qui lui est personnelle, sur celles d'Alexandre et sur quelques-uns des rois ses successeurs. Il pense que celles de ces monnaies qui portent le nom d'Alexandre, alors même que la tête y est accompagnée d'attributs caractéristiques d'Ammon ou d'Hercule, présentent bien, en effet, la tête du héros macédonien. Il ajoute que, ce prince ayant été honoré comme un dieu de son vivant, c'est à ce titre seulement qu'il obtint l'honneur de voir son effigie consacrée sur la monnaie, et qu'il prit les dehors d'un dieu pour consolider le privilége extraordinaire que l'enthousiasme des peuples lui avait décerné. Ces images d'Alexandre, avec les attributs d'Ammon ou d'Hercule, lui paraissent marquer l'époque du changement opéré dans la consécration des monnaies, lorsqu'on remplaça les images des dieux par les effigies des princes apothéosés. Cette idée est du nombre de celles qui s'annoncent avec quelque éclat et une grande probabilité, mais qui ont besoin de la confirmation du temps.

Le caractère moral de Cousinéry était une extrême bonté. Il n'avait, pour ainsi dire, rien en propre; sa fortune était celle de toute personne dans la détresse qui recourait à sa bienfaisance; son excessive générosité allait souvent jusqu'à le mettre lui-même à la gêne. Le portrait de cet antiquaire, aussi estimable par les qualités de son cœur que par son savoir, se voit à Paris, au Cabinet des Antiques, parmi ceux des savants qui ont le plus contribué à enrichir ou à illustrer cette magnifique collection.

JACQ.-GAB. POUILLARD (1751-1823).

L'abbé POUILLARD (Jacques Gabriel), sacristain de la chapelle royale des Tuileries, mort à Paris le 8 du mois d'août 1823, naquit à Aix, en Provence, en 1751. Son premier goût le porta vers la peinture. Il en étudia les éléments, auprès d'un élève des Vanloo, et il y fit des progrès assez remarquables. Une passion plus vive se joignit bientôt à celle-là : ce fut l'amour des médailles et des antiquités, en général. Il trouvait à satisfaire ce penchant, au sein de sa patrie, dans le cabinet de deux amateurs aussi estimables par leur savoir que dignes de respect par leurs vertus, les deux Fauris de Saint-Vincens, le père et le fils, tous deux associés de l'Académie royale des inscriptions et belles-lettres.

Plusieurs obstacles s'opposaient aux études de Pouillard. Sa famille, considérée par une probité héréditaire, était peu favorisée de la fortune. Sincèrement attaché, d'ailleurs, à sa religion, il voulait en faire la principale occupation de sa vie. Il entra, à cet effet, en 1780, dans l'ordre du Mont-Carmel, et obtint d'être affilié à la maison d'Aix, où dix à douze religieux vivaient ensemble, autant comme des amis que comme des cénobites liés entre eux par la même règle.

Après avoir passé plusieurs années dans cet asile, il sollicita de ses supérieurs la permission d'aller voir la ville de Rome. Il ne s'attacha pas seulement dans cette ville aux médailles et aux autres monuments antiques : l'histoire religieuse du moyen âge devint aussi l'objet de ses travaux. Il trouvait dans cette étude la double jouissance de s'occuper des arts et d'exercer son savoir pour l'avantage de la religion. Quatre volumes de lettres adressées aux deux Fauris Saint-Vincens, et renfermant souvent des dessins de sa main, d'après des bas-reliefs et des médailles, ou des inscriptions grecques et latines, dont il donnait des explications, furent le premier produit de ses excursions littéraires dans la patrie de Cicéron et des Césars.

Des recherches sur la croix attachée à la chaussure des papes, le conduisirent à voir de ses propres yeux toutes les peintures de Rome, du quatrième au quinzième siècle, où se trouve cette décoration. De là naquit son ouvrage intitulé : *Dissertazione sopra l'anteriorità del bacio de' piedi de' sommi Pontefici all' introduzione della croce sulle loro scarpe.* Dans cet écrit, publié à Rome en 1807, l'auteur a montré autant de connaissance des sources littéraires du moyen âge, qu'il a manifesté de lumières en ce qui concerne l'appréciation des monuments de l'art [1].

Un autre ouvrage allait paraître après celui-là : c'était un *Traité*

---

[1] L'auteur a pris, sur le frontispice de cet ouvrage, le nom de *Pouyard*. Il crut, pendant longtemps, que son nom devait être écrit de cette manière.

sur la tiare des Papes. Le manuscrit était entièrement composé. Les malheurs des temps ont mis obstacle à l'impression.

Ces travaux furent terminés au milieu des veilles et des fatigues qu'imposait à l'auteur une mission digne d'un cœur charitable. Il était sacristain de l'église de son couvent, dite de Saint-Martin des Monts, lorsque les armées françaises entrèrent à Rome. Cette église devint un hôpital pour les soldats français, et le père Pouillard, comme sacristain, s'en trouva l'aumônier. Mais, malgré son zèle pour la religion, il n'était pas homme à se borner envers ses malheureux compatriotes à des secours spirituels. Il se constitua de lui-même leur premier infirmier, et leur prodigua, jour et nuit, les soins les plus assidus et les plus fraternels.

C'est dans ces pénibles fonctions qu'il fut connu d'un prélat qui avait conçu, en faveur des arts et des lettres, de grands et nobles projets. Le cardinal Fesch, venu à Paris, y appela le père Pouillard, pour faire de lui le conservateur d'un musée de tableaux, dont aucune collection particulière n'a, peut-être, jamais égalé la richesse, et d'une bibliothèque consacrée à l'étude de la religion, et qu'il se proposait de rendre publique. Mais avant que Pouillard vînt occuper dans la capitale cette place qui exigeait des connaissances si variées, et à laquelle il convenait si bien, une mission d'un autre ordre le retint au voisinage de Lyon. Le cardinal avait fondé un séminaire dans le Bugey. Il invita le père Pouillard à remplir les fonctions de directeur de cet établissement. Ce vertueux ecclésiastique obéit avec empressement à un ordre qui l'éloignait de ses jouissances favorites, mais qui l'appelait au service de Dieu.

On l'a vu ensuite, à Paris, au milieu de la magnifique collection de tableaux et de sculptures qu'il avait contribué à former, accueillir les amateurs de tous rangs, avec cette politesse naturelle qui est un produit de la bonté du cœur; montrer autant d'urbanité que de simplicité; allier à une intéressante modestie les traits du goût le plus délicat et le plus exercé.

En 1814, une grande occasion se présenta de témoigner sa reconnaissance à son bienfaiteur, parti pour l'Italie : l'abbé Pouillard ne la laissa point échapper, et s'acquit, par un généreux dévouement, des droits à l'estime universelle.

Le cardinal de Talleyrand, devenu grand aumônier, apprécia dignement un homme d'un si beau caractère. Il lui témoigna son estime, de plus d'une manière, et sa bienveillance lui conserva notamment la place de sacristain de la chapelle des Tuileries, qu'il occupait auparavant.

La considération du cardinal de Talleyrand envers l'abbé Pouillard était méritée sous tous les rapports.

Savant sans prétention, Pouillard honorait son savoir par un oubli presque absolu de lui-même. Loin d'étaler son érudition, il la cachait. Aussi communicatif que modeste, il semblait n'avoir acquis de lumières que pour l'instruction des amis qui le consultaient.

Il serait difficile de nommer une vertu dont sa belle âme ne fût ornée. Laborieux, bienfaisant, désintéressé, sans aucune ambition, ne possédant que pour donner, d'un caractère doux, d'une affection prévenante, il inspirait aussitôt l'amitié que l'estime, et l'une devenait aussi inaltérable que l'autre.

Pouillard avait perdu de bonne heure un frère qui laissait deux enfants en bas âge : il devint le père d'un neveu et d'une nièce qu'il a établis tous deux avantageusement.

Outre les ouvrages dont nous venons de faire mention, il existe de lui plusieurs dissertations dans le *Magasin encyclopédique* de Millin, savoir : *sur une inscription trouvée à Rome dans le jardin de Saint-Martin des Monts* (1806, t. I); — *sur le sceau de la Bazoche de Dijon* (1809, t. I); — *sur une question de chronologie* (1809, t. V); — *sur un ancien as romain* (1809, t. VI); — *sur un vase chrétien de terre cuite trouvé à Paris* (1810, t. IV); — *sur une médaille de Siris et sur les médailles incuses* (1815, t. IV); plus, cinq ou six autres dissertations publiées dans le même recueil.

Il laissa aussi plusieurs ouvrages manuscrits, entre autres : un *Voyage littéraire dans l'intérieur de Rome*; — un *Mémoire sur l'état des arts en Provence, au temps du roi Réné*; — une *Instruction chrétienne à l'usage des soldats*, ouvrage composé lorsqu'il donnait ses soins à l'hôpital de Saint-Martin des Monts; — un *Traité des droits spirituels du grand aumônier de France*, etc., etc.

Nous ne rappellerons ni le zèle avec lequel l'abbé Pouillard remplissait les devoirs de sa place à la chapelle royale, ni même les témoignages d'estime et d'intérêt qu'il a plus d'une fois reçus à l'occasion de ses services ; mais nous ne devions pas séparer dans cette notice l'homme vertueux et le digne ecclésiastique, de l'amateur des arts et du savant. Pouillard n'a fait que se livrer en tout à ses inclinations naturelles : il s'occupait de beaux-arts et d'érudition, par un goût inné ; il était bon prêtre, par le cœur. Ses ouvrages conserveront sans doute une place honorable parmi ceux de nos savants : aucune des personnes qui l'ont connu n'oubliera l'excellence de ses qualités personnelles.

ENNIUS-QUIRINUS VISCONTI (1751-1818).

VISCONTI (Ennius-Quirinus), fils aîné de J.-B.-A. Visconti, naquit à Rome, le 1er novembre 1751. Son père, qui s'était chargé seul de son éducation, lui fit étudier, dès l'âge le plus tendre, les langues vivantes et mortes, la littérature ancienne, les antiquités, les sciences exactes. Il voulait, par cet essai, tenter un succès extraordinaire : il réussit. La prodigieuse mémoire de son élève, et son intelligence, aussi puissante que sa mémoire, se prêtèrent merveilleusement à ce vaste plan ; il saisissait tout et n'oubliait rien. A deux ans, il reconnaissait, sur les médailles, les effigies de tous les empereurs, depuis César jusqu'à Gallien. A trois ans et demi, il lisait également bien le grec et le latin, ce qui fut constaté par un examen public. A dix ans, soumis à un second examen, il étonna ses juges par ses connaissances dans la géographie, l'histoire, la chronologie, la numismatique, la géométrie ; et, à douze ans, dans une troisième épreuve, faite avec solennité à la Bibliothèque *Angelica*, il résolut les problèmes les plus élevés de la trigonométrie, de l'analyse, et du calcul différentiel. Le journal de Florence, de 1755, intitulé : *Novelle litterarie* (t. XVI, p. 666) ; Mazzuchelli, dans ses *Scrittori d'Italia* (t. II, p. 3 et 1781), rendirent compte de ces faits, qui leur parurent appartenir à l'histoire des savants précoces. Les programmes du second et du troisième examen ont été imprimés sous les titres de : *Experimentum domesticæ institutionis*, etc., Rome, 1762, in-4°, et de *Specimen alterum domesticæ institutionis*, etc., 1764, in-4°.

Mais ce qui étonnait le plus, c'était la simplicité de son caractère, et surtout sa modestie. Un enfant prodige de mémoire est souvent un prodige d'orgueil, sans renfermer le germe d'un vrai

talent : on aimait, au contraire, dans le jeune Visconti, son ingénuité, sa timidité, expressions des qualités de son cœur, autant
qu'on admirait la pénétration de son esprit, la justesse de son jugement, et la brillante faculté dont il était doué de retenir imper-
turbablement ce qu'il avait appris. En 1764, âgé de treize ans, il
traduisit du grec, en vers italiens, la tragédie d'*Hécube*, d'Euri-
pide. Cette traduction fut imprimée à Rome, en 1765. Analysant
déjà son propre travail, le jeune auteur rendit compte lui-même,
dans la préface, de la méthode qu'il avait suivie pour étudier les
langues.

L'empereur Joseph II étant allé visiter Rome en 1769, Visconti
lui fit hommage de différentes pièces de vers qu'il avait composées
à la louange de ce prince, en grec, en latin et en italien : ces vers
ont été conservés dans un Recueil publié à cette occasion. Peu de
temps après, il entreprit une traduction, aussi en vers italiens, des
Olympiques de Pindare. Cet ouvrage est demeuré inédit ; mais, en
1773, l'auteur a fait imprimer, dans le *Nuovo giornale de' let-
terati d'Italia* (Modena ; Mem., t. II, p. 27), ses *Réflexions
sur l'art de traduire Pindare*. Le goût des vers paraissait alors
le dominer : des sonnets et d'autres petits poëmes variaient ses
travaux et récréaient son imagination. Il a conservé et dissimulé
ce penchant toute sa vie.

Dès cette époque de 1769, des circonstances mémorables désignèrent la carrière où il devait s'illustrer. L'amour des monuments
antiques avait fait, depuis quelques années, dans l'Europe entière, de rapides progrès. Les gravures des anciens édifices de
Rome, dont J.-B. Piranesi avait commencé la publication en 1751 ;
le Recueil d'antiquités du comte de Caylus, ouvrage qui, sans être
très-remarquable sous le rapport de l'érudition, apprenait à juger
les monuments, en enseignant à les classer ; les écrits de Mariette
et de Le Roy ; les dessins de Pietro Santi Bartoli ; la description
des ruines de Palmyre, de Balbeck et de Pœstum ; l'immortel traité
de Winckelmann, et plus encore la féconde découverte de la ville
d'Herculanum, et les fouilles de la Villa Hadriana, avaient dirigé
tous les regards vers la Grèce, source privilégiée des plus précieux
chefs-d'œuvre de l'art antique. En harmonie, par ses inclinations
personnelles, avec ce mouvement général des esprits, Clément XIV
arriva au trône pontifical, plein de grandes idées. Dans la vue

d'accroître la magnificence de Rome, de contribuer au rétablissement du goût, et peut-être aussi avec la pensée d'opposer un obstacle de plus à l'exportation des objets d'art, sur lesquels les Romains modernes ont fondé, avec tant d'habileté, divers genres
d'industrie, il conçut le projet de créer un nouveau Musée, supplément de celui du Capitole, et où il rassemblerait les produits des
fouilles exécutées pour le compte du gouvernement, et les objets
dont les propriétaires consentiraient à faire le sacrifice. Il choisit,
pour déposer ces précieux antiques, l'appartement d'Alexandre VIII,
situé au rez-de-chaussée du Vatican, et dont une pièce, dite *le
Belvédère*, renfermait déjà l'Apollon et le Laocoon.

Jean-Baptiste Visconti, en sa qualité de préfet des antiquités,
présidait au choix, à l'acquisition, au placement de tant de nouveaux trésors. Pie VI lui accorda la même confiance que son prédécesseur. Après cela, il semblait naturel que ce savant conçût le
dessein de se donner un jour pour adjoint son fils Ennius, si propre, par ses connaissances, à accroître l'éclat de la magnifique
collection confiée à ses soins. Cependant, ce père de famille en
avait disposé autrement. Comptant sur l'attachement que lui témoignait Pie VI, et sur le mérite transcendant d'Ennius, il avait le
projet et l'espérance de le conduire au cardinalat. Dans cette vue,
il lui fit faire son droit. Visconti reçut le grade de docteur en droit
canonique et en droit romain, le 7 août 1771. Peu de temps après,
le pape l'agrégea au nombre de ses camériers d'honneur, et le
nomma sous-bibliothécaire du Vatican. Mais le jeune Visconti manifestait une vive opposition aux vues de son père. Il avait conçu
de l'attachement pour une vertueuse personne, nommée Angela-
Teresa Doria, et il refusait de s'engager dans les ordres sacrés. Le
pape, pour favoriser les vues de Jean-Baptiste, et dans l'intention
de hâter l'avancement d'Ennius, dépouilla celui-ci du titre de
sous-bibliothécaire, et supprima deux pensions qu'il lui avait ac-
cordées sur différents revenus de l'État. Visconti était d'un caractère très-doux, mais en même temps très-ferme dans ses résolu-
tions : il subit ces suppressions sans se plaindre, et ne persista pas
moins dans ses idées d'indépendance et de mariage. Dans ces circonstances, le prince Sigismond Chigi, depuis longtemps son ami,
persuadé que rien ne changerait sa détermination, et voulant l'in-
demniser de sa disgrâce, le nomma son bibliothécaire, le logea

dans son palais, l'admit à sa table, et exigea de lui qu'il prît un secrétaire, et qu'il ne s'occupât que de ses études accoutumées. Ennius proposa au prince, pour sous-bibliothécaire, l'abbé Carlo Fea, illustre depuis par son commentaire sur l'*Histoire de l'art*, le Winckelmann. Jean-Baptiste, non moins inébranlable qu'Ennius, demanda et obtint pour coadjuteur, à la place de *préfet des antiquités*, Filippo-Aurelio, son second fils, très-digne de remplir ce poste éminent [1].

Mais les vastes connaissances d'Ennius avaient d'avance marqué son rang. Jean-Baptiste, chargé, en 1778, de composer le texte qui devait accompagner les gravures du Musée Pio-Clémentin, se voyant atteint d'une maladie chronique, appela Ennius à son aide. Le premier volume parut en 1782. Le nom de Jean-Baptiste figura seul; mais son fils eut la plus grande part à sa gloire. Le succès de ce lumineux écrit fut immense. Jamais ouvrage ne parut dans des circonstances plus convenables à sa célébrité, et ne répondit plus complétement à l'attente universelle. Jean-Baptiste étant mort en 1784, Ennius publia seul, dans la même année, le second volume du *Musée Pio-Clémentin*. Presque aussitôt, il fut nommé conservateur du Musée du Capitole, ses pensions lui furent rendues, et, le 12 janvier 1785, il épousa la demoiselle Doria, union constamment heureuse, et dont son père, qui ne s'était montré sévère envers lui que par excès d'affection, avait béni le projet avant sa mort. Dans la préface placée à la tête du second volume du *Musée Pio-Clémentin*, Visconti a fait modestement la part de son père et la sienne, en disant qu'on n'y retrouverait pas tout le savoir déployé dans le premier volume, mais qu'il espérait, quant à la forme, qu'on le jugerait sorti de la même main (p. 5). Les éloges donnés à ce second volume par les critiques : Stefano Borgia, depuis cardinal ; Gio-Cristoforo Amaduzzi, Gaetano Marini, Giuseppe Carletti, tous hommes honorablement connus dans les lettres, manifestèrent d'avance l'opinion que le monde savant allait porter de ce nouveau travail.

Depuis cette époque, jusqu'à la mort de Visconti, parurent, sans interruption, une multitude d'écrits, qui ont autant contribué à l'avancement de la science archéologique qu'à la célébrité

---

[1] Cancellieri, *Dissert. sopra la stat. del Discob.*, p. 66.

de leur auteur. En 1780, il composa le texte, joint, par Fr. Piranesi, aux gravures du Temple de l'Honneur et de la Vertu. Dans la même année, la découverte du tombeau des Scipions donna lieu à la dissertation intitulée : *Monumenti degli Scipioni*. Cet ouvrage, recueilli d'abord dans l'*Anthologie romaine*, fut réimprimé, avec des additions, par Fr. Piranesi, en 1785, à la tête des gravures du tombeau des Scipions. Il offrait des recherches curieuses sur la langue et l'orthographe latines des temps anciens, motivées par l'inscription du tombeau de Scipion Barbatus, consul l'an 456, à Rome. La collection d'antiquités, formée par Thomas Jenkins, renfermait beaucoup d'objets, tels que des cippes, des vases, des tables de marbre, tous particulièrement intéressants, à cause des inscriptions dont ils étaient revêtus. Visconti en expliqua tous les objets d'art, en rétablit et en interpréta toutes les inscriptions. Son ouvrage fut publié à Rome, en 1787, in-8°, sous le titre de : *Monumenti scritti del museo del signor Tommaso Jenkins*.

En 1788, parut le quatrième volume du *Musée Pio Clémentin*, qui devançait le troisième. Déjà, cet ouvrage avait pris sa place à la tête de toutes les productions de ce genre. Le second volume avait été jugé supérieur au premier, le quatrième égala le second. Tous les dieux et tous les héros étaient nettement reconnus, les restaurations et les dénominations trompeuses mises à l'écart. L'ordre se trouvait, en quelque sorte, rétabli dans l'Olympe. On crut voir l'antiquité renaître, expliquée avec tant de savoir, de critique et de clarté.

Le chevalier de Azara, qui possédait lui-même les connaissances d'un antiquaire unies aux principes d'un artiste, ayant enrichi sa collection de deux tableaux en mosaïque récemment découverts, Visconti les illustra par une dissertation intitulée : *Osservazioni su due musaici antichi istoriati* (Parme, 1788, in-8°), où il démontra qu'ils représentaient des personnages cherchant à connaître l'avenir par le moyen du feu. C'est dans la même année 1788, que parut sa Dissertation sur un bas-relief transporté d'Athènes en Angleterre par M. Worstley, représentant Jupiter et Minerve qui reçoivent les hommages d'une foule d'Athéniens ; elle fut imprimée à Londres, dans le *Museum Worstlianum*.

Une tête en marbre, casquée, trouvée en 1772 dans les fouilles de la *Villa Hadriana*, donna naissance à une des découvertes les plus piquantes de Visconti. En la comparant avec celles de plusieurs figures plus ou moins endommagées par le temps, qui sont toutes des répétitions d'un même original, il découvrit qu'elles étaient semblables, les unes et les autres, à celles de la figure principale d'un groupe exposé sur une place de Rome, appelé *Pasquino*, composition dont on n'avait jamais reconnu le sujet, à cause des mutilations du marbre. Les parties saines de chacune des figures subsistantes en divers lieux, et notamment d'un groupe conservé à Florence, expliquèrent les parties frustes des autres fragments, et dans le groupe mutilé du *Pasquin*, si souvent confident des mordantes satires du peuple de Rome contre les grands, se retrouva Ménélas, enlevant, du milieu des guerriers troyens, le corps mort de Patrocle. En recomposant ce groupe, sur l'avis de Visconti, et à la faveur du moulage, d'après les plus belles parties existantes à Rome et à Florence, on le restitua en entier dans sa beauté première; et les hommes éclairés y ont reconnu une des productions les plus énergiques et les plus achevées de la sculpture antique. Tel a été le produit de la critique et du savoir. L'abbé Cancellieri composa, dans le même temps, une Dissertation où il montra que le *Marforio* était un Fleuve. Visconti donna à la sienne la forme d'une lettre adressée à ce savant et respectable antiquaire. Cancellieri publia le tout sous le titre de : *Notizie delle due famose statue di un Fiume e di Patroclo, dette volgarmènte di Marforio e di Pasquino* (Rome, 1789, in-8°). Il a reproduit son opinion dans le sixième volume du *Musée Pio-Clémentin*. En 1790, parut le troisième volume de ce grand ouvrage ; en 1792, le sixième, et en 1796, le cinquième. Le septième a été composé à Paris, et publié à Rome en 1807.

Un grand camée, du plus beau travail, représentant le buste de Jupiter, l'épaule gauche couverte d'une portion de cuirasse, la tête ceinte de laurier, et que le chevalier Zulian, noble vénitien, avait acquis à Smyrne, devint l'occasion d'une dissertation aussi curieuse que savante. Visconti y reconnut Jupiter *Ægiochus*, ou armé de l'égide, sujet extrêmement rare. Ce savant, généralement très-circonspect lorsqu'il s'agit de remonter aux origines de la mythologie, et de développer le sens des mythes primitifs, fut entraîné dans cette occasion par la grandeur d'une image poétique, et par l'évidence de la signification : il démontra que, dans le langage

énigmatique de l'antiquité, l'égide de Jupiter était le fracas des
tempêtes par lesquelles ce dieu épouvante les mortels, et que l'é-
gide ou la cuirasse bruyante forgée par Vulcain, avec des plaques
d'airain appliquées l'une sur l'autre et mouvantes, était une imitation de cette égide naturelle, un emblème des orages qui obscur-
cissent les airs, et des sifflements qui accompagnent la pluie et le
tonnerre. Peut-être l'explication de la couronne de chêne fut-elle
moins heureuse. Mais ce qu'il y eut de plus remarquable dans
cette belle dissertation, c'est que l'auteur s'engagea pleinement
dans les domaines de l'allégorie, et montra qu'il reconnaissait les
dieux du paganisme dans les puissances de la nature. Elle fut imprimée à Padoue, en 1793, in-4°, sous le titre de : *Osservazioni
sopra un antico cammeo, rappresentante Giove Egioco*. La
même année vit paraître sa Lettre sur la toilette en argent d'une
dame romaine.: *Lettera su di un' antica argenteria nuova-
mente scoperta in Roma, a S. E. R. Monsign. della Somaglia* ;
Rome, 1793, in-4°.

Nous avons déjà vu Visconti, à l'occasion des monuments de Jenkins, rétablir et expliquer des inscriptions antiques : les deux
inscriptions grecques de *Triopium*, dites les *Marbres triopéens*,
lui offrirent un thème de ce genre, digne d'exercer son érudition
et sa critique. Ces marbres, découverts au commencement du dix-
septième siècle, sous le pontificat de Paul V, achetés à cette époque
par le cardinal Scipion Borghèse, publiés quatorze ou quinze fois
depuis l'an 1607 jusqu'à 1773, illustrés par des commentaires de
Casaubon, de Saumaise, de Maittaire, de Brunck et d'autres savants,
venaient d'être mis honorablement en lumière, en 1793, par le
prince Marc-Antoine Borghèse, dans sa villa du mont *Pincius*,
appelée la *Villa Pinciana*. Ce prince avait fait construire une
imitation des ruines d'un temple antique, semblable à celui de *Triopium*, et, au-devant du portique tétrastyle de ce temple, il avait
élevé les deux inscriptions, semblables à deux *stèles*, chacune de
cinq palmes et demie de haut. Soit que Visconti ait eu quelque
part au projet de ce monument, soit qu'il y puisât seulement la
pensée d'illustrer de nouveau les antiques sur lesquels le prince
appelait l'attention des archéologues, il publia les deux inscriptions, en restaura les textes, en donna des traductions en prose et
en vers ; et, malgré les travaux des savants qui l'avaient précédé,

il accompagna ce travail d'un commentaire qui jeta un nouveau jour sur ces précieux restes de la mythologie grecque et romaine. On vit clairement, dans ses explications, qu'Hérode Atticus avait élevé un temple à Cérès et à Faustine la jeune, dans un bourg appelé par lui *Triopium*, situé à quelques milles de Rome, sur un territoire appartenant à Annia Attilia Regilla, sa femme. Visconti montra qu'Atticus avait consacré auprès de ce temple une enceinte destinée à recevoir les tombeaux de ses descendants, et qu'il appelait la vengeance de Minerve et de Némésis sur quiconque troublerait le repos de ces morts, issus, par leur père, de Mercure et d'Hersé, et, par leur mère, d'Énée et d'Assaracus, etc., etc. Le nom de *Triopium* lui parut un souvenir de celui du héros *Triopé*, d'Argos, qui avait aussi consacré un temple à Cérès, et auprès de ce temple un tombeau pour sa famille. Le poëte Marcellus, dont le nom est gravé au haut de la seconde inscription, fut *Marcellus Sidétès*, poëte contemporain d'Hérode Atticus. L'époque de la mort de Régilla, celle de la consécration du monument, la demi-lune en ivoire qui ornait la chaussure des sénateurs romains, les deux consulats d'Atticus et l'année de sa mort, ne firent pas moins briller l'érudition et la logique de l'auteur. Si Visconti n'avait composé que cette dissertation et celle de Jupiter *Ægiochus*, il n'aurait pas obtenu toute la célébrité dont il a joui, mais il ne l'aurait pas moins méritée. Cet ouvrage, imprimé à Rome en 1794 (in-fol., 104 p.), porte le titre de : *Iscrizioni greche Triopee, ora Borghesiane, con versioni*, etc.

Dans la même année 1794, il publia ses observations sur les peintures d'un beau vase grec trouvé dans la Campanie, et appartenant au prince Stanislas Poniatowski, sous le titre de *Pitture di un antico vaso fittile, trovato nella Magna-Grecia, ed appartenente à S. A. il sig. principe Stanislao Poniatowski* (Rome, 1794, in-fol.). En 1796, parut sa Lettre au cardinal Étienne Borgia, sur la *Tessère* de spectacles de la ville de Velletri, déjà illustrée par l'abbé Sestini : *Lettere su d'un antico piombo Veliterno*, etc. ; Rome, 1796, in-4°. L'explication des monuments trouvés dans les ruines de la ville de *Gabium* fut publiée en 1797. Le prince Marc-Antoine Borghèse avait traité avec un peintre écossais, nommé Gavino Hamilton, pour que celui-ci exécutât des fouilles sur les terrains enclavés dans ses propriétés, où avait existé cette ville antique. Ces recherches furent très-fécondes, et la villa *Pinciana* s'enrichit d'une grande quantité d'inscriptions et de sculptures, principalement des temps de Tibère, de Trajan et des Antonins, où cette ville, presque déserte au temps d'Auguste, avait pris un nouvel accroissement. Visconti entreprit l'explication de cette suite nombreuse de monuments. Ce travail sommaire, mais précis, et renfermant une immense instruction en peu de pages, parut en 1797, sous le titre de *Monumenti Gabini della villa Pinciana, descritti da Ennio*, etc., Rome, in-8°.

Entre les années 1780 et 1797, Visconti fit paraître dans le tome premier du *Recueil* de Guattani : *Biglietto al sign. Gius.-Ant. Guattani sopra un vaso marmoreo appartenente à S. E. il sign. principe Chigi*; — *Biglietto al sig. Jenkins sopra un raro frammento di antico intaglio in Corniola, rappresentante Minerva sul carro di Diomede*; — dans le tome III : *Biglietto al sig. Ab. Giov.-Crist. Amaduzzi, sopra un diaspro sanguigno conteste d'Acrato e Sileno*; — dans le tome V : *Riflessioni sopra un gruppo de Ercole e Telefo con la cerva*; — dans le tome V du journal de Mantoue : *Descrizione di un' antica tromba idraulica, ultimamente scoperta ed illustrata, e communicata dal sig. Dott. Girolamo Astorri*

Tandis que le savant archéologue se livrait paisiblement à tant de recherches, l'orage politique grondait autour de lui. Une armée française était entrée dans Rome, au mois d'octobre 1797. Dès le même jour, le général Berthier, qui la commandait, appela Visconti et d'autres notables auprès de sa personne. Il leur annonça l'établissement d'un gouvernement provisoire, et nomma Visconti ministre de l'intérieur. Ce savant, obligé de renoncer à ses travaux accoutumés, remplit pendant deux mois ces fonctions politiques; et vers le commencement de 1798, lorsque des commissaires de la république française voulurent instituer à Rome un consulat, Visconti fut un des cinq membres de ce nouveau gouvernement. Il en remplit les fonctions avec autant de courage que de sagesse et d'intégrité. Mais, dans ces temps de désordre, les hommes turbulents et factieux ne pouvaient considérer nulle part la probité et le talent. Un journal qui se publiait à Milan, sous le titre de *Monitore italiano*, reprocha bientôt à Visconti et à ses collègues le tort irrémissible d'être des *modérés*. Ces attaques furent souvent renouvelées; au bout de sept mois, de nouveaux commissaires français nommèrent d'autres consuls, et Visconti retourna avec joie à des travaux que le bruit des armes et le mouvement des affaires publiques n'avaient pu lui faire entièrement abandonner.

Quoique la plus grande partie des détails du gouvernement pesât sur lui, il trouvait assez de temps pour les diriger et pour se livrer à ses goûts particuliers. Un institut fut établi à Rome, en 1798; et Visconti, alors consul, y lut une dissertation en forme de lettre, adressée à l'illustre Zoega, qui en était membre. Cette dissertation avait trait à deux monuments relatifs à Antonia, fille d'Auguste et mère de Germanicus. L'un était une médaille de plomb, qu'il crut reconnaître pour une tessère, ou un jeton, lequel avait donné l'entrée à quelque cérémonie funèbre, célébrée à Velletri, en l'honneur d'Antonia. L'autre était une inscription grecque, placée par Eone, esclave favorite, et ensuite affranchie d'Antonia, sur un temple qu'elle avait consacré à Vénus, près des bains Sinuesse. Il traduisit cette inscription en prose latine, et en vers italiens, et l'accompagna d'un commentaire curieux sur l'emploi du mot grec *athurma*, par lequel le poëte avait exprimé l'idée attachée au mot latin *delicium* ou bien *in deliciis*. On sait que les Romains employaient le mot *delicium* ou *delicia domini*, pour désigner un jeune esclave, garçon ou fille, particulièrement cher à son maître. Le nom de l'auteur de cette inscription était effacé; il ne restait que le mot *junioris:* sur ce renseignement unique, Visconti, avec sa sagacité ordinaire, reconnut *Marcus Pompeius Theophanes, junior*, poëte qui figure dans l'Anthologie grecque. Cet écrit, daté de l'an VI, a été imprimé à Rome, en l'an VII, in-4°.

Un homme d'un si haut mérite ne pouvait pas avoir rempli impunément des places éminentes. Vers la fin de novembre 1798, une armée napolitaine s'étant emparée de Rome, Visconti, accompagné de sa famille, se réfugia à Pérouse, ainsi qu'un grand nombre d'habitants de Rome. Bientôt les victoires des Français leur rendirent leur patrie, et Visconti rentra dans ses foyers, après vingt-six jours d'absence. Sa tranquillité ne fut pas de longue durée. Au mois de novembre 1799, une autre armée napolitaine surprit Rome, gardée par un corps de troupes, trop faible pour la défendre. Les Napolitains pénétrèrent le soir dans la ville ; Visconti fut obligé d'en sortir. Fuyant sur la route de Civita-Vecchia, séparé de sa femme et de ses deux fils, il ne pouvait pas nourrir, dans cette occasion, comme lors du voyage de Pérouse, l'espérance de rentrer à Rome sous peu de jours. Il quittait tristement sa patrie et ne devait plus la revoir. De nombreux fugitifs, auxquels il associa sa fortune, frétèrent en commun avec lui un bâtiment qui devait les transporter en France. Au milieu des mers, il charmait la tristesse du voyage, en lisant à ses compagnons des odes d'Horace. On était assis sur le tillac, et on l'écoutait, lorsqu'une frégate russe aborda le bâtiment, prétendit être en droit de le capturer, et, par accommodement, le reconduisit à Civita-Vecchia. Là, heureusement pour les passagers, se trouva un commodore anglais qui les prit sous sa protection ; il régularisa leurs passe-ports, et peu de jours après ils arrivèrent à Marseille.

Le gouvernement français n'avait pas perdu de vue l'illustre fugitif. A peine celui-ci eut-il touché le port, qu'il reçut, sans l'avoir demandé, un brevet, en date du 18 décembre 1799, qui le plaçait au nombre des administrateurs du Musée des antiques et des tableaux, que l'on formait alors dans le Louvre, avec le titre particulier de *surveillant*. Mais cet emploi ne devant lui donner que de très-faibles émoluments, le ministre de l'intérieur (François de Neufchâteau) chargea le chef du bureau des beaux-arts, auprès du ministère, de lui proposer un moyen, à la faveur duquel il pût attribuer à l'ancien conservateur du Musée du Capitole des honoraires dignes de son mérite. Celui-ci (Amaury Duval) proposa de le nommer professeur d'archéologie auprès du Musée. Ce projet fut adopté, et l'étranger qui cherchait un refuge en France s'y trouva presque en même temps investi de deux emplois, avant d'en avoir sollicité aucun. Le peu d'habitude que Visconti avait de la langue française le fit dispenser du soin de professer. Mais, dès son arrivée, il s'occupa de la disposition du Musée des antiques, où se trouvèrent bientôt réunis les chefs-d'œuvre de Rome, ceux de Florence, et ensuite tous les trésors des palais Borghèse, ce qui forma la plus riche et la plus magnifique collection qui eût jamais existé dans le monde. A la fin de l'année 1803, Denon fut nommé directeur général du Musée ;

Dufourny, conservateur des tableaux ; Visconti, conservateur des antiques. Dès la même année, il fut nommé membre de l'Institut, dans la classe des beaux-arts, et placé dans la section de Peinture, que l'on venait de porter à huit membres, au lieu de six, afin d'y faire entrer Denon et lui. Au mois d'août 1804, il fut reçu dans la classe d'Histoire et de littérature ancienne, aujourd'hui l'Académie des Inscriptions et Belles-lettres ; et ce fut ainsi que les honneurs vinrent au-devant de lui en France, sans qu'il eût fait aucune démarche pour les obtenir.

Son premier travail fut la composition du Catalogue descriptif et explicatif des richesses exposées au Musée des antiques, ou de ce qu'on appelle le *Livret du Musée*. Le plus ancien de ces recueils fut publié en 1801. Court, précis, substantiel, il offrit toutes les instructions nécessaires pour faire connaître le sujet et apprécier chaque monument. Les éditions de ce Catalogue se sont multipliées, toujours avec quelques additions. La dernière, donnée en 1817, sous le titre de : *Description des antiques du Musée Royal*, et composée après l'enlèvement des objets réclamés par différentes puissances, présente un peu plus de développements, et demeurera, sans doute, le type de tous les livrets qui seront publiés à l'avenir. En 1802, parut une *Description des vases peints du Musée*, et, en 1803, l'*Explication de la tapisserie de la reine Mathilde*. En 1804, Napoléon, désirant employer Visconti d'une manière plus digne encore de ce savant et de lui-même, lui demanda s'il serait possible de rassembler un assez grand nombre de portraits, suffisamment avérés, d'hommes illustres, Grecs et Romains, pour en former une collection. La réponse ne fut point équivoque, et, sur-le-champ, fut ordonnée l'exécution, aux frais du gouvernement, d'un des ouvrages les plus lumineux, les plus magnifiques et les mieux soignés dans tous leurs détails, dont s'honore la république des lettres, l'*Iconographie grecque et romaine*. Reconnaître et rassembler toutes les images antiques dont cette collection devait être composée ; constater l'authenticité des monuments et celle des textes ; choisir, entre des figures différentes, quelquefois décorées du même nom, celle qui offrait le plus de probabilité pour la ressemblance ; surveiller les dessinateurs et les graveurs ; et, de plus, écrire succinctement l'histoire de chaque personnage, en discutant tous les faits, en

repoussant toutes les erreurs ; tracer son portrait moral, d'un pinceau fidèle et énergique, tandis que la gravure représentait ses
traits physiques ; représenter ainsi vivants des hommes illustres de
tous les pays et de toutes les époques : telle est la tâche que le
savant archéologue s'imposa, et l'on sait avec quel succès il l'a
remplie. L'*Iconographie grecque et romaine* est devenue un de
ses plus beaux titres de gloire, si elle n'est pas le plus brillant de
tous. La première partie, c'est-à-dire l'Iconographie grecque, a
été publiée en trois volumes, tous sous la date de 1808. Le premier volume de l'Iconographie romaine a été donné en 1817,
peu de temps avant la mort de l'auteur.

En 1806, commença un ouvrage moins considérable, mais non
moins digne de Visconti. Bonaparte, à qui les éditeurs de la riche collection alors appelée le *Musée Napoléon*, et ensuite le
Musée français, avaient présenté le premier volume de cet ouvrage, ordonna que Visconti et Denon fussent consultés sur le
choix d'un auteur des notices, se réservant de confirmer la pré-
sentation qui lui serait faite par suite de leur opinion. Ces deux
académiciens, consultés le même jour, et sans s'être communiqué
leur pensée, désignèrent tous deux l'auteur de l'ouvrage intitulé :
*Recherches sur l'art statuaire considéré chez les anciens et chez
les modernes*. Sur le point d'être chargé d'un si important travail,
sans l'avoir demandé et sans avoir même pu le prévoir, ce littérateur, instruit par un billet de Visconti, courut aussitôt chez lui,
et lui déclara que jamais il ne consentirait à composer des descriptions des statues antiques du Musée, lui Visconti étant à Paris.
Il ajouta que c'était à l'auteur du *Musée Pio-Clémentin* à illustrer de nouveau ces statues, devenues, en quelque sorte, sa propriété, puisqu'on avait été assez heureux, en France, pour l'y
voir arriver avec elles. Livré tout entier aux travaux de l'*Iconographie*, Visconti ne se décida pas facilement ; mais il se rendit.
L'ouvrage était parvenu à la trente-huitième livraison. A commencer de la trente-neuvième, les travaux de la première série
furent partagés ainsi qu'il suit : l'auteur des *Recherches sur l'art
statuaire* se chargea de terminer un *Discours historique sur la
sculpture ancienne*, dont soixante pages avaient été publiées par
l'auteur précédent ; de composer un *Discours historique sur la
gravure en taille-douce et la gravure en bois* ; un *Premier Dis-*

cours historique sur la peinture moderne, où cet art serait considéré depuis Constantin jusqu'à la fin du douzième siècle ; et, en outre, les *Notices de tous les tableaux*. Visconti consentit seulement à composer les *Notices sur les antiques*. Cette entreprise fut pour lui une occasion de décrire de nouveau plusieurs figures, sur lesquelles il avait déjà publié ses savants commentaires dans le texte du *Musée Pio-Clémentin*. Mais, en cela même, il manifesta toutes ses ressources. Nous osons dire que, par l'étendue et la propriété de l'érudition, la finesse des aperçus, l'élégance du style, ces nouveaux commentaires sont supérieurs même aux premiers. Le séjour de la France n'avait point été inutile à l'auteur du *Musée Pio-Clémentin*. Il avait acquis une délicatesse de goût qui améliorait de plus en plus ses ouvrages ; il a continué ce travail jusqu'à sa mort, et il a placé environ quarante-huit notices dans la première série, et treize dans la seconde.

De si importants travaux ne l'empêchaient pas de laisser échapper de temps en temps, de sa plume, des écrits moins considérables. On peut distinguer : — I. *Notice sommaire de deux zodiaques de Tentyra*, en date du 8 mai 1801. Cette notice a été publiée par Larcher, dans le second volume de la seconde édition de sa traduction d'Hérodote (p. 567). L'auteur soutient que ces monuments appartiennent à une époque où les opinions des Grecs n'étaient pas étrangères à l'Égypte, et vraisemblablement aux premiers temps de l'Empire romain. — II. *Notice critique sur les sculpteurs grecs qui ont porté le nom de Cléomènes* (dans la *Décade philosophique*, an X, 1802). Cet ouvrage a principalement pour objet de prouver qu'il y a eu deux statuaires grecs nommés *Cléomènes*, et que la statue de Vénus, dite *de Médicis*, est vraisemblablement un ouvrage de Cléomènes, Athénien, fils d'Apollodore, qui vivait vers la fin du sixième siècle de Rome, de la CXLV^e à la CLV^e olympiade. — III. *Notice d'une statue égyptienne qui se voit à Saint-Cloud* (*Mag. encycl.*, 8e année, 1803), où il s'attache à prouver que cette statue représente un génie. — IV. *Lettre à M. Denon sur le costume des statues antiques* (dans la *Décade philosophique*, an XII, 1804), ouvrage où, abordant sous son vrai point de vue une question souvent controversée, il prouve en peu de mots, et par une multitude d'exemples, que les statuaires grecs ne se soumettaient nullement, soit pour les images des dieux, soit pour celles des héros, aux costumes de leur temps ou à celui du siècle auquel appartenaient leurs personnages. — V. *Explication d'un bas-relief en l'honneur d'Alexandre le Grand,* insérée, par M. de Sainte-Croix, dans la seconde édition de son *Examen critique des anciens historiens d'Alexandre* (1804, p. 777). — VI. *Des notices composées en latin,* sur les *Heroica* de Philostrate, publiées par M. Boissonade dans sa savante édition de cet ouvrage (1806), et jointes à celles dont il l'a lui-même enrichie (p. 292, 378, 460). — VII. *Lettre sur quelques monuments des peuples américains,* adressée à M. de Humboldt, en date du 12 décembre 1812. Cette lettre est principalement relative à la position des pieds des figures de femmes représentées à genoux. Elle a été publiée par MM. de Humboldt et Bonpland, dans leur magnifique ouvrage intitulé : *Vues des Cordilières,* que ces savants ont dédié à Visconti. — VIII. Plusieurs mémoires lus à l'Académie royale des Inscriptions et Belles-lettres, savoir : *Dissertation sur le trône de Jupiter à Olympie; — Note sur le pied romain; — Sur des inscriptions trouvées à Carrouges; — Sur des inscriptions trouvées à Athènes,* et communiquées par M. Fauvel; — *Sur le char funèbre d'Alexandre.* Ce dernier ouvrage, que l'auteur s'était proposé de publier, devait être accompagné de gravures. Toutes ces dissertations sont inédites; elles se trouvent à la Bibliothèque royale de Paris (Cabinet des Manuscrits). — IX. Environ cent articles composés pour le Dictionnaire que prépare l'Académie royale des Beaux-arts, de l'Institut, entre lesquels se trouvent *Amphithéâtre, Antique, Arc de triomphe, Anneau, Bague, Basilique, Camée, Cirque, Cadran solaire, Fontaine, Hermès, Lycée, Symbole,* etc. (Un manuscrit de ces articles est à la Bibliothèque de l'Institut. — X. Trois articles insérés dans la *Biographie universelle : Cléomènes, Eckhel, Fabretti.* — XI. Sept articles insérés dans le *Journal des Savants,* dont il était un des collaborateurs, notamment la restitution et la traduction, accompagnées d'un commentaire, d'une inscription découverte en Grèce par le colonel Leak, renfermant une *Lettre de Titus Quinctius Flaminius,* vainqueur du dernier Philippe, roi de Macédoine, à *la ville de*

Cyréties, dans la Thessalie (7 septembre 1816); — une Dissertation *sur une médaille de Thermuse*, femme de Phraate IV, roi des Parthes (décembre 1817); — *Sur le quatorzième des livres sibyllins*, découvert par M. l'abbé Maï (mai 1818), etc. — XII. Un Mémoire *sur un groupe antique, représentant Apollon et Hyacinthe*, publié par M. Ch. Fea, à Rome, dans les *Effemeridi letterarie*, en 1826.

Visconti a laissé, en outre, une grande quantité de manuscrits, consistant en des ouvrages inédits et beaucoup d'autres achevés. L'administration de la Bibliothèque royale a acquis cette précieuse collection. On y remarque : *Description des pierres gravées composant la collection du prince Poniatowski*; — *Note sur les formes des vases dits étrusques*; — *Sur d'anciennes monnaies d'argent propres à des familles romaines*; — *Sur Timée de Locres*; — *Sur l'opinion de Bailly, relative à l'existence d'un peuple antédiluvien*; — *Sur un autel de marbre, dédié aux dieux Lares*; — *Sur l'état de la littérature romaine en 1786*; — *Sur les noces Aldobrandines*; — *Sur la statue de Pompée, dite de Spada*; — *Sur le vase Barberini, aujourd'hui de Portland*; — *Sur l'Iliade*; — *Sur des étymologies tirées de l'hébreu*, etc., etc.

Les divers ouvrages de Visconti, quoiqu'ils fussent écrits en français, se répandaient presque tous en Italie, et y accroissaient la réputation de l'auteur. Rome n'avait pas cessé de le regarder comme sa propriété. Pendant le séjour de Pie VII à Paris, plusieurs des cardinaux qui formaient le cortége du saint-père, les Albani, les Ruffo, les Zondadari, les Dugnani, les Vincenti, venaient fréquemment passer des soirées dans sa famille, et s'entretenir de sciences et d'arts avec lui et avec d'autres notables de l'Italie, que le même objet y rassemblait. Les couleurs de la Révolution ne se reconnaissaient plus dans ces réunions intéressantes ; l'estime réciproque ne se fondait que sur le vrai mérite.

Mais le moment le plus glorieux de la vie de Visconti est celui où il fut appelé à Londres pour mettre un prix aux sculptures du Parthénon enlevées d'Athènes par lord Elgin, et transportées en Angleterre en 1815. Ces sculptures, comme on sait, sont les précieux et uniques restes des productions de Phidias et de ses disciples. Les opinions étaient partagées sur leur singulière beauté.

Les uns estimaient qu'elles étaient plus belles que l'Apollon et le Laocoon; car, disaient-ils, elles imitent plus parfaitement la nature. Les autres les croyaient moins belles, par la raison qu'elles leur paraissaient plus vraies. Singulier conflit, où tous les contendants reconnaissaient le même fait, et en déduisaient des conséquences opposées! Jamais la règle fondamentale de l'imitation n'avait été professée d'une manière plus authentique, puisque tous les juges avouaient que l'artiste avait atteint la plus haute beauté, sans cesser d'être vrai. D'après le vœu du parlement, Visconti fut appelé en Angleterre, et invité à prononcer sur ces questions délicates. Quant au mérite des monuments, il fut d'avis que le ciseau de Phidias avait touché aux bornes de l'art; et il avoua cependant, que des artistes postérieurs à ce maître, tels que Praxitèle et Cléomènes, avaient ajouté à leurs ouvrages de *nouvelles finesses*. En ce qui concerne la valeur pécuniaire, il prit pour base de son évaluation la somme déboursée par lord Elgin, et fixa l'indemnité à la rentrée du capital. Cette décision ayant été sanctionnée par l'autorité, lord Elgin reçut, dit-on, trente-cinq mille guinées (d'autres disent dix-huit mille), dont il justifia les débours. De retour en France, Visconti publia ses observations sur les sculptures qu'il venait d'apprécier. Son écrit, traduit en anglais et en allemand, est intitulé : *Mémoire sur des ouvrages de sculpture du Parthénon et de quelques édifices de l'Acropole, à Athènes, et sur une épigramme grecque*, etc. (Paris, Dufart, 1818, in-8°). L'auteur y démontra que l'ensemble des bas-reliefs du Parthénon représentait la marche sacrée des Panathénées. Chaque groupe de cette longue série reçut son explication. Les figures qui enrichissaient les deux frontons du temple furent pareillement distinguées par leurs caractères mythologiques. Du côté de l'orient, était représentée la naissance de Minerve; du côté de l'occident, sa dispute avec Neptune. Il fut enfin reconnu que toutes ces figures des frontons étaient en ronde-bosse, et l'usage général des Grecs, d'orner de cette manière les frontons, dont on connaissait déjà des exemples, se trouva définitivement constaté.

Ce brillant ouvrage fut le dernier éclat d'un flambeau qui s'éteignait. Depuis l'année 1816, Visconti ressentait des atteintes d'une maladie organique qui devait le conduire au tombeau. Bravant les premières douleurs, il présida à l'arrangement de notre

Musée actuel des antiques, si riche encore, malgré l'enlèvement des chefs-d'œuvre qu'il a perdus, et il en composa, comme nous l'avons dit, un catalogue raisonné (1817, in-8°). Il mit ensuite la dernière main à une série de quatre-vingts notices sur des morceaux choisis de la villa Borghèse, qu'il avait composées à Rome plus de trente ans auparavant. Cette révision ne fut pas entièrement terminée. Sa maladie avait fait des progrès qui ne pouvaient plus être arrêtés. Sa tête conservait son énergie, mais sa main refusait d'obéir. Il expira le 7 février 1818, après de longues souffrances, mais consolé par les soins d'une famille vertueuse et chérie, à laquelle s'associaient de fidèles amis.

Résigné dans ses derniers moments, il se dédommageait de l'abandon de ses ouvrages inachevés, par le souvenir d'une vie pleine de travaux utiles. Comme un de ses amis (M. Louis Brocchi, conservateur des modèles à l'école Polytechnique), dissimulant sa propre douleur, cherchait à lui persuader qu'il terminerait l'*Iconographie*, il lui dit, en lui serrant la main : *J'ai assez fait pour ma gloire*. Peu d'hommes, en effet, ont joui autant que celui-là de leur renommée. Depuis l'enfance jusqu'au tombeau, il n'a pas cessé d'être célèbre. Ses obsèques furent encore pour lui un jour de triomphe. Il semblait que chacun des États de l'Europe eût formé une députation pour y prendre part. L'Italie, la Grèce, l'Allemagne, la Suède, le Danemark, l'Angleterre, l'Espagne, le Portugal, s'y trouvèrent représentés par des hommes illustres. Le secrétaire perpétuel de l'Académie des Beaux-arts, et un membre de l'Académie des Inscriptions et Belles-lettres prononcèrent sur sa tombe des discours qui ont été répétés en diverses langues (*Moniteur* du 11 février 1818). Le laborieux Millin, loyal et constant apologiste du mérite, et qui avait déjà rendu hommage à son confrère, en lui dédiant le second volume de son *Voyage au midi de la France*, se hâta de publier une notice historique sur Visconti, dans ses *Annales encyclopédiques* (ann. 1818, t. II). Une séance d'archéologie de Rome, tenue le 5 mars 1818, fut consacrée à célébrer sa mémoire. M. Gio-Gherardo de Rossi, correspondant de l'Institut de France, y prononça son éloge. Une cérémonie semblable eut lieu à l'Académie de Saint-Luc, dans le courant du même mois; une troisième, à Bologne, le 26 juillet suivant; une quatrième, dans la même ville, le 1ᵉʳ janvier 1819. Ce fut M. D. Strocchi qui, dans celle-ci, prononça le discours.

Il lui a été érigé, dans le cimetière du Père Lachaise, un tombeau orné de son buste. Un ancien ami, M. Collot, directeur de la Monnaie de Paris, a voulu s'adjoindre à la famille de Visconti pour la consécration de ce monument. Le buste, d'une parfaite ressemblance et d'une belle exécution, a été sculpté par M. P.-J. David, aujourd'hui de l'Institut royal. Les notices sur la villa Borghèse, que Visconti revoyait au moment de sa mort, ont été publiées à Rome, en 1821, par M. Vincent Feoli, sous le titre de *Illustrazioni di monumenti scelti Borghesiani*; M. Gio-Gherardo de Rossi, savant distingué, ami de Visconti, et M. Stefano Piale en ont dirigé l'édition.

Les honneurs rendus à ce savant n'ont pas été seulement le prix d'un très-haut talent, mais encore celui des qualités morales les plus recommandables. Il inspirait autant d'amitié que d'estime. La science de l'archéologie, si on l'embrasse dans toute son étendue, exige une multitude de connaissances et une réunion de qualités de l'esprit, qui sont rarement le partage d'un seul homme. Ses dispositions naturelles, et une foule de circonstances heureuses, mirent Visconti à portée d'acquérir cette immensité de connaissances. Sa puissante mémoire lui avait, pour ainsi dire, acquis la propriété de tous les textes anciens; il savait par cœur presque tous les classiques grecs et latins. La droiture de son esprit égalait l'étendue de son érudition. Sa critique distinguait avec la même sûreté le vrai d'avec le faux, et, ce qui est encore plus difficile, le vrai d'avec le vraisemblable. Peu d'hommes ont possédé à un degré aussi éminent l'art de faire jaillir une troisième vérité de deux vérités reconnues: il est impossible d'échapper à la justesse et à la force de sa logique. Ce qui le distingue principalement, c'est la précision et la brièveté de ses démonstrations. Il ne néglige aucune ressource propre à opérer la conviction. Toujours un texte qu'on dirait avoir été écrit pour son sujet, toujours un monument qui semble avoir été conçu par la même pensée ou exécuté par la même main que celui dont il traite, arrivent à propos pour éclaircir une question obscure; mais jamais il ne va au delà du nécessaire. Il oublie qu'il est érudit, et c'est en cela même qu'il décide le vrai savant. On peut dire de lui ce que Montesquieu a dit de Tacite : *Il abrége tout, parce qu'il voit tout.*

Naturellement circonspect, peut-être même timide, il a évité les questions ardues relatives au sens primitif des mythes et à l'emploi originaire des allégories, questions où tant d'écrivains ont échoué avec des opinions différentes. Les idées fondamentales de la religion égyptienne se manifestent quelquefois dans ses interprétations des mythes grecs, comme, par exemple, lorsqu'il parle, ainsi que nous l'avons vu, de Jupiter, de Bacchus, des nymphes, du séjour des morts, de l'élément humide en général ; mais, plus souvent, il considère la religion grecque telle que la voyaient la plupart des artistes dont il avait à expliquer les compositions. Voulait-il, en cela, à l'exemple des prêtres de l'antiquité, dérober sa véritable doctrine au vulgaire, ou bien regardait-il, en effet, la mythologie comme un mélange d'idées étrangères l'une à l'autre, comme un culte rendu tout à la fois aux éléments, aux astres, à des hommes, à des esprits? Nous n'examinerons pas cette question. Il suffisait à ce sage écrivain qu'un examen plus approfondi ne fût pas nécessaire à son travail pour qu'il dût s'en abstenir; et, véritablement, ses écrits auraient obtenu bien moins de succès, s'il eût embrassé un système quelconque.

Visconti a traité à peu près de tous les genres dont se compose la science archéologique. Chacune des branches qu'il a cultivées avait fait avant lui la réputation de plusieurs savants. Le sénateur Buonaroti, le marquis Scipion Maffei, Ciampini, Passeri, Fabretti surtout, qu'il a lui-même si dignement loué, Boldetti, Beger, Vaillant, Frœlich et d'autres antiquaires qui l'avaient précédé, ont rendu de grands services à la science ; mais il les a tous surpassés, soit par l'étendue de son érudition, soit par l'excellence de sa méthode, la justesse de sa critique ou l'immensité du cercle qu'il a parcouru. Celui de ses prédécesseurs auquel il semble pouvoir le plus naturellement être comparé, est Winckelmann. Mais trop de dissemblances distinguent ces deux antiquaires pour que la postérité ne leur assigne pas des rangs différents.

S'attachant principalement à l'histoire de l'art, Winckelmann s'est hâté d'en composer la chronologie à une époque où l'on ne connaissait point encore assez de monuments pour qu'il pût suivre avec quelque certitude les progrès et la décadence du ciseau; il a supposé, dans le goût, des révolutions qui n'ont jamais eu lieu, et il a attribué ces révolutions à des causes chimériques. Chez Visconti, l'histoire de l'art n'est qu'un accessoire : il cherche principalement, dans un monument antique, la pensée de l'artiste, la religion, les mœurs, les costumes du temps; la chronologie de l'art pouvait devenir un des fruits de ses travaux, elle n'en est pas le but. Winckelmann se livre davantage à son imagination; Visconti règle mieux sa marche, et d'une science souvent conjecturale il a fait presque une science exacte. Le premier est quelquefois aventureux dans ses citations; le second est plus soigneux et plus sûr. Winckelmann a fait aimer la science des antiquités; Visconti en a éclairé en entier le domaine.

Il n'était pas possible que, dans des sujets de la nature de ceux que ce dernier a discutés, il ne commît quelques erreurs; mais il aurait applaudi lui-même au savant qui les aurait réformées. S'il défendait ses opinions avec ténacité, tant qu'on ne lui présentait pas des faits propres à le convaincre, il les abandonnait sans résistance, lorsqu'une vive lumière venait frapper sa raison. Probe dans son savoir comme dans les actes de sa vie privée, cet homme de bien ne cherchait en toute chose que la vérité. Simple, modeste, inaccessible à la jalousie, ardent admirateur de tous les genres de mérite, ami des jeunes talents, prodigue de ses lumières, se félicitant des succès d'autrui autant que des siens propres, il a offert le rare assemblage d'un esprit vaste, d'un profond savoir et d'une belle âme.

M. Dacier, secrétaire perpétuel de l'Académie des Inscriptions, a prononcé l'éloge de Visconti dans la séance publique de l'Institut du 28 juillet 1820; M. Quatremère de Quincy, secrétaire perpétuel de l'Académie des Beaux-arts, dans celle du 7 octobre de la même année. Une édition du *Musée Pio-Clémentin*, dont l'auteur a revu en partie le texte, a été entreprise à Florence, en 1817, par Molini, in-8°. Une édition complète de ses œuvres, commencée à Milan, en 1818, par M. G. P. Giegler, se continue aujourd'hui. M. Jean Labus, antiquaire distingué, a placé, à la tête de cette dernière, une notice biographique où il n'a oublié aucun des titres de gloire de Visconti. M. l'abbé Zannoni a inséré son éloge dans l'*Anthologie*, n° xviii, Florence, 1822; enfin, nous sommes aussi informés que M. le comte Ugoni de Brescia, qui déjà s'est fait un nom honorable dans les lettres par l'ouvrage intitulé : *Della letteratura italiana della seconda metà del secolo* XVIII, Brescia, 1822, doit placer dans le quatrième volume de cet ouvrage une notice sur l'antiquaire qui avait lui-même applaudi à ses premiers travaux.

DISCOURS

SUR LA VIE ET LES OUVRAGES

DE

PIERRE PUGET[1].

> Non satis est pulchra esse poëmata :
> Dulcia sunto.
> Horat., *de Arte poët.*

Dans les productions de la sculpture, comme dans celles de la peinture, la vérité de l'imitation, le choix des formes, l'expression des passions, présentent des genres de mérite différents, et offrent à l'artiste divers degrés de gloire.

Façonné par une main habile, si le marbre produit sur nos sens l'effet d'un être vivant, déjà à la vue de ce prodige nous éprouvons une vive jouissance : l'apparence seule du vrai a suffi pour nous charmer. Notre admiration s'accroît, si, à la ressemblance de l'image avec l'objet imité, se joint l'attrait d'une rare beauté physique. Mais ce n'est point là encore le triomphe du génie. Dans les traits les plus accomplis dont puisse s'embellir le corps humain, voyons-nous l'expression de quelque tendre affection ou de quelque habitude vertueuse de l'âme, de la douceur, par exemple, de la pudeur, de l'innocence, nos applaudissements n'ont, pour ainsi dire, plus de bornes. Que sera-ce donc si, à la vérité des traits, à la beauté des formes, à l'expression des nobles habitudes de l'âme, un marbre palpitant unit encore l'imitation d'une horrible douleur ? Eh ! que dirons-nous d'un maître si puissamment appelé par ses dispositions naturelles à cette imitation pathétique, que dans tous ses ouvrages son ciseau brûlant

---

[1] Cet ouvrage a remporté le prix décerné par l'Académie de Marseille, le 12 avril 1807.

nous émeut de pitié, nous frappe de terreur ; d'un maître qui tantôt agite nos cœurs par la représentation d'une audacieuse entreprise inspirée par l'amour, tantôt nous épouvante à la vue d'un fléau qui jette, au sein d'une immense population, la désolation et la mort, tantôt nous fait frissonner à l'aspect d'un athlète que des souffrances atroces déchirent, sans pouvoir atténuer sa vigueur, ni ébranler son courage ; d'un maître d'autant plus pathétique et plus grandiose que son sujet a exigé plus de chaleur, sublime, alors que les difficultés sont extrêmes et paraissent insurmontables ?

Quel jugement porterons-nous de son talent, s'il excelle à la fois dans la sculpture, dans la peinture, dans l'architecture civile, dans l'architecture navale ?

Et quel intérêt enfin devra-t-il nous inspirer, si, dans l'illustration de ses vieux jours comme dans les privations d'une jeunesse pénible, nous le voyons conserver des mœurs simples, des habitudes patriarcales, préférer à la pompe des cours la tranquillité du toit paternel, se consoler, au sein de ses proches, des injustices dont il est victime, vouer sa vie entière à l'embellissement de la cité où il a reçu le jour, et au culte de la vertu !

Illustres Marseillais, tel est le grand artiste, votre compatriote, que vous voulez aujourd'hui célébrer. En commençant ce Discours consacré à l'éloge de Pierre Puget, je crois prendre part à une de ces fêtes de l'antique Grèce, où les descendants d'un héros célébraient la mémoire de leur aïeul ; les écoles des philosophes, celle de leurs fondateurs : solennités touchantes, dans lesquelles le récit des actions d'un grand homme devenait une nouvelle source d'instruction pour les auditeurs. Pénétré de ce sentiment, je ne vous offrirai point une image idéale, mais un portrait fidèle d'un sage, digne à la fois de servir de guide à l'homme de talent et à l'homme de bien. Je m'écarterai peu de l'ordre des temps. Nous verrons successivement Puget, constructeur de navires, peintre, dessinateur, architecte, statuaire. Le tableau de ses vertus se présentera naturellement dans toutes les parties de mon Discours, par la raison que ses vertus embellirent tous les moments de sa vie.

PREMIÈRE PARTIE.

La minorité de Louis XIII est une des époques les plus arides de l'histoire des beaux-arts. L'école de peinture et de sculpture, qui prit naissance à Fontainebleau, sous le règne de François Ier, ne subsistait plus que dans quelques statuaires maniérés, dans quelques peintres plus maniérés encore. Imitateur dégénéré des imitateurs dégénérés de Michel-Ange, le sculpteur Francheville avait achevé sa carrière, Fréminet touchait au terme de la sienne. Valentin, Vouet, Blanchard, Sarrazin, Jacques Stella, Claude Lorrain, tige d'une nouvelle génération d'artistes, forts de leur génie, mais dénués de soutiens, puisaient, dans l'Italie corrompue, une instruction équivoque, où ils devaient, avant l'âge, discerner les bons principes au travers des systèmes les plus dangereux. Le jeune Poussin errait inconnu dans nos provinces, et Médicis venait d'appeler une main étrangère pour peindre la galerie du Luxembourg.

C'est dans ces circonstances, et loin de la capitale, que naquit Puget. Des traditions de famille le disent issu d'une noble maison qui remonte jusqu'à des officiers généraux, employés dans les cours et dans les armées de Charles II d'Anjou, et de Robert le Bon, comtes de Provence. Hugues de Puget, seigneur de Bouc et de Tourtour, qu'on dit le cinquième ascendant du statuaire, exerça trois fois la charge de premier syndic de la ville d'Aix. Mais la branche d'où Puget descendait, n'ayant point assez de biens pour soutenir un grand nom, était déjà voisine de l'état d'obscurité où tombent tant de familles jadis illustres, lorsque leurs rejetons se multiplient, loin du centre des grâces et des honneurs. Christol de Puget, son bisaïeul, et Pierre, son grand-père, ne possédaient plus aucune seigneurie. Simon, son père, était architecte. Il mourut dans un âge peu avancé, recommandable par son talent, mais sans fortune, et laissant trois fils, Gaspard, Jean et Pierre qui était le plus jeune.

Moins favorisé que Michel-Ange, qui appartenait comme lui à une race antique et pauvre, mais que le sort fit naître au sein des lumières et sous les regards des Médicis, Puget ne trouva pas, comme ce grand homme, un prince qui protégeât son enfance. Son éducation fut extrêmement négligée. Les études de l'âge mûr durent remplir le vide de sa jeunesse; mais une instruction tardive répare-t-elle jamais les torts du premier enseignement? Privé presque entièrement de secours, même pour les arts qu'il brûlait d'apprendre, il lui fallut, en quelque sorte, les créer.

A quatorze ans, il entra dans l'atelier d'un constructeur de vaisseaux, qui était aussi sculpteur en bois. Là, ses succès furent si rapides, qu'en moins de trois mois, son maître déclara n'avoir plus rien à lui enseigner : ce n'est point une exagération que je me permets, c'est un fait que je raconte[1]. Deux ans après, Marseille étonnée le voit lancer à la mer une galère, dont il avait dirigé seul la construction d'après ses propres dessins, et dont les sculptures étaient en grande partie l'œuvre de son ciseau.

Dans son sein fermentait un autre talent que celui d'un constructeur de galères : déjà il est en route pour l'Italie! Plein d'émulation et d'espérance, les sacrifices et les efforts lui coûtent peu. Philosophe par sentiment, économe par nécessité, il voyage comme Caton et Diogène. Mais bientôt ses ressources sont épuisées. Heureux élèves qu'un gouvernement protecteur transporte, couronnés de lauriers, au sein du Capitole, apprenez les traverses qui affligeaient alors vos maîtres! Parvenu à Florence, vainement veut-il étudier les chefs-d'œuvre de Ghiberti et de Michel-Ange. Déjà ses vêtements et les instruments de son art sont livrés à son hôte. On le conduit enfin chez un sculpteur en bois, qui travaillait à des meubles pour le grand-duc. « Maître, confiez-moi l'exécution d'un scabellon? —En viendrez-vous à bout? » répond celui-ci d'un ton dédaigneux. Le malheureux jeune homme avait reçu de la nature une âme fortement irascible; il dévore une amère douleur. Mais bientôt la scène change. Animé par le génie qui doit un jour donner la vie à un nouveau Milon, le meuble semble prêt à se mouvoir et à prendre de lui-même sa place dans le palais que tant de grands maîtres ont embelli. Dès ce moment, fêté, caressé, Puget est introduit dans la famille de son maître et soigné comme un fils.

Deux ans s'étant écoulés dans ce travail subalterne, un nouveau désir vient enflammer cet esprit ardent : il brûle d'être peintre; et c'est à Rome qu'il veut apprendre les règles de son art.

Bougerel.

Des épreuves plus dangereuses que les précédentes l'attendaient dans cette capitale, car elles menaçaient son talent. Les temps n'étaient plus où, dirigés l'un et l'autre par l'étude de la nature et l'observation de l'antique, recherchant avec un égal amour le beau et le vrai, le grand et le simple, dignes émules par leur talent, différents seulement par leur goût et par leur caractère, Michel-Ange et Raphaël, tels que deux astres qui auraient resplendi au-dessus du Capitole, versaient concurremment une abondante lumière sur l'Europe, et la soumettaient encore une fois par la puissance de leur talent à la ville des Fabrice et des Émile.

D'aveugles sectateurs du maître florentin, follement persuadés qu'ils atteindraient à son énergie si, dans des attitudes violentes, ils mettaient en contraction tous les ressorts du corps humain, avaient donné naissance à une manière sèche, roide, aussi éloignée du style de Michel-Ange, que la dureté elle-même est loin de la force, et l'enflure, de la véritable grandeur.

Que ne peut la moindre parole d'un maître célèbre! Un seul mot échappé à Raphaël avait égaré son école : « Quant à ma Gala- » thée, écrivait-il au comte Castiglione (tandis qu'il exécutait les » peintures du palais Chigi), pour qu'elle eût été parfaitement » belle, il aurait fallu que j'eusse choisi plusieurs belles filles, et » que, demeurant auprès de moi, vous m'eussiez guidé dans le » choix de leurs traits. Mais, n'ayant trouvé ni d'assez belles » femmes, ni des conseils assez éclairés, *j'ai suivi une certaine* » *idée de beauté qui s'est formée dans mon esprit.* Cette idée » a-t-elle, en effet, quelque mérite sous le rapport de l'art? Je » l'ignore; toutefois je m'efforce de la concevoir nettement et de » la rendre. » Ce mot, mal interprété, cet exemple, qu'un si grand maître avouait n'avoir donné qu'à regret et en hésitant, avidement recueillis par le talent paresseux et par la médiocrité présomptueuse, devinrent une semence funeste. Infatués de l'idée de beauté qu'ils croyaient s'être formée d'elle-même, dans leur esprit, des hommes sans étude, en recherchant à imiter ce chimérique exemple, se livrèrent à tous les caprices de leur imagination, à tous les égarements de leur mémoire. Étrangers à l'étude de la nature, ils conçurent l'étrange pensée de s'en créer une. Il y eut autant de systèmes que d'écoles, autant de *beaux* différents que de routines particulières. Témoins de la solide instruction qui di-

rige aujourd'hui le génie de nos grands maîtres, croirions-nous à
de semblables égarements, si des doctrines à peu près semblables,
et que nous-mêmes avons encore entendu professer, ne nous permettaient d'ajouter foi à l'existence de toutes les erreurs passées ?
Du haut d'une chaire, d'où devaient émaner les plus lumineuses
leçons, se répandit cette singulière théorie, que *l'idée, le concept,
les causes formatrices, le moteur mental, le dessin interne, le
dessin spéculatif, seuls modèles du dessin extérieur ou pratique,*
devaient seuls le conduire à se montrer l'*émule de la Divinité.*
De là, comme un torrent, des vices de tous les genres, l'incorrection et la mollesse des contours, l'incohérence et la roideur des articulations, la fraternité des figures modelées toutes d'après le
même *concept;* de là des grâces factices, des draperies maniérées,
des teintes même fausses et tranchantes; défauts également inévitables, puisque le coloris était exécuté sans modèle, ainsi que le
dessin.

Deux hommes enfin s'étaient élevés, corrupteurs du goût dont
on les avait imprudemment constitués les arbitres.

Livré dans toutes les parties de l'art à l'effervescence de son imagination, dédaignant la nature et méconnaissant l'antique, incorrect
et sans nerf dans le dessin, romanesque et théâtral dans la composition, peintre de décorations plutôt que peintre d'histoire, mais
prompt à créer de vastes machines, habile surtout à surprendre
les esprits par le prestige d'un coloris dont l'éclat devait tenir
lieu de vérité, l'un dominait dans la peinture, c'était Pietre de
Cortone. L'Italie, séduite, était prête à l'élever au-dessus des plus
savants pinceaux toscans et romains.

Non moins ennemi des règles et des modèles, faux dans les contours, maniéré dans les attitudes, rocailleux dans les draperies,
quelquefois ingénieux, plus souvent bizarre dans ses conceptions,
l'autre tenait le sceptre de la sculpture; c'était le Bernin : les pontifes et les rois briguaient l'honneur d'employer son ciseau; l'Europe, subjuguée, s'enthousiasmait pour ses audacieuses singularités.

L'architecture, livrée à des inventions non moins extravagantes,
cherchant, dans le cabotement des profils, des effets qu'on ne peut
obtenir que de leur tranquillité, brisait les lignes, multipliait les
angles, rétrécissait les masses, prodiguait les détails. Ces exemples
offraient au jeune Puget un danger d'autant plus imminent que les

qualités estimables, par lesquelles le Cortone et Bernin, malgré leurs défauts, soutenaient leur réputation, il les possédait toutes : même fécondité pour concevoir de grandes machines, même feu pour les exécuter. Heureusement, un esprit plus juste lui faisait un besoin plus impérieux de la vérité. Cependant ces noms célèbres surprirent sa jeune imagina tion. S'il se fût appliqué tout entier à la sculpture, c'est au Bernin qu'il se serait confié ; peintre, c'est au Cortone qu'il s'abandonna.

De même que, dans leurs premières années, Michel-Ange et Raphaël imitaient les ouvrages de Ghirlandaïo et du Pérugin, avec une telle fidélité qu'on prenait leurs copies pour les originaux, de même Puget saisit d'abord si religieusement le caractère du Cortone, qu'après quelques mois d'études on confondait leurs ouvrages. Le plafond du palais Barberini en donne encore un témoignage, car la tradition y distingue des figures de Tritons, qu'on dit de Puget, et qui ne sont pas un des moindres ornements de cette célèbre peinture.

Appelé à Florence pour peindre des plafonds dans le palais Pitti, le Cortone emmena avec lui un si précieux élève. Tout semblait en ce moment devoir enchaîner Puget à un maître qui le chérissait comme un père. Leur attachement mutuel se resserrait de jour en jour ; de plus tendres affections s'alliaient même à l'amour de l'étude, pour consolider cette union. Une jeune vierge grandissait sous les yeux de Puget ; des biens considérables devaient former sa dot. Le Cortone donna à son élève le témoignage le plus touchant d'estime dont un père puisse honorer son jeune ami, en lui laissant entrevoir le désir de mettre dans ses bras cet enfant unique. Associée à la reconnaissance, sans doute, dans une semblable circonstance, l'ambition aurait pu devenir légitime. Le génie protecteur de la France ne permit pas que les erreurs du maître se perpétuassent dans son élève comme un gage de son dévouement. L'amitié sauve Puget du danger où l'entraînait l'amitié. Il a une mère, des parents, une patrie : leur voix a retenti dans son cœur. Il embrasse le Cortone, les larmes aux yeux, et déjà il est dans les bras de sa famille.

La peinture occupait alors presque exclusivement cet élève passionné du Cortone : les riantes peintures du palais Barberini et du palais Pitti l'avaient charmé. C'étaient les édifices publics de Mar-

seille, dont il rêvait l'embellissement. Vains projets! Les officiers
de la marine royale n'avaient point oublié le jeune constructeur,
qui, à l'âge de seize ans, lançait à la mer une galère dont il avait
créé le modèle. A peine le duc de Brezé, commandant des forces
navales de Toulon, est-il informé de son arrivée, que, l'appelant
auprès de lui, il l'invite à exécuter le plus majestueux vaisseau de
guerre dont il pourra concevoir l'idée. Demander à Puget une invention neuve, audacieuse et colossale, c'était le rendre à lui-même.

Ce n'est pas seulement un vaisseau plus vaste et plus décoré que
tous ceux que renfermaient alors les ports de l'Europe, qu'enfan-
tera son génie; c'est un changement notable qu'il va opérer dans
le système des constructions navales.

Les immenses navires, dont l'antiquité nous a laissé la description, convenables à des guerriers qui, même sur les eaux, com-
battaient presque toujours corps à corps, se prêteraient mal aujourd'hui à la tactique de nos guerres maritimes. L'invention des
armes à feu fit d'abord abandonner les fastueuses décorations que
les anciens avaient appropriées à ces mobiles édifices, et longtemps
encore après cette découverte, les constructeurs effrayés ne s'occupaient que d'opposer à la foudre de l'ennemi une impénétrable
résistance. Devenus plus audacieux, ils ornèrent ensuite l'extérieur des bâtiments d'une galerie saillante, propre à favoriser le
feu de la mousqueterie. Puget ose davantage. Au-devant de la
poupe, il établit plusieurs rangs de galeries qui, en multipliant les
moyens d'attaque, impriment à l'édifice une imposante grandeur.
Le feu du combat pourra se déployer à côté d'une majesté toute
royale.

Tandis que ces inventions s'exécutaient, Anne d'Autriche étant
devenue surintendante de la navigation de France, le nouveau bâtiment fut nommé *la Reine*, et cet événement motiva encore de
nouvelles décorations. Sur les côtés des deux galeries qui régnaient l'une au-dessus de l'autre dans toute l'étendue de la
poupe, furent assises quatre figures colossales en ronde-bosse, représentant le Commerce, l'Abondance, l'Amour et la Fidélité des
peuples. Au-dessus de ces emblèmes, l'artiste plaça en bas-relief
la figure de cette princesse, et, de chaque côté, en ronde-bosse,
celles de deux de ses ministres. La frise qui ornait le faîte portait
encore des trophées et des images allégoriques.

A l'apparition de ce palais flottant, l'admiration fut universelle. Depuis les Ptolémées, en effet, la Méditerranée n'avait rien vu de si magnifique flotter sur ses eaux. Toulon s'étonne et s'enorgueillit. Londres, Amsterdam, Venise, ne tardent point à imiter de si pompeux ornements, et le nom de l'inventeur, âgé de vingt-deux ans, va retentir dans les deux mondes, frappés de ce nouveau trait d'audace du génie français.

D'autres navires, non moins somptueusement décorés, accroîtront, quelques années plus tard, la réputation du constructeur Puget : ce seront *le Monarque*, vaisseau amiral, de cent quatre pièces de canon, monté par le duc de Beaufort, dans l'expédition où ce prince perdit la vie ; les galères, nommées *la Commandante* et *la Seconde Commandante*, longtemps célèbres par la beauté de leurs ornements, et d'autres bâtiments dont on conserve encore aujourd'hui des fragments, dans l'arsenal de Toulon, comme des chefs-d'œuvre de sculpture en bois. Mais ces ouvrages, qui auraient suffi pour la renommée de Puget, ne peuvent satisfaire son activité. Une nouvelle passion, fruit peut-être de ses constructions navales, s'allume dans son âme, c'est celle de l'architecture.

Anne d'Autriche ayant conçu le projet de faire exécuter les dessins des principaux édifices de Rome, Puget est choisi pour être un des collaborateurs de cette utile entreprise. Invité par sa mission même à étudier les édifices des Césars, comment eût-il observé sans enthousiasme ces ruines augustes où l'élégance des Grecs se trouve si harmonieusement associée à la magnificence des maîtres du monde ?

En mesurant les proportions des monuments romains, le jeune maître s'applique à découvrir les combinaisons de ces savants compas que le calcul guidait non moins que le sentiment et le goût. Il reconnaît avec admiration la cause de la vive impression que ces corps plus ou moins multipliés, ces saillies plus ou moins avancées, ces profils plus riches ou plus simples, ces champs plus larges ou plus resserrés, produisent sur son esprit. « Elle réside tout entière, se dit-il, dans des mesures proportionnelles et dans des effets de clair-obscur. » Dès ce moment, il voit sa carrière s'agrandir devant lui : il conçoit avec orgueil qu'il peut devenir à la fois peintre, sculpteur et architecte.

La peinture, la sculpture et l'architecture, offrent, en effet, plusieurs genres de beauté dont la source est la même. L'architecte ne se crée point à lui-même sa lumière, comme le peintre; mais, par des procédés qui lui sont particuliers, il projette et fait jouer à son gré dans son édifice celle qu'il emprunte des cieux; il en sait étendre, resserrer, varier les masses, de manière à porter dans notre âme le sentiment qui convient à son objet, la terreur ou le recueillement, la mélancolie ou la gaîté. Sous la main d'un habile maître, le compas devient coloriste. La peinture enseigne à l'architecte à combiner des dissemblances, à établir des compensations, à créer des harmonies, sans lesquelles la plus excessive magnificence ne serait plus qu'un pompeux entassement de pierres glacées et muettes: il est une âme, en un mot, au sein d'un édifice bien conçu, et cette âme réside dans les lumières.

Rien de plus dissemblable, quant à l'ensemble et à la composition de ces produits de l'art, qu'une statue et un monument d'architecture. Cependant leur mérite est soumis à des lois entièrement identiques en divers points. Même siège du beau: ce sont les surfaces et les profils; mêmes moyens pour arriver au but: ce sont des saillies et des creux; même agent pour les faire ressortir: c'est le feu du jour. Le gracieux, le léger, le grandiose, le sublime, proviennent de différences matérielles qui souvent sont presque insensibles, et dont le génie a apprécié d'avance les immenses effets.

Les jouissances multipliées que peut faire éprouver à un homme de talent la pratique de ces trois arts, y appelèrent Phidias, Polyclète, Scopas, le Bramante, Michel-Ange, Ghiberti, Brunelleschi, Donatello, Bullant, Jean Goujon, et grand nombre d'autres maîtres. Comment de si puissants exemples n'eussent-ils pas entraîné Puget? La passion qu'il éprouve pour l'architecture est si vive, qu'il ne projette rien moins que de faire de cet art sa principale étude. Le plan de sa vie est arrêté d'avance. La sculpture en marbre, dont il paraît s'être occupé fort peu jusqu'aujourd'hui, fera son amusement; la peinture, son occupation journalière; l'architecture, ses délices et sa gloire: ce sont là ses espérances.

Et dans quelle capitale ira-t-il composer de vastes machines pittoresques, élever des temples, construire des palais? O puissant effet d'une éducation patriarcale! c'est dans sa ville natale qu'il établira sa demeure. Là où reposent les cendres de ses pères, là

est pour lui le monde entier. Satisfait des jouissances que lui font
éprouver ses affections et ses études, il ne sortira point de sa paisible médiocrité. La fortune traversera plus d'une fois des résolu-
tions si généreuses ; mais le vœu de l'homme de bien ne sera jamais abandonné. Si les événements l'arrachent à son modeste asile,
il y reviendra toujours ; et, privé trop souvent d'y goûter la vie, il
aura du moins la consolation d'y mourir.

Peut-être, osons le dire, Puget, en consultant son cœur sur le
choix de sa demeure, se livrait-il aussi à de poétiques inspirations. Quel est l'homme sensible aux charmes du beau, qui n'ait
admiré les richesses versées par la nature dans ces heureux cli-
mats? N'est-ce pas l'Italie ou la Grèce même qui étalent ici leur
magnificence aux yeux étonnés et ravis de l'ami des arts? n'est-ce
pas le même cadencement dans la disposition des montagnes, la
même diversité dans les sites, la même richesse dans les ciels, la
même harmonie dans les couleurs, le même éclat dans les lumières? Lorsque, des hauteurs environnantes, l'œil découvre cette
cité populeuse, quel imposant tableau vient le saisir? D'un côté,
une mer azurée qui se balance, blanchie d'écume, entre des îles et
des côtes escarpées ; de l'autre, une vaste plaine semée de mon-
ticules, où de larges masses de verdure s'associent à d'innombrables habitations ; dans les lointains, d'immenses roches en amphithéâtre, dont les teintes pourprées lient aux couleurs fermes des
terrains les tons légers et vaporeux des airs. Au dessus, l'astre
du jour qui réchauffe le mâle coloris les campagnes, tantôt en
projetant ses gerbes embrasées à travers des nuages blanchis qui
flottent sur l'azur des cieux ; tantôt en inondant de flots d'opale
et d'or les portes de son éclatante retraite. Tous les sens sont
émus à la fois, à l'aspect d'un si riche tableau. Dans ces campagnes pittoresques, drageonnent spontanément le myrte, le roma-
rin, le laurier, le grenadier, groupant ensemble leurs sommités ;
le pin qui arrondit sa voûte et le cyprès pyramidal élèvent, devant
des fonds variés, leurs masses majestueuses. Mille plantes agrestes
embaument l'air de leurs balsamiques odeurs. Du haut des monts
parfumés, découle à flots vermeils le suc de l'arbre de Minerve. La
pomme des Hespérides se dore et mûrit malgré les hivers. Artiste,
saisis tes couleurs! les modèles sont devant toi; tu n'as qu'à te
livrer aux inspirations de ton génie !

D'un autre côté, la ville savante de Sextius, que Puget devait bientôt embellir et d'édifices et de tableaux, lui offrait, pour le captiver, ses illustrations littéraires. Rascas de Bagarris, Peiresc, Fabri Borrelly, avaient eu de nombreux héritiers. Des monuments antiques, que la main des hommes a inhumainement renversés au sein des jours les plus paisibles de notre âge, vénérables témoins de la magnificence d'Adrien et de la prudence militaire des préteurs ou des consuls antérieurs à lui, invitaient les esprits à l'étude des sciences archéologiques. Gassendi, Annibal Fabrot, le père Thomassin, Cabassut, Antoine et François Pagi, Thomassin Mazaugues, Scholastique Pitton, Honoré Bouche, Jean-François Gaufredi, Duperrier, de Haitze, J.-B. Boyer d'Éguilles, Étienne et Charles David, qui habitèrent presque constamment cette ville illustre, y cultivaient toutes les branches des études humaines. De toutes parts se formaient des bibliothèques, des collections de tableaux, de médailles, de pierres gravées, d'antiquités de tous les genres, riches recueils, dont il subsiste encore aujourd'hui de si précieux restes, malgré tant de désastres successifs. Puget, par conséquent, en quittant Rome et l'Italie pour la terre natale, pouvait croire, à quelques égards, n'avoir pas changé de pays.

Il apportait, au milieu de tant d'hommes illustres, l'immense tribut de son talent, et le même amour pour sa patrie. Six années de méditation, pendant son dernier séjour en Italie, en avaient fait un homme nouveau ; il y avait appris à être lui-même. Nous n'avons désormais à craindre pour lui ni les routines des vieilles écoles dégénérées, ni les vices particuliers aux novateurs. La nature a tracé sa route à ce génie altier, en quelque sorte à son insu : il serait original, par la force de son caractère, s'il n'était indépendant par la puissance de sa raison. Peintre, architecte, statuaire, Puget n'appartient à aucune école ; son style est le produit d'une impulsion irrésistible, c'est son âme qui le conduit, qui le maîtrise. Jamais on ne put dire avec plus de vérité : *Le style est l'homme.*

L'amour du vrai forme la base de son talent. Cet amour est en lui un sentiment vif, impérieux, antérieur à toute théorie. La Nature le ravit par des formes légères, surtout robustes et grandioses ; mais rien ne le transporte comme la manifestation d'une sensibilité ardente. Peut-être a-t-il le tort de ne pas toujours choisir des modèles assez nobles, mais il ne leur pardonnerait pas de manquer de caractère et d'expression.

La vigueur dans son style n'exclut point la grâce ; il est aussi naïf qu'il est mâle et fier. La grâce est chez Puget, comme dans la nature, l'expression involontaire de l'élan du cœur dans un corps bien fait. Il ne la cherche pas : elle vient à lui. S'il avait outré l'action de quelque personnage, ce ne serait pas pour obtenir de la grâce, ce serait pour animer l'expression. Je ne sais si, lorsqu'il s'attache à des formes grandioses, cette préférence ne vient pas aussi de ce qu'il trouve dans cette nature élevée une plus grande abondance de vie et de chaleur. Il atteint au sublime, en ne voulant qu'être énergique ; il nous étonne, en ne songeant qu'à nous émouvoir. Ses erreurs mêmes sont un produit de cette disposition de son âme. Devient-il incorrect, c'est que l'action instantanée et excessive de quelque muscle l'a trop vivement frappé. Ses incorrections sont associées à la plus frappante imitation de la nature. Il nous fait frissonner, dans sa sculpture, par le soulèvement des parties intérieures, par la palpitation apparente des chairs, on pourrait dire par la présence du sang, alors même que nous ne pouvons nous dissimuler l'inexactitude occasionnée par la promptitude de sa pensée, ou par l'emportement de sa main.

Le souvenir du Cortone revient quelquefois dans le coloris de ses tableaux ; ce sont des réminiscences de sa jeunesse ; mais plus souvent ce sont les Carrache, c'est le Guide dans ses plus mâles ouvrages, ou plutôt encore le Caravage, qui semblent avoir excité son émulation. En général, son coloris est, comme son dessin, un produit de son amour pour le vrai. Il est inégal, jamais faux, ni systématique. Tantôt argentin, gai, suave ; tantôt plein de chaleur et riche de clair-obscur, il paraît toujours celui qui convenait au sujet. Nourrie, précise, décidée, sa touche imprime dans ses peintures la même vie, que dans sa sculpture son brûlant ciseau. En peignant, il modèle. Chaque coup de pinceau contribue au relief des formes.

Simple et dramatique dans la composition, il donne à la scène une expression si juste et si vive, qu'on en est pénétré : c'est l'action même que l'on voit. La pensée de ses tableaux est dans son cœur. Il est naturel, il est touchant, parce qu'il est profondément ému.

16

Dans ses peintures, il faut l'avouer, les draperies ne présentent pas des plis assez faciles. Le Corrège avait donné, sur ce point, un exemple funeste. Le Bernin porta ce vice dans la sculpture, et le goût général fléchit devant une manière bizarre, sanctionnée par de si imposantes autorités. Le gonflement des étoffes a quelque chose d'extraordinaire qu'on avait pris pour de la grandeur. L'observation de l'antique préserva généralement Puget de ce défaut dans sa sculpture ; souvent il se laissa entraîner par le torrent dans ses tableaux, presque tous l'ouvrage de sa jeunesse.

Deux de ses peintures ornèrent, dès les premiers temps de son séjour en France, le cabinet de Boyer d'Éguilles : la *Vierge qui enseigne à lire à l'enfant Jésus*, et une *Fuite en Égypte*[1].

Le premier de ces tableaux se fait remarquer par la grâce et le sentiment imprimés dans les deux personnages. Le second est une de ces compositions naïves, dont le charme principal réside dans la vraisemblance et l'intérêt du drame. Quatre personnages, placés dans un paysage d'un haut style, composent la scène. La Vierge est assise sur le bord d'un torrent, tenant auprès d'elle l'héritier de David, tandis que saint Joseph appelle un batelier qui doit transporter la sainte famille sur l'autre rive. Mais à cette simplicité s'allie toute la grandeur propre à ce sujet poétique. Isaïe a dit : « La terre d'Égypte s'est émue, et les idoles sont tombées en poussière à l'aspect du Christ. » Une si belle image n'a point échappé à Puget. Un temple, dont quatre colonnes restées debout attestent l'antique magnificence, s'est écroulé à l'apparition du Sauveur sur la terre impie des Pharaons. Un prêtre idolâtre, figuré dans les ruines d'un bas-relief, gît aux pieds de l'enfant dont le règne glorieux commence. Ainsi, déjà la vérité des prophéties éclate, la religion chrétienne triomphe, Ammon et ses ministres sont abattus pour ne se relever jamais. Avant et après Puget, d'autres maîtres ont reproduit cette grande pensée ; Puget a su encore l'embellir : elle se trouve ici représentée dans toute la majesté qui caractérise les saintes Écritures.

Des beautés, non moins poétiques, distinguent les deux tableaux du *Baptême de Constantin* et du *Baptême de Clovis*, qui ornent le Musée où cette Académie, Messieurs, se trouve en ce moment réunie.

---

[1] On voit des gravures de ces deux tableaux, dans la collection de Coelmans.

Une naïveté spirituelle, un coloris fin, une touche délicate, captivent le spectateur, devant ces deux tableaux qui ne sont que des esquisses avancées. C'est une heureuse conception que d'avoir montré les cieux entr'ouverts, et d'avoir représenté les élus prenant part au grand événement qui réjouit la terre. L'harmonie qui règne entre les teintes douces de la scène principale et les clartés du ciel ne charme pas moins vivement, surtout dans le Baptême de Constantin, que la vérité de l'action, la vivacité et la convenance des sentiments attribués à chaque personnage. Le disciple du Cortone semble se laisser voir encore dans ces charmants tableaux. Toutefois, on n'éprouve, en les considérant, que des sensations agréables. Apparemment, dans cette occasion où l'artiste associait à une fête religieuse une scène tout aérienne, où il mettait en action la terre et les cieux, la manière brillante de son maître se trouvait à sa place naturelle, et ne pouvait produire, sous la main d'un grand coloriste, qu'un bon effet.

Puget est mieux lui-même, plus original et plus élevé, dans la *Sainte Famille* du cabinet de Fonscolombe, dont les figures sont de grandeur naturelle. Tout est plein de majesté dans ce beau tableau. Debout et entièrement nu, l'enfant-Dieu s'élève sur les genoux de sa mère au centre du tableau. A la noble attitude de Marie, à la dignité de ses traits, on reconnaît la reine des cieux. Sur le visage de Joseph, occupé à lire des prophéties, se manifeste l'expression de sa joie. Autant la composition présente de grandeur, autant l'exécution fait admirer de fermeté. Tout souvenir du Cortone paraît effacé de l'esprit de Puget. Un coloris vigoureux, une touche mâle, répondent au caractère d'une scène grave et religieuse.

Si je voulais représenter Puget particulièrement comme coloriste, je placerais sous les yeux de cette assemblée une *Vierge*, à mi-corps, du cabinet de Panisse, qui, une main appuyée sur un coussin où repose Jésus, considère, avec un attendrissement mêlé de respect, cet enfant divin. Ce tableau est peut-être plus admirable encore par la chaleur des teintes, par la puissance du relief, par l'esprit et le moelleux de la touche, que par les sentiments affectueux qu'on y trouve si vivement exprimés.

Je montrerais, avec la même confiance, deux portraits de ce maître, peints par lui-même, à des âges différents, et dont un fait partie de la même collection. Fermeté dans les formes, vérité, vigueur, transparence dans les teintes, assurance dans le faire, toutes les beautés propres au portrait se trouvent réunies dans ces deux ouvrages. Est-ce Valentin, Vélasquès, le Guerchin, le Caravage, qui les a peints? Quelle est cette manière forte et pleine de vie? C'est bien celle de Puget : l'âme de ce maître y a déployé toute sa chaleur ; sa main, toute sa précision et toute son énergie. Ce sont ici des ouvrages de ce peintre dans toute la force de son talent.

J'omets une foule d'excellents ouvrages, ne pouvant les décrire tous avec des détails suffisants. J'omets un plafond, représentant les Parques entourées d'une arabesque, mêlée de feuillages et de fruits, peint à Toulon, dans la maison que Puget avait construite pour sa propre habitation ; idée poétique, riante et digne de la Grèce, d'honorer ainsi les Parques dans sa demeure, et de les environner d'ornements, emblèmes des plaisirs de la vie. J'omets une *Vierge*, un *Saint François en adoration devant l'enfant Jésus*, conservés dans l'église cathédrale de Toulon ; une *Visitation* qui ornait autrefois la chapelle de la Congrégation des Dames de la ville d'Aix ; un *Déluge universel*, dont le premier propriétaire fit la matière d'une substitution parmi ses descendants ; une *Adoration des bergers*, où l'on retrouve tout le nerf propre au crayon de ce grand maître ; une *Sainte Famille*, tableau particulièrement remarquable par la finesse et la transparence des tons ; une *Vocation de saint Mathieu*, une *Assomption*, un *Saint Jean-Baptiste*, une *Rachel*, un *Saint Denis*, une *Bacchante*, une *Éducation d'Achille*, qui font l'ornement de divers cabinets.

Hélas ! je ne saurais dépeindre plusieurs tableaux conservés autrefois dans une maison religieuse et dans une paroisse de deux villes de Provence. C'était un *Saint Félix*, une *Agonie de saint Joseph*, un *Saint Jean écrivant l'Apocalypse*, un *Saint Hermentaire*, représenté auprès d'un dragon auquel il avait donné la mort, et qu'une femme remerciait, en lui montrant son enfant qu'il venait de sauver. Ces ouvrages n'existent plus ; la flamme les a brutalement consumés, pendant les orages de la Révolution, avec les édifices qui les renfermaient. Des barbares ont dépouillé leur patrie de la noble parure dont l'avait ornée le génie. Mais deux autres tableaux de Puget suffiraient pour assigner à ce maître une place parmi les plus grands peintres modernes : l'un est une

Annonciation qui se voit aujourd'hui dans l'église du grand séminaire de la ville d'Aix ; l'autre est le *Sauveur du monde*, en ce moment sous les yeux de cette Académie. Les figures de ces deux tableaux sont grandes comme nature.

Que d'élévation et de sentiment dans celui de l'*Annonciation !* Du sein de la nuée où il annonce à Marie la volonté du Très-Haut, Gabriel laisse voir, par la douce expression de son visage et par le mouvement ingénu de ses bras, l'admiration et le respect dont il est pénétré pour la mère de son Dieu. Sa grâce égale sa beauté. Frappée par l'éclat de la lumière céleste, la Vierge est tombée sur ses genoux ; sa tête s'est penchée ; ses yeux se sont fermés ; ses mains sont demeurées sans force. Ses traits et son attitude manifestent son innocence et expriment sa soumission aux décrets du ciel. Jamais un sentiment virginal ne se peignit sous des formes plus naïves. Deux anges-enfants, suspendus dans les airs, attestent par leur présence la réalité du miracle qui donne à la terre son Rédempteur. Le coloris a toute la finesse, toute la suavité, toute l'harmonie, toute l'expression, toute la délicatesse, qui convenaient à ce noble et riant sujet.

C'est par la vigueur et la variété du ton général, autant que par la dignité de la composition, que se fait remarquer le tableau représentant le *Sauveur du monde*. Un pinceau poétique y a versé toutes les richesses de la peinture. Assis dans une nuée que traversent les feux du soleil, le Fils de l'homme, accompagné d'anges-enfants qui se jouent à ses pieds, pose sur ses genoux une de ses mains, où sont encore imprimées les marques de son martyre, et de l'autre, il montre le glorieux séjour conquis au genre humain par le mystère de la croix. Opposé à de larges masses d'ombres, l'or de la lumière céleste brille autour de sa chevelure, resplendit sur sa tête, et réchauffe encore par des reflets la pourpre de sa tunique et l'azur de son manteau. Telle est la puissance de la couleur, que, sous cette clarté mystérieuse, ce personnage divin semble se mouvoir. Autant cette figure offre de dignité dans sa pose et d'expression dans ses traits, autant celles des anges-enfants font admirer d'élégance dans leurs contours, de fermeté dans leurs formes, de grâce dans leurs attitudes, de chaleur et de vérité dans le coloris de leurs chairs délicates. Les lumières vermeilles qui les animent, en opposition avec les teintes mâles de la figure et avec

16.

les ombres des nuages, produisent une harmonie parfaite. Magnifique, sublime tableau ! Il donnerait lieu de demander si Puget ne fut pas aussi habile peintre qu'il était grand statuaire.

Rappelons-nous maintenant ces légères feuilles de vélin, où d'une plume si déliée il a représenté la mer et ses rivages, le calme ou le soulèvement des ondes, les amusements de la pêche, les travaux des ports. Quelle sublimité dans les plus grandes choses ! Que d'esprit, que de feu, dans les plus petites ! Ici, c'est un bâtiment majestueux, qui, en s'éloignant, déploie sous nos yeux les sculptures de sa poupe : nous y distinguons les galeries et leurs divers ornements, rendus avec la plus admirable précision : là, c'est un vaisseau léger, qui, en cinglant vers nous, la proue abaissée, nous offre à découvert tout son intérieur. Un vent frais le chasse au milieu des ondes vivement émues. Toutes les parties du tableau sont en mouvement. Les vergues, les cordages, les figures des matelots, celles des soldats, les armes, les moindres agrès, tout est senti : rien ne manque à la vérité de l'image, si ce n'est la couleur que la vivacité du trait fait oublier !

Le pathétique se mêle encore à ces spirituels badinages. Précipité entre des rochers, ce vaisseau s'entr'ouvre ; il va s'engloutir : les vents, les ondes, la terre, le ciel, offrent de toutes parts la mort aux mariniers épouvantés ; on croit voir leur agitation ; on croit entendre leurs gémissements.

Ce ne sont ici que les jeux du génie ; mais, dans ces jeux, il montre encore sa fécondité, sa chaleur, et toutes les qualités par lesquelles il est le génie.

Lorsque Homère a peint le fils de Latone, la guerrière Pallas et les autres divinités de l'Olympe, mêlant leurs cris et leurs armes, aux armes et aux cris des héros, et semant à l'envi le carnage sous les murs d'Ilion, il se délasse en décrivant le bouclier d'Achille et la coupe de Nestor : tel, après avoir retracé l'action héroïque de Persée, l'agonie de Sébastien, les souffrances de Milon, l'auteur de ces grands ouvrages se plaît à reproduire dans ces miniatures les vaisseaux dont il avait conçu le plan, ou les agitations des mers dont la vue ne cessait de faire ses délices.

Changeons de sujet. Je vois s'élever de nobles édifices, j'entends le marbre retentir : il est temps de considérer Puget architecte et statuaire.

SECONDE PARTIE.

C'est une particularité bien remarquable de la vie de Puget, que, parvenu à l'âge de trente-trois ans, il fût connu seulement comme peintre, sculpteur en bois, constructeur de vaisseaux : architecte, il n'avait construit aucun édifice; statuaire, aucun ouvrage en marbre ne portait son nom. Qui avait été son maître dans cette branche de l'art d'imiter le corps humain? on l'ignore. A trente-trois ans, une maladie l'ayant obligé de renoncer, au moins passagèrement, à ses pinceaux, il saisit le ciseau que les anciens avaient légué à Michel-Ange, et, dès ce moment, cet artiste a un rival, Agesander lui-même un émule.

La porte et les ornements de l'hôtel de ville de Toulon, furent son premier ouvrage. Sur une baie à plein cintre, s'élève et sort en avant un balcon supporté par deux Télamons à mi-corps, d'une proportion colossale, terminés en forme de pilastres doriques, et placés de chaque côté de la porte. Deux de ces malheureux condamnés par les tribunaux aux travaux des ports remplacent ici les femmes de Cariatis. Dans la contraction de leurs muscles énergiques se manifeste leur douloureux effort pour supporter le fardeau qui les surcharge, et plus encore leur irritation contre le supplice auquel les a condamnés la loi. Le Bernin vit cet ouvrage, le Bernin qui ne reconnaissait point d'égal : « Comment le roi de » France, dit-il, m'appelle-t-il d'Italie, possédant un si habile » maître ! »

A peine cet ouvrage est-il terminé, que la réputation de son auteur grandit avec rapidité, et Puget se trouve lancé sur la mer orageuse, dont il voulait se tenir écarté.

Appelé en Normandie, il y exécute, pour le marquis de Girardin, un groupe représentant Janus et la Terre.

Fouquet, qui affecte dans sa maison de Vaux le Vicomte une splendeur royale, a conçu le projet de l'envoyer à Carrare, acquérir des marbres nécessaires à ses grands travaux. Dans le même temps, Mazarin veut aussi se l'attacher. Il députe auprès de lui Colbert, qui lui fait les propositions les plus brillantes. Puget avait promis ; les sollicitations sont vaines : il part, s'exposant au mécontentement du prélat, et peut-être à celui de son illustre agent. Bientôt le surintendant est précipité du ministère, et l'artiste demeure en Italie sans appui.

Je me trompe : les Génois sont trop éclairés pour ne pas apprécier un tel maître. Il est retenu à Gênes pendant neuf années. C'est dans ce temps qu'il produit l'Hercule Français, entrepris pour Fouquet; l'Alexandre Sauli, le Saint Sébastien, la Vierge du palais Balbi, celle du palais Carréga, l'Assomption de *l'Albergo* et celle de la ville de Mantoue; les Anges de bronze doré de l'église de Saint-Ciro, de Gênes; l'autel de Notre-Dame des Vignes, le groupe de l'Enlévement d'Hélène; la chapelle de Saint-Louis, roi de France, dans l'église de l'Annonciade, et divers monuments d'architecture qui décorent cette superbe cité.

La réputation de ces ouvrages s'accroissait en France de jour en jour. Colbert, devenu ministre, en est frappé, et il croit enfin se devoir à lui-même de rappeler un maître qui honorait sa patrie au dehors avec tant d'éclat. Mais, soit par une seconde erreur, soit par un effet de l'admiration trop exclusive que le vaisseau nommé *la Reine* lui avait fait éprouver, ce grand homme ne fit le bien qu'imparfaitement; car, tandis que Louis XIV embellissait Versailles, fondait les académies, et cherchait à transporter en France les arts et la gloire de l'Italie, Puget fut attaché à la marine, avec le titre de *directeur des ornements des vaisseaux du roi*, à *Toulon*, qu'il n'avait pas demandé, auquel Colbert, à la vérité, joignit le brevet d'une pension de trois mille six cents francs, que Puget n'avait pas sollicitée davantage; de sorte que celui-ci se trouva ainsi éloigné, tout à la fois, de la ville où l'appelait son cœur, et de la capitale qu'il eût illustrée par ses ouvrages.

L'Académie des Beaux-arts fut fondée pendant son absence; il y fut oublié, et jamais cette illustre compagnie ne l'a compté parmi ses membres.

A l'époque où la nouvelle de son appel à la marine de Toulon lui fut donnée, les Sauli et d'autres nobles Génois l'honoraient par des travaux et des pensions. Les Doria l'avaient choisi pour diriger la construction d'une église où ils voulaient déployer une grande magnificence; trente maisons déjà démolies ouvraient à cet édifice un vaste terrain. Les Lomellini lui demandaient un projet de façade pour l'église de l'Annonciade, et déjà le modèle en relief en était exécuté. Le sénat, qui l'avait chargé d'orner de peintures les murs de la salle du Grand-Conseil, lui adresse une députation pour l'inviter à ne point abandonner une ville devenue le théâtre de sa gloire. Ces sollicitations sont inutiles : il sacrifie encore une fois à sa patrie ses hautes espérances. Il quitte Gênes, et vient occuper en France une place subalterne, croyant remplir en cela ses devoirs, et laissant à un habile ministre le tort et le regret, peut-être, de n'avoir pas su, pour cette fois, connaître entièrement les siens.

Quatre années sont employées à sculpter des poupes de vaisseaux que, par une déplorable fatalité, la mer engloutit presque aussitôt. Son génie se prête à tout : il invente une machine propre à mâter et à démâter les plus grands bâtiments, machine demeurée en activité pendant cent cinquante ans. Enfin, il croit toucher au moment d'élever dans sa patrie un témoignage durable de son talent pour l'architecture : il a tracé des plans pour la construction d'un arsenal : ses dessins sont approuvés par l'intendant de la marine et par le roi; déjà une salle d'armes est construite. L'ambition et la jalousie ont frémi. Un crime ne les arrête pas. L'édifice est incendié; tout périt dans les flammes. Par suite de cet attentat, la construction de l'arsenal est suspendue, et enfin les plans du grand homme sont abandonnés.

Avant cette catastrophe, Puget avait construit à Toulon, pour sa propre demeure, une maison qui forme encore un des ornements de cette ville. Navré de douleur, il abandonne cette habitation, ses travaux, ses amis, et il vient demander à sa ville natale un asile et des consolations. Il n'y sera pas longtemps heureux.

Son premier soin, en arrivant à Marseille, est de se construire encore une maison selon son goût. Elle s'élève sur d'anciens jardins appartenant à sa famille, et que des agrandissements récents venaient d'enfermer dans la ville. Le génie de ce grand artiste et le sentiment même de sa douleur, s'impriment sur ce petit chef-d'œuvre. A toute la simplicité d'une habitation particulière, se joint toute l'élégance d'un temple des arts. Sa position sur trois rues en favorise la décoration. Un rez-de-chaussée, un premier étage, surmonté d'un attique, en forment l'ensemble. Sur la façade principale, qui est la plus étroite, s'avance un balcon supporté par des consoles, et accompagné de deux pilastres composites. Un fronton surmonte le tout. La corniche, en se prolongeant sur trois côtés, va joindre deux autres pilastres qui reposent aux extrémités les plus éloignées des façades latérales. La religion, où l'artiste puise des consolations, associe son caractère aux beautés de l'art. Au-dessus de la fenêtre principale, Puget pratique une niche ronde, où il place un buste du Sauveur ; au-dessus du buste, il trace cette inscription : *Sauveur du monde, ayez pitié de nous*; et dans le couronnement de la fenêtre, il grave cette devise, qui semble la sienne propre : *Nul bien sans peine*. Cette vénérable habitation, qui subsiste encore, présente ainsi tout à la fois, un témoignage du goût de l'artiste, un portrait de ses mœurs, un abrégé de son histoire.

Au moment où il se rendait à Carrare, pour remplir les intentions de Fouquet, Puget avait dessiné des alignements, des façades, pour les édifices du Cours de Marseille. Ses projets avaient été très-imparfaitement suivis ; cependant une île entière et plusieurs maisons qu'on voit encore aujourd'hui, sont manifestement son ouvrage. Autant il s'était montré élégant et fin dans les dessins de son habitation personnelle, autant, dans ses constructions publiques, on le trouve grand et magnifique. Ce Cours, bordé d'arbres, où aboutissent, sur un même axe, deux rues d'une immense longueur, est une conception de son génie. Ces pilastres corinthiens, qui, du sol ou du premier étage, s'élèvent pompeusement jusqu'au faîte des édifices, cette corniche si mâle et si pittoresque dont quelques-uns sont couronnés ; ces sirènes, ces tritons, qui supportent des balcons en saillie, emblèmes d'une ville maritime, sont aussi de son invention. Si ses grandes idées eussent toujours été fidèlement rendues, si les sculptures étaient de sa main, aucune place publique, dans aucune ville du monde, n'offrirait un ensemble aussi imposant et aussi grandiose.

Des pensées neuves, élevées, hardies, de la fermeté dans les masses, de la fierté dans les profils : tels sont, en général, les traits caractéristiques de l'architecture de ce maître. Dans l'art d'Ictinus, comme dans celui d'Agesander, il veut d'énergiques effets. Une imagination vive lui persuada qu'il pourrait créer des beautés inconnues à l'antique, et plus d'une fois, il a sacrifié, dans ce vain espoir, à une surabondante richesse, la noble simplicité d'Athènes et de Corinthe. Mais, alors même qu'il est incorrect, il étonne encore par sa grandeur ; sous son compas, la pierre semble s'être animée. Le spectateur éprouve, à la vue du monument, une émotion qu'il est prêt à croire l'effet d'une puissance surnaturelle.

Jamais, non plus, le sentiment des convenances ne l'abandonne. Quelle élégante simplicité dans ce *forum* où de modernes Hellènes étalent la pêche de leurs époux ! Vingt colonnes ioniques et isolées, dont cinq s'alignent sur chacune des deux façades, et sept sur les côtés, en forment l'ensemble. Des marches à trois rangs, posées entre les stylobates des colonnes, offrent un accès commode à la foule qui monte et qui descend. Les arcs reposent sur les chapiteaux, et la charpente du toit, soutenue par des antes, forme une corniche naturelle. Le sentiment de l'économie peut avoir inspiré cette pensée ; mais, pour cette fois, l'économie s'est alliée avec le goût. Quatre fontaines placées aux quatre angles extérieurs, rafraîchissent l'air, et donnent la vie à l'ensemble. La piquante légèreté qui distingue cet édifice ne viendrait-elle pas du nombre impair des colonnes, autant que de leurs proportions et de leur couronnement ? L'Égypte, Égine, Pœstum, Corinthe, Phigalie, ont autorisé, quoique par de rares exemples, cette disposition des colonnes en nombre impair. Ce n'est pas seulement dans des basiliques, et d'autres édifices purement civils, qu'elle a été mise en pratique, mais encore dans des temples. L'ingénieuse invention de la cinquième et de la septième colonne a répandu dans le *forum* de Puget une sorte de mouvement, en harmonie avec l'action perpétuelle des acheteurs et des marchands qui le fréquentent, et avec la vivacité du peuple auquel il est destiné ; tout est d'accord. A la grâce de ce monument, je reconnais la fille de Phocée, ou plutôt je retrouve dans le chef-d'œuvre de Puget la Grèce elle-même, la Grèce caractérisée par la finesse de son goût et par l'élégance de ses mœurs.

Un accent plus grave devait distinguer l'oratoire où les indigents de la charité chantent en commun leurs prières. Une coupole ovale, soutenue par douze colonnes corinthiennes, en forme le centre ; sur l'axe longitudinal, et en avant, est un *pronaos* ou vestibule carré ; au fond du temple, s'élève un autel unique ; à droite et à gauche, sont deux chœurs : l'un pour les vieillards et les enfants, l'autre pour les femmes. La grande hauteur du dôme porté par un tambour, le style mâle des colonnes qui le soutiennent, la ligne continue de la corniche qui en dessine le contour, la lumière qui, frappant vers le centre, va se dégradant sous les profondeurs latérales, toutes ces beautés donnent à l'édifice une physionomie majestueuse et mélancolique. Un dôme hémisphérique, surtout s'il est élevé sur un tambour, et percé de hautes fenêtres, reçoit et verse dans l'intérieur de l'édifice une lumière plus abondante et plus égale : un dôme ovale produit, à cause de ses différentes courbures, des jours plus resserrés, des ombres plus fermes, un effet plus mystérieux. L'un donne au temple un aspect plus ouvert et plus gai ; l'autre, une physionomie plus mélancolique ; cette dernière disposition était peut-être celle qui convenait le mieux à un asile de pénitence et de charité ; elle devait, d'ailleurs, flatter l'imagination de Puget, par cela même qu'elle renferme quelque chose d'austère et de singulier. La simplicité du dehors répond au mâle caractère de l'intérieur. Le génie du maître y a imprimé toute sa fierté. Quand l'architecture se met si complétement d'accord avec son but, quand elle produit un effet si puissant sur les esprits, ses imperfections, s'il en est échappé quelqu'une à l'artiste, disparaissent ; le spectateur ne voit dans le monument, que ce qu'il présente de grand, de neuf, d'original ; l'architecture alors est poétique ; elle est sublime.

Mais, quels que soient l'importance et le mérite de ces productions architecturales, nous n'y voyons pas encore Puget tout entier. C'est quand il tient le ciseau que sa verve bouillonne avec une inexprimable chaleur. Dans ses sculptures, plus encore que dans ses tableaux, il offre un caractère propre, par lequel il diffère de toutes les écoles et de tous les maîtres : il est lui-même, et n'est jamais que lui. Peintre, il se modère davantage ; statuaire, il se livre sans réserve à sa fougue naturelle : plus d'imperfections peut-être, mais aussi plus de beautés : tel est le produit de cet entraînement.

Simple, naïf, mais impétueux dans son caractère personnel, Puget obéit, quant au choix de ses sujets, à l'impulsion de sa propre nature.

Il faut à son ciseau un drame où se manifeste une passion véhémente ; il en distingue habilement les périodes ; si l'expression la plus vive a dû éclater au commencement, au milieu, à la fin de l'action : c'est toujours cette crise qu'il a choisie. Il est aussi pathétique dans le choix du moment, qu'il est expressif dans la disposition de la figure, énergique dans l'exécution.

L'élan de sa figure est toujours vif; l'action principale du squelette, toujours en harmonie avec la pensée. Le visage, les mains, les pieds, parlent un même langage. Quant au style de Puget, si ce maître, captivé par son modèle vivant, néglige quelquefois l'antique, souvent aussi il semble défier les Glycon et les Apollodore. Dans ces occasions, il n'a pas copié les Grecs, il rivalise avec eux, par une disposition innée; il est grand par lui-même; ce noble caractère se soutient jusque dans les détails. Puget n'est pas moins étonnant dans l'art de modeler, que dans l'énergie des formes: les muscles ont partout la souplesse de la nature. Sous son ciseau magique, le marbre devient de la chair; on dirait qu'il fond la pierre, qu'il la pétrit. Et cependant, point de mollesse, nul détail minutieux: des méplats soutenus apportent de la fermeté jusque dans les moindres parties. Ce muscle qui palpite me frappe encore par sa grandeur, tandis qu'il me fait frissonner par ses crispations.

Qu'au milieu de tant de chaleur, le ciseau se soit quelquefois égaré, eh! qui ne le pardonnera?

Quand on réfléchit aux difficultés que présente la création d'une statue telle que le Saint Sébastien ou le Milon, comment concevoir réunis dans un seul homme, le génie qui invente une semblable composition, la chaleur qui l'exécute, la constance qui la termine? Les moyens de la sculpture sont si bornés, ses agents si rebelles, ses travaux si pénibles et si longs!

Une figure, deux figures, trois au plus, voilà les personnages du statuaire. Un seul trait, un seul mot, un instant unique, voilà son drame. Il faut que l'action soit complète, qu'elle présente à notre imagination son commencement, son milieu, sa fin. Il faut que l'idée du passé imprime dans notre âme la surprise; celle du présent, l'admiration et la pitié; celle de l'avenir, la consolation ou la terreur.

Agités par le tableau de la douleur, nous ne renonçons point aux jouissances des sens. L'homme que représentent les arts doit être achevé dans ses formes, afin de suppléer, par l'attrait de la beauté, à ce que l'émotion laisse d'incomplet dans la sympathie.

Ce n'est point assez. Pour devenir fortement pathétique, l'action doit être éminemment morale. Aussi grand par son courage que par sa force physique, le héros doit paraître triompher de ses souffrances, comme de la fortune. Dans une scène déchirante, nous voulons recevoir une leçon de vertu.

Or, en tout ceci, le statuaire rencontre des difficultés extrêmes, et on pourrait dire insurmontables.

Nous exigeons qu'une statue, en exprimant même les affections les plus véhémentes, présente sous tous les aspects une attitude décente et facile : c'est là une des lois fondamentales de l'art. Tandis qu'une impulsion naturelle porte l'homme souffrant à roidir ses membres, nous voulons que la raison, en les captivant, les rapproche du cœur : ployés par l'effet de la douleur, ils doivent encore décrire des courbes moelleuses. Un geste qui ne peut changer, s'il est outré, devient horrible ; il faut qu'en exprimant toute la violence de la passion, il soit souple et cadencé.

Mêmes contradictions, s'il s'agit du maintien de la beauté. Tant que l'âme est en paix, les dehors des membres peuvent présenter des profils tranquilles ; les muscles internes, cachés ou à peine visibles, laissant dominer les muscles extérieurs, les formes s'agrandissent ; des masses fermes, des lumières larges, donnent au corps sa plus grande valeur possible : c'est dans cet état de sérénité, que l'homme a quelquefois ressemblé à un dieu. Si l'âme, au contraire, est violemment agitée, tout se trouble dans les surfaces extérieures. Les muscles internes qui se soulèvent, les cahotements qui se multiplient, les lignes qui se brisent, les ombres qui s'entremêlent avec les lumières, en décelant la tempête qui gronde dans l'intérieur, dénaturent les éléments du beau. Comment, au sein de ce tumulte, le statuaire pourra-t-il soutenir de grands cercles, modeler d'amples contours ? D'une part, des plans trop uniformes deviennent froids ; de l'autre, des lignes tourmentées fatiguent notre œil. Cependant, le goût exige la réunion de ces caractères contradictoires. Nous voulons reconnaître en même temps le trouble et le repos, le désordre et l'harmonie.

La Grèce apprécia ces difficultés excessives, et on dirait qu'elle a reculé devant l'imitation de l'homme souffrant, car le Philoctète de Pythagore de Rhège, la Famille de Niobé de Scopas, celle de Praxitèle, le Laocoon, ce sont là à peu près les seules productions de cette sculpture en ronde-bosse, fortement pathétiques, qu'elle nous ait transmises, les seules même que les historiens aient célébrées.

Cependant, ces difficultés n'ont point arrêté Puget. C'est dans cette arène, où les triomphes sont si rares, que s'est élancé son génie. Qu'on le juge donc sous cet aspect : alors seulement, on pourra dignement apprécier un talent si original. Qu'on cherche à quel maître, aujourd'hui connu par de beaux ouvrages de cette sculpture pathétique, il peut être comparé : la Famille de Niobé, le Laocoon, le groupe de la Pitié, voilà ses seuls modèles; Scopas, Agesander, Michel-Ange, voilà ses seuls rivaux.

A ces obstacles, nés de l'art lui-même, il faut joindre encore toutes les erreurs qui avaient, de plus en plus, dégradé la sculpture depuis la mort de Michel-Ange; l'influence du Corrége, si utile aux peintres, avait été funeste aux statuaires.

Le Corrége, en effet, cherche moins dans l'attitude de ses figures un noble développement des formes du corps, qu'une tournure spirituelle et gracieuse. Ses têtes, en exprimant des sentiments ingénus, se présentent le plus souvent en raccourci. Rarement, les draperies sont d'accord avec les contours des membres : l'œil, dédommagé par leur éclat, pardonne ce défaut dans ses tableaux : on peut même dire que les draperies y acquièrent de la légèreté, par un effet de la transparence des teintes et du jeu des lumières. Mais, en voulant imiter ce peintre inimitable, la sculpture tomba dans des vices sans nombre : des figures anguleuses et tourmentées s'appauvrirent par des ombres sans ordre; le gonflement de l'étoffe devint une insupportable lourdeur. Sous le fardeau des vêtements, l'homme disparut; et l'artiste perdit même la grâce, à la recherche de laquelle il avait tout sacrifié.

Le Bernin outra ces défauts, en cherchant, dans des contrastes multipliés de la lumière, le mérite, qui ne se peut obtenir que par la simplicité des mouvements et la noblesse des formes.

La domination des peintres sur les statuaires, imprudemment établie par les papes, avait aussi donné naissance à un genre d'ouvrages où les limites de la peinture et celles de la sculpture se trouvaient confondues : je veux parler de ces bas-reliefs, où, par des plans multipliés, des lointains, des arbres, des campagnes, le ciseau s'efforçait vainement de rivaliser avec l'art du peintre. Contraires à l'ordre naturel des choses, ces bas-reliefs pouvaient offrir quelques beautés ; mais, en abusant des raccourcis, ils tendaient à faire oublier les principes de la ronde-bosse.

Une pratique, enfin, honorée du grand nom de Michel-Ange, avait entraîné les esprits audacieux dans d'inévitables incorrections, et totalement égaré les hommes médiocres. Elle consistait à exécuter une statue, sans en avoir auparavant façonné le modèle. L'artiste, après avoir crayonné le bloc, y portait incontinent le fer, et la figure devait s'en dégager vivante. Imprudente conduite, d'autant plus admirée, qu'elle était plus expéditive, car on ne reconnaissait alors le génie qu'à la rapidité de l'exécution.

Entre ces erreurs, il en est deux auxquelles Puget ne put échapper : l'une fut une excessive admiration pour les bas-reliefs-tableaux, passion qu'on ne saurait cependant lui reprocher, puisqu'elle a créé plusieurs chefs-d'œuvre ; l'autre, bien plus grave, fut de se livrer au travail du marbre, sans avoir formé de modèle. Son irrésistible emportement l'entraînait vers cet abus ; mais, aux incorrections où il le précipita, ce grand homme sut associer la sublimité où l'élevait la chaleur de son âme.

Son *Hercule français* nous donne un exemple et des défauts et des beautés qui peuvent naître, dans cette ardeur imprudente, sous le ciseau d'un homme de génie. Ampleur dans les contours, mâle caractère dans l'attitude, vérité dans les chairs, cette belle statue offre tous ces genres de mérite. Le repos du héros est bien celui d'Hercule. Ses membres, comme s'il allait se relever, paraissent impatients de travaux, et son regard, dirigé vers le ciel, paraît y chercher le terme de ses destinées. L'agencement général offre des oppositions aussi naturelles que variées. Sous quelque aspect que l'on considère cette statue, l'œil saisit de grandes courbes qui se croisent et s'enlacent entre elles harmonieusement. Comme ce bras penché au-devant du bouclier est vivant et robuste ! Que de sentiment dans les doigts qui se pressent autour des pommes d'or ! Que les chairs des pectoraux sont abondantes, souples, nerveuses, animées ! La tête paraît un portrait ; mais, malgré les sacrifices qu'a exigés la ressemblance, elle ne dépare nullement les formes athlétiques du fils de Jupiter. Toutefois, plus d'une incorrection appellerait la critique, si l'admiration laissait le loisir de s'y attacher.

Cette figure d'Hercule, le Groupe de l'*Assomption* de l'Albergo de Gênes, le bas-relief de Mantoue, n'étaient qu'un prélude à des ouvrages d'un ordre encore plus élevé.

Dans les chairs du *Génie-enfant*, qui porte l'écusson de la ville de Marseille, placé sur la porte de l'hôtel municipal, se fait admirer cette rare souplesse, qui distingue si éminemment Puget.

Un feu tout poétique éclate, au milieu d'une immense richesse, dans le bas-relief d'*Alexandre et Diogène*. A côté de la figure du prince et de celle du philosophe, une multitude d'officiers, de soldats, d'esclaves, se pressent et réchauffent la scène par la variété de leurs mouvements. La tête, les épaules, les bras, les mains de Diogène, les draperies et les parties nues de plusieurs autres figures, font admirer autant de vigueur que de vérité. Les chevaux, les armes, le monument d'architecture qui décore un des plans éloignés, brillants accessoires, enrichissent le théâtre sans l'embarrasser. Partout, de l'action ; et cependant celle du philosophe domine. Quelques incorrections annoncent assez que cette figure a été improvisée sous le feu du ciseau ; mais une illusion irrésistible fait taire encore la critique, et achève l'éloge que l'étonnement a commencé.

Le *Bienheureux Alexandre Sauli* et le *Saint Sébastien* offrent des beautés de genres tout différents. La majesté du premier, l'ardeur de la prière qu'il adresse au ciel, l'ampleur moelleuse de sa toge, les chairs vraies et souples de l'ange-enfant qui l'accompagne, forment un ensemble aussi grandiose qu'il est animé.

Sébastien, au contraire, est dépouillé de ses vêtements, percé de plusieurs flèches, près d'expirer. Ses genoux défaillants livrent le poids de son corps aux liens qui serrent ses bras. Sa tête, jeune, noble, pleine de grâce et déjà mourante, est empreinte d'une douce joie ; ses yeux trouvent encore assez de force pour se diriger vers le ciel, et son âme triomphante s'envole dans le sein de Dieu, avec son dernier regard. Témoins de sa glorieuse mort, nous n'en partageons que les douceurs, et une composition éminemment dramatique nous en fait prévoir la récompense.

Le bas-relief de la *Peste de Milan* retrace les scènes les plus douloureuses que puisse présenter le plus horrible des fléaux. L'amour conjugal dans les pleurs, la tendresse maternelle dans la désolation, les tourments de l'agonie, le deuil de la mort, s'y peignent à la fois avec la plus mâle énergie. La précision des formes contribue à produire une effrayante illusion. Le passé, le présent, l'avenir s'offrent en même temps à nos regards. Oh! combien de victimes ont déjà péri! Voyez-vous ce fossoyeur, abandonnant, sans oser y regarder, un corps mort, que la fosse gorgée de cadavres ne peut recevoir tout entier? Cependant des anges qui sortent d'une nuée semblent annoncer que le ciel, désarmé par les prières du saint évêque, va pardonner. Touchant et sublime tableau, où peu de figures retracent un immense désastre! L'impression qu'il produit est aussi profonde que celle qui naîtrait de la chose même. Une circonstance relève peut-être encore le mérite de ce chef-d'œuvre, c'est qu'il est placé dans les lieux où le mal a si souvent exercé sa furie, et où de sages administrateurs veillent perpétuellement pour en prévenir le retour; mais si un goût éclairé a su placer convenablement une si belle image, combien aussi l'artiste s'est montré digne de son sujet [1]!

Il fut sans doute bien inspiré, le statuaire grec qui, voulant représenter la délivrance d'Andromède, choisit le moment où le héros lui présente sa main victorieuse et n'attend plus, de cette vierge timide et déjà vaincue par la reconnaissance, que la récompense de son courage. Cette composition est un des fruits de la théorie, qui enseignait aux statuaires grecs à rappeler la crise principale d'une action tragique, sans l'exposer entièrement aux yeux. Il fallait à Puget un mouvement plus passionné. Le moment est presque le même, mais l'acte est différent. Le jet de la figure a tout le feu qui caractérisait ce maître. Soutenant d'une main la victime qu'il vient de sauver, le fils de Jupiter s'élance vers la cime du rocher pour en arracher le fer qui la tient encore captive. L'empressement d'un Amour à briser la chaîne, nous dévoile la suite infaillible de l'action. Andromède, entièrement nue, s'incline, sans force, vers la main de son libérateur. Sa pudeur et sa timidité se manifestent dans cette attitude. Ainsi, la scène est pathétique sans cesser d'être gracieuse; le drame est complet; la figure d'Andromède est pleine de grâce; et si un goût sévère fait quelques reproches à l'exécution de celle du héros, l'imagination ne s'étonne pas moins de l'audace et de la chaleur du ciseau qui a répandu tant de vie dans un ensemble si colossal.

[1] Ce bas-relief est placé à la *Consigne* de Marseille. (*Note de l'édit.*)

Le *Milon* est une de ces créations qui ne doivent l'existence qu'à l'élan, pour ainsi dire, spontané, d'un génie sublime et extraordinaire. Il faut dire ici : *Nous naissons poètes !* et pareillement : *Nous naissons peintres et statuaires !* L'étude, le goût, le travail, le calcul, ont groupé vingt fois l'un avec l'autre le lion et l'athlète de Crotone ; nul n'a refait Puget. De même que le feu qui s'élance des entrailles du Vésuve n'y a point été allumé par une main humaine, de même la chaleur qui se manifeste dans un drame si pathétique est un des dons les plus rares de la nature, surtout si elle s'allie, comme elle fait ici, avec la sagesse, la retenue, la grâce, le sentiment le plus exquis des convenances. Le premier coup d'œil jeté sur cette statue nous fait frissonner : saisi par les ongles et par la dent du lion, déjà l'athlète souffre des douleurs aiguës ; mais, demeuré debout, il conserve toute sa force. Tandis que sa main gauche se trouve engagée dans l'arbre fatal, la droite va courageusement se plonger dans la gueule du monstre pour lui arracher la langue. Les deux jambes, roidies parallèlement contre l'arbre, y cherchent un point d'appui, et la ceinture, au contraire, attirée par la dent de l'animal, se courbe en arrière. La tête est penchée sur l'épaule, du côté que la morsure déchire, et le regard se porte vers le ciel. Dans cette attitude contractée, mais naturelle, se manifestent la beauté du héros, sa grâce, sa vigueur, son courage. Le spectateur prévoit avec effroi la dernière scène du drame, mais elle est encore éloignée ; tout espoir même n'est pas anéanti, car si la main, retenue seulement par l'extrémité des doigts, parvenait à se dégager, ce nouvel Hercule étoufferait sans efforts cet autre monstre Néméen. Tel est l'artifice de la composition, que, par l'opposition des lumières, les hanches paraissent se resserrer, la poitrine et les épaules s'agrandir. Malgré le parallélisme des jambes, attitude d'un si puissant effet pour l'expression, la figure se cintre moelleusement sur toutes les faces. La tête, les flancs, les genoux, les pieds souffrent une égale douleur ; la palpitation des chairs est presque visible, et cependant, au milieu d'une si grande agitation, rien ne blesse l'œil, rien ne trouble l'harmonie de l'ensemble.

La fierté du style complète l'effet de cette composition dramatique. Dans la tête, le col, les pectoraux, le torse tout entier, le sculpteur peut défier la savante Grèce. La draperie, jetée sur le bras gauche, relève, par la simplicité de ses ondulations, le hardi mouvement de la figure et les crispations des muscles. Que la tête est belle, forte, expressive! Un charme irrésistible enchaîne le spectateur auprès de cette douloureuse image. Je vous ai vu, homme compatissant, vous en éloigner avec terreur ; une invincible main vous y ramenait. Vos yeux se repaissaient malgré vous du spectacle de la mort, l'illusion était plus puissante que votre raison ; vous la repoussiez, elle vous a vaincu, et vous êtes resté, en gémissant, auprès de la victime, comme pour être témoin de son dernier soupir.

Retraçons-nous la fête royale où Louis XIV et sa cour, rassemblés dans les jardins de Versailles, célébrèrent l'inauguration de ce chef-d'œuvre. La reine, les grands, Lebrun, Coysevox, Girardon, étaient groupés autour du monarque. A l'instant où le voile tombe, un cri se fait entendre : *Ah! le pauvre homme!* C'est Marie-Thérèse, qui manifestait involontairement la sensation douloureuse dont elle était saisie. L'image de la souffrance avait troublé cette princesse ; mais croirons-nous que la pitié seule eût agi sur son cœur? Non, sans doute ; la fermeté du héros, sa beauté, sa force, avaient accru l'intérêt : voilà le triomphe de l'art. Le cri de Marie-Thérèse fut tout à la fois l'élan de la sympathie et l'approbation du goût.

Je ne le nierai point, cette sublime figure présente plus d'un défaut ; mais existe-t-il, dans la sculpture pathétique, un ouvrage parfaitement pur ? La Famille de Niobé est-elle à l'abri de tout reproche ? et le chef-d'œuvre d'Agésander n'a-t-il pas aussi ses exagérations et ses irrégularités? Que la Vénus de Médicis soit une statue sans défauts, je le conçois ; mais que, dans l'agitation d'une excessive douleur, la vérité de l'ossature, la valeur des muscles, la noblesse des contours, soient partout reproduites avec une rigoureuse justesse : un tel miracle est apparemment impossible, puisque la Grèce elle-même ne l'a point opéré.

Quelle est, entre les plus beaux ouvrages modernes, la statue qui exprime une douleur égale aux douleurs de Milon?

J'ai admiré avec transport les chefs-d'œuvre de Michel-Ange, le Moïse et la Mère de Pitié ; mais j'ai revu le Milon, et le superbe Buonarotti ne m'a plus rien offert de préférable à cette sublime figure.

Qu'il est majestueux, en effet, le législateur des Hébreux! Je crois reconnaître, dans son attitude, l'esprit du Dieu dont il est le ministre. Je vois dans ses traits un peu sauvages la teinte des déserts où s'opérèrent ses miracles ; je retrouve dans son regard la puissance des lois qui régissent encore, après tant de siècles, les enfants d'Abraham.

Qu'elle est noble et touchante, la Mère de Pitié! Que sa douleur est profonde et résignée! Il me semble que j'aperçois des pleurs couler de ce marbre.

Mais la figure de Moïse est assise et vêtue ; elle ne souffre point ; portrait grandiose, elle n'est qu'un portrait. Marie est entièrement drapée, le Christ est mort ; le groupe de la Pitié, enfin, ne doit être vu que d'un seul côté. Milon, au contraire, est nu, isolé, et c'est au milieu des plus violentes contractions musculaires, qu'a dû se maintenir son athlétique beauté.

Non, le caractère de panégyriste ne me fera point oublier celui d'historien ; je n'assimilerai point, en tout, Puget à Michel-Ange. Le géant florentin, si l'on considère la somme de ses talents, ne peut trouver d'égal que dans le temple d'Olympie ou dans le Parthénon d'Athènes. Toutefois, il est entre les deux maîtres modernes quelques points de rapprochement, que l'histoire de l'esprit humain ne doit pas négliger, et ce n'est pas sans motifs que Puget a été appelé *le Michel-Ange de la France*.

Tous deux, Michel-Ange et Puget, dessinateurs, ingénieurs, peintres, architectes, statuaires, ont embrassé l'universalité des arts. Michel-Ange, sur un plus grand théâtre, a pu donner plus de développement à ses idées ; Puget, renfermé habituellement dans sa patrie, a souvent comprimé les siennes, mais son génie déborde ses limites, et il agrandit lui-même son terrain par la grandeur de ses conceptions. Michel-Ange a conçu le projet colossal d'un pont sur les Dardanelles ; Puget a étonné les mers par des constructions navales, dont les Ptolémées seuls avaient conçu, avant lui, l'audacieuse entreprise. Michel-Ange s'est surpassé lui-même comme peintre, Puget comme statuaire ; et tous deux semblent avoir pensé que c'est dans l'architecture, que se manifestait au plus haut degré leur talent. Qui peut égaler Michel-Ange, quand il peint des personnages divins, des prophètes, des sibylles, ou bien l'Éternel donnant une compagne au père du genre humain ? Qui peut atteindre à la sublimité de Puget, quand il exprime les

17.

angoisses de l'agonie, les horreurs de la mort? A l'un, le génie de l'art a confié son sceptre ; à l'autre, son glaive. Entraînés par une impétueuse ardeur, tous deux ont osé pénétrer dans le marbre, sans s'être formé de modèles, et tous deux sont devenus incorrects par cette fougue désordonnée. Que leur a-t-il enfin manqué, à l'un et à l'autre, pour égaler les plus célèbres d'entre les Grecs? l'instruction des écoles d'Athènes et de Sicyone. En ceci, Michel-Ange fut plus heureux que Puget ; il devait davantage à l'éducation ; Puget ne devait pas moins à la nature. Supposons-les tous deux disciples d'Hippias : le premier sera un autre Phidias ; le second, un autre Polyclète.

Hélas! je me trompe ; non, l'instruction n'aurait pas suffi : il faut des honneurs au génie ; et de quels honneurs Puget a-t-il joui, si ce n'est dans quelques pays étrangers ? Comblé de gloire à Gênes, en France il est ignoré. La capitale sait à peine qu'il existe dans une province un artiste d'un si rare talent. L'Académie royale se forme : il n'y est point appelé ; l'instruction publique s'organise : on ne l'y comprend point. Le Milon est presque un produit du hasard. Tandis qu'il façonnait des sculptures en bois, un bloc de marbre apporté dans l'arsenal de Toulon, comme lest d'un navire, échauffe son imagination ; le ministre le lui accorde par complaisance, et c'est de ce bloc que se dégage le Crotoniate. Le Groupe de *Persée* est exécuté à Marseille, dans des moments de loisir, et par le seul effet de l'inspiration. C'est le Nôtre qui, ayant vu ces deux ouvrages, les recommande à Colbert, et c'est à sa sollicitation, que, quelques années après, le Milon est transporté de Marseille aux jardins de Versailles. Puget, il est vrai, chérissait sa retraite ; mais ne fallait-il pas l'en arracher ? Il se dérobait aux honneurs ; mais n'eussent-ils pas dû l'atteindre malgré sa modestie ? Vers le soir seulement de sa vie, un regard du prince semble vouloir réparer un si imprudent abandon ; faveur passagère, et qui ne parvint à lui que mêlée d'amertume !

Le dirai-je ? Marseille elle-même contribue aux infortunes de sa vieillesse. Elle a résolu de consacrer un monument à la gloire du roi. Une statue équestre va être érigée sur une place triomphale ; les plans de Puget sont adoptés, ses modèles exécutés. En un instant, tout change. Sous le prétexte d'une économie modique, le contrat est foulé aux pieds, et la préférence pour la statue du roi est accordée à Clérion, sculpteur dont ce fait seul a perpétué le souvenir.

Une profonde douleur a pénétré dans l'âme du grand homme; depuis bientôt trente ans, il n'a point revu la capitale; c'est son fils François Puget, qu'il a envoyé présenter successivement à Louis XIV, le Milon et le Persée.

Il ira maintenant lui-même à Versailles, après cinquante années de travaux; il y montrera ses cheveux blancs et son front outragé par l'intrigue... Hélas! où va-t-il? Instruit dans la retraite à se consoler des oublis de la fortune, connaît-il l'art de se conduire au travers des vices dont il fut toujours exempt? Il veut obtenir : eh! saura-t-il demander? Ses manières sont celles d'un homme habitué à vivre avec lui-même. Une taille moyenne et carrée, des yeux noirs, profondément enchâssés, pleins de sensibilité, mais du reste, dans son extérieur, une simplicité qui fait supposer un homme ordinaire; dans ses discours, tantôt une négligente froideur, tantôt un feu qui étincelle comme l'éclair; si on lui témoigne de l'intérêt, une candeur, qui de ce génie bouillant fait un enfant aimable; si on l'irrite, une franchise brusque, qui lance le trait avec impétuosité : tel est l'homme qu'il va offrir aux courtisans.

Louis, juste appréciateur du mérite, en lui offrant de sa main une médaille d'or, lui adresse ces nobles paroles : « *Monsieur Puget, vous êtes grand et illustre; personne en Europe ne peut vous égaler.* »

Mais, pour réussir dans son entreprise, il ne lui suffira pas de la bienveillance du monarque. Plus ce prince paraît l'honorer, plus la jalousie va s'irriter contre lui.

Mansart, qui croit apparemment être juste en tenant la balance égale entre un académicien et un artiste de province, lui fait entendre que, s'il veut exécuter la statue du roi, au même prix que Clérion, il pourra obtenir la préférence : « *Me comparer à Clérion!* répond Puget. *Je ne puis être mis en parallèle qu'avec les cavaliers, l'Algarde et le Bernin.* »

Louvois marchande un monument colossal que Puget propose d'élever sur le canal de Versailles. Le prix, demandé par Puget, lui paraît trop considérable : « Cette somme, dit-il, égalerait les ap-
» pointements d'un général d'armée. — *J'en conviens,* réplique
» l'artiste, *mais le roi n'ignore pas qu'il peut trouver facilement*

» *des généraux dans le nombre prodigieux de ses excellents offi-*
» *ciers, et qu'il n'est pas en France plusieurs Puget.* »

C'est avec le même abandon qu'il écrivait à Louvois, à l'âge de soixante ans : « *J'ai encore de la vigueur, Dieu merci! je suis nourri aux grands ouvrages; je nage quand j'y travaille, et le marbre tremble devant moi, pour grosse que soit la pièce.* » Mot poétique où il peignait à la fois l'originalité de son talent et la force de son caractère.

On voit que, peu jaloux d'être connu, mais s'indignant d'être mal apprécié, cet homme de bien usait du droit dévolu au talent de se venger, par sa propre estime, des humiliations que l'ignorance lui fait subir. Mais tant de franchise réussit rarement : il n'a rien obtenu. Les embellissements projetés ne s'exécuteront point ; Marseille et la France seront déshéritées de son ouvrage.

Accablé par tant d'injustice, mais aussi prompt à pardonner qu'ardent à se plaindre, Puget revient dans sa patrie. Une seconde habitation s'élève sous son compas, pour lui offrir un asile. Il la construit sur un terrain, situé alors hors de la ville, d'où l'œil découvre les campagnes et la mer, et dépendant, comme le premier, des anciennes propriétés de sa famille. C'est son *casin* des champs. Des dispositions simples, mais grandes, un étage seulement et un rez-de-chaussée entouré d'un jardin, une chapelle couronnée d'un dôme : tels sont le plan et le caractère de cet édifice. De même qu'à Gênes, lorsqu'il construisit la chapelle de la Vierge dans l'église de l'Annonciade, il fournissait, par esprit de piété, la moitié de la dépense, de même il attache ici à la chapelle une fondation pieuse. C'est dans cette retraite, qu'il goûte ses derniers jours. Devenue un musée, elle est décorée en partie de ses propres ouvrages. Tous les arts s'y réunissent pour embellir sa vieillesse. La musique, qu'il n'a cessé de cultiver, continue à lui prodiguer ses douceurs. Un luth résonne encore habituellement sous ses doigts. C'est aussi dans cet asile, qu'à l'âge de soixante-dix ans, il commence à sculpter le bas-relief de la Peste. Tel, au même âge, le Poussin peignait son tableau du Déluge. La fortune a voulu que ces deux grands maîtres terminassent leur carrière loin de la capitale, qui n'avait pas su les retenir ; pour plus de ressemblance, tous deux exécutent, à leurs derniers moments, un de leurs plus beaux ouvrages ; le Poussin, le tableau du Déluge ; Puget, le bas-relief de la Peste de Milan, marbre inachevé sur lequel Puget exhale son dernier soupir.

Il a vécu sans ambition : il meurt sans pompe, et par un dernier trait conforme à la simplicité de ses mœurs, il dérobe même sa cendre aux hommages de la postérité. Vainement je cherche la pierre qui couvre sa tombe ; il n'en existe aucune. Un monument, pieusement élevé depuis peu de temps au-devant de son habitation, mais peu digne de tant de gloire, dit seul au voyageur : « C'est ici que vivait Puget. »

Mais les lumières de notre siècle, mais la solennité même de la fête où je parle, ne doivent-elles pas nous faire espérer une réparation plus convenable d'une si longue indifférence ? Marseille, fille de la Grèce, j'ose t'invoquer, hâte-toi ! c'est moins de la gloire de ton illustre fils, qu'il s'agit aujourd'hui, que de la tienne propre. Orne ton sein maternel des images de tes immortels enfants : que la statue de Pithéas, que celle de Puget, élevées au fond de ton port, attestent au monde ton estime pour les sciences qui dirigent le commerce, ton amour pour les arts qui l'éclairent et qui l'alimentent !

Portons plus loin nos vœux et nos espérances. Quoi ! depuis plus d'un siècle le groupe de Milon et celui d'Andromède, employés d'abord à l'embellissement des jardins de Versailles, demeurent dans ce parc et y subissent les outrages des saisons ! Le temps des épreuves doit être expiré. L'opinion est formée sur des ouvrages d'un mérite si élevé. Nouvel Hercule, Milon, par assez de travaux, a conquis le droit de s'asseoir au séjour des dieux [1].

Dans les palais où sont rassemblés les trésors de la sculpture antique et ceux de la peinture moderne, je crois voir s'ouvrir un nouveau Musée : il renferme les ouvrages les plus renommés de nos statuaires modernes. Bronzes, marbres originaux, plâtres même d'après de précieux modèles, tout ce qui est beau a droit d'y trouver place.

Là, auprès des productions des Verocchio, des Donatello, des Ghiberti, naïfs et habiles imitateurs de la nature ; auprès des chefs-d'œuvre de Michel-Ange, sublime jusque dans ses écarts ; à côté

---

[1] On sait aujourd'hui que le Milon et l'Andromède sont venus prendre place enfin au Musée du Louvre. (*Note de l'édit.*)

de Bandinelli, qui déja, en cherchant une nature idéale, a altéré
la simplicité des contours et apporté de la recherche dans les attitudes; à côté de Guillaume della Porta, plus simple et plus vrai, à
qui est échu en partage tout ce que Michel-Ange possédait de
finesse et de grâce; auprès de Jean de Bologne, de l'Algarde, du
Bernin, plus ou moins égarés par leur caprice; auprès de la gracieuse École de Fontainebleau; auprès de Jean Goujon, né pour rivaliser avec l'antique, s'il eût eu d'autres maîtres; de Pierre Bontems,
savant dans l'anatomie, élégant et noble dans les contours, point
assez loué; de Germain Pilon, habile à nous toucher, plus habile à
nous séduire, et qui n'a erré peut-être que par trop d'esprit;
auprès de l'école française du dix-septième siècle, de Simon Guil-
lain, de Sarrazin, de François Anguier, de Girardon et de tous
les rejetons de cette souche illustre; là, dis-je, je vois s'élever le
groupe sublime de Milon. Combien le héros de Crotone domine
encore au milieu des héros dont il est environné! Combien cette
sculpture, pathétique par le sujet, dramatique dans la composition,
grande dans le style, vivante dans le chairs, produit une plus
profonde impression, que les figures les plus justement estimées
qui l'entourent!

Venez, studieux élèves, contemplez ce monument. Oui, je le
reconnais, la théorie de vos maîtres est plus lumineuse que celle
où il fut donné au siècle de Puget d'atteindre. Si vous pouviez
égaler ce sublime statuaire, instruits comme vous l'êtes, vous le
surpasseriez; mais l'égaler, serait un miracle du génie. Guidé
par ses seules inspirations, il a porté son vol dans des régions,
inconnues depuis l'antiquité. Les écarts de son ciseau n'ont pour
vous aucun danger, et l'exemple de ses hautes beautés peut vous
conduire à des beautés du premier ordre. Ce maître vous appren-
dra jusqu'à quel degré vous pouvez exprimer l'ardeur des passions, sans blesser les lois de la convenance; comment vous devez
allier à la dignité des pensées la vivacité du sentiment, à l'ampleur
des formes la souplesse des chairs. Il vous dira que, sans l'expression des affections de l'âme, la beauté perd ses attraits les plus
touchants; il vous dira enfin, que, dans la sculpture, comme dans
tous les arts, il ne suffit point de charmer les yeux, et que, pour
produire un chef-d'œuvre qui ne laisse rien à désirer, il faut
encore toucher le cœur.

DISCOURS

SUR LA VIE ET LES OUVRAGES

DE

NICOLAS POUSSIN [1].

Je veux être entendu par mes ouvrages...
Nos appétits n'en doivent point juger seule-
ment, mais aussi la raison.
(N. Poussin, Lettre à M. de Chantelou,
du 24 novembre 1647.)

Depuis longtemps la voix publique a décerné au Poussin un éloge qui paraît unique dans les fastes de la peinture. Au milieu des merveilles enfantées sous le règne de Louis le Grand, au sein même des préjugés qui égarèrent les peintres du dix-huitième siècle, tous les écrivains, tous les maîtres, toutes les écoles ont répété, comme à l'envi, ce mot si connu : *le Poussin est le peintre des gens d'esprit.*

Quel est donc le sens de cette expression devenue, pour ainsi dire, proverbiale? Qu'est-ce que le *peintre des gens d'esprit?*

Supposons-nous que les contemporains et la postérité, en rendant un hommage unanime au prince de l'école française, aient voulu assigner à son talent une limite qu'il n'ait pu franchir? Reconnaîtrait-on, en effet, dans les productions de la nature deux *beaux* différents, l'un propre à satisfaire les esprits cultivés, l'autre à émouvoir le peuple? Existerait-il pour le peintre deux théories, résultant de l'inégalité d'intelligence ou d'instruction, qui distingue ses juges? Non, le beau est un; les règles d'un art dont le triomphe est de nous toucher aussi vivement que la vue des actes mêmes qu'il imite, ces règles sont établies sur des dispositions

---

[1] Ce discours a remporté le prix décerné par la Société Philotechnique de Paris, le 4 oct. 1842.

inhérentes au cœur humain. Choisir avec discernement, disposer d'une manière intéressante des scènes capables de faire naître et d'entretenir en nous les émotions généreuses dont la nature nous a donné un besoin commun ; imprimer dans les traits de chaque personnage le caractère qui convient le mieux à son sexe, à son âge, et au rôle qu'il remplit dans le drame pittoresque ; allier à la précision des formes qui produit l'illusion, à la beauté qui charme les yeux, cette chaleur de l'âme, qui, en se communiquant au spectateur, consomme l'œuvre de la sympathie ; compléter enfin la vérité de l'image par la justesse de la couleur locale et par la magie de la perspective, et rendre ainsi l'action véritablement présente : tel est le devoir du peintre de la multitude... Je me trompe, telles sont les lois fondamentales de l'art de peindre. *Le peintre des gens d'esprit* a donc rempli nécessairement ces conditions essentielles ; mais il a fait plus encore. Guidé par le génie le plus poétique, on l'a vu sans doute s'approprier toutes les richesses de la nature, rajeunir des sujets anciens, découvrir, créer des sujets nouveaux, faire ressortir, de tous, des beautés inattendues. Ses compositions nous captivent par la poésie des images et par la profondeur des pensées, autant qu'elles nous touchent par la noblesse et la vivacité de l'expression. Non content de peindre les mœurs des individus, il a tracé les portraits des nations elles-mêmes. Chaque peuple de l'antiquité revit dans ses ouvrages sous les traits distinctifs qui l'ont caractérisé. Toujours différent de lui-même et toujours en harmonie avec son sujet, simple et grave avec les historiens de la Grèce et de Rome, naïf et touchant avec l'Évangile, majestueux avec les prophètes, voluptueux, mais décent et délicat avec les chantres de la mythologie ; tour à tour il attriste, il égaye, il étonne, il inspire le respect, imprime la terreur ou commande l'admiration. Son œuvre enfin, vaste création, où tous les sentiments qui appartiennent à l'homme s'offrent à nous sous toutes les formes propres à nous émouvoir, présente le traité de morale le plus attrayant et le plus instructif : *Voilà le peintre des gens d'esprit, voilà le Poussin.*

L'éloge que l'opinion publique lui a décerné est donc aussi complet qu'il est ingénieux : on n'y saurait rien ajouter. Ma route est, par conséquent, tracée. Soit que je considère, dans ses ouvrages, comme je le ferai successivement, la composition ou l'exécution, j'aurai, quant au fond des choses, pleinement satisfait à mon sujet, si je parviens à rendre sensible la justesse de ce mot : *le Poussin est le peintre des gens d'esprit.*

PREMIÈRE PARTIE.

Les anciens ne sont point mépris sur les principes de la composition des tableaux d'histoire. Fidèles interprètes du goût naturel, leurs peintres, leurs poëtes, leurs philosophes, en expliquaient aux nourrissons des arts les règles immuables. « La peinture, leur disaient-ils dans des leçons dont quelques fragments sont parvenus jusqu'à nous, la peinture est une poésie muette, comme la poésie une peinture parlante. Rivaux du poëte tragique, votre but, ainsi que le sien, est d'élever l'âme et d'épurer les passions, et vos moyens consistent pareillement à inspirer la terreur ou la pitié. Faites choix d'un sujet neuf, noble du moins, instructif et intéressant. Plus il offrira d'objets divers, de passions opposées, de contrastes physiques, plus il sera pittoresque. Appliquez-vous d'abord à représenter l'action ; elle est l'âme du tableau. Retracez-nous ce qu'elle renferme de grand et de pathétique, écartez de nos yeux les images atroces, les détails minutieux ; proscrivez aussi les vains ornements. Mais, en embellissant le portrait, sachez ménager la ressemblance. Amante du vrai, la peinture doit suivre religieusement ce guide. Le nécessaire et le vraisemblable, voilà vos limites. Osez tout, hors de ravaler la nature, ou d'attenter à l'unité. Peignez les mœurs, variez les caractères, respectez les convenances. Aux attraits de la beauté physique, ajoutez le charme de la beauté morale. Quels transports nous éprouverons, si nous croyons voir vos personnages agir et sentir ! Mais n'allez pas outrer l'expression des passions ; reconnaissez, surtout en ce point, le terme où il convient de s'arrêter. » — « A l'intérêt du sujet, à la sublimité des pensées, disaient encore les maîtres de l'art, joignez le mérite de l'ordonnance. L'ordre est un des éléments constitutifs du beau. Soyez clairs ; n'offrez que des images vives et faciles à saisir. Appelez la vue sans la fatiguer. Que la figure principale domine, et que toutes les parties de la composition, d'accord entre elles, concourent à l'effet général du tableau. »

Nourrie de ces leçons, la peinture grecque parvint à ravir d'admiration des peuples habitués à la perfection dans toutes les autres branches de l'art comme dans tous les genres de littérature. Polygnote, Apelle, Pamphile, furent honorés à l'égal d'Ictinus, de Phidias, de Praxitèle, à l'égal d'Homère, de Sophocle et de Platon.

Ce sont là les lois que le Poussin entreprit de faire revivre. Mais comment une si juste théorie, reproduite sous les crayons de Léonard de Vinci et de Raphaël, avait-elle encore une fois cédé à des systèmes audacieux et frivoles, lorsque le Poussin força de nouveau l'Europe à lui rendre hommage? Il faut pénétrer plus avant dans l'analyse des règles du goût, pour apprécier le mérite d'une si brillante restauration.

L'art de la composition des tableaux renferme deux parties principales : l'une est l'invention poétique, ou le choix des images propres à représenter l'action, de la manière, sinon la plus vraie, du moins la plus vraisemblable et la plus intéressante ; l'autre est l'invention pittoresque ou l'ordonnance, c'est-à-dire le choix des dispositions les plus convenables pour appeler et captiver les regards. L'invention poétique détermine le moment et les circonstances de l'action : elle embrasse aussi les mœurs, l'expression, les convenances. L'invention pittoresque comprend la direction et l'accord des lignes, l'enchaînement des plans et des groupes, le ménagement des lumières, la pondération des masses. En faisant éprouver à l'œil des sensations rapides, nettes et agréables, elle concourt à l'impression que l'action représentée doit produire sur l'esprit. L'ordonnance n'a, par conséquent, d'autre objet que de faire ressortir les beautés de l'invention poétique. Dans un tableau bien composé, elle est tellement appropriée à l'action, qu'on en distingue à peine les combinaisons ; il semble qu'une seule pensée ait conçu l'ouvrage tout entier. Mais cette alliance intime des deux parties de l'art de composer, se rencontre bien rarement dans les chefs-d'œuvre mêmes de la peinture. Selon la diversité des talents ou la bizarrerie des opinions régnantes, on les a vues tour à tour empiéter l'une sur l'autre, ou s'exclure réciproquement. Attachés à l'expression seule des affections de l'âme, combien de fois d'habiles artistes ont négligé les combinaisons de l'ordonnance! Combien, plus souvent, méconnaissant encore davantage la véritable fin de l'art, sacrifiant le naturel à de froids calculs, cherchant des moyens de plaire dans une magnificence purement théâtrale, des maîtres célèbres ont peint pour les *appétits*, et ont oublié qu'il faut peindre aussi pour la *raison!*

Lorsqu'au sortir de la barbarie, quelques génies, plus hardis que savants, entreprirent la régénération de l'art de peindre, ce fut pour eux un assez grand effort, que d'assujettir leur main à l'imitation du vrai, et de donner, particulièrement aux têtes, de la vie et du caractère : ces maîtres étaient loin de pressentir les règles de la composition historique, et d'apprécier les difficultés de ce genre de travail. Prodige de sensibilité et d'énergie, mais livré à ses seules inspirations, Cimabué ne fit consister le mérite de la peinture, que dans l'art de toucher le cœur : il arracha des pleurs à des hommes grossiers ; il fut le peintre de la multitude.

Giotto, en qui, deux cents ans plus tard, l'Europe eût admiré un autre Raphaël, Giotto, né poète, devinant des lois oubliées, embellit, d'images nobles et touchantes, des sujets qu'il sut par là rajeunir ; il ne tenta point non plus, sans succès, de former des groupes et de remplacer la symétrie des détails par l'unité de l'ensemble ; mais, étranger à la perspective et au clair-obscur, peu avancé dans le dessin, il découvrit le but et n'eut point la gloire d'y atteindre.

Masaccio fit un pas immense. Fécondité dans les pensées, intelligence dans la composition, choix dans les formes du corps humain, justesse dans l'expression, ampleur et simplicité dans les draperies, il fit revivre des beautés de tous les genres, et ne s'éleva toutefois à la perfection d'aucune des parties de l'art. Génie matinal, il naquit trop tôt pour l'entier développement de ses facultés : l'heure de la maturité n'était point encore arrivée.

A peine cet habile peintre descendait dans la tombe, et déjà le goût qu'il avait commencé d'épurer, allait de nouveau se corrompre ; déjà Uccello, un des premiers entre les modernes qui paraisse avoir étudié la perspective, abusant d'une pratique nouvellement acquise, multipliait sans nécessité des figures présentées en raccourci ; déjà, dans les peintures dont il couvrait les murs du cimetière de Pise, le Gozzoli s'abandonnait aux écarts d'une imagination féconde, mais déréglée, et donnait l'exemple de ces compositions théâtrales qui sont devenues, dans la suite, si fréquentes.

Enfin Léonard de Vinci parut, et l'art eut un législateur. Tandis que dans son lumineux Traité sur la peinture, il rétablissait la théorie de cet art sur ses antiques bases, ce grand maître offrait, dans la Cène de Milan, un modèle de vérité, d'unité, de noblesse et d'expression, qui aurait paru inimitable, si Raphaël et le Poussin n'eussent prouvé qu'il pouvait être égalé; mais, appliqué à presque toutes les connaissances humaines, il étudia beaucoup et produisit peu. Ses tableaux, en trop petit nombre, ont exercé peu d'influence sur les écoles italiennes. Le plus grand service qu'il ait rendu à l'art est la composition de l'écrit que le Poussin a le premier mis au jour, code précieux qu'on dirait sauvé des ruines de la Grèce.

Majestueux et touchant, gracieux et terrible, mais trop souvent emporté par son impétueux génie, tantôt, lorsqu'une grande image l'a frappé, Michel-Ange, la retraçant avec simplicité, parvient à une élévation presque surhumaine; tantôt, comme s'il confondait, avec le grand, le gigantesque et l'extraordinaire, il se livre, dans l'arrangement de la scène, à des conceptions bizarres; dans la pose de ses figures, à des contrastes forcés. On dirait alors qu'il n'a d'autre objet que de dévoiler les ressorts cachés du corps humain et qu'il préfère l'étalage du savoir à son légitime emploi.

Oh! qui ne craindra de découvrir des imperfections dans les chefs-d'œuvre du divin Raphaël! Quel maître fit admirer, dans les pensées, plus d'élévation; dans l'action, plus de naturel; dans les caractères, plus de justesse; dans les mouvements, plus de grâce; dans l'expression, plus d'âme et de dignité! Cependant, ce sublime génie ne s'est pas préservé de toute illusion. Avide d'effets pittoresques, il ne conserve pas toujours, et principalement dans les grandes machines, la simplicité qui forme un des attributs les plus caractéristiques de son talent. Le sentiment même de la grâce le trompe, et quelquefois, séduit par une image pleine de charmes, il substitue, à l'esprit du sujet, l'élégance d'une attitude que l'œil ravi pardonne, mais dont un goût éclairé ne peut se dissimuler l'erreur.

C'est, tantôt par la grandeur de son style, tantôt par la naïveté de son expression, et plus encore par la magnificence et la vérité de son coloris, que le Corrége captive nos regards. Habile dispensateur de la lumière, il trace ses compositions dans l'ordre le plus propre à favoriser l'éclat de ses teintes et à motiver les magiques effets de son clair-obscur. La poésie des pensées, l'intérêt et la majesté de la scène, l'occupent bien moins que la grâce des poses, la richesse des draperies, la fraîcheur des carnations.

Jules Romain nous étonne, au contraire, par la hardiesse et l'originalité de ses conceptions, beaucoup plus que par sa couleur. Tout s'anime et s'agrandit sous son crayon poétique. Mais n'exigez pas de lui la fidélité de l'histoire : insensible aux nuances qui donnent à chaque objet un caractère propre, il ne peint que des dieux. d'une vierge timide, il fait une Diane ; d'un jeune guerrier, un Hercule, et s'il déroge à sa sublimité, il ne vous offrira que des victimaires ou des gladiateurs. Trop souvent, dans ses scènes tumultueuses, la multiplicité des épisodes et l'action des personnages secondaires affaiblissent l'intérêt ; parmi tant de figures héroïques, on reconnaît à peine le héros principal.

Après ce maître, l'art de la composition déclina rapidement. Le Rosso, qui, en imitant sa manière, en outra les défauts, apporta parmi nous, avec des attitudes recherchées et un système de composition totalement théâtral, ces formes renflées vers le milieu des membres et affamées aux jointures, dont Bandinelli avait inspiré le goût aux Florentins, et que Jules Romain lui-même a quelquefois préférées au vrai *beau.* La France y fut trompée. Elle se passionna pour cette grâce affectée de l'Italie, et se dissimula les vices qui déjà s'introduisaient avec elle sur cette terre classique des arts.

Rappelant encore une fois le dessin à l'imitation de la nature et de l'antique, les Carrache restituèrent au corps de l'homme sa véritable grandeur, que des écoles ambitieuses lui avaient fait perdre. Toutefois, dans le choix des différents maîtres dont ils s'approprièrent les beautés, entraînés par leur amour particulier pour le Corrège, ces nouveaux éclectiques n'attachèrent pas assez d'importance à la précision qu'exige la composition d'un sujet historique. Éminemment doué du pouvoir d'attendrir les cœurs, Annibal fut vrai, touchant, quelquefois sublime, tant qu'il sut être simple, et il ne se préserva pas toujours d'une froide magnificence, lorsqu'il força son génie à de vastes conceptions.

Bientôt la dégradation devint presque universelle. L'Italie, livrée à des systèmes faux et contradictoires ; ici, un pinceau enthousiaste, imitant la nature avec fidélité, mais la croyant toujours assez belle ; là, un ignorant crayon refusant de la suivre, et se flattant follement de la surpasser ; de bizarres inventions, prises pour des opérations du génie ; un fracas désordonné, mis à la place de l'expression des affections de l'âme ; des attitudes aussi maniérées que le dessin, des contours aussi secs que le coloris ; que dis-je ! de ridicu'es disputes engendrant des persécutions ; Annibal Carrache, mort de chagrin ; le Guide, pour ainsi dire, banni de Rome ; isolé enfin au milieu des partis, méconnu dans son talent et calomnié dans sa personne, le Dominiquin, près de succomber à la douleur, comme son maître, et ne trouvant de consolation que dans l'amitié de l'Albane et dans l'estime généreusement prononcée du Poussin : voilà le spectacle que présente l'histoire de l'art, au commencement du dix-septième siècle.

Ainsi, malgré le talent de tant de grands artistes, une place demeurait vacante à côté de Raphaël, à l'époque où le Poussin parut à Rome. Elle attendait un maître, brûlant de verve et constamment guidé par la raison, qui, ne sacrifiant jamais ni la vérité historique de son sujet, ni la richesse et l'harmonie de la composition à la fidélité de l'histoire, appellerait sans cesse toutes les puissances de l'art à la représentation d'un drame où l'art paraîtrait étranger ; un maître qui, sondant le cœur humain dans tous ses replis, habile à faire ressortir, par les circonstances qu'il introduirait dans la scène, les mœurs et les caractères des personnages, aussi exact dans son crayon que profond dans sa pensée, rendrait, avec une égale précision, les méditations les plus sombres des passions, leurs mouvements les plus ingénus et les plus tendres ; un peintre, en un mot, qui, saisissant l'art dans toutes ses branches, toujours expressif, élevé, original, satisferait également l'historien, le poëte, l'artiste, l'antiquaire : ce réformateur fut le Poussin.

Mais l'amour du vrai *beau* qui le dominait ne put se satisfaire que par de pénibles efforts. Sa jeunesse fut triste et laborieuse. Trop souvent la vie d'un grand homme n'a point de printemps. Durant une longue adversité, chacun de ses pas fut une lutte ; chacun de ses succès, une victoire.

Son père, gentilhomme, natif de Soissons, capitaine dans les armées de Charles IX, de Henri III et de Henri IV, ruiné par les guerres civiles, se maria dans la ville des Andelys. C'est là que le Poussin reçut le jour, l'année même où Paris ouvrait ses portes à Henri le Grand. Une éducation soignée lui communiqua les trésors de la littérature. Mais ce bienfait et l'exemple des vertus que pratiquaient ses parents formèrent son unique héritage. Il ne dut rien à la fortune, si ce n'est peut-être le soin qu'elle prit de perfectionner sa raison et d'accroître sa gloire, en multipliant autour de lui des obstacles qu'il fut obligé de surmonter.

Le moment où il se livra à l'étude de la peinture est celui où les troubles de la minorité de Louis XIII entraînaient l'école française vers sa ruine. L'hydre des factions avait étouffé l'amour du beau. Toussaint Dubreul, Jacques Bunel, n'existaient plus. Fréminet, que nous pourrions appeler *le dernier de nos Florentins*, près du terme de sa carrière, achevait les peintures énergiques, mais maniérées, de la chapelle de Fontainebleau. En Italie le goût périssait; en France, c'était l'art. Deux peintres, dont les noms seraient oubliés sans cette circonstance, Ferdinand Elle, peintre de portraits, et un Lorrain, nommé Lallemant, enseignèrent au jeune Poussin le maniement du crayon et l'emploi des couleurs. Après quelques mois de leçons, livré à lui-même, il est contraint d'exercer son art, tout en brûlant encore du désir de l'apprendre. Réduit à des travaux obscurs, il erre de province en province. Rome l'appelle en vain : la main de fer de la nécessité l'en éloigne. Parvenu jusqu'à Florence, il retourne à Lyon, crayonne des patrons pour des manufacturiers, revient à Paris, où il exécute en six jours six grands tableaux, et n'arrive enfin au pied du Capitole, qu'à trente ans accomplis.

Deux écoles régnaient alors dans cet ancien domaine du goût. L'une était celle du Caravage, mort quelques années auparavant, mais de qui l'ombre altière, encore présente aux yeux de ses disciples, entraînait, à sa suite, des génies énergiques, profondément doués du sentiment de la couleur, et peu sensibles à la noblesse des formes. L'autre était celle de Joseph d'Arpin, turbulent et froid dans la composition, maniéré et pauvre dans le dessin, indifférent pour la nature vivante comme pour les chefs-d'œuvre de la Grèce, mais de qui le faux brillant avait fasciné Rome, et qui, âgé bientôt de quatre-vingts ans, régissait encore le sceptre despotique, à la faveur duquel il avait corrompu les arts sous huit pontificats. O incroyable puissance de l'esprit de secte! tandis que les fades imitateurs de ce maître triomphaient, sublime Dominiquin, tu languissais dans la détresse! La Communion de saint Jérôme demeurait sans honneurs! Que dis-je! les sublimes peintures de Saint-André *della Valle* étaient à la veille d'être abattues, comme *indignes de voir le jour!*

A la vue de cet état de choses, l'indignation du Poussin se manifeste hautement et par un acte public : « *Le Caravage*, dit-il, *était né pour la perte de la peinture.* » Jugement peut-être trop sévère, mais où se peint l'enthousiasme d'un jeune talent pour les beautés de la nature et pour les formes épurées de la sculpture grecque. Les égarements de Joseph d'Arpin le révoltent encore davantage. Déjà il a volé à Saint-André *della Valle*, et, ravi d'admiration, il s'est mis à dessiner d'après cette Flagellation qu'on veut démolir. Dominiquin, retenu dans son lit, s'y fait transporter. « Quoi! jeune étranger, c'est d'après des productions si misérables, que vous étudiez! » Les deux grands hommes s'embrassent [1]. Dès ce moment, la passion se tait, les yeux se dessillent : la Flagellation de Saint-André trouve enfin des admirateurs ; le Saint Jérôme, qu'il a hautement préconisé, prend, parmi les chefs-d'œuvre de l'art, le rang qui lui est dû et qu'il ne doit plus perdre.

On le voit bientôt étudier le Traité de Léonard de Vinci sur la peinture, dont il doit diriger dans la suite la première édition ; disséquer de beaux modèles humains, dessiner l'antique, modeler d'après la nature, analyser les beautés des monuments grecs de tous les genres. Grec d'adoption, s'incorporant en quelque sorte parmi les disciples d'Ictinus, de Pamphile et de Lysippe, il recueille les enseignements de tous les arts, dont ces maîtres se transmettaient l'héritage. De là, le caractère propre qui le distingue. Ne devant rien qu'à ses méditations, il ne ressemble à aucun modèle ; aucune école n'aura droit de le réclamer, à moins que ce ne soient celles de Sicyone, de Rhodes ou d'Athènes.

Quelques écrits, tracés de sa main, nous offrent à découvert ses pensées. Simples dans le style, ses maximes renferment un grand sens.

« *Pour ce qui est de la matière*, dit-il, *elle doit être noble et capable de recevoir la plus excellente forme.* » C'est ici sa première loi : elle peut se diviser en deux parties. *La matière doit être noble*, c'est-à-dire le sujet doit être choisi parmi des faits propres

---

[1] Bellori, *la Vita de' pittori moderni* (*Vita del Pussino*). — Baldinucci, t. XII, p. 134. — Malvasia, t. II, p. 341.

à élever nos pensées, et à réchauffer en nous l'amour de la vertu. Il doit être d'un ordre assez éminent, pour que l'artiste donne à ses héros les dehors les plus accomplis, les sentiments les plus magnanimes, sans paraître contrevenir, ou à la vérité de l'histoire, ou à la vraisemblance morale. *La matière doit être capable de recevoir la plus excellente forme*, c'est-à-dire, poétique et intéressante ; le sujet doit, de plus, être véritablement pittoresque. Si l'action ne se prête point à des développements et à des contrastes capables d'affecter agréablement la vue ; si le discours ou la pensée des personnages ne peuvent être nettement exprimés par le geste, l'artiste devra renoncer à ce thème ingrat, plutôt que d'échouer aux limites qui séparent le domaine de la peinture d'avec le patrimoine exclusif de la poésie ou de l'histoire.

Le tableau, ajoute le Poussin, *retracera l'action telle que l'imagination se la représente*. Cette seconde loi est pareillement applicable à l'invention poétique. Se transportant par son génie sur le lieu même de la scène, le peintre remarquera les sites, les monuments, les costumes, de ces différents pays. Attentif surtout au développement de l'action, à la situation des personnages, aux signes de leurs passions, aux menaces de leurs caractères, il s'emparera de la crise la plus pathétique, s'appropriera les gestes les plus expressifs. Dans sa magique illusion, il créera tout, et paraîtra ne reproduire que ce qu'il aura vu. On pourra croire à la vraisemblance de la scène, et c'est cette apparence du vrai, qui deviendra le chef-d'œuvre de l'invention.

L'ordonnance, dit encore le Poussin, *ne sera ni recherchée, ni péniblement compassée ; elle ne doit point annoncer le travail, mais paraître conforme à la marche de la nature*. Cette troisième loi se rapporte spécialement à la disposition pittoresque, et quoiqu'elle se confonde en partie avec la précédente, elle méritait bien de la part du maître une formule particulière. De même que l'artiste choisit, dans les circonstances successives de l'action, l'instant où elle est le plus propre à nous émouvoir ; de même, dans la distribution locale des personnages, il établit l'ordre le plus convenable pour appeler et captiver nos regards. Ici, se rencontre la difficulté où tant de grands maîtres ont échoué. Si, d'une part, l'ordonnance doit être *conforme à la marche de la nature*, et si, de l'autre, la matière doit recevoir *la plus excellente forme*, com-

ment allier toujours le beau avec le vrai, le simple avec le pittoresque? La règle du Poussin ne tend point à éluder cette question; au contraire, elle la résout. Le peintre ne négligera aucune
des combinaisons propres à la peinture, pour que l'ordonnance soit
grande, riche, magnifique, et qu'en même temps elle paraisse
facile et naturelle. Quelques lignes principales, se combinant avec
des lignes secondaires, dirigeront la vue et formeront des caden-
cements harmonieux. Il enchaînera l'un à l'autre des groupes domi-
nants que subdiviseront des groupes accessoires. On le verra varier,
soutenir, étendre les lumières, tantôt pour agrandir les masses,
tantôt pour réchauffer l'expression. La connaissance des lois de la
pondération, les calculs mêmes de la géométrie, l'aideront à frapper
nos sens. Tous les systèmes de composition, en un mot, lui seront
familiers, et il les emploiera tous à propos, suivant l'esprit de son
sujet. Mais si, dans une action tumultueuse, une sorte de désordre
devient nécessaire à l'expression, ou bien si l'isolement des personnages doit être le signe d'une sombre douleur, sa détermination
n'est pas douteuse: ne confondant point le moyen avec le but, ne
subordonnant jamais, à l'art de récréer la vue, le mérite de toucher, il brisera le compas plutôt que de porter atteinte à la vraisemblance ou à l'expression. En traitant une *matière noble*, il ne
saurait appréhender de nous laisser froids, s'il retrace l'action *telle
que l'imagination se la représente*. La forme la plus vraie est, par
conséquent, pour lui *la plus excellente*. Tout ce qui n'est pas *conforme à la marche de la nature*, il le repousse; le vrai seul, en un
mot, est digne de ses pinceaux.

Le Bellori a exprimé toute cette théorie par un seul trait: « Dans
ses tableaux d'histoire, dit-il, le Poussin peignait toujours l'action
(*Nell' istoria cercava sempre l'attione*[1]).

Mais, quel fruit va-t-il recueillir d'une si excellente doctrine?
Plus ses principes sont en opposition avec les faux systèmes de
ses contemporains, plus doit s'aggraver l'état pénible où il demeure
plongé. N'importe! des mœurs austères lui permettent de marcher
à la gloire, sans se soumettre aux caprices de l'opinion. D'ailleurs,
les privations qui n'atteignent pas le cœur n'ont rien de réel pour
le sage. Il abandonnera donc ses peintures à vil prix; il consentira
même, s'il le faut, à demeurer ignoré; mais il ne fléchira point,

[1] Bellori, *le Vite de' pittori moderni*, p. 438.

et surtout il ne sollicitera jamais de travaux, car il est décidé, non-seulement à choisir librement de nobles sujets, mais à les traiter avec une entière indépendance.

Enfin, le jour du triomphe arrive. Grâces soient rendues au prélat qui, chérissant les arts sans partager les préventions des écoles, a su reconnaître le génie encore obscur d'un grand homme! Gloire à ce peuple, en qui l'amour des beaux-arts est inné; à ce peuple qui peut céder à des séductions passagères, mais que son goût naturel ramènera sans cesse au vrai beau. A peine le tableau représentant la Mort de Germanicus est-il exposé aux yeux du public, que les factions confondues se taisent. Rome étonnée n'a plus de voix pour la critique, elle n'en a que pour l'éloge. On dirait, tant elle paraît frappée de l'énergie de l'image, qu'elle a cru voir Tacite tenant les pinceaux de Raphaël.

Quelle profondeur, en effet, dans les pensées! quel art dans la composition! Le héros, près d'expirer, exhorte ses généraux à venger sa mort. Rangés autour de lui, ces guerriers manifestent leur douleur par l'expression de leurs visages et par leurs attitudes : on croit entendre leurs serments. Assise près du lit, une main serrée entre ses genoux, qu'elle croise, et, de l'autre, cachant son visage, Agrippine garde le silence. Non, ce n'est point ici une froide imitation de la froide pensée injustement attribuée à Timanthe. Hautaine, indomptable, impatiente de régner, la petite-fille d'Auguste s'occupe du trône qui lui est ravi et des vengeances qu'elle prépare, autant et plus peut-être que de l'époux qu'elle perd; elle souffre et elle médite. Cette concentration donne à sa douleur un caractère propre où son âme se montre tout entière. Empreints sur son visage, les sentiments qu'elle éprouve auraient altéré sa dignité; en perçant au travers du voile, ils ne deviennent que plus frappants, et toutes les convenances ont été sauvées. Rien ne manque à la sombre vérité comme à la richesse de la scène. Reconnaissable à sa douleur autant qu'à la dignité de ses traits, le jeune prince, qui eût fait chérir aux Romains le nom de *Néron*, pleure penché sur le chevet de son père. L'atroce Drusus, au contraire, à moitié nu, décèle, par un regard froid et vague, l'insensibilité de son âme ; et, sur la figure vile de Caligula, que porte sa nourrice, le spectateur épouvanté croit déjà lire le règne du successeur de Tibère.

Dès ce moment, le nom du Poussin obtient une juste célébrité. L'Italie et l'Europe admirent ces règles éternelles de l'art, qu'elles semblaient dédaigner auparavant. La peinture, véritablement historique, reprend ses droits ; le vrai beau, son empire : une nouvelle ère commence dans les fastes de l'art moderne.

Quarante-deux années de travail vont maintenant produire une innombrable quantité de chefs-d'œuvre. Un vaste Musée s'est ouvert devant moi. Classées méthodiquement, les peintures qui en couvrent les lambris renferment tous les genres où il est permis à l'art de s'exercer. D'abord, se présentent des sujets puisés dans les annales juives ; et, au milieu de la série qui les retrace, est un poëme entier ; car, pourrais-je autrement nommer la suite des tableaux où se déploie l'histoire du législateur des Hébreux? Après l'Ancien Testament, je vois les Miracles de Jésus-Christ, son Enfance, sa Prédication, sa Mort, l'Institution ou la Célébration des sacrements, les Merveilles opérées par les Apôtres. Plus loin, viennent les Actes et les martyres des saints, l'Agonie de saint Érasme, celle de saint Hippolyte, la Vision de sainte Françoise, la Vierge apparaissant à saint Jacques dans la ville de Saragosse, Saint François Xavier ressuscitant la fille d'un habitant du Japon. Plus loin encore, sont rangés des sujets de la mythologie : le Parnasse, Vénus portée sur les eaux, la Naissance et l'éducation de Bacchus, la Pompe triomphale de Flore, les Amours de Vénus et de Mars, de Jupiter et de Léda, de Bacchus et d'Ariane. Ensuite se présentent des scènes de l'histoire grecque et de l'histoire romaine : Pyrrhus enfant transporté à Mégare, le Testament d'Eudamidas, la Naissance et l'éducation de Romulus et de Rémus, l'Enlèvement des Sabines, le Maître d'école des Falisques, Coriolan désarmé par sa mère, sa Prise de Jérusalem par Titus. Au delà, je reconnais des fables modernes : Armide et Renaud, Tancrède et Herminie. Diverses compositions allégoriques ne se font pas moins remarquer. Ce sont, entre autres : le Triomphe de la vérité, le Songe de la vie humaine, la Danse des dieux, l'Arcadie. J'admire enfin ces beaux paysages où la nature déploie toute sa majesté ; l'architecture antique, toute sa grandeur : c'est Orphée qui fait résonner sa lyre, c'est Diogène brisant sa coupe, c'est la Sépulture de Phocion, l'Orage, le Déluge. A quelles écoles appartiennent donc tous ces travaux? quels maîtres se sont illustrés par tant de peintures de genres différents et presque opposés? Un seul génie a tout conçu, une seule main a tout exécuté : mon œil n'a parcouru que l'œuvre du Poussin.

Pénétrons dans ce sanctuaire. Examinons chacune des grandes divisions dont se compose une réunion si imposante. Parmi tant de tableaux, faisons un choix, s'il est possible, et ceux qui nous auront frappé les premiers, interrogeons-les d'abord sous le double rapport de l'invention poétique et de la disposition pittoresque.

Quelle naïveté, quelle simplicité touchante dans le tableau de Moïse exposé sur le Nil ! Tandis que, penchée au bord des eaux, Jocabed laisse échapper de sa main la corbeille, elle jette vers Amram, son époux, un regard où se peint tout son effroi. Celui-ci, qui croit le sacrifice consommé, enveloppé dans son manteau, la tête baissée, s'éloigne, en pressant contre son flanc le fils qui lui reste : et la jeune sœur, au contraire, qui voit de loin venir la fille de Pharaon, se tournant avec joie vers ses parents, semble leur dire : « Mon frère va être sauvé ! » Ces différents actes, qui constituent le drame, portent l'intérêt au plus haut degré. La terreur, le désespoir, l'espérance, qui partagent la famille de Moïse, se communiquent à la fois au spectateur. Le génie a reconnu qu'il fallait isoler les trois principaux personnages, pour rendre sensibles les modifications de leur douleur, ainsi que la diversité de leurs caractères ; et c'est en se conformant, par cette disposition, à la marche de la nature, qu'il a fait ressortir toutes les beautés d'un sujet où le simple, et on pourrait dire le pastoral, s'allie au grand et au pathétique.

Dans le Moïse sauvé des eaux, d'autres sentiments ont motivé un système de composition tout différent. Le cœur des jeunes compagnes de Thermutis a dû tressaillir à l'idée de sauver un enfant. De même qu'un sentiment unique les anime, un égal empressement les précipite sur la rive, et un seul groupe circulaire les y réunit.

Déjà, dans le Passage de la mer Rouge, le miracle promis à Moïse s'est accompli ; déjà l'armée de Pharaon a été engloutie dans les ondes. D'une part, se déploie la mer chargée de débris qu'elle roule, en écumant, sur le rivage ; de l'autre, se voit le peuple d'Israël entonnant le cantique de sa délivrance ; au milieu, s'élève le pontife, célébrant la puissance de l'Éternel ; et, par un ingé-

18.

nieux artifice, c'est cette sublime figure de Moïse, qui, en expliquant la merveille du salut des Juifs, lie l'une à l'autre les deux parties d'un si magnifique ensemble.

Oh! qui pourrait, en considérant des dispositions si savantes, se persuader que le Poussin ait été accusé, comme on l'a écrit, d'être *trop simple*, de *négliger la distribution des masses*, de méconnaître l'art des groupes! Et qui pourrait croire qu'une si étrange critique vient d'un artiste célèbre, qui, dans une suite de discours justement estimés, a professé des opinions généralement saines, une doctrine pleine de raison? Faut-il donc que le mécanisme de l'art l'emporte si souvent, même chez de bons esprits, sur les beautés du naturel, la routine sur l'invention, le système de telle ou telle école sur les lois immuables du goût? Ou bien, serait-il vrai, que le génie n'est pas toujours entendu, et qu'il est des époques où la vérité se dérobe aux yeux les plus pénétrants?

Poursuivons notre examen.

Quelque nombreux que soit le peuple dans le Miracle de la Manne, trois masses dominantes partagent la composition. Dans le sein des groupes principaux, s'enroulent des groupes secondaires, coordonnés comme ceux dont ils dépendent avec le plan général. Les épisodes et les contrastes se multiplient, sans que leur diversité nuise à l'intérêt ou à l'harmonie de l'ensemble. Le maître a si habilement dissimulé ses combinaisons, qu'il paraît ne s'être occupé que des circonstances naturelles de l'action.

Dans le Frappement du rocher, gravé par Claudia Stella, c'est du sommet d'une roche isolée au milieu du paysage, que jaillit le torrent où Israël va se désaltérer. Un événement si miraculeux manifeste dans tout son éclat la puissance du Très-Haut; et le peuple, en se précipitant vers ce point central d'où s'épanchent les eaux, forme de lui-même des groupes qui s'enchaînent et se subdivisent avec autant de naturel que de variété. Dans ce tableau, ainsi que dans le précédent, trois masses principales composent le tout, et c'est aussi la majestueuse figure de Moïse, qui, par la direction des lignes, et bien que placée sous une lumière secondaire, saisit l'œil au premier aspect, et unit l'une à l'autre les trois grandes divisions de la multitude qui se presse vers le torrent. Combien de beaux détails je pourrais faire admirer dans cette riche composition! Combien de situations dramatiques, et de touchants épisodes! et combien la figure de Moïse nous paraîtrait grande et noble, si nous voulions la considérer en particulier!

Un autre tableau de l'histoire juive nous présente les mêmes beautés portées au plus haut point de perfection, c'est la Peste des Philistins, chef-d'œuvre de poésie, d'expression, de composition, ouvrage à peu près accompli dans toutes les parties de l'art. Ce tableau ne laisse presque rien à désirer. Deux circonstances devaient appeler l'attention, la chute de l'idole, et les fléaux qui désolent le peuple : deux groupes, à cet effet, divisent la scène : d'une part, sont les prêtres de Dagon exprimant leur surprise, leur fureur ; de l'autre, est le peuple consterné ; l'agonie, la mort exercent leurs ravages, cependant tout est enchaîné ; des lignes habilement combinées conduisent l'œil jusque dans les moindres détails. Tout se soutient et se fait valoir réciproquement. Et quel est le lien qui attache l'une à l'autre les deux grandes parties de la composition? La figure d'un père repoussant un enfant du sein de sa mère expirée.

Pyrrhus enfant est ravi aux fureurs des Molosses, par des serviteurs de son père, qui le transportent à Mégare. Pour peindre cette action, l'artiste s'est représenté les rebelles poursuivant l'enfant ; une partie des gardes soutenant l'attaque, les autres s'efforçant de passer un torrent et appelant les Mégaritains à leur secours. Trois circonstances, par conséquent, à retracer : le choc des guerriers, l'ardeur des gardes qui veulent traverser la rivière pour sauver le jeune prince, l'empressement des Mégaritains accourus au-devant de cette troupe fidèle pour la soutenir. Le plan du tableau rend tout sensible. En disposant trois groupes sur une ligne demi-circulaire, dont la convexité se dirige vers le devant de la composition, le Poussin a développé tous les incidents d'une scène si compliquée, et su maintenir une parfaite unité. Au fond, à droite, sont les combattants ; au fond, à gauche, les habitants de Mégare ; au milieu, les gardes et les femmes : là, aussi, est placé l'enfant, et c'est vers ce point, où se concentre l'intérêt, que la vue est d'abord attirée, autant par la convergence des lignes que par le ménagement des ombres et des clairs.

Dans le tableau de la Femme adultère, il s'agissait d'exprimer l'irritation des accusateurs et des assistants, leur dissentiment entre eux, les murmures des Pharisiens contre la bonté du Sauveur, et enfin, l'acte de la Miséricorde divine pardonnant aux larmes et au repentir. L'habile maître a groupé les figures des Juifs sur deux losanges opposés à un de leurs sommets, et il a posé celles de la Femme et du Christ, au point de rencontre de ces deux masses principales. Par un effet de cette disposition anguleuse, les figures tranquilles de la Femme et du Sauveur ont obtenu une nouvelle dignité, les mouvements des accusateurs mieux aperçus ont paru plus prononcés, l'agitation est devenue plus violente, l'opposition a été plus sensible entre la dureté et l'humiliation, entre la zizanie et la concorde, entre l'hypocrisie des Pharisiens qui condamnent et la bénignité du Dieu qui admoneste et qui absout. Les deux personnages qui doivent toucher nos cœurs, par l'image de la douleur et de la clémence, dominent entre les deux groupes, et en forment le lien ; et, par un dernier trait de génie, l'objet qui, bien que reculé vers le fond, achève de lier l'une à l'autre les deux masses principales, est l'image d'une mère vertueuse pressant son enfant contre son sein.

Cet art de lier les groupes l'un à l'autre par des figures propres à répandre dans le drame plus de clarté ou plus d'intérêt, cet art où tant de grands maîtres ont échoué, le génie poétique du Poussin le lui a rendu si familier, que ses figures accessoires deviennent souvent une des principales beautés de ses ouvrages. Dans les inventions de ce genre, son imagination est inépuisable, et les inspirations de son âme viennent toujours s'associer à ses calculs. Ne craignons pas de rencontrer, dans ses compositions, de ces figures parasites, ailleurs si fréquentes, qui embarrassent la composition au lieu de l'enrichir, et détournent l'attention au lieu d'accroître l'intérêt. S'il veut soutenir des lumières, repousser des plans, établir des contre-poids, il sait encore, en parvenant à son but, nous toucher ou nous instruire.

Il serait difficile de dire si le génie du Poussin montre plus de fécondité, lorsque, saisissant un sujet neuf, il y découvre les beautés les plus dramatiques, ou lorsque, reproduisant un thème traité mille fois avant lui, il en fait, conformément à un des principes de sa théorie, une chose unique et nouvelle. Autant le poëme de Moïse a droit à notre admiration dans le premier de ces genres de mérite, autant les histoires du Nouveau Testament peuvent nous étonner sous le second rapport.

Quelle âme, quel charme, quelle piquante originalité dans sa

Fuite en Égypte ! Combien de pensées dans le geste de ces anges, qui, prosternés devant l'Enfant divin, lui présentent du lait et des rayons de miel. Éloignés de leur maître, les bras tendus vers lui, ils n'osent approcher de tant de grandeur : l'amour les attire, le respect les retient ; on sent qu'ils chérissent et qu'ils redoutent dans cet enfant mystérieux le fils du Très-Haut.

Suis-je transporté sur le Calvaire ? J'y parviens, à l'instant où Jésus expire. À l'aspect de ce sanglant sacrifice, la nature entière s'est troublée, le soleil a retiré sa lumière, les morts sortent de leurs tombeaux, les Juifs sont frappés de terreur, le centenier épouvanté se convertit, les gémissements des saintes femmes se mêlent au désordre des éléments ; et tant de signes de l'indignation du ciel n'ont pu vaincre l'opiniâtreté des bourreaux : ils jettent froidement le sort sur la robe du Sauveur. L'endurcissement du crime subsiste, alors même que le mystère de la Rédemption est consommé.

D'autres peintres, après qu'ils ont terminé leur ouvrage, s'ils viennent à y reconnaître quelque imperfection, tracent une seconde composition, dans laquelle ils s'attachent à réformer la première ; leur second tableau n'est qu'un *repentir* porté sur une nouvelle toile. Quand le Poussin, au contraire, s'empare d'un trait historique, il l'analyse jusque dans les moindres circonstances ; dans son imagination, l'action parcourt toutes ses périodes, les passions se développent dans leurs crises, les caractères déploient toutes leurs couleurs : de là, cette faculté qui forme un des attributs distinctifs de son talent, celle de retracer un sujet qu'il a déjà traité, sans se ressembler en rien à lui-même. Ce ne sont point des corrections qu'il apporte à son travail ; c'est un drame nouveau qu'il crée, aussi original, aussi intéressant, souvent plus riche que le premier.

Deux sentiments, par exemple, pouvaient animer les Hébreux, lorsqu'ils adoraient le Veau d'or ; une joie folle et une piété fervente : deux tableaux ont représenté cet acte d'idolâtrie sous ces deux aspects. Dans l'un, se célèbre une fête brillante et gaie ; dans l'autre, s'exécute une cérémonie grave et silencieuse. C'est le même fait, c'est le même peuple, mais les sentiments ou le moment sont changés.

À la vue des eaux qui jaillissaient sous la verge de Moïse, le Juif épuisé de fatigue, dut se montrer successivement frappé d'étonnement, empressé de se désaltérer, pénétré de reconnaissance envers le prophète et envers l'Éternel. Trois compositions expriment chacune comme dominante une de ces trois affections, sans que les autres y soient cependant négligées, et dans une quatrième, celle qu'a gravée Stella, ces divers sentiments, unis les uns aux autres, forment un ensemble aussi intéressant et encore plus magnifique que celui des trois premiers tableaux.

Mais rien serait-il comparable en ce genre aux compositions des sept Sacrements ?

Déjà le Poussin avait peint ce touchant et magnifique sujet pour le commandeur del Pozzo, mais ses amis, les frères de Chantelou, lui demandèrent des compositions semblables : aussitôt son imagination est à l'œuvre. « Je n'ai pas attendu, écrit-il à l'aîné des » deux frères, que vous me commandassiez derechef... J'envoie le » tableau de la Confirmation à M. votre frère... Je lui en annonce » un autre d'un Triclinium à l'antique, qui sera chose nouvelle à » voir... Les compositions en sont plus riches que celles des Sacre- » ments du chevalier del Pozzo, et ont sans parangon un plus » grand style. »[1]

En effet, un style nerveux, une expression énergique, une gravité conforme à l'esprit des premiers temps de l'Église, caractérisent les tableaux de *del Pozzo :* plus de pompe et plus de majesté distinguent ceux de Chantelou. Dans l'Extrême-Onction de del Pozzo, par exemple, c'est devant le lit de mort d'un soldat oublié par la fortune, que le Poussin nous transporte. Le prêtre, l'esculape, la femme et la fille du mourant, voilà tout ce qui compose la scène. L'ordonnance est simple ; c'est du dessin et de l'expression, que le chef-d'œuvre reçoit surtout sa mâle beauté. Dans le tableau de Chantelou, nous assistons à l'agonie d'un des puissants de la terre. Réunis sur l'estrade du lit, le pontife, la mère, les enfants, les amis, les serviteurs du mourant, offrent, avec les signes variés de leur douleur, des contrastes de toute espèce. Toute la magnificence possible à la peinture historique se déploie dans le tableau de la Pénitence, que Poussin appelle le *Triclinium :* c'est l'excessive somptuosité du Pharisien, que l'artiste a mise en opposition avec le repentir de Magdeleine.

[1] *Lettres de N. Poussin*, du 2 février 1646, p. 258 et 259 ; du 25 décembre 1655, p. 331.

Il est un autre tableau que je pourrais assimiler à l'Extrême-Onction de del l'ozzo. Sa réputation est immense : je veux parler du Testament d'Eudamidas ; il est inutile de rappeler ce Corinthien mourant, étendu sur sa couche ; sa mère, assise à ses pieds, au bord du lit, immobile et muette, n'osant plus tourner les yeux vers lui ; sa fille, tombée sans force sur les genoux de son aïeule ; le disciple d'Esculape, paraissant attendre le dernier battement du cœur ; le tabellion, se hâtant de tracer le code que la mort est près d'interrompre. Qui n'a admiré ces poétiques images? Mais il est, de plus, dans l'ordonnance, un art dont il faut peut-être dévoiler les combinaisons, par la raison même que l'émotion qu'il contribue à faire naître, peut empêcher de les apercevoir.

Cinq personnages, dont quatre sont uniquement occupés du premier, ont dû ne former qu'un groupe. Mais il est facile de reconnaître que, malgré son moelleux enchaînement, ce groupe en renferme deux : d'une part, se trouvent auprès d'Eudamidas, le médecin et le tabellion, qui, par l'expression de leur visage comme par leurs gestes, font pressentir sa prochaine mort; de l'autre, sa mère et sa fille, qui déjà le pleurent comme s'il n'existait plus. Sensible par cette première disposition, la séparation, que sa perte va opérer, le devient encore plus par la position particulière de chacun des personnages. Seule, la figure d'Eudamidas repose sur une ligne horizontale, qui traverse l'ensemble ; seule, celle de l'esculape décrit, vers un des côtés, une perpendiculaire qui croise cette ligne transversale, et au pied de laquelle se cintre la figure du tabellion ; seule, vers l'autre côté, celle de la mère d'Eudamidas décrit pareillement une perpendiculaire qui contraste avec la ligne du lit, et que soutient la figure reployée de la jeune fille. Ces perpendiculaires et cette disposition cruciforme ont quelque chose de solennel et de lugubre qui dispose l'esprit à une sorte de terreur. La scène nous présente un effet anticipé de la mort d'Eudamidas. Les êtres, que cette mort va désunir, sont déjà séparés; ceux dont elle doit resserrer les liens, se trouvent déjà rapprochés l'un de l'autre. Nous voyons, d'une part, l'isolement du veuvage ; de l'autre, la solitude du tombeau.

Mais quittons ces images funèbres, venons à d'autres sujets, car il ne faudrait pas nous représenter le Poussin comme un génie mélancolique qui se nourrit de larmes et se complaît dans le deuil.

On dirait, au contraire, que son talent acquiert une nouvelle vigueur, lorsque, d'un drame sérieux, il passe à des scènes champêtres. Nouveau Socrate, il sait embellir la raison, des attraits d'une décente volupté. Le nombre de ses compositions mythologiques et allégoriques est immense, et il n'est aucun de ces badinages, où quelque idée morale, instructive, profonde, ne s'associe aux jeux d'un pinceau spirituel.

C'est au milieu des premiers essais de la tragédie, que les satyres et les faunes, chargés de l'enfance du jeune Bacchus, remplissent de vin la coupe du dieu qui doit enflammer leurs bruyantes orgies. C'est auprès de leurs ruches, que les nymphes de l'île de Crète, qui président à l'éducation de Jupiter, mouillent de lait et de miel les lèvres de l'enfant destiné à régir le monde.

Voici Jupiter qui, sous les dehors d'un cygne, va triompher de la jeune Léda. Tandis que, dirigé par d'audacieux amours, le dieu s'avance, le col paré d'une couronne de fleurs, assise loin du rivage, Léda paraît regarder les ébats du cygne comme des jeux innocents. Telle, les anciens représentèrent la nymphe Amymone, sur le point de tomber dans les bras de Neptune, et *ignorant encore qu'elle était aimée.*

Vénus, sortant du sein de l'Océan, est-elle conduite en pompe vers le rivage par les divinités des eaux : quelle magnificence, quel mouvement dans le groupe qui s'est formé autour de la déesse! Embrasés des feux de l'amour, les Tritons et les autres dieux des mers l'accompagnent, au bruit de leurs conques tortueuses, en laissant éclater les signes de leurs désirs et de leurs regrets. Des génies, qui, de toutes parts, lancent des traits, manifestent l'agitation de l'âme universelle. La terre et le ciel partagent l'ardeur qui a pénétré dans l'humide élément.

Le Songe de la vie humaine et la fable des Bergers arcadiens ont acquis presque autant de célébrité sous ses pinceaux que les Philistins et Eudamidas. Que faut-il admirer le plus, en effet, dans ces ingénieux poëmes, de sa brillante imagination ou de la délicatesse de ses sentiments?

Le Poussin avait d'abord représenté le retour périodique du printemps sous l'emblème du Triomphe de Flore. Toutes les divinités des airs, de la terre, des eaux, célébraient, dans cette composition, le retour de la déesse des fleurs. Une idée plus philosophique s'est emparée maintenant de son esprit : il veut opposer l'un à l'autre la jeunesse toujours renaissante de la nature et le néant de l'homme. Cette idée se reproduit deux fois dans deux chefs-d'œuvre qui eussent suffi pour sa gloire.

Tandis que le char d'Apollon, entouré des douze filles de Thétis, parcourt son invariable carrière, et que le Temps, assis sur un rocher, fait résonner sa lyre, source de l'harmonie universelle des êtres, les Saisons se tenant par la main, dansent en rond auprès du vieillard et reviennent devant lui tour à tour. Telle est, dans le renouvellement perpétuel des êtres, l'éternité de la nature. Quant à nous, mortels, nos jours, au contraire, s'écoulent comme le sable dans ces globes de cristal; nos projets s'évanouissent comme ces bulles de savon qu'un souffle a formées et qu'un souffle va détruire. C'est là ce que Poussin appelle *le Songe de la vie humaine*.

C'est l'image même de la mort qu'il nous présente dans *les Bergers d'Arcadie*, la mort imprévue, précoce, arrivant déguisée au milieu des amours. Ils se livraient à d'innocents plaisirs, ces pasteurs, cette belle fille, lorsqu'à l'aspect d'un tombeau, ils ont arrêté leur marche. Une voix, sortie du monument, leur a dit : *et moi aussi, je vivais dans l'Arcadie*. A ces mots, les jeux ont cessé; la méditation a succédé à la joie. La jeune fille, dans sa rêverie, a posé sa main sur son ami : il semble que son affection redouble pour l'objet qu'elle craint de perdre, à l'idée de l'amant qu'une autre amante a perdu. Dans cette expression d'un sentiment tendre, se manifeste la pensée qui a présidé à la composition. « Créatures éphémères, nous dit ici l'artiste, charmez par les jouissances du cœur les peines attachées à votre frêle existence; hommes, aimez-vous, car bientôt vous ne serez plus. »

Mais la nature nous promet encore d'autres consolations. Quels sons ai-je entendus? C'est Apollon lui-même qui agite sa lyre. Mercure et l'Amour, Bacchus et la reine de Cythère, dansent auprès de lui sur le gazon; une joie pure éclate dans leurs regards; des fleurs naissent sous leurs pas. Apprenons des dieux eux-mêmes l'art d'être heureux; l'étude des arts, la culture des champs, le sentiment du beau, embelliront pour nous, si nous savons jouir de tant de bienfaits, le songe de la vie.

Mais, tandis que je me complais dans ces pastorales et que je me rappelle tant d'autres compositions, peuplées, par le génie du Poussin, de bacchantes, de faunes et d'autres personnages mythoiogiques, pourrais-je oublier les paysages, encore plus riches, dont il a fait le séjour des sages et des héros, et où se reproduisent toutes les beautés des historiens et des poëtes de la Grèce? Quel maître a donné au Poussin le modèle de ces chefs-d'œuvre? Le Carrache et le Dominiquin ont tracé, il est vrai, des paysages, que la richesse des sites et la large disposition des lignes ont fait appeler *héroïques*; mais seul, le Poussin a composé des paysages, héroïques tout à la fois par le caractère des sites, par le nombre et le style des monuments, par l'effet mystérieux du coloris, par la célébrité des lieux qu'ils représentent, par le grand nombre des personnages qui semblent y revivre. Je me crois transporté aux environs d'Athènes ou de Corinthe; je m'élève sur le Parnasse; j'ai pénétré dans la vallée de Tempé; j'entends Orphée qui chante les louanges des dieux, tandis que près de lui un serpent vient d'atteindre Eurydice de sa dent venimeuse; je vois Diogène qui brise sa coupe, et ce sage me donne, par la modération de ses désirs, une leçon de vertu. Ici, c'est le corps de Phocion que son ingrate patrie laisse porter sans honneur à la sépulture; là, c'est la pieuse Mégaritaine qui recueille les restes de ce citoyen généreux. Les grands hommes, les hauts faits des beaux siècles passés, se retracent plus vivement à mon imagination, lorsque je contemple ces campagnes où tout respire la vénérable antiquité. Les paysages du Poussin et les *Vies* de Plutarque, semblent avoir été tracés dans le même temps, sur le même sol, par la même main, et former, en quelque sorte, le complément l'un de l'autre.

SECONDE PARTIE.

Réunir constamment, à une conception poétique et vraie de la scène, le mérite d'un enchaînement de figures agréable à l'œil, et faire servir par là les beautés de l'ordonnance à l'impression morale que l'action représentée doit produire sur l'esprit du spectateur, tel est, avons-nous dit, le fondement de la gloire du Poussin, dans l'art de la composition. Mais ce rare mérite ne suffit point pour former un ouvrage accompli. L'exécution d'un tableau doit être, comme sa composition, l'œuvre de la poésie. Il faut qu'un crayon correct, précis, varié, nous offre, dans l'imitation de la nature, vérité, grâce, chaleur ; dans la représentation historique, exactitude et convenance. La lumière et l'ombre doivent produire de magiques effets par des oppositions naturelles. Tout doit paraître simple, naïf, imité du vrai, quel que soit l'effet que l'artiste veuille produire. Le dessin, en un mot, et la couleur même seront appropriés, avec une parfaite justesse, au caractère particulier de chaque sujet. Telles sont les lois du goût ; le Poussin n'en a négligé aucune.

La révolution qu'il s'agissait d'opérer à cet égard, dans l'esprit de ses contemporains, ne lui présentait pas moins de difficulté que celle de la composition poétique ; et, en ceci, son génie devait être généralement moins apprécié, car le nombre des juges était moins grand, et la fausse critique était aussi plus aisée.

Soit ignorance ou esprit de système, les deux écoles qui régnaient à Rome, lorsqu'il y arriva, ne s'accordaient pas mieux sur les principes du dessin et du coloris, que sur les règles de la composition. Infatués de je ne sais quelle beauté surnaturelle dont ils cherchaient follement le type dans leur imagination, les sectateurs de Joseph d'Arpin repoussaient tout modèle vivant, dédaignaient même les chefs-d'œuvre de la Grèce qui leur paraissaient froids et monotones, et devenaient eux-mêmes fades, incorrects et maniérés, tandis qu'ils croyaient atteindre au sublime. Exclusivement attachés, au contraire, à la nature, mais devenus ses serviles imitateurs, les disciples du Caravage en retraçaient jusqu'aux défauts, dans la crainte de la dégrader en l'altérant, et ne craignaient pas de se montrer grossiers et abjects, s'ils pouvaient se glorifier d'être énergiques. Étrange effet de l'orgueil et de l'obstination ! Les uns, en recherchant le vrai, semblaient méconnaître la beauté des formes ; les autres, par une fausse idée du beau, déshéritaient leurs ouvrages du mérite fondamental de l'imitation, de la vérité elle même.

Entre deux systèmes si évidemment erronés, la droite raison du Poussin découvrit facilement les règles immuables suivies par les anciens. « L'art, disait-il (c'est encore dans ses écrits que je re- » trouve sa doctrine), l'art n'est autre chose qu'une imitation de » la nature (*l'arte non è altro che natura*); il ne saurait par con- » séquent franchir les limites où elle se trouve renfermée. — Le » beau accompli, modèle des habiles maîtres, n'est jamais l'apa-

» nage d'un seul individu : les parties dont il se compose, dis-
» persées çà et là par le Créateur, ne se rencontrent qu'en divers
» hommes, en divers lieux, en divers temps ; l'artiste les rapproche
» et en forme un tout : là se borne sa puissance. » De ce principe
découlait, pour le Poussin, la nécessité de puiser le beau dans sa
source, et d'embrasser, par conséquent, la nature entière dans ses
recherches : mais, de là, naissait d'abord l'obligation d'étudier sans
cesse des modèles vivants, d'imiter et non de créer.

« La peinture, disait encore ce maître, est amoureuse du beau
» parfait ; c'est de ce beau accompli qu'elle retrace l'image. La
» beauté est la reine de l'art. »

De cette grande maxime d'où naît pareillement le devoir de
ne consulter la nature que dans ses chefs d'œuvre et de la réformer
en l'imitant toujours, le Poussin parvint à des idées d'un ordre
encore plus élevé. « La peinture, disait-il, est une image de choses
» incorporelles, rendues sensibles, autant qu'il se peut, par l'imi-
» tation des corps » (*La pittura altro non è che una idea delle cose
» incorporee, quantunque dimostri li corpi* [1].)

Ici, je demeure étonné à l'aspect des hautes régions où son génie
me transporte. Il n'est donc pas vrai que la peinture ait pour objet
l'imitation des corps. « Non, nous dit le Poussin ; son but est de
représenter des choses incorporelles : c'est l'âme que l'artiste doit
offrir à nos yeux ; le corps n'est que l'intermédiaire mis en œuvre
pour rendre sensibles l'état accidentel de l'âme, ses inclinations et
ses mœurs. Le corps n'est, en quelque sorte, qu'un vêtement ; l'âme
est l'homme lui-même. » Sublime théorie, où je vois l'art dans sa
perfection. Représentons-nous, en effet, le Testament d'Eudamidas,
Moïse exposé sur les eaux, la Peste des Philistins, le Jugement de
Salomon, les diverses compositions du Frappement du rocher, les
deux tableaux de l'Extrême Onction, l'Arcadie, le Déluge ; qu'est-
ce que le corps de l'homme dans ces chefs-d'œuvre ? Rien autre que
l'interprète du cœur. Ce sont des choses incorporelles, que l'artiste
y a offertes à nos yeux ; il les a exprimées avec une précision aussi
étonnante que la pensée prêtée aux personnages est intéressante et
leur situation dramatique ; est-il un seul de ses tableaux où l'on ne
puisse admirer la vivacité de la pantomime ? Le geste de ses per-

[1] Bellori, *Vite de' pittori*, p. 462.

sonnages, l'action particulière des mains et des pieds, les inflexions musculaires du visage ; le feu des regards, tout est juste, tout est d'accord.

De là, l'attrait par lequel ses compositions appellent l'œil dès le premier abord : avant d'être ému par la beauté des pensées, le spectateur est saisi par le charme de la vérité.

Qui a su, mieux que lui, varier son style et l'assortir à son sujet ? Entre un pâtre et une divinité de l'Olympe, entre Ésope et Jupiter, il est, dans la réalité, des nuances infinies. Le Poussin les a saisies toutes. Nous reconnaissons, pour ainsi dire, ses héros, à leur physionomie, autant qu'à la convenance des accessoires dont il les environne. S'il imite quelque figure antique, il l'anime, il la modifie, il se l'approprie par la pensée qu'il lui prête. Non, jamais, quoi qu'on en ait dit, nulle statue grecque, plus ou moins habilement imitée, n'a usurpé une place dans ses compositions. Éloge ou blâme, cette assertion est une erreur. Si nous y rencontrons parfois quelque heureux souvenir de la Vénus de Médicis, de l'Antinoüs ou de tout autre chef-d'œuvre de l'antiquité, les passions, le mouvement, ne sont plus les mêmes. La statue s'est pénétrée des sentiments que l'artiste lui a communiqués. Elle a obéi à ses ordres. Admirable métamorphose, où le dessinateur, en changeant l'action de la figure quelque peu que ce soit, en a fait un ouvrage entièrement neuf.

Ces qualités fondamentales du dessin, la correction, l'expression, la beauté des formes, ne suffisaient point au génie du Poussin : son style présente encore un autre mérite qui n'est au fond que celui de la convenance, mais de la convenance dans ses rapports les plus étendus ; je veux parler de la fidélité qu'il a apportée dans les portraits des peuples et des temps dont il a reproduit l'histoire.

De même que la nature a distingué chaque individu par des formes et une physionomie qui lui sont propres, de même le climat, les lois, les habitudes impriment, sur le front des peuples, des traits caractéristiques auxquels ils sont généralement reconnaissables

Les historiens n'ont pas toujours négligé de nous faire connaître ces types distinctifs. Les poëtes et les artistes, en célébrant les hauts faits des nations, en ont aussi tracé des portraits qui, bien qu'ils soient souvent fort embellis, ont acquis une autorité que le temps a de jour en jour consacrée.

Les patriarches et les apôtres ne se ressemblent point. Des formes épurées que les modernes ont honorées du nom de *beau idéal*, constituent l'apanage des divinités grecques. Athènes et Lacédémone s'élèvent au-dessus des autres peuples par les contours les plus nobles et les plus élégants, dont la nature purement humaine puisse présenter habituellement des modèles. L'ancienne Rome se distingue par une plus mâle austérité : ses Camille et ses Fabrice portent imprimées, sur leurs membres robustes, les marques de leurs âpres travaux ; aux muscles articulés de ces guerriers du Latium, l'Hébreu joint un œil ardent qui semble déceler une âme passionnée et fougueuse.

Chaque peuple exige, par conséquent, de la part du peintre, des crayons particuliers. Il faut que nous puissions reconnaître, dans un ouvrage de l'art, à un style spécial, non-seulement des dieux ou des hommes, mais encore des Hébreux, des Grecs, des Romains.

Cette règle, si peu connue des peintres vulgaires, devint, pour le Poussin, une loi sacrée. Ici, on peut dire qu'il n'a point d'égal ; car, d'autres maîtres sont parvenus sans doute à ce genre de mérite, mais il n'en est aucun qui l'ait possédé au même degré et aussi constamment que lui.

Ses principes sur la convenance du style avec le sujet, dont les portraits des peuples n'étaient qu'une conséquence, sont tracés dans des lettres qu'il adressait à l'amitié ; et l'on ne peut voir sans gémir, que son objet, dans ses épanchements, était de se consoler des critiques obstinées qui brisaient son cœur. Trop supérieur à ses contemporains, il était réduit à se justifier du tort d'être sublime.

« Je suis bien aise qu'on sache, disait-il, que je ne travaille pas » au hasard ; je représente les choses comme elles ont été, comme » elles sont encore, ou comme elles doivent être [1]. — Nos braves an- » ciens Grecs ont trouvé plusieurs modes, par le moyen desquels » ils ont produit de merveilleux effets [2]. Ils attribuèrent à chaque » mode une propriété spéciale. ... c'est-à-dire, la puissance d'in- » troduire l'âme à certaine passion [3]. — Ces modes étoient le Do- » rien, le Phrygien, le Lydien, l'Hypolydien, l'Ionien [4]. — Les

[1] *Lettres*, p. 335. — [2] Id , p. 278. — [3] Id., p. 278 — [4] Id., p. 278.

» bons poëtes, disait-il encore, ont également usé d'une grande
» diligence et d'un merveilleux artifice, non-seulement pour accom-
» moder leur style aux sujets à traiter, mais encore pour régler le
» choix des mots et le rhythme des vers, d'après la convenance des
» objets à peindre[1]. Je prie mes critiques de croire que je me
» conduis sur cette idée[2]. — Je ne suis point de ceux qui, en
» chantant, prennent toujours le même ton, et je sais varier le
» mien, quand je veux. — J'ai dû représenter ces sujets, d'une
» autre manière que les précédents : c'est en cela que consiste
» l'artifice de la peinture. — Ces choses, comme je le crois, ne
» déplairont pas à ceux qui les sauront bien lire. — Mais qu'on
» ne me juge pas avec trop de précipitation. Je désire être entendu
» par mes ouvrages. Nos appétits n'en doivent pas juger seule-
» ment, mais aussi la raison[3]. »

Cette riche théorie dut avoir de nombreuses applications dans
un esprit aussi analytique que celui du Poussin.

Il n'est aucun peintre qui, en voulant donner à Jésus-Christ le
caractère qui convient en même temps à sa divine essence et à
l'esprit de sa mission, n'ait plus d'une fois échoué contre les difficultés d'une semblable entreprise. Le Fils de Marie réunit dans ses
traits une majesté humaine et une bénignité toute céleste, dont
l'ineffable mélange a fait depuis quinze siècles le désespoir de l'art.
Longtemps une partie des Pères se persuada que ce divin personnage, né dans un état d'humiliation, et destiné à la mort de la
croix, devait être représenté laid et même comme *le plus laid des
enfants des hommes*. D'autres, au contraire, ont enseigné que
Jésus charmait, entraînait les hommes par la dignité de ses traits,
autant qu'il les touchait par la sainteté de sa doctrine. «Son Père
céleste, ont-ils dit, versa sur lui, à grands flots, la grâce corpo-
relle, qu'il ne dispense aux mortels que goutte à goutte. Il était
beau dans le sein de sa mère, beau sur la croix, beau dans le sé-
pulcre. » Dans cette diversité de sentiments, les peintres du moyen
âge se conformèrent généralement à l'opinion plus convenable à
leur ignorance : ils firent de Jésus *le plus laid des enfants des
hommes*, ou du moins ils ne s'appliquèrent point à embellir sa
divine image ; et les modernes, indécis, ont rarement cherché à

[1] *Lettres*, p. 278. — [2] Félibien, t. IV, p. 57. — [3] Id., p 277

réformer d'anciens types, dénués, comme on l'avait voulu, de grâce et de beauté. Le Poussin, il faut l'avouer, a donné, lui-même, plus d'un exemple de cette commune imperfection. Mais il a aussi racheté par des chefs-d'œuvre quelques figures médiocres, dont il serait peut-être injuste de lui reprocher les défauts. Quelle mansuétude dans les traits de Jésus, lorsqu'il guérit les aveugles de Jéricho ! Quelle douceur, au moment où il expire sur le Calvaire ! Quelle majesté, quand, du haut des cieux, il rend à la vie la fille d'un habitant du Japon ! Ici, se montre le Fils de Dieu, déjà revenu au sein de son Père ; le Fils de Dieu, dans tout l'éclat de sa divinité. En portant jusqu'au sublime la noble expression de cette figure, le Poussin n'avait fait que conformer son style aux idées des Augustin et des Chrysostôme, lorsque ses détracteurs, incapables de pénétrer à des hauteurs si nouvelles, affectaient d'y voir un Jupiter tonnant.

Les Anges manifestent dans ses tableaux leur nature divine, autant par la finesse de leurs contours et par la grâce de leurs attitudes, que par les sentiments dont ils paraissent animés. Dans l'Assomption de la Vierge, dans les deux Ravissements de saint Paul, ces êtres surnaturels associent aux formes les plus élégantes l'expression d'un amour céleste, et celle d'une inaltérable chasteté.

Les Apôtres, soit dans les Sacrements de Chantelou, soit dans l'Eucharistie de Saint-Germain en Laye, nous présentent, avec des formes qui les distinguent entre eux, un caractère général, qui est le sceau de la nation hébraïque.

La mythologie se reproduit, à son tour, dans les peintures du Poussin, toute brillante de ses poétiques variétés : Mars, Vénus, Flore, Neptune, s'offrent à nous sous les nobles traits que leur prêtèrent les ciseaux grecs ; c'est la même pureté, c'est le même charme.

Peint-il la Vérité arrachée par le Temps aux fureurs de la Haine et de l'Envie ? Vénus elle-même n'est pas plus belle ; et, par une heureuse opposition, les formes des monstres qui la poursuivent relèvent encore son éclatante beauté. Est-ce une Bacchante qu'il expose nue à nos yeux, parmi des faunes et des satyres ? Dans la finesse et la fermeté de ses contours, je juge de sa vigueur et de sa pétulance ; mais les charmes de cette habitante des forêts n'égalent point ceux des divinités de l'Olympe. Est-ce Armide qu'il

Dans le choix des formes, comme dans la composition, Raphaël, il faut l'avouer, se livre souvent à un irrésistible entraînement. Passionné pour de beaux modèles vivants, il en suit les contours, les épure, les embellit par d'autres modèles encore plus achevés, plutôt qu'il n'imite l'antiquité. On dirait qu'une main amoureuse ait tracé les contours de ses figures. Sans sortir du vrai, il nous transporte, pour ainsi dire, dans une sphère céleste. Le sublime est son élément; mais, par cela même, il s'éloigne quelquefois du génie de ses sujets. C'est lui que nous retrouvons fréquemment dans ses personnages : aussi, la grâce dont ils sont ornés n'appartient-elle qu'à lui seul. Fidèle à la nature vivante, mais la réformant par l'antique ; moins livré à l'entraînement, et, par cela même, plus historique ; tour à tour majestueux et délicat, gracieux et énergique, le Poussin adore la beauté sous toutes les formes, et la reproduit dans toutes ses variétés ; il s'élève et s'abaisse selon les convenances, et toujours avec dignité ; le style de l'écrivain auquel il s'associe devient le sien propre ; il n'est jamais lui-même : c'est toujours son héros qu'il nous fait voir.

Le crayon de Raphaël est généralement plus séduisant ; celui du Poussin, plus correct. Raphaël nous charme davantage au premier aspect : il faut du temps, pour mesurer la profondeur du Poussin ; c'est après l'avoir *entendu*, qu'on demeure étonné du sens de ses pensées et de la parfaite convenance de son style.

Raphaël, enfin, m'élève et me grandit par la sublimité de ses images. Quand son style s'accorde avec son sujet, il parvient à une perfection, pour ainsi dire, surhumaine ; quand son style s'élève au-dessus du caractère historique de ses personnages, je me sens encore dominé par la puissance de la beauté ; il me force à partager son enthousiasme, et je ne cesse point de l'applaudir, alors même que je crois reconnaître sa brillante erreur. Si le Poussin m'élève moins fréquemment, il me place toujours avec lui à la hauteur de ses dieux et de ses héros ; la vérité de ses portraits me frappe et surprend mes sens ; je crois assister à la scène qu'il a créée ; le style, autant que la chaleur des mouvements, contribue à mon illusion ; je jouis de la perfection de l'image ; et, bien rarement, je trouve quelque chose à pardonner.

Raphaël et le Poussin sont, par conséquent, de ces génies éminents, mais dissemblables, auxquels il est impossible, malgré la

diversité de leurs caractères, d'assigner des rangs inégaux. Une
seule palme ne suffit point entre de si grands hommes; deux couronnes les doivent honorer à des titres différents; car, si je considère le mérite de la grâce, de la grandeur, de la beauté, je
tombe aux pieds du peintre divin de la Transfiguration, du Portement de Croix, de tant de Vierges ravissantes, de Saintes Familles,
où il semble avoir épuisé tout ce que la nature renferme de touchant et de sublime, et je lui consacre le tribut de l'admiration
passionnée que nul homme doué du sentiment de l'art ne lui refusa jamais; et si je m'attache plus particulièrement à la fécondité
des pensées, à la vérité de la scène, à la propriété du style, à
l'énergie du pinceau consacré à l'histoire, comment ne pas offrir
le laurier à l'historien d'Eudamidas, de Coriolan, d'Agripine, au
peintre sublime du Moïse exposé sur les eaux, de la Peste des
Philistins, des Sept Sacrements, du Songe de la vie humaine, de
l'Arcadie, du Déluge?

Mais, pour être pleinement juste envers le Poussin, nous devons tenir compte des circonstances différentes où ces deux grands
hommes se trouvèrent placés. Pérugin, Bartolomeo, Michel-Ange,
instruisent Raphaël par leurs leçons, l'éclairent par leurs exemples, le conduisent, comme par la main, de progrès en progrès.
Le Poussin, au contraire, ne doit rien qu'à lui seul : aucun maître
pour le diriger, et combien de modèles vicieux pour le séduire!
Le premier se livre à la peinture, lorsque, après trois siècles
d'études et de travaux, l'art, dans sa marche progressive, n'a plus
qu'un pas à faire pour atteindre à la plus haute excellence : le
mouvement général des esprits se porte, en quelque sorte, vers
cette perfection. Le second se présente dans la carrière, au moment
où la satiété, l'orgueil et le mauvais goût, semblent s'être partagé
l'empire du génie; seul, il oppose les vrais principes de l'art au
torrent des vices qui le dégradent, tandis qu'autour de lui tout
dégénère, que la France et l'Italie même se précipitent dans les
derniers égarements; seul, il demeure fidèle aux doctrines antiques, et, guidé par elles, pénètre aux sources du beau.

Si, portant plus loin ce parallèle, je considère ces deux grands
hommes dans leur vie privée; d'une part, quelle prospérité, quel
faste! de l'autre, que de traverses et quelle simplicité de mœurs!
Comblé de biens par les souverains pontifes, magnifiquement ré-

compensé par François 1er, recherché par les plus illustres personnages de son siècle, Raphaël affecte la pompe d'un des grands de la terre. Un palais s'élève sous le compas de Bramante, pour former son habitation. Se montre-t-il en public, il marche suivi du cortége de ses élèves et de ses admirateurs ; tel, descendant de la tribune, Cicéron traversait le forum, accompagné de la foule de ses clients. Récompense plus noble encore, la pourpre romaine irrite son ambition et flatte ses espérances. Le Poussin, au contraire, longtemps ignoré, célèbre ensuite par ses ouvrages, mais à peine connu dans sa personne, semble prendre autant de soin pour cacher sa vie, que Raphaël attache de prix à l'éclat dont la sienne est environnée. Une épouse, digne de lui, partage seule son modeste asile. Nouveau Curius, il se sert de ses propres mains. Ce sont peut-être les malheurs de son jeune âge qui lui ont inspiré ces inclinations vertueuses ; mais sa sagesse les lui a rendues chères. Quand les circonstances changent, ses mœurs ne changent point ; il persévère, par goût, dans cette médiocrité qui garantit son indépendance. La même force de raison qu'il porte dans l'exercice de son art, il la conserve dans sa conduite comme dans ses habitudes morales ; exempte de toute ostentation, sa philosophie paraît un penchant naturel. Qui ne connaît ces mots : *Que je vous plains de n'avoir point de serviteur ! — Que je vous plains, Monseigneur, d'en avoir un grand nombre !* Je vois ce sage écrivant sur ses tableaux le prix modique qu'il a fixé, et refusant la somme plus considérable qui lui est présentée. Je le vois, par une grandeur d'âme encore plus rare, sacrifiant à l'amitié le plus légitime amour-propre : C'est lorsque le jeune Le Brun, qu'il dirige par ses conseils, ayant exposé un jour publiquement, à Rome, un tableau dans lequel il a tenté d'imiter la manière de son maître, fait répandre le bruit que cet ouvrage est du Poussin : on doute, on hésite ; le Poussin vient, il voit l'audace de son élève, et dit que le tableau est de lui. Voilà cet artiste qu'on aime en l'admirant. Vrai, simple, grand, tel est le Poussin, comme peintre et comme homme.

Hélas ! de toutes les épreuves que subit la vertu de cet illustre Français, vainement voudrais-je le dissimuler, la plus douloureuse fut l'injustice qui le força de s'exiler de sa patrie. Appelé de Rome à Paris, par Louis XIII, accueilli par ce prince avec la plus honorable distinction, heureux de déposer, au pied du trône de ses rois, des témoins durables de son attachement, il trace avec complaisance les esquisses des peintures dont il doit orner la galerie du Louvre. Ce sont les hauts faits d'Hercule, qui vont se déployer sur les murs de cette partie du palais, dans une suite d'images plus grandes que nature. Mais, à peine l'ouvrage est-il commencé, que déjà l'intérêt personnel lésé, et la médiocrité humiliée, ont juré qu'il ne s'achèvera pas. Le Poussin croit en vain triompher d'une brigue qu'il méprise; livré, suivant ses propres expressions, à d'*impertinentes calomnies*, oublié par la cour que de grands intérêts occupent, bientôt il ne lui reste plus qu'à s'arracher à cette patrie où l'enchaînaient de tendres souvenirs. Alors, lui échappent quelques mots dans lesquels se manifeste sa juste indignation. « Je sais bien, dit-il, ce que je suis capable de faire, » sans m'en prévaloir ni rechercher la faveur. » Il se compare au Carrache et au Dominiquin, dans leur infortune. « Qu'il serait à » souhaiter, ajoute-t-il, qu'on pût voir ce qui se passe au dedans » de l'homme ! » ..... Richelieu, Louis, ah ! ne souffrez pas que la France soit privée d'une si grande lumière ? La galerie du Louvre, demeurée imparfaite, attestera-t-elle votre injustice ou votre insouciance ? Considérez l'état incertain du bel art qu'avec tant de raison vous appelez à concourir à l'ornement de la patrie, comme à l'accroissement de la pompe royale ? Voyez ces précieux rejetons de notre école, qui croissent sur un sol mal préparé et sous tant d'influences contraires ? ils invoquent une main habile qui puisse diriger leur essor. A la brillante facilité de La Hire, à la féconde imagination de Le Brun, à l'ingénieuse sensibilité de ce jeune Lesueur, en qui Raphaël semble revivre, donnez donc, pour guide, au lieu de Vouet, égaré dès ses plus belles années, de Vouet, déjà tombé au-dessous de lui-même, le savant et sage auteur de tant de chefs-d'œuvre, dont l'Europe va nous disputer la possession ?... Vains regrets ! l'ingratitude publique est encore une fois le salaire d'un grand homme.

Va, illustre victime, va, loin de ta patrie un moment abusée, retrouver la mère adoptive qui nous envie l'honneur de t'avoir donné le jour ! Retourne au mont *Pincius*, sous ton paisible toit, auprès de ta compagne, auprès de Gaspre, ton élève, qui s'immortalisera, en t'imitant seulement dans une partie de ton art; retourne jouir d'une tranquillité inaltérable, fruit d'une inaltérable sagesse. Va te venger de la France en versant encore tes lumières sur ses enfants !

Que s'il fallait des consolations à ta grande âme, écoute les dédommagements que te réserve ton pays. Le jeune Louis XIV t'honorera bientôt, dans ta retraite, du titre de son *premier peintre* et des émoluments que son père y avait attachés ; hommage désintéressé, dont l'unique objet sera de rendre justice à ton haut mérite. De dignes amis, Chantelou, Séguier, Pointel, de Thou, Scarron, Le Nôtre, Jacques Stella, Félibien, chériront ta correspondance, rechercheront tes ouvrages, célébreront tes vertus, et transmettront à la postérité les traits les plus honorables de ta vie. Semblable encore en ceci à Raphaël, tu verras les burins les plus habiles et les plus célèbres, formés sur tes chefs-d'œuvre, en porter religieusement les beautés aux siècles à venir. Les Guillaume Chateau, les Gérard Audran, les Pesne, et cet illustre Claudio, de qui la main spirituelle ne laisse échapper aucune des finesses de ton crayon, seront pour toi autant de Marc-Antoine. A peine auras-tu quitté la terre, que, dans des conférences tenues par nos plus habiles maîtres, tes tableaux, publiquement analysés, seront offerts à l'Europe comme la règle du goût. La noblesse et le sentiment des convenances qui distingueront généralement les peintres français, c'est à tes exemples qu'ils en seront redevables. Tant que notre École marchera sur tes traces, elle sera estimée malgré ses défauts ; quand elle cessera de t'apprécier, l'art sera tombé en décadence.

Un jour plus glorieux luira enfin dans notre École, c'est celui où la galerie que tes pinceaux devaient embellir, devenue le temple des arts, renfermera les chefs-d'œuvre les plus accomplis de l'univers entier. Arrêté par tes ouvrages, dès l'entrée de ce monument, à l'aspect de la Peste des Philistins, à l'aspect du Déluge, l'amateur oubliera que les trésors de l'Italie sont déposés au fond du sanctuaire ; et quand il reviendra devant ces tableaux, après avoir admiré ceux du Titien, du Corrège, du Dominiquin, de Raphaël, ému de nouveau par des scènes si pathétiques, il perdra encore le souvenir de tout ce qu'il aura contemplé ; et l'image de la Peste des Philistins, l'image du Déluge, demeureront dans son esprit, plus profondément empreintes, peut-être, que celles des rares merveilles de tous les pinceaux toscans et romains. Alors, tes principes seront la loi de notre École, que tes admirateurs auront régénérée ; alors, les chefs-d'œuvre de la sculpture grecque, qui revivront dans les ouvrages de nos maîtres, formeront la nourriture des jeunes talents ; la vraie beauté sera reconnue, comme tu le désirais, pour la *reine de l'art*, et la peinture, ramenée à son but moral, s'appliquant à rendre l'action, exprimant les mœurs et les caractères, subordonnant l'ordonnance à la vérité de la scène, mettra de nouveau sa gloire à nous instruire et à nous toucher. Alors, un juste enthousiasme te placera au rang qui t'est dû ; ta statue s'élèvera dans le gymnase où sera réunie l'élite de nos savants et de nos artistes ; ton effigie, imprimée sur le médaillon qu'on décernera, dans des concours solennels, à une brillante génération d'élèves, deviendra pour eux une récompense et un signe de ralliement. Alors, les peintres, les statuaires, les hommes de lettres, entendront avec d'autant plus de satisfaction tes louanges, que les uns seront plus près de t'égaler, et que les autres auront pénétré plus avant dans ta théorie ; et, confirmant le jugement de tant d'habiles critiques, l'opinion publique redira : « Le Poussin est, de tous les peintres modernes, celui qui a mis le plus habilement en pratique les préceptes de l'antiquité : le Poussin a satisfait, dans l'exécution, comme dans la composition de ses ouvrages, *les appétits et la raison ; le Poussin est le peintre des gens d'esprit.* »

TABLE DES MATIÈRES.

VIES DES ARTISTES ANCIENS ET MODERNES.

VIES DES ARCHÉOLOGUES ET SAVANTS.

ÉLOGES HISTORIQUES

FIN DE LA TABLE.